说话艺术与技巧速查速用全书

文德◎编著

中国华侨出版社

北 京

图书在版编目(CIP)数据

说话艺术与技巧速查速用全书 / 文德编著.—北京:中国华侨出版社，2015.1（2019.10重印）
ISBN 978-7-5113-5180-7

Ⅰ.①说… Ⅱ.①文… Ⅲ.①语言艺术—通俗读物 Ⅳ.①H019-49

中国版本图书馆CIP数据核字（2015）第028679号

说话艺术与技巧速查速用全书

编　　著：文　德
责任编辑：落　羽
封面设计：李艾红
文字编辑：胡宝林
美术编辑：潘　松
经　　销：新华书店
开　　本：720mm×1020mm　1/16　印张：28　字数：650千字
印　　刷：北京市松源印刷有限公司
版　　次：2015年4月第1版　2019年10月第3次印刷
书　　号：ISBN 978-7-5113-5180-7
定　　价：68.00元

中国华侨出版社　北京市朝阳区静安里26号通成达大厦3层　邮编：100028
法律顾问：陈鹰律师事务所
发 行 部：（010）58815874　　　传　　真：（010）58815857
网　　址：www.oveaschin.com　　E－m a i l：oveaschin@sina.com

如果发现印装质量问题，影响阅读，请与印刷厂联系调换。

在今天这样的信息时代，人们的文化视野、交际视野开阔了，有越来越多的场合需要公开地发表意见、用语言来打动别人。自我推荐、介绍产品、主持会议、商务谈判、交流经验、鼓励员工、化解矛盾、探讨学问、接洽事务、交换信息、传授技艺，还有交际应酬、传递情感和娱乐消遣都离不开说话。另外，看一个人是否有能力，这些能力能否表现出来，在很大程度上取决于他是否会说话。因此，口才就成了衡量一个人是否有能力的重要标准之一。美国成功学大师戴尔·卡耐基说："当今社会，一个人的成功，仅仅有15%取决于技术知识，而其余85%则取决于人际关系及有效说话等软本领。"由此可见说话艺术与技巧的重要性，掌握其艺术与技巧，已经成为现代人成功的必备条件。

说话看似很简单，但是要说出有水平，容易被人理解、接受的话则不能不懂说话的艺术与技巧。说话的根本目的在于表达和沟通，懂不懂说话的艺术与技巧，表达和沟通的效果将大相径庭。一个会说话的人，遇见陌生人时，知道如何说话能跟对方达成一种"一见如故"的默契；和同事共事时，知道如何说话能得到大家的欢迎；拜访客户时，知道如何说话能赢得客户的心，从而使他决定购买你的产品；再如跟恋人或朋友说话时，知道怎样给对方带来乐趣，加深彼此间的感情……而那些不会说话的人，往往言不达意，说出很多废话，不能与别人进行有效的沟通，不仅会坐失良机，也很难在事业上有出人头地的发展，若出言不当还会让自己四面楚歌。真所谓"一句话能把人说得笑，一句话也能把人说得跳"。同样是说话，为什么会有如此大的区别呢？这其中的关键就在于前者在谈话时能够运用各种说话的艺术与技巧，把话说到别人的心窝里，从而成功地赢得了人们的信任和喜爱，而后者却不懂得运用说话的艺术与技巧，导致说话不得体而失去人心。所以，说话是一种技巧，更是一门艺术。一句恰到好处的话，可以改变一个人的命运，一句言不得体的话，可以毁掉一个人的一生。

为了帮助广大读者更好地掌握高超的说话本领，我们精心编写了这本《说话艺术与技巧速查速用全书》。本书从说话尺度、摆脱尴尬、宴会应酬、推销有术、职场博弈、谈判技巧、演讲魅力、电话沟通、情感交流等方面全面系统地揭示了各种场合下的说话艺术与技巧，比如，怎样赞美别人而不显阿谀奉承；怎样拒绝别人而不和对方交恶；怎样说好难说的话，应对尴尬场面；怎样打动别人，让别人按你说的做；怎样把话说到别人的心坎里等，指导读者把握好沉默的分寸，把握好说话时机、说话曲直、说话轻重和与人开玩笑的分寸，把握好调解纠纷时和激励他人时的说话分寸，懂得怎样问别人才会说、怎样说别人才会听。同时还向读者展示了同陌生人、同事、老板、客户、朋友、爱人、孩子、父母沟通的艺术。本书内容丰富翔实、案例生动，方便读者速查速用。读者通过本书能轻松提高自己的说话能力，在错综复杂的人际关系网络中应付自如，轻松应对生活中的各种场景，赢得友谊、爱情和事业，从而踏上辉煌的成功之路。

目录

宴会应酬篇——话说对了，事情就成了 /127

推销有术篇——把任何东西卖给任何人 /153

职场博弈篇——好口才是事业成功的阶梯 /191

谈判技巧篇——一开口就赢谈判 /241

演讲魅力篇——舌绽莲花，征服听众 /289

说话尺度篇

——说话讲分寸，做人留余地

不该说的"四话"

传说王安石的小儿子王元泽从小口齿伶俐，常常以惊人妙语博得四座叫绝。有一次，客人要考他，指着厅里的笼子问他，人家都说你聪明，告诉我，这笼子里关的两只兽，哪是鹿，哪是獐？王元泽从未见过这两种动物，便发挥"口才"，说道：獐旁边的是鹿，鹿旁边的是獐。果然博得满堂喝彩。

其实，王元泽在这里答非所问，算不得高明，充其量只是耍点小聪明而已。并非因为口才不好，而是他根本没有见过这两种动物，不肯承认无知，又卖口乖，可谓"说风"不正。

说话禁忌多，而常有人犯说假话、说空话、说大话、说套话的错误，对此我们不能掉以轻心。

1. 不说假话

我国人民历来赞颂说真话的美德，反对说假话。因此，《韩非子·外诸说左上》中关于曾子教子的故事，一直流传至今。曾子的妻子要去市集，孩子哭着也要跟去。曾子的妻子哄他说，你在家等着，等回来给你杀头猪吃。等妻子回来后，曾子为了让孩子相信母亲的诺言，把妻子开玩笑说的话付诸实施，将猪杀了，在孩子眼中维护了母亲诚实的形象。

曾子的妻子是有意骗孩子吗？恐怕未必。但起码可以说，她没有意识到这种哄孩子的教育方式有多么深的危害性。一次谎话可以使孩子从小沾染不必负责这种不良习气。曾子的行动虽近乎愚拙，也未必有效，但他坚持了最可贵的精神——不说假话。

在人际交往中，真实是赢得人缘、获得成功的保证。

前外经贸部部长吴仪在一次记者招待会上曾遇到过一个很棘手的私人问题。记者问："请问吴仪部长，您为何至今还是独身一人？"对此部长是无可奉告，还是避实就虚含糊了事？人们揣测着可能出现的各种回答方式。然而，吴仪的回答大出众人意料，她既不回避也不闪烁其词。

她说："我不信奉独身主义。之所以单身，和年轻时的思想片面有关。一是受文学作品的影响，心里有一个标准的男子汉形象，而这种人现实生活中没有；二是总觉得应先立业后成家，而这个业又总觉得没有立起来。然后在山沟里一躲就是20年，接触范围有限，等走出山沟，年龄也大了，工作又忙，就算了吧。"

这一席坦率的回答使众人感到吃惊，同时也使众人大为感动。正是这种坦诚直率的大实话才使吴仪部长拉近了和大家的距离，也正是这种诚实的工作作风使她成为对外贸易谈判中令对方竖指称赞的女性。

一个不说真话的人事实上是不能与人沟通、交流的，即使在一段时间内可能获得某种交际效果，但最终还是要付出代价的。

然而，在现实生活中，说真话不是任何人在任何情况下都能办到的。特别是在交际环境不正常时更是如此。

有时，说话人受某种环境的制约，在进行言辞表达时，也可能在"真实"上打一些折扣。应当说，这是一种说话的策略，与我们所强调的真实性原则是有区别的。

2. 不说空话

吹肥皂泡是孩子喜爱的游戏，一个个大大小小的肥皂泡，在阳光下闪耀着五彩的光泽，随风飘荡，异常美丽，但升不了多高，就一个接一个破了。因此人们常常把说空话比作吹肥皂泡，实在是最恰当不过了。空话总是充塞着各种动听、虚幻而迷人的词句，却没有半点实在的内容，它迟早会被揭穿的。

有一次，列宁参加一个会，议题是讨论关于彼得格勒的工业恢复计划的问题。人民委员施略普尼柯夫作这一问题的报告时，用了许多美丽动听的词句，描绘出一幅十分诱人的前景。做完报告后，扬扬自得的施略普尼柯夫认为那些精彩的演说词必定会受到列宁的称赞。可是列宁却向他提了几个问题：目前在彼得格勒有哪家工厂生产钉子？产量多少？纺织厂的原料和燃料还能保证用多少天？这些简单的问题把做报告者问得张口结舌，只好老老实实承认没有下去看过。列宁批评说："谁需要你们那些大吹大擂毫无保障的计划？针线、犁、纺织品在哪里？你们如何为农村保证生产出这些东西？你不能回答这些问题，原因只有一个，就是实际的计划工作被你们用漂亮的言辞和废话代替了，这是欺骗。"

3. 不说大话

为了让人留下印象而夸大事实，常常反倒造成了负面印象，因为真相迟早都会被揭穿。

甲用暴发户的口气告诉乙："我把100元大钞往柜台上一扔，要店员把领带给我包好。"

乙听了禁不住想笑，因为当时他也在场，知道店家还找了甲30元，此君的说法非但有违事实，竟还大言不惭地说自己将钱扔在柜台上，对店员颐指气使，实在俗不可耐到了极点。

说话的态度正可显示我们的修养，客观说话正是品质的表现。

4. 不说套话

还有一种令人反感但又常听到的话就是套话，我们也要坚决杜绝。

长期以来，形式主义的恶习禁锢着一些人的头脑，他们惯于用一些现成的套话来代替自己的语言，用一些流行的名词代替自己的思想，三句不离口号，颠来倒去几个名词，既没有思想性，又没有艺术性。前些年，有人做报告一开口就是"国内形势一片大好"，然后就是社论式的语言，结尾又离不开"奋勇前进""争取胜利"之类的话，由于没有切实生动的内容，没有独特的语言，使人感到单调干瘪。

苏联的教育家加里宁曾讽刺过那些说套话的人，他说："什么叫作现成话呢？这就是说，你们的脑筋没有起作用，而只是舌头在起作用。说现成的套话不能使人产生印象。为什么呢？因为这话用不着你们说，大家也知道了。你们害怕若按照自己的意思来讲话，那就会讲得不漂亮，其实你们错了。"

总之，"四话"危害性很大，它们使人沉浸在一种夸夸其谈的恶劣氛围中，如果"四话"不除，很难锻炼出良好的口才。

不揭他人短，给人留台阶

世界上没有十全十美的人，每个人总有自己的弱点、缺点或污点，在谈话时一定要避开对方所忌讳的短处，因为忌讳心理人皆有之。如果在交际场合揭人家短处，轻则遭人冷眼，重则可能引发事端，祸及自身。

老任身材高大、外形俊朗，美中不足的是中年微秃。虽然这纯属白玉微瑕，老任却深以为憾。如果有人戏说他"怒发难冲冠"，他准会茶饭无味，三天三夜难以入睡；即使在他面前无意中说"这盏灯怎么突然不亮了"或"今天真是阳光灿烂"等话，这位平素温文尔雅的知识分子也会愤然变色，有时竟至于怒目圆睁，拂袖而去，弄得说话者莫名其妙，十分尴尬。

这使人联想到鲁迅笔下的阿Q。阿Q惯用精神胜利法安慰自己，因而少有耿耿于怀之事。别人欺他、骂他、打他，他都善于控制自己，心理很快会平衡，唯独忌讳别人说他"癞"，因为他头皮上确有一块不大不小的癞疮疤。只要有人当着他的面说一个"癞"字，或发出近于"癞"的音，或提到"光""亮""灯""烛"等字，他都会"全疤通红地发起怒来，口讷的便骂，力小的便打"。

其实，不仅老任和阿Q是如此，忌讳心理人皆有之。当过长工、后来揭竿而起并终于称王的陈胜就忌讳别人说他是庄稼汉出身。有几位患难弟兄在陈胜面前不知趣地提起"有损领袖形象"的往事，结果招来杀身之祸。你看，陈胜的忌讳心理是多么强烈，这几位患难弟兄因不谙忌讳之术而丢了脑袋又是多么可悲！

摩洛哥有句俗语叫："言语给人的伤害往往胜于刀伤。"这是实情。同事之间为搞好关系，不要揭人短处。

揭短的言语不论是对人或对事，都会让人受不了的，会使人际关系出现阻碍。同事们宁可离你远远的，免得一不小心被你的直言直语灼伤；即使不能离你远远的，也要想办法把你赶得远远的，眼不见为净，耳不听为静。

一天，在公司的集会中，张先生看到一位女同事穿了一件紧身的新装，与她的胖身材很不相称，便直言直语道："说实话，你的这件衣服虽然很漂亮，但穿在你身上就像给水桶包上了艳丽的布，因为你实在是太胖了！"

女同事瞪了张先生一眼，生气地走开了，从此再也没有理过他。

揭短犹如一把利剑，在伤害别人的同时，也会刺伤自己。

俗话说"打人不打脸，骂人不揭短"。人既是最坚强的，也是最脆弱的。尤其是当一个人觉得他的自尊受到伤害，他将要颜面扫地时，他的潜能就会爆发出来，他会死要面子，死"扛"到底。因此，在说话交谈时，必须注意不能一味地揭他人伤疤。

传说清朝乾隆年间，杭州南屏山净慈寺有一名叫诋毁的和尚。人如其名，这和尚聪明机灵，又心直口快，常常议论天下大事，指点江山、激扬文字，少不了对一些朝政指指点点，而且有什么说什么，想讲就讲，想骂就骂。

后来，乾隆下江南时来到杭州，听说了此人。乾隆心中不悦，暗想：天下竟有如此狂妄之人，我去会会他，只要让我抓住把柄，我就狠狠地治治他。

于是，乾隆便乔装打扮一番，扮作秀才模样来到了净慈寺。

乾隆找到诋毁和尚，相互寒暄一番。忽然，乾隆看见地上有一些劈开的毛竹片，便随手捡起一片问道：

"老师父，这个叫什么呀？"

按照当时的说法，这种竹片叫"篾青"，就是"灭清"的谐音。诋毁刚想回答，觉得有点不对劲，再看看眼前这位秀才，气宇轩昂，不像是个普通的秀才，于是眼珠一转，答道：

"这个我们都叫它竹片。"

乾隆一听，心中赞叹：好个竹片，和尚你有两下子。但乾隆不甘心，随即将竹片翻过来，指着白的一面问：

"老师父，这个又是什么呢？"

"这个嘛……"诋毁心想，若回答"篾黄"又是"灭皇"的谐音，肯定不妥，便改口道："噢，我们管它叫竹肉。"

乾隆又失败了。

从这个小故事中我们可以看出诋毁和尚的机智。其实每个人都一样，如果多注意回避他人忌讳的东西，就能省去很多不必要的麻烦。

凡是弱点、缺点、污点，一切不如别人之处都可能成为忌讳之处。总结起来，有3个方面一定要多加注意：

1. 丑陋之处

人人都有爱美之心，不幸的丑陋者和残疾者大多有自卑感，不愿听到跟自己的短处有关的话题。谢顶者忌说"亮"、胖子忌说"肥"、矮子忌说"武大郎"、其貌不扬者忌说"丑八怪"、跛子忌说"举足轻重"、驼背忌说"忍辱负重"，等等。这种完全正常的心理应该得到充分理解。

有生理缺陷的人本来就很痛苦，如果再被别人拿来取乐，会给他们造成很大的伤害，这样很容易激怒他们。比如有的人很胖、有的人很瘦、有的很高、有的又很矮、有的人长得很丑，等等。这些本是有目共睹的事实，别人不提也罢，但是如果以讥讽的口气当众指出时，就会使人感到难堪，产生不满。

报上曾有过一则新闻：一位女中学生，只因为有人说了她一声"胖女人"，羞愧之极，竟绝食身亡。

有时候，说话者由于不小心在言辞中触及他人的生理缺陷，人家虽然当面没对你发火，但心里却在记恨你。

有些人因不明情况在谈话内容中无意触到对方短处，还情有可原，因为不知者不为罪，可有人偏偏口下无德，爱揭人短处。

这种人，时时处处注意他人的生理短处，拿来取笑，可也要小心自己有把柄被别人抓住，后患无穷。即使伤了别人，对自己也不见得有多少好处，还是不说这类话为佳。

2. 失意之处

人生在世，总希望自己能一帆风顺、有所作为，实现人生的价值。但是，月有阴晴圆缺，人难免有失意之处，或高考落榜、或恋爱受挫、或久婚不育、或夫妻反目、或就业不顺利、或职称评不上，诸如此类的失意之处暂时忘却倒也轻松，如果有人有意无意提起就使人心灰意懒，沮丧不已。万事如意、踌躇满志之人则多以昔日的失意为忌讳，生怕传播开去，有失脸面。

小赵是个热心肠的人，不管是朋友、同事或邻居，谁要是有个三灾四难的，他总是跑在头里，帮人家出主意、想办法，排忧解难，从不计较得失，深受大家好评。但小赵有个缺点，就是爱打老婆。

有一天，邻居有夫妇俩因家庭琐事引发了一场战争，丈夫把妻子打得大哭大叫的，惊动了小赵。小赵虽然自己也打老婆，但他却看不惯别人打老婆。他进屋劝解，让他们夫妻有事好好商量，别采取这种过激的方式。谁知他刚说了两句，那个男邻居就让他走开别管，并说："你自己都管不了自己，还管我们的闲事呀！"这句话一下子触到了小赵的短处，他的脸当场变得通红，要不是在人家屋里，他非揍那个男人不可，他忍了忍回自家屋了。事后，男邻居认识到了那天说的话不妥，上门向小赵道歉，小赵表面上虽然原谅了他，但对那句话一直耿耿于怀。从此，那个邻居家无论有什么事小赵也不搭腔了。

3. 痛悔之事

人的一生中免不了要犯这样或那样的错误，而一旦认识错误便会痛悔之至，以后一想起自己曾犯过的错误就自觉脸上无光。犯过品质错误（如曾有偷窃行为或生活作风问题）者更是讳莫如深，如果听到有人说起类似的错误，就会有芒刺在背、无地自容之感。

在人生道路上人人都难免失足、犯错误，只要改了就好。有些问题一旦改正了，成了历史，当事人就不愿意提及这不光彩的一页，更不希望有人拿它当话把儿，到处去说。如果有人拿这些问题做文章，就等于在人家伤口上撒盐，就有损于人家的名誉，这也是不能容忍的。

有一位青年工人，小时候不懂事，曾犯过错误被劳教一年。从此他接受教训，参加工作后，他严格要求自己，积极工作，多次受到表扬，后来当上了车间的一个组长。可是有人不服气、不服管。有一次，小许在工作中私自外出被他发现，便提出批评。小许不服气，揭人家的短说："你是多大个官呀？还想管我？一个劳教释放犯，哼！"要是说别的他也许并不急，可是揭过去的疮疤他就急了，火气十足地说："你再说一遍！""我就说，劳教释放……"没等他说完，组长的拳头就打了上去。

翻人家的污点，触及人家的短处，不管是有意还是无意，对己对人都是不利的，我们在交际时应该时刻提醒自己小心这一点。

滑稽≠幽默

很多研究表明，在演讲中运用幽默是有益处的。最重要的一点是听众喜欢具有幽默感的演讲者，也许听众不会自动将演讲者的话视为真理，但是他们会更乐意接受演讲者所传达的信息。

将幽默巧妙地融入演讲中，能把听众的注意力吸引到主要观点上。社会学研究表明：人们对于融入笑话或者逸事中的信息的记忆时间要长于对于纯粹信息的记忆时间。许多演说家追求的理想境界是将观点融入一个笑话中，当听众记住这个笑话并将它讲给别人听时，他们会很自然地记住其中的观点。

因此一个初次登台演说的人，常认为自己应该像一个演说家那样带有幽默性，即使他在平时言行庄严，但是，当他站在讲台上要讲话的时候，一开始就想先讲一则幽默故事，尤其是在饭后举行演讲时，更易发生这种情形。结果，他自以为十分得意的作风，竟会使听众感觉到像读字典一样乏味，他的故事根本不会引起人家的兴趣。

遗憾的是有很多人把滑稽与幽默混为一谈，其实滑稽和幽默是不同的。滑稽是一些笑话或有趣的动作等，而幽默是一种更高层次的智慧积淀。那些在马戏团、喜剧俱乐部或者议会工作的人具有滑稽的天赋。但是我们都知道，一个具有幽默感的人甚至可能不会讲笑话。他不会使你开怀大笑，但是能让你感到气氛很友好，博得你的浅浅一笑。这恰好是你在演讲中应努力达到的境界。你要学会在演讲中运用幽默感，而不是用笑话展现自己滑稽的一面。

你听说过哪一个演讲者以一个毫无意义的笑话开始他的演讲？如果演讲者在演讲开始讲一个毫无意义、毫不相关的笑话，听众会有什么反应呢？可能这个笑话很滑稽，你会开怀一笑。即使是这样，这个笑话也只是分散一下听众的注意力，因为它对演讲毫无帮助，只是在浪费时间。

另一种糟糕的情况是听众对演讲者讲的笑话没有反应，这称作笑话的"炸弹效应"。听众都明白演讲者的意图，试图展现滑稽的一面，但是没有人回应，这时演讲者会在一片寂静中感到很紧张，听众也会感受到这种紧张的气氛（听众甚至会看到演讲者脸上渗出的汗珠）。在这种情况下，演讲者就陷入笑话炸弹效应的尴尬境地中了，而且很难摆脱。

一个舞台上的演员，如果他对观众说了几则自以为幽默而实际上乏味的故事，他立刻会被喝倒彩并驱逐下台。当然，如果演讲台下的听众都很文雅的话，他们比较具有同情心，但是他们虽然被同情心驱使勉强在表面上克制着，或不至于对演说者发出嘘嘘声，心里却不禁要为他的演说失败而深感失望！

整个演说中，没有比让听众高兴得发笑更为困难的。幽默是一件十分微妙的事，和一个人的个性有着密切的关系，有的人生来就有这种天赋，但有的人却没有。一个没有幽默天赋的人，如欲勉强做得幽默，就如一个碧眼的人想把他的眼睛改成黑色一样。

要知道，一个故事的趣味很少含在故事的本身里，故事之所以有趣，完全得看讲故事的人是怎样的讲法。100个人同讲一个幽默的故事，有99个人是要失败的。如果你确知你是一个具有幽默天赋的人，你就应该努力培养你的这份天赋，使你无论到什么地方都备受欢迎。但是，如果你的天赋不在这方面，而你硬要去学幽默，那真是"东施效颦"、愚不可及了。聪明的演说家们从不会为了只想幽默而讲一则故事。幽默有如糕饼上的糖霜，而不是饼本身，所以只能巧妙地穿插一些在演说里面。例如，美国驰名的幽默演说家利兰为自己定了一个规矩，在开始演说后的3分钟内绝不讲述故事，这个规矩也值得我们效法。

另外要强调的是，使用伤害性的幽默也属假作幽默之列。有的人为了表现幽默，不惜使用一些令人反感的言辞，以牺牲感情为代价，结果只会适得其反。幽默本来应该是演讲者与听众之间的桥梁，然而在此却变成了一种伤害，这不能算作是真正的幽默。

因此，首先应该尽量避免有关个人性别和种族的笑话，这是一个基本常识，很多人认为种族和性别问题是很令人反感的。能够起控制作用的不是演讲者的想法，而是听众的感受。可能有些人会很反感你讲的笑话，而这些人实际上并不是笑话的攻击对象。这里要提醒一下：有关艾滋病的笑话同样令人反感。

假如你正在听笑话，并且你是爱尔兰人，而笑话正是有关爱尔兰人的，你的感觉如何？专家们建议不要使用这种话题的笑话，但是有些人还是要冒险使用。请你牢记一点，你是想利用幽默交友，而不是树敌。

其次，你听过演讲者使用"男女混合公司"这个短语吗？演讲者可能是这么说的："我知道一个笑话，但是我不能在男女混合的公司里讲。"应避免说这个短语，因为它的使用要考虑听众的性别。如果公司中只有男性职员，演讲者可以讲这个笑话，因为它只会冒犯女性而不会使男性职员反感。

很多女性都反感黄色幽默。所以辞典中将"男女混合公司"定义为具有高雅品位和低俗品位的人的混合。通常听众不全是由低俗的人组成的，如果你总是在男女混合公司里讲黄色笑话，肯定会冒犯听众的。

最后，"讽刺"这个词起源于古希腊，在文学作品中被演化成"摧残肉体"。现在人们已经很少使用讽刺这个词了，但是这并不意味着它已经被人们完全遗忘了。那些使用大量讽刺性质笑话的演讲者的主要目的是显示他们的智慧，不幸的是，这些伤害人的话语只能表现演讲者邪恶的一面。

虽然讽刺有时可以用来有效地攻击演讲者与听众的公敌，但是这并不意味着听众可以坦然地面对讽刺。听众都知道讽刺随时会转向他们，尤其是在他们提出敏感话题的时候。面对尖刻的演讲者，听众会感觉很不自在。很多演讲者利用幽默来缓解紧张气氛，讽刺则会起到相反的作用。

那么，难道演说的开头应该严肃吗？不，如果你能够，不妨在开头先引用几句名演说家说过的话，或是谈一些涉及当时的事情使大家发笑，或是故意夸大地批评一些矛盾的事。这样的幽默，比引用那些引人发笑的故事有更多的成功机会。

引人发笑的最简便的方法，是讲一些关于你本人可笑的事件，把自己说得十分可笑，而又装得好像有些发窘，那么听众的心理，恰如见到一个人因踩到果皮滑了一跤，或一个人正在拼命追赶他那被风吹去的帽子一般，觉得十分好笑。

瞅准对象说好话

讲话的目的是为了让别人听，要使人家能听懂、听清、听进去，你就应该注意说话的对象。

每一个人在社会中都扮演一些不同的角色，而不同的角色使人在心理上、在意识上等方面有一些不同的特点，而由此又决定了人们对于语言表达的内容、方式的选择和接受的某些取向。

正因为如此，同一个意思，不同的人可能就会采取不同的表达方式，而我们这里尤其强调的是同样一句话，不同的人听来，会有不同的甚至是截然相反的反应。

这样，说话要看对象就成了口语交际中必然而又重要的要求了。如果忽略了或无视这一要求，就必然会给交际带来不好的影响，甚至还会使交际无法正常进行。

人与人之间的差别是多方面的，就口语表达和接受而言，最大的现实差别主要有以下几个方面，而口语交际中的"不看对象"，也主要表现为对以下一些方面的"不注意"：

1. 不注意年龄差异

我们经常可以发现，小孩之间的吵架常常是由于互相诋毁导致的。

"阿军，你为什么又跟小亮打架呢？"妈妈问道。

"谁叫他骂我是个秃子！"阿军愤愤地说。

"你长得真像个包子！"一个小男孩对旁边的女孩说。

女孩马上反驳道："你以为你长得美呀，哼，芦柴棒一根！"

年龄的不同，会导致听话者对话题反感的程度不同。像小孩，你就不能指责他；而对于老人，最忌讳提及"死"字。例如，几位年轻工人去看望一位退休多年的老师傅——

"您老身体真硬朗，今年高寿？"

"79，快 80 了。"

"好呵，人生七十古来稀，厂里数您最长寿吧？"

"哪里，老宋才是冠军，他活了 85 岁。可是年岁不饶人，他前不久去世了。"

"唷，这回该轮到您了！"

老师傅一听这话，脸色陡然变了。

不要把听话者一视同仁，你不仅要考虑他的性别，还要考虑他的年龄。

2. 不注意语言差异

世界上有许多种语言，受各方面因素的限制，大部分人只能掌握和运用本国或本民族的语言。即使是本国或本民族语言，还存着方言不同的问题。如汉语，使用它的人遍布全国各地，但每个地区都有自己的方言，这给口语交际带来了极大不便。同样的话在不同的地区可能会有不同的意思，所以说，交谈时要注意对象在语言上的差异。

有些人不注意这一点，在不同地域的人面前也用方言，结果闹出笑话，有时候甚至会产生不良后果。

有这样一个笑话，说是有个广州人在北京排队买东西，他对站在最后的一位女青年说："同志，你最美（尾）吧？"中国女子不像某些西方女子那样喜欢人家公开夸她漂亮，特别不喜欢素不相识的异性同她搭讪或夸她漂亮，结果，那个女青年白了他一眼。那个广州男子见她不出声，就顺口又说一句："我爱（挨）你站着！"这一下可把那个女青年惹火了，劈头盖脸就骂："你这个人咋的，想要流氓吗？大白天的，又不认识你，什么'美'呀！'爱'呀！想到派出所去是不是……"那个广州人挨了一顿骂，有口说不清。后来，一位到过广州的女同志才给那个女青年解释清楚了。原来那个广州人说的是："同志，你排的是最后一个吧？"他把"最后"说成"最尾"，"尾"字和"美"字，广州人用普通话表达不容易分得清；同样，"挨"和"爱"字也容易混淆。我们国家疆土辽阔，文字同而言语异，南人不习北语，北人不懂南话，这不仅影响了社会交际，而且每每闹些误会，令人啼笑皆非。上述故事正反映了这种现实。

可见，进行口语交际时，如果不注意交际对象在语言上的差异是会妨碍交际的。

3. 不注意文化层次差异

一位大学毕业生分到一家厂子工作，起初感觉不错，但没过几个月，发现车间主任对他越来越冷淡了，他很迷惑。后经一位好心师傅指点他才恍然大悟，原来他在学校待惯了，说话爱用些术语，像什么"最优化方案""程序化""目标管理"等，而车间主任只上过技校，最烦别人在他面前咬文嚼字、卖弄学识。

到什么山上唱什么歌，当你与不同层次的听话者说话时，你就必须用他所具有的文化水平说话。一般来说，文化层次越高的人越喜欢用一些典雅的言辞。

4. 不注意风俗习惯的差异

由于人们所处的地域不同，所以形成了不同的风俗习惯。不同的交谈对象可能会有不同的风俗习惯。如果不注意交谈对象的风俗习惯，也可能会造成失误，影响交际。

不久前，一位美国生意人来到一家公司洽谈生意。美国客商刚走下小车，公司经理迎了上去，一句生硬的英语脱口而出："you had breakfast yet？"（您吃过早饭了吗？）

经理这一问可把美国客商问懵了，他看了看周围的人，又拿出表看时间，很是莫名其妙。他问身边陪同的翻译人员："这家公司的先生没有邀请我吃饭呀！现在都10点钟了，还没吃早饭吗？"这位翻译员突然省悟过来，连忙解释，才避免了一场误会。

原来，在西方国家，如果你问对方吃过饭没有，他们会以为你想邀请对方就餐或吃点东西。假如对方回答"还没有吃过"，你又不发出邀请，对方则会认为你要弄他们。前面经理的"您吃过早饭了吗"本来是一句典型的中国客套话，可是外商理解不了，险些造成误会。

此例告诉我们，说话要注意区分对象，注意交际中的习俗，即使客套话也不例外。

5. 不注意心理因素

人们由于性别、年龄、经历等方面不同，造成人与人之间的心理差异。如有人性格开朗，有人性格内向；有人是多血质，有人是抑郁质；有人爱好玩乐，有人爱好学习……这些都表现出人与人之间的心理差异。交谈时如果不注意这一点，也容易出问题。

切忌"哪壶不开提哪壶"。这是一句老话，指的是在交际中，一方提到了另一方最不想提的话题。而在日常的口语交际中，这样的人确实有不少。

某学校分配住房，一位青年教师"谎报军情"，本来没有登记结婚，填表时却写上已登记，结果取得了分房排队的资格。

到分房子的时候，排在他后边的人揭穿了他，使得他当场被宣布取消了分房资格。

当天，这件事情就传开了，很多人都知道了。这天晚上，这位青年教师的一位同事遇到他，关切地问了一句："听说你这次分房遇到了点儿麻烦？"

要说这句问话也够得上"委婉"了，因为并没有直接说出"作弊"之类的话，而只是说"麻烦"。可无论如何，这样的问话毫无疑问是有害而无利的，只能使对方陷入尴尬甚至痛苦的境地，并由此而不悦、上火、生气。

因此，哪壶不开提哪壶是极不明智的，尽管你的出发点可能并不坏，但是绝对不会有好的效果。

像遇到上边那种情况，比较合适的做法是说点别的什么，甚至于什么也别说，点个头、打个招呼也就可以了。

跟得意人谈你的失意事，他至多做表面功夫，绝不会表示真实的同情，有时也许会引起误会，以为你是请求帮助，他会预先防备，使你无法久谈。所以要诉苦应向"同病"的人去诉苦，同病自会相怜，可得到精神上的安慰，可以稍解胸中不平之气。你要谈得意事，应该向得意的人去谈，你捧他，志同道合。若你涵养功夫不够，稍有得意事便要逢人告诉、自鸣得意，结果让人骂你小人得志、笑你沾沾自喜，也许无意中引起别人的妒忌。另外，偶有不如意事，你觉得抑郁牢骚，有如骨鲠在喉，总想一吐为快，最好的办法是：得意事要放在肚里，失意事也要放在肚里，不要随便对人乱说。

总而言之，你要说话先要看准对方，他是愿意和你说话的人吗？如果不是，还是不说话为妙；这个时候，是你说话的时候吗？如果不是时候，还是沉默的好。说话的成功与失败与时机有关系，多说话未必当你是能干；少说话未必当你不会说。

用恰当的方式说恰当的话

在交际中，如果不注意说话方式，所用的说话方式不恰当，对方就会误解你的本意。当出现理解上的歧义时，就有可能造成不良后果，从而影响正常交际，违背表达者的初衷。

讽刺、挖苦是一种有强烈刺激作用的表达方式。它往往是以嘲笑的口吻说出对方的缺点、不足之处，使人当众丢丑，难以忍受，轻则导致对方反唇相讥，重则大打出手，造成很恶劣的后果。

某主任如此议论他的下属："黄×那个人这辈子算是白来了，堂堂大学毕业生，找不上一个老婆，姑娘们见面就摇头。他写的那个文章，就像小学生作文，前言不搭后语，字还没有蜘蛛爬得好。我要是他，早找根草绳上吊了……"

黄×后来听到这些议论，索性在工作时一字不写，利用业余时间写小说、写报告文学。

作为工作中的上级和情感上的朋友，看到下级及朋友身上存在缺点和不足，应该正面指出来，指导他、帮助他，促使他前进，而不应该取笑他。那些总是取笑别人的人往往缺乏自信心，对前途有一种恐惧感，害怕别人看不起自己，因而借取笑别人来释放心中的压抑，试图改善自身的形象。岂不知，这样做恰恰破坏了自我形象，引起他人的反感与对立。

因此，讽刺、挖苦的表达方式绝不可轻易使用。那种粗俗谩骂的说话方式也应该予以摒弃。

说话要讲究文明礼貌，这是最起码的要求。口语交际中，说话粗俗不雅、满口脏话，甚至谩骂、恶语伤人等不文明谈吐，是对他人的侮辱，是令人难以忍受的。这种说话方式往往造成不愉快的结果，影响交际，破坏风尚。

比如，在交际中发生了矛盾。有人在气急的情况下，常常骂人，口吐脏话，如说"你这是胡说八道""你放屁""你是什么东西"。不管在什么情况下，这样的谩骂都是无礼的行为，都易激怒人。

还有一种情况，就是有的人说话爱带"话把儿"，比如"他妈的"等，而且形成了不良习惯，成了口头禅。在他们看来是无意的，可是别人听来就很刺耳，就难以容忍，极易做出强烈的反应。

从表达的语气语调来看，说话方式还有刚柔软硬之分。一般情况下，柔言谈吐，语气温和、用词恰当，如和风细雨，听来亲切，易于被人接受，产生好感。即便是在内容上有违对方的意思，也不至于当场把对方得罪。相反，刚烈之言，语气生硬、高声大嗓，如同斥责训教，听来刺耳，使人感到难受、反感，有时甚至说话的内容并无问题，但就因使用了这种刺激人的说话方式，仍然会使人生气、发火，得罪人。

对于一个不同意自己观点的辩论对手，如果说："你这个人不可理喻！"对方必然要做出强烈的反应。

当自己的意见不被对方理解时，就生气地说："和你说话，简直是对牛弹琴！"对方会感到是一种侮辱，与你对抗。

某人要外出，找人代买张车票，他硬邦邦地说："你给我带回一张车票，送到我家去，我要出差，听见了吗？"对方听了这口气，心里会痛快吗？他可能一句话就顶回来："对不起，我今天没有空儿。"

对一个在工作上信心不足的人，同事恨铁不成钢地说："你也太不像话了，人家能做到你为什么就做不到？你也太不争气了！"他马上会不满地接话说："你算老几呀？用你来教训我！"说完拂袖而去。

类似的生硬说法都会在不同程度上得罪人。

生硬话、愤怒话，大多是顺口而出的，没有经过推敲，因而有失分寸是很自然的事。这种语言又多是"言出怒出"，它如同烈火一般，常常起到破坏作用。

每个人都有很强的"自我意识"。在说服对方的过程中，为了不伤害对方的自尊心，就应尊重对方的"自我意识"。

很早以前就听说过，设计相同、质地相同的高级女服，价格越贵越容易销售。一家服饰店的老板讲了这样一件事：有一次，店中刚雇用不久的店员对一位正在挑选西装的顾客劝说道："这边是比较便宜的！"结果这位顾客突然大怒，当老板慌忙跑来之后，她又气势汹汹地说道："什么比较便宜？我又不是没钱，你太没礼貌了！"后来老板赶紧连声道歉才算了事。

这种情况不仅限于商业中，在我们与对方交流的过程中，常常因为没有考虑到对方的自尊心、虚荣心，使用了不慎重的态度或语言而导致失败。尤其是说服自尊心、虚荣心强的人时，这种情况便会成为必然。因此，说话就必须注意不伤害对方的自尊心、虚荣心，而应照顾到对方的强烈的"自我意识"，使他接受你的观点。

我们在交谈时常常会犯这样一个错误，就是当发现对方有明显的错误时，会不客气地批评对方说："那是错的，任何人都会认为那是错的！"这样一来，对方的自尊心会受到伤害，而突然陷入沉默。

批评是我们常要做的事，尤其当你是一位长辈或领导时。但我们有些人批评起来简直让他人无地自容，下不了台阶。其实，这种批评方式不但无法达到让他人改正错误的目的，而且有碍于你的人际关系。既然如此，为何还要使用这种"残酷"的手段呢？在生活和工作中，我们不可能没有批评，但要学会巧妙地批评，让他人既意识到自己的错误，并尽快改正，同时也理解你善意批评的意图，使他对你心存感激。或者批评之前先总结一下他人的优点，然后慢慢引入缺点。在他人尝到苦味之前，先让他吃点甜味，再尝这种苦味时就会好受些。

约翰找了一个就是奉承也无法说漂亮的女士为妻，可是几个月之后，他妻子却变得像"窈窕淑女"一般的美丽，简直是判若两人。

这位女士在结婚之前，不知为什么对自己的容貌有强烈的自卑感，因此很少打扮。当时因为是大战刚结束，物质极端贫乏，人们的穿着都很普通。当然，她也太不讲究了。不，不是不讲究，而是认识出现了偏差，认定自己不适合打扮。她有一个非常漂亮的姐姐，这也使她产生了强烈的自卑感。每当有人建议她"你的发型应该……"时，她都怒气冲冲地说："不用你管，反正我怎么打扮也不如姐姐漂亮。"她把自己的容貌未得到赞美的不满情绪转嫁到不打扮这一理由上，并且加以合理化。

到底约翰是怎样说服他的太太，使她发生变化的呢？根据他自己说，当他的太太穿不适合她的衣服时，他什么也不说，但是，当她穿上适合她的衣服时，他便夸奖说"真漂亮"；发型、饰物也是如此。慢慢地，她对打扮有了信心，对于容貌所产生的自卑感自然也消除得无影无踪了。

间接指出别人的不足，要比直接说出口来得温和，且不会引起别人反感。不管说话目的是什么，我们都应该采取委婉的方式，这样效果会好很多。

"常有理"最终会变成"常无理"

在日常的许多事情中，没有几件是值得我们以牺牲友谊为代价来换取的。而有些人却偏偏如此做，好像他的精神和时间都不值钱，更不用说感情的损害了。除了彼此都能虚心地、不存半点成见地在某一个问题上专门讨论之外，一切的争辩都是应该避免的，即使这是一个学术性的争辩。

哲学的唯物与唯心争论了两千余年，至今胜负未分；心理学各种理论的争辩也至少有几百年，现在还是不分高下。你可以看书阐述你的主张，但是不可在谈话中处处争辩。才智是可敬佩的，但好胜不是。而且，你应该听过"大智若愚"的话吧！修养高的人，绝不肯轻易与人计较的。

留心我们的周围，争辩几乎无处不在。一场电影、一部小说能引起争辩，一个特殊事件、某个社会问题能引起争辩，甚至，某人的发式与装饰也能引起争辩。而且往往争辩留给我们的印象是不愉快的，因为它的目标指向很明确：每一方都以对方为"敌"，试图把自己的观点强加于别人。

你喜欢和人争辩，是否是以为你用争论压倒了对方，就会得到很大的利益呢？你要明白，你必定压不倒对方。即使对方表面屈服了，心里也必悻悻然，你一点好处也得不到的，而害处却多了。好争辩，第一，它使你损害了别人的自尊心，令人对你产生反感；第二，它使你很容易犯专去挑剔别人缺点的恶习；第三，它使你变得骄傲；第四，你将因此失掉所有朋友。

请从体育精神做起吧，输了不必引为可耻，而后竭力去学习尊重别人的意见。好胜是大多数人的弱点，没有人肯自认失败的，所以一切的争辩都是没有必要的。谈话的艺术就是提醒你怎样游出这愚蠢的旋涡，更清醒地去应付一切。如果能够常常尊重别人的意见，你的意见也必被人尊重，如此，你所主张的就很容易得人拥护，而不必把精神花在无益的争辩上。你可以实现你的主张，你可以左右别人的计划，但不是用争辩的方法来获取。如果你想借某一问题增加你的学识，你应该虚心地请教，而不要企图借助争辩。请记住：争辩是一场漫漫无期的战争。

每个人的见解、主张都是经过长期的生活经验形成的，你不可能在短时间内通过一场争论改变它。因此，当你遇到与别人意见不同的情况时，一方面不要太过心急地要求别人立刻同意你的看法，应该学会理解、同情对方，容许别人作更多地考虑；另一方面也不要因别人的意见一时和自己不同，就说什么"话不投机半句多"，跟人断绝交往，闭口不说话。如果你能很礼貌又很谦虚地听取别人不同的见解、主张，必然会受到人们的欢迎和尊敬。

我们都知道推销员一般能说会道，有好的口才。但这种口才是说服客户或顾客购买自己的产品，而不是让对方承认自己说得有道理。小王是公司的推销高手，销售业绩连续3年居公司第一，是公司公认的金口才。他刚刚从事推销时的一件事对他触动很大、影响很深。

小王公司生产的产品是一种更新替代型产品，与原有产品相比，功能加强了，售价也不高。小王刚开始去推销时，遇到的第一个顾客可能思想有点保守，接受新事物有些慢，只承认原产品好，对新产品的优点视而不见。小王不服气，他拿出新旧产品的产品说明书，两相对照给顾客讲解；同时又实际进行操作，证明新产品功能确实比旧产品好；然后进行性价比、产品生命周期对比。最终，顾客在小王的攻势下不得不承认小王说的是对的，替代产品确实比原有产品好，但顾客却没有购买新产品。

让顾客认同了自己的观点，小王成功了吗？没有，推销员应该有好的口才，口才体现在让顾客购买自己的产品，而不是让顾客不得不承认你正确。

小王正是从这件事中吸取了教训，以后经过刻苦的学习和训练，才坐上了公司推销的第一把交椅，成为公认的金口才。

切记："常有理"不是金口才，在谈话中，有输才有赢。给对方留一点空间，也就给自己留下了回旋的余地，离你的目的也就更近了。

当你觉得某些情况下不得不争论一番时，最好先问自己几个问题：

（1）这次争辩的意义何在？如果是一些根本就很不相干的小事情，还是避免争论为妙。

（2）这次争辩的欲望是基于理智还是感情（虚荣心或表现欲等）？如果是后者，则不必争论下去了。

（3）对方对自己是否有深刻的成见？如果是，自己这样岂不是雪上加霜？

（4）自己在这次争论当中究竟可以得到什么？又可以证明什么？

心理学家高伯特普曾经说过："人们只在不关痛痒的旧事情上才'无伤大雅'地认错。"这句话虽然不胜幽默，却是事实。由此也可以证明：愿意承认错误的人是少的——这就是人的本性。

过分自夸不过是在显示自己浅薄

爱自我夸大的人是找不到真正的好朋友的，因为他自视甚高，睥睨一切，不大理会别人的意见，只会自己吹牛。他只想找奉承和听从他的群众，而不是朋友，于是朋友们都唯恐避之不及。他常自以为是最有本领的人，如果他做生意，他觉得没人比得上他；如果他是艺术家，他就自以为是一代大师；要是他在政治舞台上活动呢，他会觉得只有他才能救世界、救人类。面子是别人给的，脸是自己丢的。若有真实本领，那么赞美的话应该出自别人的口，自吹自擂其实是丢自己的脸而已。凡有修养的人必不随便说及自己，更不会夸自己。他很明白，个人的事业行为在旁人看来是清清楚楚的。

请你不必自吹自擂，与其自夸，不如表示谦逊，也许你自己以为伟大，但别人不一定同意。自己捧自己，绝不能捧得太高。好夸大自己事业的重要性，间接为自己吹擂，纵使你平日备受崇敬，听了这话别人也会觉得不高兴。世间每一件值得向人夸耀的事情都是这样，自己不自夸时，别人还会来称颂，自己说了，人家反而瞧不起了。

千万不要故意与别人有不同的意见。有的人专门喜欢表示与别人不同的意见，处处故意表示与别人看法不同，比如说：你说这是黑的，他在这个时候就硬说是白的；后来你又改变了看法也说这是白的，他在这个时候就会反过来说它是黑的了。

这种人与那些处处随声附和的人一样会被人看不起，最后还有可能会让人认为他是一个不忠实的人。

好口才帮助你待人处世，没有一个人不愿意做一个口才好、到处受人欢迎的人。但是若为了展现你的口才，到处逞能，这样只会惹人憎厌，所以口才应正确且灵活地表现。

在谈话时，很有可能会出现一些分歧，这时如果立刻提出异议，对方一听就会觉得别人对自己不尊重、自己的意见被完全否定了，这样的结果很显然是令人不愉快的。

如果这种情形真的出现，就要把事情说得清楚一点，要先说明哪一点是自己同意的，哪些地方也完全同意他的看法，然后再把不太同意的某一点说出来。对方在这种情况下也就很容易接受你的批评或指正，因为他现在已经知道了双方在主要部分的意见还是完全一致的。

无论怎样，都要预先提及对方意见中你所同意的各点，就算它是不重要的一点也要说出来，这样做的目的就是为了缓和一下谈话的气氛。

总而言之，要避免在陌生人面前夸耀你个人的成就、你的富有，或者总向人说自己的儿子怎么怎么了不起之类的话；当然，更不要在一般的公共场合，把朋友们的缺点与失败当作是谈话的资料；也不要发一些无谓的牢骚，诉苦和发牢骚不是获得同情的好方法。这也是做人的一些基本态度。

责备他人其实是在掩饰自己的过错

某国巨盗葛洛莱，他的绰号叫作"双枪手"，他是杀人如麻、无恶不作的魔王。他和纽约市的 150 多个警察和密探激战了一小时之后，终于被捕了。但是在他被捕之前，他正在写着一封信，说他是温和而善良的人，从不曾伤害任何人。当他被判死刑的时候，他还在竭力喊冤，说是为了自卫才伤人，不应该受此极刑。这个故事告诉我们，就是一个无恶不作的巨盗，他还是自认为是好人的，那么一般人也就不用说了。谁都不肯自认其错，我们硬去批评人家，又有什么好处呢？

正如唠叨是影响说服成功的礁石一样，无用而令人心碎的指责也是成功说服的敌手。不要时时处处指责对方，这样改变不了对方。可有些人不仅在家庭内部，而且在朋友和熟人面前也不忘指责自己的伴侣。这种指责不仅改变不了对方的缺点和错误，反而伤害了双方的感情。如果对方确实有错，那就委婉地提出，真诚地帮助，甚至以情感的力量去感化对方，相信对方一定会在意你所付出的一切。

对别人批评，只会使别人竭力掩饰自己的过错而已。这不仅关系到被批评者的颜面，而且还足以引起被批评者的反感。在某国的军队中有一条军法，就是士兵不得随意指责哪一个战友，如果谁违反了这一条军法，就得受到严厉的责罚。这一条军法的用意是免除大家因批评而彼此闹意见，使内部出现不合作的现象。一家商店的老板，如果他只是批评伙计，说一班伙计怎样怎样不好，这班伙计一定不会为他忠心服务，这家商店一定不会发展的；一个主妇，如果老是批评佣人不好，佣人也不会忠心地做事，这样主妇是不会得到什么好处的。

据说，女性如果在其他女性面前被伤害了自尊心，那简直比死还难过。当个别家庭妇女在超级市场顺手牵羊偷拿物品被当场发现时，处理这件事的人员考虑到女性的深层心理，于是将她带到个别的房间内进行处理，可以说这是一种很好的说服方法。所以，有第三者在场时，我们不应向别人尤其是女士提出批评。

有些人很喜欢指责他人，一旦出现问题，他们首先想到的就是如何将责任推卸给别人。有些人似乎养成了一种不以为然的恶习，他们动不动就批评、指责他人，有些人更以此为快。一旦出现了问题，他们首先想到的就是射出批评之箭，中伤他人。还有些人，他们本来自己在某方面做得并不好，却非要拼命去批评人家。这种批评怎会以理服人呢？其结果要么伤害他人，要么被人抵挡，弄得自己反遭他人伤害。其实，尽量去了解别人，尽量设身处地去思考问题，这比批评、责怪要有益得多，这样不但不会伤人害己，而且让人心生同情、忍耐和仁慈。"了解就是宽恕"，何不多点温柔之术呢？所以，当我们批评他人时，先想想自己：我做得怎样？是否应该完全怪罪他人？这样你也许会完全改变自己的想法和行为，并与他人保持一种良好的人际关系。

让我们记住，我们所要说服的对象，并不是绝对理性的动物，而是充满了情绪化、成见、自负和虚荣的人。

鲍勃·胡佛是个有名的试飞驾驶员，时常表演空中特技。一次，他从圣地亚哥表演完后准备飞回洛杉矶。根据《飞机作业》杂志的描述，胡佛在离地100米高的地方时，刚好有两个引擎同时出现故障。幸亏他反应灵敏、控制得当，飞机才得以降落。虽然无人伤亡，飞机却已面目全非。

胡佛在紧急降落之后第一个工作是检查飞机用油。正如所料，那架螺旋桨飞机装的是喷射机用油。

回到机场，胡佛要求见那位负责保养的机械工。年轻的机械工早为自己犯下的错误痛苦不堪，一见到胡佛，眼泪便沿着面颊流下。他不但毁了一架昂贵的飞机，甚至差点造成3人死亡，你可以想象出胡佛当时的愤怒。但是胡佛并没有责备那个机械工，他只是伸出手臂，围住工人的肩膀说："为了证明你不会再犯错，我要你明天帮我修护我的F-51飞机。"

的确如此，我们很多人说话时，经常只顾自己痛快，过后才发现不小心伤了别人的心；尤其是当别人做了错事，或自己因此而吃了亏，就更觉得自己受了委屈，要从嘴上图个痛快，于是一些难听尖刻的话就不自觉地冒了出来，结果往往是爽快一时却伤了和气。

有时别人并没什么大错，但不幸遇到你情绪不好，也可能遭到你尖锐的责备，结果当然更糟。同学不小心把你的铅笔盒碰翻，你破口大骂，从他帮你捡东西开始一直骂到东西捡完。如果边上的同学早就习惯了你这种脾气那还好一些，否则你会发现以后经常会遇到许多冷眼。

只要你不是无缘无故地责备别人，在你开口之前，别人总是处于一种被动的心理状态，因为他们感到自己做错了事，自责的心理能让他们安静地接受你的责备，但绝对不是任你处置，随你发泄。当你的责备已经到伤害他们自尊心的地步，那么自责心理就可能立即消失，并可能产生不快，而不快会发展成怨恨。服务行业有忌语，那是因为这些忌语不够礼貌，不够尊重顾客；而教师的忌语则可能是伤害学生自尊的话，否则你原有的一点好意会被这种伤害冲得荡然无存。

朋友之间不能在责备对方时，老账新账一起算，把以前的不满都说出来，甚至以前已责备过的事情也提出来加以重复。朋友之间永远不要重复责备第二次，甚至责备越少越好。约翰博士说过："上帝本身也不愿论断人，直到末日审判的来临。"那么我们又何必如此呢？因此，你要帮助对方认识并改正错误，你要说服别人。从现在开始，就请记住这个原则：不要总是责备他人。

时机未到时就得保持沉默

哲学家说，沉默是一种成熟；思想家说，沉默是一种美德；教育家说，沉默是一种智慧；艺术家说，沉默是一种魅力。我们知道，在人际交往当中，沉默是一种难得的心理素质和可贵的处世之道，当然，任何事情又都不是绝对的。

心理学告诉我们，在不同的场合环境中，人们对他人的话语有不同的感受、理解，并表现出不同的心理承受力。正因为受特殊场合心理的制约，有些话在某些特定环境中说比较好，但有些话说出来就未必好。同样的一句话，在此说与在彼说的效果就不一样。因此，说什么，怎么说，一定要顾及说话的环境，如果环境不相宜，时机未到，最好的办法是保持沉默。

日本公司同美国公司正进行一场贸易谈判。

谈判一开始，美方代表滔滔不绝地向日商介绍情况，而日方代表则一言不发，埋头记录。

美方代表讲完后，征求日方代表的意见。日方代表恍若大梦初醒一般，说道："我们完全不明白，请允许我们回去研究一下。"

于是，第一轮会谈结束。

几星期后，日本公司换了另一个代表团，谈判桌上日本新的代表团申明自己不了解情况。

美方代表没有办法，只好再次给他们介绍了一遍。

谁知，讲完后日本代表的态度仍然不明朗，仍是要求道："我们完全不明白，请允许我们回去研究一下。"

于是，第二轮会谈又告休会。

过了几个星期后，日方再派代表团，在谈判桌上故技重演。唯一不同的是，这次，他们告诉美方代表一旦有讨论结果立即通知美方。

一晃半年过去，美方没有接到通知，认为日方缺乏诚意。就在此事几乎不了了之之际，日本人突然派了一个由董事长亲率的代表团飞抵美国开始谈判，抛出最后方案，以迅雷不及掩耳之势逼迫美方加快谈判进程，使人措手不及。

最后，谈判达成一项明显有利于日方的协议。

这场谈判成功的关键在于一句俗话"会说的不如会听的"，听出门道再开口，而开口便伤对方"元气"，不很高明吗？

在生活中，我们有时故作"迟钝"未必不是聪明人，"迟钝"的背后隐藏着过人的精明。有人推崇一种"大智若愚型"的艺术——意即在商业活动中多听、少说甚至不说，显示出一种"迟钝"。其实这样做的目的是为了获得最大的利益。少开口，不做无谓的争论，对方就无法了解你的真实想法；反之，你可以探测对方动机，逐步掌握主动权。

这时候的沉默，实际是"火力侦察"。

"话到嘴边留半句，不可全抛一片心""言多必失，语多伤人""君子三缄其口"的古训，把缄口不言奉作练达的安身处世之道。今天，我们亦应谨记这些古训，该沉默时一定要三缄其口。沉默，是一种态度。沉默，是一种特殊语言。沉默，也会赢得百万金。

受到攻击时，沉默是最好的方法

雄辩如银，沉默是金。在我们的生活中，有些时候确实是沉默胜于雄辩。与得体的语言一样，恰到好处的沉默也是一种语言艺术，运用好了常会收到"此时无声胜有声"的效果。

假如我们在生活中遇到个别强词夺理、无理辩三分或者出言不逊、恶语伤人的人，与之争辩是非或是反唇相讥，往往只能招来他们变本加厉的胡搅蛮缠。对付这种人的最好办法往往不是以眼还眼，以牙还牙，而是保持沉默。这种无言的回敬常使他们理屈词穷，无地自容，正如鲁迅先生所说：沉默是最好的反抗。

国外某名牌大学，曾发生过老师和校长反目的情形，该校校长遭到许多老师的围攻。当时，也有一群学生冲进校长的研究室，对他提出各种质问。但是，无论教师说什么，这位校长始终不开口，双方僵持了几个小时后，教师们终于无可奈何地走了。

这位校长保持沉默，实际上也是一种反抗，同时又给对方一种高深莫测的感觉，从而造成心理上的压迫感。由此看来，"沉默是金"确有一定道理。

当对方出于不良动机，对你进行人身攻击，并且造谣诽谤时，如果予以辩驳反击，又难以分清是非，这时运用轻蔑性沉默便可显示出锐利的锋芒。你只需以不屑的神情，嗤之以鼻，就足以把对方置于尴尬的境地。

某单位有两个采购员，田宁因超额完成任务而受奖，郑伟却因没尽力而被罚。但郑伟不认识自己的问题，反而说三道四。在一次公众场合，他含沙射影地说："哼，不光彩的奖励白给我也不要！有酒有烟我还留着自己用哩，给当官的拍马屁，咱没有学会！"

田宁明白这是在骂自己，不免怒火顿升，本想把话顶回去，可是转念一想觉得如果和他争吵，对方肯定会胡搅蛮缠，反而助长其气焰。于是他强压怒火，对着郑伟轻蔑地冷笑一声，以不值一驳的神色摇了摇头，转身离去，把郑伟晾在一边。

郑伟的脸红一阵白一阵的，窘极了。

众人也哄笑道："没有完成任务还咬什么人，没劲！"至此，郑伟已经无地自容。

在这里，田宁的轻蔑性沉默产生的批驳力比之用语言反驳，显得更为有力、得体，更能穿心透骨。这也许是对付无理挑衅的最有效的反击武器。

有些人在遇到麻烦的时候，常常喋喋不休，唠叨不止，殊不知这样正好暴露了自己的弱点。处在尴尬情况下，与其聒噪不停，甚至说错话，倒不如保持沉默。

沉默像乐曲中的休止符，它不仅是声音上的空白，更是内容的延伸与升华。它是一种无声的特殊语言，是一种不用动口的口才。

别人论己时切莫打断

在大多数场合下，注意聆听别人的谈话非常重要。当听到别人谈论自己的时候，很多人容易犯这样一个错误：一旦别人谈到自己时，尤其是不利于自己的情况时，往往会打断别人，进行争论。其实，这是最不明智之举。

伊里亚·爱伦堡的长篇小说《暴风雨》出版后，在社会上引起震动，褒贬不一，莫衷一是。某报主编不知从哪里得到了斯大林对《暴风雨》的看法——认为此书是"水杯里的暴风雨"。

为了讨好领导，主编就组织编辑部人员讨论这部小说，以表示该报的政治敏锐性和高度的警惕性，表明该报鲜明的立场。

讨论进行了数小时，发言人提出不少批评意见。由于主编的诱导，每篇发言言辞都辛辣而尖刻，如果批评成立的话，都足以让作家坐几年牢。可是在场的爱伦堡极为平静，他听着大家的发言，显出令人吃惊的无动于衷的态度，这使与会者无法忍受，纷纷要爱伦堡发言，并要求他从思想深处批判自己的错误。

在大家的再三督促下，爱伦堡只好发言。他说："我很感谢各位对鄙人小说产生这么大的兴趣，感谢大家的批评意见。这部小说出版后，我收到不少来信，这些来信中的评价与诸位的评价不完全一致。这里有封电报，内容如下："我怀着极大兴趣读了您的《暴风雨》，祝贺您取得了这么大的成就。——约瑟夫·斯大林。'"

主编的脸色很难看，以最快的速度离开会场，那些批判很尖刻的评委们，都抱头鼠窜了。爱伦堡轻轻地摇摇头："都怨我，这么过早地发言，害得大家不能再发言了。"

爱伦堡的聪明在于，如果他据理反驳，必能激起同仁们更加尖锐的批评，这种场合，最明智的做法就是保持沉默，褒贬随人。

沉默的力量是无边的，它可以帮你说服反对你的人，让你向成功迈进。所以我们要学会沉默，学会在别人论己时保持沉默。

恰当运用沉默的方式

在特定的环境中，沉默常常比论理更有说服力。我们说服人时，最头痛的是对方什么也不说。反过来，如果劝者保持沉默什么也不说，被劝者的抱怨或无知就找不到市场了。

不同的沉默方式有不同的作用，运用时必须恰到好处。

1. 不理不睬的沉默可让人摆脱无聊的纠缠

当你正为自己的事情忙得不可开交的时候，同事却不知趣地想跟你闲聊，或者有推销员厚着脸皮赖着不走，或者有人找你去做你不想做的事情。这时，你应尽可能对他们一言不发，不理不睬。过一会儿，他们见你无反应，定会知趣地悻悻走开。

2. 冷漠的沉默能使犯错误者认错改正

有一个出身于有教养家庭的小学生，一天他拿了同学一件好玩的玩具，晚饭前回来，装出一副若无其事的样子，同往常一样笑吟吟地说："妈妈，我回来了！""姐，我饿了。""怎么了？"沉默。"我没做错事啊！"还是沉默。妈妈眼睛瞪着他，姐姐背对着他，全家都冷冰冰地对待他。他终于受不了了："妈、姐，我错了……"

3. 毫无表情的沉默能让人深思

有些人发表意见时态度很积极，但不免有些偏颇，令人难以接受；若直截了当地驳回，易挫伤其积极性，若循循善诱又费时，精力也不允许，最好的办法便是毫无表情的沉默。他说什么，你尽管听，"嗯""啊"……什么也不说，等他说够了，告辞了，再用适当的不带任何观点的中性词和他告别，"好吧！"或"你再想想"。

别的什么也不用说。这样，他回去后定然要竭思尽虑：今天谈得对不对？对方为什么不表态？错在哪里？也许他会向别人请教，或许自己就会悟出原因。

4. 转移话题的沉默能使人乐而忘求

对要回答的问题保持沉默，而选准时机谈大家都喜欢的热门话题，使对方无法插入自己的话题，此人就会从谈话中悟出道理，检讨自己。

5. 信心坚定的沉默能使人顺服

某领导有一次交代属下办一件较困难的任务，当然，他能胜任。交代之后，对方讲起了"价钱"。于是该领导义无反顾地保持沉默，连哼也不哼。"困难如何大……""条件如何差……""时间如何紧……"说着说着他就不说了。最后说了一句："好，我一定完成。"

沉默是金，有时沉默不语能够出奇制胜，有时滔滔不绝，反而有理说不清。

插话要找准时机

在别人说话时，我们不能只听到一半或只听一句就装出自己明白的样子。我们提倡在听别人说话时，要不时做出反应，如附和几句"是的"等话语，这样既让说者知道你在听他说，又让他感觉你在尊重他，使他对你产生浓厚的兴趣。

但是，万事都有所忌，都要把握分寸。许多人过分相信自己的理解和判断能力，往往不等别人把话说完就中途插嘴，这种急躁的态度很容易造成损失，不仅容易弄错了对方说话的意图，还有失礼貌。当然，在别人说话时一言不发也不好，对方说到关键的时刻，说完后，你若只看着对方，而不说话，对方会感到很尴尬，他会以为没有说清楚而继续说下去。

把握说话时机非常重要，这个过程需要充分的耐心，也需要积极进行准备，等待条件成熟，但绝不是坐视不动。孔子在《论语·季氏》里说："言未及之而言谓之躁，言及之而不言谓之隐，不见颜色而言谓之瞽。"这句话有3层意思：

一是不该说话的时候说了，叫作急躁；

二是应该说话的时候却不说，叫作隐瞒；

三是不看对方的脸色变化，贸然信口开河，叫作闭着眼睛瞎说。

这3种毛病都是没有把握说话的时机，没有注意说话的策略和技巧。因为说话是双方的交流，不是一个人的单方面行为，它要受到诸如说话对象、设定时间、周边环境等种种限制，所以说话要把握时机。如果该说的时候不说，时境转瞬即逝，便失去了成功的机会。同样地，如不顾说话对象的心态，不注意周边的环境气氛，不到说话的火候却急于抢着说，很可能引起对方的误解，甚至反感。如果信口开河，乱说一通，后果就更加严重。

阻遏别人的发表欲，人家一定不高兴，你在此情况下就很难得到别人的认同。能说会道的人很受欢迎，而善于倾听的人才真正深得人心。话多难免有言过其实之嫌，或者被人形容为夸夸其谈。静心倾听就没有这些弊病，倒有兼听则明的好处。用心听，给人的印象是谦虚好学，是专心稳重，诚实可靠。然后，在适当时机做出最恰当的回应，定能使沟通如行云流水。

还有不少人在倾听别人说话时表现得唯唯诺诺的样子，哼哼哈哈，好像什么都听进去了，可等到别人说完，他却又问道："很抱歉，你刚才说了什么？"这种态度，对于说话者来说是有失礼节的事。

所以说，即使你真的没听懂，或听漏了一两句，也千万别在对方说话途中突然提出问题，必须等到他把话说完，再提出："很抱歉！刚才中间有一两句你说的是……吗？"如果你是在对方谈话中间打断，问："等等，你刚才这句话能不能再重复一遍？"这样，会使对方有一种受到命令或指示的感觉，显然，对方对你的印象就没那么好了。

听人说话，务必有始有终。但是能做到这一点的人并不多。有些人往往因为疑惑对方所讲的内容，便脱口而出："这话不太好吧！"或因不满意对方的意见而提出自己的见解，甚至当对方有些停顿时，抢着说："你要说的是不是这样……"这时，由于你的插话，很可能打断了他的思路，使他忘了要讲些什么。

人人都有这样的经验：有时，同某人在一起，说话很愉快；有时同某人在一起，感到很烦，本来很感兴趣的话题却不想谈下去。究其原因，主要是因为对方说话不讨人喜欢，该问的问，不该问的也问，所以让我们觉得厌烦。说话要讲究轻重、曲直，更要有个眼力劲，知道哪些话该说哪些不该说，哪些该问哪些不该问。

问题是展开话题的钥匙。所以说话有眼力见儿就要做到问话要讨人喜欢。

有些问题，当你得不到满意的答复时，是可以继续问下去的，但有一些问题就不宜再问。

比方说你问对方住在哪里，他如果只说地区而不说具体地址，你就不宜再问在几路几号。如果他愿意让你知道的话，他一定会自动详细说明的，而且还会补充上一句，邀请你去坐坐，否则便是不想让别人知道，你也不必再追问了。举一反三，其他诸如此类的问题，如年龄、收入等也一样不宜追问，以免引起对方不快。

不可问对方同行的营业情况。同行相忌，这是一般人的毛病。因为他回答你时，若不是对其同行过于谦逊的赞扬，便是恶意的诋毁。在一个人面前提及另外一个和他站在对立地位的人或物总是不明智的。

此外，在日常交际中，不可问及别人衣饰的价钱；不可问女子的年龄（除非她是6岁或60岁左右的时候）；不可问别人的收入；不可详问别人的家世；不可问别人用钱的方法；不可问别人工作的秘密，如化学品的制造方法，等等。

凡别人不知道或不愿意让人知道的事情都应避免询问。问话的目的在于引起双方的兴趣，而不是使任何一方没趣。若能让答者起劲，同时也能增加你的见识，那是使用问话的最高本领。

一位社交家说："倘若我不能在任何一个见面的人那里学到一点东西，那就是我处世的失败。"

这句话很发人深省，因为虚怀若谷的人，往往是受人欢迎的。记住，问话不仅能打开对方的话匣，而且你可以从中增益学问。

该说话时就说话

沉默是金，并不是说要一味沉默不语；掌握时机，该说话的时候就不要沉默。比如父母为鸡毛蒜皮的小事吵得不可开交，这时你可以保持沉默，如果他们各自的怒火都平息下来了，陷入双方互不理睬的僵局时，保持沉默就不是明智之举了，这时你就应该说些劝解话，让他们重归于好。又比如，领导遇到尴尬情况了，就需要你站出来为领导打圆场，同事有矛盾了，需要你开口化干戈为玉帛，等等。掌握说话时机，该说话时就说话，才能让你为人处世更游刃有余。

该说话时就说话，不该说话时就千万别开口，以免遭灭顶之灾。这里就有一个有趣的小故事可以说明此理：

阴曹地府，正见阎罗王升堂问事。

有几个鬼抬上一个人，说："这人在阳世，干尽了缺德事。"

阎王命令道："用500亿万斤柴火烧煮。"

牛头鬼上来押解。那人私下里探头问牛头鬼："你既然主管牢狱，为啥穿着这么破烂的豹皮裤子呀？"

牛头鬼说："阴间没有豹皮，如果阳间有人焚化才能得到。"

那人立即说："我舅家专门打猎，这种皮子多着呢。如果你肯怜悯我，减少些柴，我能够活着回去，定为你焚化 10 张豹皮。"

牛头鬼大喜，答应减去"亿万"两字。烧煮时也只是形式而已。

待那人将归时，牛头鬼叮嘱道："可千万不要忘了豹皮呀！"

那人回头对牛头鬼说："我有一诗要赠送给你：牛头狱主要知闻，权在阎王不在君，减扣官柴犹自可，更求枉法豹子皮。"牛头鬼大怒，把他叉入滚沸的水锅里，并加添更多的柴煮了起来。

奉劝别人的话是应该说，但如果没有到该说的时候说出来，无疑会让事情变糟。

所以，说话时千万要记住：掌握时机，该说话时再说话，该说时一定要说。

说话不可口无遮拦

与人说话要讲究方圆曲直，该说的说，不该说的就不要开口，可实际上，有的人说话口无遮拦，以致让自己陷入危险境地。

说话不可口无遮拦，要恰当地回避他人忌讳的东西，才能使双方的交流更为融洽。

朋友聚会，大家不免要开开玩笑，玩笑不伤大雅无妨，不有意无意揭人伤疤也无妨。这样可以使气氛更欢愉，彼此沉浸在往事的回忆中，倒是一种乐趣。然而，有时不该说的说了，就会使气氛骤变，若是有朋友携好友或恋人同往，情况还会更糟。

小张长得高大魁梧，在大学校园内有"恋爱专家"的雅号。如今他是一家外资公司的高级职员。英俊的长相和丰厚的薪水使他在众多的女孩中选择了貌若天仙的小丽作为女友。也许是为了炫耀自己的能耐，小张带着小丽去参加朋友聚会。

就在大家天南海北闲谈的时候，同学老王转了话题，谈起了大学校园罗曼蒂克的爱情故事，故事的主人公自然是"恋爱专家"小张。老王眉飞色舞地讲述小张如何引得众多女生趋之若鹜，又如何在花前月下与女生卿卿我我。小丽起先还觉得新奇，但越听越不是味，终于拂袖而去。小张只好撇下朋友去追小丽。

老王并不是有意要揭小张的伤疤，而他的追忆往事确实使小丽耳不忍闻，无端造出了乱子。这不仅使小张要费不少周折去挽回即将失去的爱情，而且使在场的人心里也不愉快。

总之，无论在什么场合，什么情况下都要把握说话分寸，尽量做到该说的说，不该说的就不说，尽量创造一个和谐的氛围。

转个弯儿说话

在某些特定的场合，如果把话说得太直、太透，可能会引起对方的不满，或者对自己产生不利的影响，但意思又不能不表达。这时，如果采用"借他人之言，传我腹中之事"的方法，借用一个并不在场的第三者之口说出，便可以弱化对方的不满和对我方的不利影响。这种方法就是近话远说。

近话远说能够人为地拉开话题与现场之间的距离，给双方留下一个缓冲带。

西安事变前夕，张学良和杨虎城就频繁晤面，都有心对蒋发难。可对于这样一个关系到身家性命和国家前途的大事，在对方亮明态度之前，谁敢轻易开口。眼看时间越来越近，双方都是欲说还休。

杨虎城手下有个著名的共产党员叫王炳南，张学良也认识。在又一次的晤面中，杨虎城便以他投石问路，说道："王炳南是个激进分子，他主张扣留蒋介石！"张学良及时接口道："我看这也不失为一个办法。"于是两个聪明的将军开始商谈行动计划。

当时，张学良的实力比杨虎城大得多，且又是蒋介石的拜把子兄弟。杨虎城如果直接把自己的观点摆在张的面前，而张又不赞同，后果实在堪忧。于是就借了并不在场的第三者之口传出心声，即使不成也可全身而退，另谋他策。

说话转个弯儿，在表达了自己的意见的同时，也为自己留了条后路。

对于不宜直言的问题，绕个弯儿说话，有时会让自己化险为夷，不信看下面这个例子：

我国古时候，有一个县官很喜欢附庸风雅，尽管画术不佳，但画画的兴致很高。他画的虎不像虎，反而像猫。并且，他还每画完一幅画，都要在厅堂内展出示众，让众人评说。大家只能说好话，不能说不好听的话，否则，就要遭受惩罚，轻则挨打，重则投入监牢。

有一天，县官又完成了一幅"虎"画，悬挂在厅堂，召集全体衙役来欣赏。

县官得意地说：

"各位瞧瞧，本官画的虎如何？"

众人低头不语。县官见无人附和，就点了一个人说：

"你来说说看。"

那人战战兢兢地说：

"老爷，我有点怕。"

县官："怕，怕什么？别怕，有老爷我在此，怕什么？"

那人："老爷，你也怕。"

县官："什么？老爷我也怕。那是什么，快说！"

那人："怕天子。老爷，你是天子之臣，当然怕天子呀！"

县官："对，老爷怕天子，可天子什么也不怕呀！"

那人："不，天子怕天！"

县官："天子是天老爷的儿子，怕天，有道理。好！天老爷又怕什么？"

那人："怕云。云会遮天。"

县官："云又怕什么？"

那人："怕风。"

县官："风又怕什么？"

那人："怕墙。"

县官："墙怕什么？"

那人："墙怕老鼠。老鼠会打洞。"

县官："那么，老鼠又怕什么呢？"

那人："老鼠最怕它！"来人指了指墙上的画。

被点名的差役没有直接说县太爷画的虎像猫，而是绕着弯说话。让县官在众人面前保住了脸面，又让自己避免了一场灾难。

顺水推舟巧应对

在和别人交往时，如果遇到不宜直说，但又不得不说的情况时，采用顺水推舟的说话技巧不失为一种好的解决问题的办法。所谓顺水推舟，就是借助别人先造成的"势"，然后就此一"推"，便顺顺当当地将问题解决了。

下面有这样一个例子：

武则天当政时，天下禁屠。御史娄师德视察陕州，一次吃饭时，厨人端上了肉。娄师德便问：已经禁屠了，哪来的羊肉？厨人回道："豺咬杀羊。"看来娄大人口福不浅，知道他大驾光临，便有狼咬死羊，足见厨师训练有素，其主人教导有方。你看，禁也没有破，肉也有得吃，这"水"是够"顺"的了。不消说，只需轻轻一推，自然会"轻舟已过万重山"。无怪娄师德夸奖"豺大解事",其实是地方官解事呀。过一会儿又端上鱼丸子,娄问何来鱼?许是事先培训不到家,厨人回曰:"豺咬杀鱼。"师德叱道:"智短汉,何不说獭咬杀鱼?"其实他也心知肚明,只是不愿说破罢了。

有时运用顺水推舟的说话方式,可以让我们保全别人的面子,又让自己减少不必要的损失。

把握好说话曲直的分寸,在遇到难以解决的境况时,你也不妨采用一下顺水推舟的说话技巧。

点到为止

事情有缓急,说话有轻重。有些人在日常交际中,对问题缺乏理智,不考虑后果,一时性起,说话没轻没重,以致说了一些既伤害他人,也不利自己的话。

有一对夫妻吵架,两人唇枪舌剑,各不相让,最后丈夫指着妻子厉声说:"你真懒,衣服不洗,碗也不刷,你以为你是千金小姐呢,什么都不会,脾气还挺大,要你有什么用,不如死了算了。"妻子一气之下割脉自尽,丈夫后悔已经来不及了。

这样的例子在日常生活中屡见不鲜。这类说"过"了、说"绝"了的话,虽然有一些是言不由衷的气话,但是对方听来,却很伤心,故常常引起争吵、嫉恨,甚至反目成仇。俗话说"过火饭不要吃,过头话不要说","话不要说绝,路不要走绝",正是对上述不良谈吐的告诫。

如果听话人是一个非常明白事理的人,你说的话就不必太重,蜻蜓点水,点到即止,一点即透,因为对方就像一面灵通的"响鼓",鼓槌轻轻一点,就能产生明确的反应。对这样的人,你何必用语言的鼓槌狠狠地擂他呢?

赵明是工厂的一名班组长,最近他的班组调来一个名叫王楠的人,别人对王楠的评语是:时常迟到,工作不努力,以自我为中心,喜欢早退。过去的班长对王楠都束手无策。第一天上班,王楠就迟到了5分钟,中午又早5分钟离开班组去吃饭,下班铃声响前的10分钟,他已准备好下班,次日也一样。赵明观察了一段时间,发现王楠缺乏时间观念,但工作效率却极佳,而且成品优良,在质管部门都能顺利通过。于是,赵明对王楠微笑着说:"如果你时间观念和你的工作效率同样优秀,那么你将成为一个完美的人。"以后赵明每天都跟王楠说这句话。时间久了,王楠反而觉得过意不去了，心想：过去的班长可能早就对我大发雷霆了，至少会斥责几句，但现在的班长毫无动静。

感到不安的王楠，终于决定在第三周星期一准时上班，站在门口的赵明看到他，便以更愉快的语气和他打招呼，然后对换上工作服的王楠说："谢谢你今天能准时上班，我一直期待这一天，这段日子以来你的成绩很好，如果你发挥潜力，一定会得优良奖。"

赵明对待王楠的迟到，没有采取喋喋不休的方式批评，而是点到为止，让其自动改正错误。

小宋是一位小学语文教师，他不满某些社会现象，爱发牢骚，甚至在课堂教学中有时也甩开教学内容，大发其牢骚。很显然，他缺乏教师这个角色应有的心理意识。校长了解这种情况后，与他进行了一次交谈。校长说："你对某些社会不良风气反感，对教师经济待遇低表示不满，这是可以理解的。心中有气，尽管对我发吧，但是请你千万不能在课堂上发牢骚。少年的心灵本是纯真幼稚的，他们对有些事缺乏完全的了解和认识，你与其发牢骚，何不把那份精力用来给学生讲讲如何振兴祖国？这才是一个称职的教师应该做的。"听了校长这一番语重心长的话，小宋认识到当教师确实不能随意把这种牢骚满腹的心理状态表现出来，不然，对学生会产生不良的影响。从此以后，再也没有听说他在课堂上发牢骚了。

同样，校长如果不把握说话的轻重，直接说："你这样做是缺乏修养的表现，不配做一个教师。"那么结果又会怎样呢？

说话要把握轻重，点到为止，给人留住面子，才能起到说话的原本目的。

发生冲突时切忌失去理智

人与人之间难免因某种原因产生摩擦，这时，如果把话说得过重，就会使矛盾激化，相反，如果压制自己的情绪，则会让事情平息下来。

日本一位得过直木奖的作家藤本义一先生，是位颇为知名的人。

一次，他的女儿超过了晚上时限10点钟，于12点方才带醉而归，开门的藤本夫人自是破口训斥了一顿，之后还说：

"总而言之，你还是得向父亲道个歉。"

顿时，她也清醒了不少，感到似乎大难就要临头了，于是便怯怯地走向父亲的卧房，面色凝重的父亲却只说了句："你这浑蛋！"之后便愤然离去，留下了无言的女儿独自在黑暗中。

虽然只是一句话，但却深深刺痛了她的心，然而晚归之事，自此便不再发生。

为人父母者都有责备孩子的经验，多半也了解孩子可能有的反抗心，所以要他们反省是相当困难的。通常会以一句："你是怎么搞的，我已经说过多少次……"想让他们了解并且反省，此时他们若有反抗的举止，父母又会加一句："你这是什么态度？"然后说教更是没完。

如此愈是责骂，反抗心便愈是高涨，愈是希望他们反省，反愈得不到效果，于是情况就会变得更糟，但藤本先生的这种做法，使他女儿的反抗心根本无从发泄，反而转变为反省的心。

因藤本夫人的一顿训斥，已足够引起女儿的反抗心，但藤本先生却巧妙地将它压抑住，反而使女儿的内心感到十分歉疚，因为父亲的一句"浑蛋"，实胜过许多无谓的责骂，她除了感激，实在无话可说。

压制自己的情绪，在遇到愤怒的事情时，切勿失去理智，口不择言。通常有些"过头话"是在感情激动时脱口而出的：人们为了战胜对手，往往夸大其词，着意渲染，"攻其一点，不及其余"，甚至使用污言秽语。如夫妻吵架时，丈夫在火头上说："我一辈子也不想见到你！"这话显然是气话、"过头话"，是感情冲动状态下的过激之言。事过之后，冷静下来，又会追悔莫及。所以，在情绪激动时，要特别注意控制，切莫"怒不择言"，出语伤人。同时，因为双方有矛盾，说话就难免很冲、带刺，如果你也采取同样的态度回击，则积怨更深，最好的办法就是避其锋芒。钢刀砍在石头上，肯定会溅起火星，如果钢刀砍在棉花上，则软而无力。对方一定不会再强硬下去。历史上廉颇与蔺相如"将相和"的故事，告诉我们的就是在与有误解或隔阂的人相处时，应避其锋芒，不要硬碰硬，不说过头话，使用的语气不要咄咄逼人，如果一方能主动示弱，便有利于矛盾的化解。

拿不准的问题不要武断

一般人并不怕听反对自己的意见，不过人人都愿意自己用脑筋去考虑一下各种问题。对于自己未必相信的事情，都愿意多听一听，多看一看，然后再下判断。

为了给别人考虑的余地，你要尽量缓冲你的判断结论。把你的判断限制一下，声明这只是个人的看法，或者是亲眼看到的事实，因为可能别人跟你有不尽相同的经验。

除去极少数的特殊事情外，日常交往中，你最好能避免用类似这样的语句来说明你的看法。如"绝对是这样的""全部是这样的"，或者"总是这样的"。你可以说"有些是这样的""有时是这样的"，甚至你可以说"大多数人都是这样的"。

凡是对自己没有亲历，或不了解的事实，或存有疑点的问题发表看法时，要注意选择恰当的限制性词语，准确地表达。如说："仅从已掌握的情况来看，我认为……""如果情况是这样的话，我认为……""这仅仅是个人的意见，不一定正确……"这些说法都给发言做了必要的限制，不但较为客观，而且随着掌握的新情况的增多，有进一步发表意见，或纠正自己原来看法的余地，较为主动。

有时是因事实尚未搞清，有时是因涉及面广，或者自己不明就里，都不宜说过头话，而应借助委婉、含蓄、隐蔽、暗喻的策略方式，由此及彼，用弦外之音，巧妙表达本意，揭示批评内容，让人自己思考和领悟，使这种批评达到"藏颖词间，锋露于外"的效果。例如，可以通过列举和分析现实中他人的是非，暗喻其错误；通过列举分析历史人物是非，烘托其错误；也可通过分析正确的事物，比较其错误等。此外，还可采用多种暗示法，如故事暗示法，用生动的形象增强感染力；笑话暗示法，既有幽默感，又使他不尴尬；逸闻暗示法，通过逸闻趣事，使他听批评时，即使受到点影射，也易于接受。总之，通过提供多角度、多内容的比较，使人反思领悟，从而自觉愉快地接受你的意见，改正错误。

开玩笑要适度得体

在生活中，适度、得体地开个玩笑，可以使周围的人松弛自在，并能营造出适于交际的轻松活跃的气氛，这也是具有幽默感的人更受欢迎的原因。如果玩笑无度，不但收不到好的效果，更会造成严重的后果。

一位男士的女同事穿着一身漂亮的新衣服来上班，他幽默地说道："今天准备出嫁？"这其实是一种夸赞，只不过话说得委婉一点，调侃一点。

她闻听此言，怒不可遏，拍案而起："你骂人！难道我离婚了，难道我丈夫不在了？"接着又来了一大串的谩骂。

这位男士万万没有想到，他的颇为得意的幽默竟被人家当成是不堪入耳的污言秽语，得到的竟是如此难堪的结局。他百口难辩，只好道歉了事。

为了达到开玩笑的目的，又不致造成不必要的误会，事先做一下说明是值得借鉴的。

日本人在开玩笑前很紧张，所以他们在开玩笑前要先打个招呼——以下是个笑话，然后才讲笑话，也许我们觉得这一点儿也不好笑，但日本人却会说，这"穿靴戴帽"是很必要的。因为只有这样，对方才有心理准备，不会把玩笑和严肃的话题混淆，免得造成工作上的误会；如果玩笑和对方有关，打个招呼能避免伤害到对方。日本人不仅说笑话要预告，就是要对某件事提出尖锐的批评时也要先讲一句："我有句难听话要说。"讲完后还要再加一句："这话虽然刺耳，但是请你不要往心里去。"这就是日本人，很多人共同的价值认识，在这里要按照特殊的游戏规则才能通行于他们的社会生活之中。

幽默口才应当是阳春白雪，不宜任意挥霍。下面叙述在运用幽默口才时应该注意的几个问题：

1. 朋友陪客时忌和朋友开玩笑

人家已有共同的话题，已经形成和谐融洽的气氛，如果你突然介入与之开玩笑，转移人家的注意力，打断人家的话题，破坏谈话的雅兴，朋友会认为你扫他的面子。

2. 和非血缘关系的异性单独相处时忌开玩笑

哪怕是开正经的玩笑，也往往会引起对方的反感，或者会引起旁人的猜测非议。要注意保持适当的距离，当然，在一定场合也不能拘谨别扭。

异性之间的幽默更要做到张弛有度，那些所谓的"荤段子"不但不能拉近异性之间的距离，反而会降低自己的格调，使对方认为你低俗难耐。

3. 和残疾人开玩笑要注意避讳

人人都怕别人用自己的短处开玩笑，残疾人尤其如此。俗话说："不要当着和尚骂秃子，瞎子面前不谈灯光。"

要知道人是没有完美无缺的，他人的缺陷和不足绝不是你拿来玩笑的材料。这种笑话会严重地伤害到对方，导致不堪设想的后果。

4. 不要总和同事开玩笑

开玩笑要掌握尺度，不要大大咧咧地总是开玩笑。这样时间久了，在同事面前就显得不够庄重，同事们也不会尊重你；在领导面前，你会显得不够成熟，不够踏实，领导也不会信任你，因而不会对你委以重任。这样做实在是得不偿失。

5. 不要以为捉弄他人也是开玩笑

捉弄别人是对别人的不尊重，会让人认为你是恶意的，而且事后也很难解释，它绝不在开玩笑的范畴之内。轻者会伤及你和同事之间的感情，重者会危及你的"饭碗"。记住"群居守口"这句话吧，不要祸从口出，否则你后悔晚矣！

6. 莫板着脸开玩笑

到了幽默的最高境界，往往是幽默大师自己不笑，却能把你逗得前仰后合。然而在生活中我们都不是幽默大师，很难做到这一点，那你就不要板着面孔和人家开玩笑，免得引起不必要的误会。

7. 态度要友善

与人为善是开玩笑的一个原则。开玩笑的过程，是感情互相交流传递的过程，如果借着开玩笑对别人冷嘲热讽，发泄内心厌恶、不满的感情，那么除非是傻瓜才识不破。也许有些人不如你口齿伶俐，表面上你占了上风，但别人会认为你不能尊重他人，从而不愿与你交往。

8. 避人忌讳

忌讳是因风俗习惯或个人生理缺陷等，对某些事或举动有所忌讳。几乎每个人都或多或少地有自己的忌讳。所以，开玩笑时一定要小心避之。

9. 行为要适度

开玩笑除了可借助语言之外，有时也可以通过行为动作来逗别人发笑，但必须要适当，否则会酿成恶果。

有一对小夫妻，感情很好，整天都有开不完的玩笑。一天，丈夫摆弄鸟枪，对准妻子说："不许动，一动我就打死你。"结果不小心真的扣动了扳机，结果，妻子被意外地打成重伤。

可见，开玩笑千万不能过度。

当然，也有极少数人利用幽默的形式专讲刻薄话，既伤人又伤己，他们专门去打击别人的自尊心，毫不在乎地讲出对方所"耿耿于怀"的话。例如，有关别人的命运，他们所生长的社会环境、有关他们双亲在社会上的地位或者他们的职业等，都成为一些人的谈资。

这个世上本来就有很多不幸的人，一生下来之后，即背负了身体上不利的条件。而更值得同情的是，他们之所以会变成这样，并非自己心甘情愿的。因而，凡是有怜悯之心的人，都不应该以他们身体上的缺陷为话题。事实上，这也是与人交往时，必须注意的一种礼节！

然而，还有人毫不介意地使用那种伤人的言词。当着别人面说那种伤人感情的话，这是非常不人道的。例如，有些人常常使用一些刻薄的言语，如"货底""嫁不出去的老处女""睁眼瞎子""拖油瓶""滥货""杂种""后娘""拖累人的废物""精神薄弱儿""坏胚子"等字眼。

假如你有心肝的话，将不难察觉到这些字眼是极为伤人的，是非人道而残酷的。我们不妨设身处地想一想，如果自己被如此称呼时，心里将有何感觉呢？这个问题实在是有深思的必要。

开玩笑要因人而异

人们由于性别、年龄、经历的不同，就造成人与人之间的心理差异。例如，有人性格开朗，有人性格内向；有人是多血质，有人是抑郁质；有人爱好玩乐，有人爱好学习。这些都表现出人与人之间的心理差异。开玩笑时如果不注意对方的性格，也容易出问题。

百人百姓百脾气。有些人在与不同的人打交道时，不了解对方脾气、性格、爱好等就随意行动，有时也会冒犯人。比如，有的人是小心眼，如果你说话不注意，就会惹人家不高兴。有的人是急性子，说话讲究干脆，可你却在那里啰唆，一遍又一遍地交代，他就会反感，以为你不相信他而生气，有的人把自己的脸面看得很重，自尊心太强，任何时候别人都冒犯不得。他们只喜欢好听的，不喜欢有人说他们的缺点，一旦有人揭他们的伤疤，就像捅了他们的"马蜂窝"，他们会不顾一切地和你大闹起来，与你为敌。

人们的心情常常有起伏变化，喜怒哀乐、有暗有明。当心情好的时候，交往成功的希望就大得多。因为在这时候，人们的心情好，兴致高，接受和包容各种意见的心理也健全和博大得多。哪怕是刺激性较强的言行，也能容忍，不去计较，不会造成不良后果。可是，当人们的心情不好，心事重重，十分烦躁时，他们对于外界信息的接受就会带有明显的倾向性和选择性，对于那些反面的信息就会持排斥反感的态度，而每一个人，在某一特定的时间内，都处于某一心境之中。

这样，在交往中，首先应当对对方所处的心境有所了解，有所体谅，并由此出发来选择话题，决定讲话内容以及所采取的表达方式等，这样才可能取得较好的效果。

性格不同，决定开玩笑的内容、方式和情境也不同。一般情况下，对于性格开朗的人来说，玩笑即使过火，他也能够接受，大不了一笑置之，可一旦碰上交往对象性格封闭，非常在意他人说话的用心，这时你采取如下做法，无疑是非常明智的：控制自己，不图一时痛快，随随便便开玩笑。另外我们也知道，性格开朗的人有时也会碰到烦心事，而性格内向的人有时也会"人逢喜事精神爽"，所以分别遇到这两种情况，对前者就不可以再说玩笑话，免得惹他变脸；而对后者，恰如其分地开个小玩笑，相信他也会笑脸相对的。

最后，我们来一同确认一下，跟哪些对象交往时，不要随随便便开玩笑：

（1）不跟长辈或晚辈开男女情事方面的玩笑；

（2）跟普通的异性朋友单独相处时，不要随便开玩笑；

（3）在残疾人跟前，开玩笑一定要注意避讳；

（4）朋友跟别人谈正事时，切不要开朋友的玩笑。

开玩笑要符合场合

一般来讲，严肃、静穆的场合，言谈要庄重，不能开玩笑。而在喜庆的场合，则要注意自己所开的玩笑能否给喜庆的环境增添喜悦的气氛。如果因为你的玩笑，而使人扫兴就不好了。工作时间不宜开玩笑，以免因注意力分散影响工作，甚至导致事故……总的来说，开玩笑一定要先看清楚场合，搞清楚状况。

1. 正式场合与非正式场合

交际场合有正式（公开）与非正式（私下）之分，一般来讲，在正式场合，所表达的内容及采取的形式应当是比较庄重的，而在非正式场合，就可以随便一些。

有一位很有知名度的老干部做报告，一开始，报告人先客气了一番，无非是说自己并没有做什么，也不是什么了不起的大人物，到这里，他又说出了这么一句："我只不过是一个骚达子。"

"骚达子"是东北口语中表示"跑腿的""听人指使的""无足轻重的小人物"等意思的词，含有较强的戏弄或蔑视意味。据说，这是一个来自俄语的音译词。在这样一个正式场合，用了这么一个"不登大雅之堂"的词，使人感到很不协调。

非正式场合中可以开的玩笑话，用在正式场合中就显得过分了。据报载，葡萄牙的环境部部长，只因不看场合说了句玩笑话而丢掉了乌纱帽。事情是这样的：

葡萄牙的阿连特加地区，因水中含铝超标，已经致使 16 个人的大脑受损医治无效而先后死去，医院里还有些同样的病人处于危险状态。政府决定彻底查清原因，采取防治措施。为此，环境部、卫计委的负责人、专家和有关医生在米组大学举行讨论会。会后休息时，环境部部长指着医院的几个医生对大家开玩笑说："你们知道他们和阿连特加地区最近死去的那些人有什么关系吗？他们将那些人弄到回收工厂，从那些人的肾脏中回收铝。"

这当然是说笑话，怎么可能从人体中回收铝呢？但是，在这样不幸的令人焦灼不安的时刻和场合开这样的玩笑，实不应该。为此，这位环境部长事后声明道歉，并引咎辞职。

这些事例充分说明，在正式场合与非正式场合说话的影响力是不同的，在正式场合说话应特别谨慎，否则就会得罪人。

2. 喜庆场合与悲痛场合

在有些交际场合，某种情感色彩的氛围很浓，在这样的场合氛围中，要求人们的言行要与此情此景相一致、相融合。比如，在喜庆的场合，人们的言行就应有更多的欢乐色彩，彼此在情绪上才能共鸣。在悲痛的场合，人们的言行应更有人情味，更富同情色彩，才有助于感情的沟通。

一般情况下，人们不会有意识地讲一些与某一场合中的气氛截然相反的话，比如在喜庆的场合说悲痛的话，或者颠倒过来，在悲痛的场合说逗笑的话。

但是，确实有一些人在无意中说出了与某一场合中的悲喜气氛不相适应的话，从而造成了不好的影响。

在悲痛、忧伤的场合，说不合时宜的话也会得罪人。

有这样两个老友，在平时爱开玩笑，几天没见面，就说："你还没死呀？"对方马上说："我等着给你送花圈呢！"两个人哈哈一笑了之，后来甲真的病了，住进了医院。乙想叫他开开心，到医院去看望。一见面，他就开玩笑："你还没死呀？"甲的脸一下子拉长了，说："你滚！"把他赶了出去。

你看，在医院，对病人说这样的笑话显然是不合时宜的。

开玩笑不是任何时候都能给人带来欢声笑语的，更不要图一时痛快，想到什么就说什么，一定要看清楚当时所处的场合。

不拿别人的隐私开玩笑

一般来讲，开玩笑都想达到一种令人回味无穷的幽默效果，为此，有人开玩笑竟侵犯到了别人的隐私，这实在太过分了。其实，玩笑能否令人回味无穷，在于巧妙、含蓄的构思，精辟、深奥的哲理，浅显、滑稽的表现形式，幽默的引证，以及特定的矛盾、特定的情境，等等。用过分的语言去开玩笑，难免出现污言秽语。不宜过频地开玩笑，应该适可而止。

每个人都有自己的秘密，都有一些压在心里不愿为人知的事情。在同事之间的闲聊调侃中，哪怕感情再好，也不要去揭别人的短，把别人的隐私公布于众，更不能拿来当作笑料。

某茶馆老板的妻子结婚两个月，就生了一个小孩，邻居们赶来祝贺。老板的一个要好的朋友吉米也来了。他拿来了自己的礼物——纸和铅笔，老板谢过了他，并且问："尊敬的吉米先生，给这么小的孩子赠送纸和笔，不太早了吗？"

"不，"吉米说，"您的小孩儿太性急。本该9个月后才出生，可他偏偏两个月就出世了，再过5个月，他肯定会去上学，所以我才给他准备了纸和笔。"

吉米的话刚说完，全场哄然大笑，令茶馆老板夫妇无地自容。

调侃他人的隐私是不对的，上例中吉米明显道出了茶馆老板妻子未婚先孕的隐私，这样令大家都处于尴尬的局面。

所以说，调侃时说出了他人的隐私，虽言者无意，但是听者却有心的。他会认为你是有意跟他过不去，从此对你恨之入骨。他做的事别有用心，极力掩饰不使人知，如果被你知道了，必然对你不利。如果你与对方非常熟悉，绝对不能向他表明你绝不泄密，那将会自找麻烦。最好的办法是假装不知，若无其事。

在现实中，正人君子有之，奸佞小人有之；既有坦途，也有暗礁。

在复杂的环境下，不注意说话的内容、分寸、方式和对象，往往容易招惹是非，授人把柄，甚至祸从口出。因此，说话小心些，为人谨慎些，使自己置身于进可攻、退可守的有利位置，牢牢地把握人生的主动权，无疑是有益的。一个毫无城府、喋喋不休、乱侃他人隐私，乱揭他人伤疤的人，会显得浅薄俗气、缺乏涵养而不受欢迎。

心理学家研究表明：谁都不愿把自己的错误和隐私在公众面前"曝光"，一旦被人曝光，尤其是以一种调侃的形式被人揭露，就会感到难堪而愤怒。因此，在与人交往谈话中，如果不是为了某种特殊需要，一般尽量避免接触这些敏感区，免使对方当众出丑。必要时可采用委婉的话暗示你已知道他的错处或隐私，让他感到有压力而不得不改正。知趣的、会权衡的人需"点到即止"，这样的人一般是会顾全双方的脸面而悄悄收场的。当面揭短，让对方出了丑，说不定会使他人恼羞成怒，或者干脆耍赖，出现很难堪的局面。至于一些纯属隐私、非原则性的错处，还是那种方法：装聋作哑，千万别去追究。

把说话的权利留给别人

我们也许有过这样的经历：和别人聊起一个自己很感兴趣的话题时，对方开始打开话匣子，没完没了地说，一开始，自己还觉得很投机，后来就开始不耐烦，接着是厌烦。原因是什么？很简单，对方只顾自己说，而忽略了你。谁都不乐意一味地听别人说话，所以，与人交谈时，即使是一个很好的题材，对方很感兴趣，说话时也要适可而止，不可无休无止，说个没完，否则会令人厌倦。说一个题材之后，应当停一下，让别人发言，若对方没有说话的意思，而整个局面由于你的发言而人心向你，这个时候仍必须由你来支持局面，那么，就必须要另找题材，如此才能引起大家的兴趣并维持其生动活泼的气氛。

在谈话当中，对方的发言机会虽为你所掌握着，但是，在说话过程中，应容许别人说话，给别人说话的机会。更好的方法是找机会引导别人说话，这样气氛更浓，大家的兴致更高，朋友之间也更融洽。当说到某一节时可征求别人对该问题的看法，或在某种情形时请他试述自己的见解，总之，务必使对方不致呆听着，才不失为一个善于说话的人，不失为一个明智的人。如果话题转了两三次，而别人仍无将说话机会接过去的意思，或没有主动发言的能力，应该设法在适当的时候把谈话结束。即使你精神好，也应该让别人休息。自己包办了大半发言的机会，是不得已时才偶而为之的方法。千万不要以为别人爱听你说话，就不管别人的兴趣而随便说下去，这背离了说话艺术之道。

在社交上，最好的谈话，是有别人的话在里面。那种看来不爱说也不爱听的人，常常坐在一个角落里，吸着香烟，当他偶然听见另外一些人哄然大笑时，也照例跟着一笑，但是，这种笑显然是敷衍的，因为那种笑容随即就收敛了，他的眼光已经移到窗外的墙壁上或者其他的目标上，这种人不会单独来看你。你要明白，这类人或因年纪小，或因学问兴趣较高，而时下在座的其他人比较市井气一点，谈天说地，问题无非是饮食男女、金钱女色，或出语粗俗，言不及义，使较有修养的人望而却步，所以，他才独自躲在一角。只要你知其症结所在，你便可以在几句谈话中探得他的学问兴趣，然后和他谈论下去，这样便很自然引起谈话内容。只要你恰当地提一些问题，就可以保持一个增长你学识的机会。他见你谈吐不俗，在这举世混浊中，一定会引你为知己，如此一来，僵局就打开了。年纪较大或较小的一类，因年龄差距大，社会经历、生活经验不同，因而兴趣不同，趣味也无法相投。所以可以采用上述方法来打开话题。

做个倾听高手

在日常生活中，能聆听别人意见的人，必是一个富于思想，有缜密的思维和谦虚性格的人。这种人在人群中，起初也许不太引人注意，但最后则必是最受人敬重的。因为他虚心，所以受所有人欢迎；因为他善于思考，所以便为众人所敬仰。

怎么去做一位"听话"的高手呢？

首先是要"专注"。别人和你谈话的时候，你的眼睛要注视着他，无论他的地位和身份比你高或是低，你都必须这样做。只有虚浮、缺乏勇气或态度傲慢的人才不去正视别人。

其次，别人和你说话时，不可做一些与此无关的事情，这是不恭敬的表示，而且当他偶然问你一些问题，你就会因为不留心听他所说的话而无从回答了。

聆听别人的话时，偶尔插上一两句赞同的话是很好的，不完全明白时加上一个问号也是非常必要的，因为这正表示你对他的话留心了。

但是，你不可以把发言的机会抢过来，就滔滔不绝地说自己的，除非对方的话已告一段落，该轮到你说话时才可以这样做。

无论他人说什么，你不可随便纠正他的错误，如果因此而引起对方的反感，那你就不可能成为一个良好的听众了。批评或提出不同意见，也要讲究时机和态度，否则，好事会变成坏事。

有些人常喜欢把一件已经对你说过好几次的事情重复地说，也有些人会把一个说了好多次笑话的还当新鲜的东西。

你作为一位听众，此时要练习一次忍耐的美德了。你不能对他说"这话你已经说过多次了"，这样会伤害他的自尊心，你唯一能做的事是耐心地听下去，你心里明白他是一个记忆力不好的人。你应该同情他，而且他对你说话时充满了好感和诚意，你应该同样用诚意来接受他的诚意。

但如果说话的人滔滔不绝而你又毫无兴趣，觉得花时间和精力去应酬他是十分不值得的。这时，你应该用更好的方法，使他停止这乏味的话，但千万要注意，不可伤害他的自尊心。

最好的方法是巧妙地引他谈第二个话题，尤其是一些他内行而你又感兴趣的话题。

为了让自己更会"听话"，最好还要做好以下 5 个方面的训练：

（1）训练"听话"时的注意力。想听得准确，必须排除干扰。可以用这样的方法来训练：同时打开两台以上的收音机，播放不同内容，然后复述各个收音机播放的内容。

（2）训练"听话"时的理解力。可用这样的方法：找朋友闲聊，但要有意识地锻炼自己的理解力。

（3）训练"听话"时的记忆力。就是学会边听边归纳内容要点，记住关键性词语，以及重要的事实和数据。

（4）训练"听话"时的辨析力。即迅速分辨出争论各方的不同观点和逻辑关系，并加以评析。

（5）训练"听话"时的灵敏力。即能很好地在各种场合与各种对象交谈。经过足够的训练，再经过实际锻炼，你一定会成为一名"听话高手"。

委婉含蓄篇

——曲径通幽，直言曲说的口才艺术

幽默拒绝很管用

用幽默的方法拒绝别人，既可以缓解紧张的氛围，又不会影响彼此的友谊。

玛丽抱怨她的丈夫说："你看邻居 W 先生，每次出门都要吻他的妻子，你就不能做到这一点吗？"丈夫说："当然可以，不过我目前跟 W 太太还不太熟。"

玛丽的本意是要她的丈夫在每次出门前吻自己，而丈夫却有意地曲解为让他吻 W 太太，委婉地表达了自己不愿意那样做的本意。

直接拒绝别人很容易伤害对方，甚至造成许多误解，破坏彼此间的友谊。但是，利用幽默，巧妙拒绝，却能使很多问题迎刃而解。

有位员工代表向老板谈加薪的问题，并使出了眼泪战术，苦苦哀求道："老板，请你一定要帮帮忙，现在这点薪水我实在无法和我太太继续在一起生活下去呀！"上司回答说："好吧！那么我会出面来说服你太太，要她跟你离婚的。"

在工作当中，如果不懂得拒绝的技巧，往往会吃亏上当。下面的例子很有借鉴意义。

大个子瑞克是一位被公司冷落的老主任。有一天，某部门经理拍着他的肩膀说："瑞克，你看是不是要早日把你的职位让给年轻人！"

"好啊！就这么办！"

"咦！你愿意？"

"是啊！不过俗话说，'鸟去不浊池'，所以我有一个请求，希望能让我把正在进行的工作彻底做好再走。"

"哦！这是理所当然的。不过，你那个工作预计什么时候可以完成呢！"

"我想，大概还要 10 年。"

在拒绝别人时，采用幽默的方式不但不会伤害到对方，而且还可以避免不必要的尴尬。

对领导要这样拒绝

当领导提出某种要求而属下又无法满足时，设法造成属下已尽全力的错觉，让领导自动放弃其要求，这也是一种好方法。

领导委托你做某事时，你要善加考虑，这件事自己是否能胜任？是否违背自己的良心？然后再作决定。

如果只是为了一时的情面，即使是无法做到的事也接受下来，这种人的心似乎太软。纵使是很照顾自己的领导委托你办事，但自觉实在是做不到，你就应该很明确地表明态度，说："对不起！我不能接受。"这才是真正有勇气的人。否则，你就会误大事。

如果你认为这是领导拜托你的事不便拒绝，或因拒绝了领导会使其不悦而接受下来，那么，此后你的处境就会很艰难。因畏惧领导报复而勉强答应，答应后又感到懊悔时，就太迟了。

领导所说的话有违道理，你可以断然地驳斥，这才是保护自己之道。假使领导欲强迫你接受无理的难题，这种领导便不可靠，你更不能接受。

尽管部下是隶属于领导的，但部下也有他独立的人格，不能什么事不分善恶是非都服从。倘若你的领导以往曾帮过你很多忙，而今他要委托你做无理或不恰当的事，你更应该毅然地拒绝，这对领导来说是好的，对自己也是负责的。

当然，拒绝领导的要求不是一件容易的事。谁都不敢因此而得罪领导。因为领导有可能掌握你一生的前程。然而，你知道一些拒绝领导的技巧，就能两全其美，既不得罪领导，又可以表明拒绝之意。不过要强调的是，这些技巧仅限于拒绝那些非合理要求。

当领导提出一件让你难以做到的事时，如果你直言答复做不到时，可能会有损领导颜面，这时，你不妨说出一件与此类似的事情，让领导自觉问题的难度而自动放弃这个要求。

当上司要求你做违法的事或违背良心的事时，你要平静地解释你对他的要求感到不安，你也可以坚定地对上司说："你可以解雇我，也可以放弃要求，因为我不能泄漏这些资料。"如果你幸运，老板会自知理亏并知难而退；反之，你可能会授人以柄。但假若你不能坚持自身的价值观，不能坚持一定的准则，那只会迷失自己，最终会影响工作的成绩，以致断送自己的前途。

当上司器重你并将你连升两级，但那职务并不是你想从事的工作时，你可以表示要考虑几天，然后慢慢解释你为何不适合这工作，再给他一个两全其美的解决方法："我很感激你的器重，但我正全心全意发展营销工作，我想为公司付出我的最佳潜能和技巧，集中建立顾客网络。"正面地讨论，可以使你被视为一个注重团体精神和有主见的人。

当领导提出某种要求而属下又无法满足时，设法造成属下已尽全力的错觉，让领导自动放弃其要求，这也是一种好方法。

比如，当领导提出不能满足的要求后，就可采取下列步骤先答复："您的意见我懂了，请放心，我保证全力以赴去做。"过几天，再汇报："这几天×××因急事出差，等下星期回来，我再立即报告他。"又过几天，再告诉领导："您的要求我已转告×××了，他答应在公司会议上认真地讨论。"尽管事情最后不了了之，但你也会给领导留下好印象，因为你已尽力而为，领导也就不会再怪罪你了。

通常情况下，人们对自己提出的要求，总是念念不忘。但如果长时间得不到回音，就会认为对方不重视自己的问题，反感、不满由此而生。相反，即使不能满足领导的要求，只要能做出些样子，对方就不会抱怨，甚至会对你心存感激，主动撤回已让你为难的要求。

你也可以利用群体掩饰自己说"不"，这不失为一大妙招。

例如，你被领导要求做某一件事时，其实很想拒绝，可是又说不出来，这时候，你不妨拜托两位同事和你一起到领导那里去，这并非所谓的三人战术，而是依靠群体替你作掩护来说"不"。

首先，商量好谁是赞成的那一方，谁是反对的那一方，然后在领导面前争论。等到争论一会儿后，你再出面含蓄地说"原来如此，那可能太牵强了"，而靠向反对的那一方。

这样一来，你可以不必直接向领导说"不"，就能表明自己的态度。这种方法会给人"你们是经过激烈讨论后，绞尽脑汁才下结论"的印象，而包括领导在内的全体人士都不会有哪一方受到伤害的感觉，从而领导会很自然地自动放弃对你的命令。

对于超负荷工作的要求，你即使是力不能及，也不能马上面露难色。不妨先动起手来做，让事实来证明领导的要求是不可能达到的。

下面是发生在职场中的一件事情：

"小康，请你今晚把这一叠讲义抄一遍。"经理指着厚厚一叠稿纸对秘书小康说。小康听到此言，面对讲义，面露难色，说："这么多，抄得完吗？""抄不完吗？那请你另觅轻松的去处吧！"也许经理正在气头上，于是小康被"炒了鱿鱼"。

小康的被"炒"实在令人惋惜。像她这样生硬直接地拒绝上司的要求，给上司的感觉是她在对抗，不服从指示，因而扫了上司的威信，被"炒"也就难免了。其实，她可以处理得更灵活些。她不妨这样，立即搬过那一堆稿子埋头就抄起来，过一两个小时后，把抄好了的稿子交给经理，再委婉地表示自己的困难，那么经理肯定会很满足于自己说话的威力，并意识到自己的要求的不合理处，而延长时限。小康就不至于被解雇。

拒绝上司必须把握以下 3 点。

1. 要有充分的拒绝理由

首先设身处地，表明自己对这项工作的重视；然后再表明自己的遗憾，具体说明自己为什么不能接受。如说："我有件紧急工作，必须在这两天赶出来。"充足的理由、诚恳的态度一定能取得上司的理解。

2. 不可一味地拒绝

尽管你拒绝的理由冠冕堂皇，但是上司也许仍坚持非你不行。这时，你便不能一味地拒绝，否则，上司可能会以为你是在推脱，从而怀疑你的工作干劲和能力，以致失去对你的信任，在以后的工作中，会有意无意地使你与机会失之交臂。

3. 提出合理的接替方法

对上司所交代的事，你不能接受，又无法拒绝，这时，你可得仔细考虑，千万不可怒气冲天，拂袖而去。你可以与上司共商对策，或者说："既然这样，那么过两天，等我手头的工作告一段落，就开始做，你看怎么样？"你也可以向上司推荐一位能力相当的人，同时表示自己一定会去给他出点子，提建议。这样，你一定能进一步地赢得上司的理解和信任，也会为你以后的工作、生活铺开一条平坦的大道，因为上司也是和你一样是个普普通通、有血有肉、有感情，也当过职员的人。

把握好以上要点，才能不让自己难堪，也不会失去上司的信任。

找一个人代替

假如你抽不开身，实事求是地讲清自己的困难，同时热心介绍能提供帮助的人。这样，对方不仅不会因为你的拒绝而失望、生气，反而会对你的关心、帮助表示感谢。

有一次，约翰的一位好朋友的孩子，4 岁的毛毛，一手拿苹果，一手拿橘子，跑到约翰面前炫耀。约翰故意逗他说："毛毛，伯伯的嘴好馋。你看，你是愿意把苹果给伯伯吃呢，还是愿意把橘子给伯伯吃？"他听了约翰的话，很快就出人意料地回答："伯伯你快去，妈妈那里还有！"

这小家伙的回答真是绝了！他没有直截了当地拒绝，但让人无法从他那里捞到一点油水，因为他想到了一个替代方案来拒绝人。这个例子，显示了替代方案的妙用。他没有正面表示拒绝，你也没有得到任何东西，彼此既不伤和气，也不会丢什么面子。

这种方法就叫替代法，是以"我办不到，你去拜托某某比较好"的说法，来转移给他人的做法。工作中常常会有人来请你帮忙，而你又因为种种原因不想插手，你应该怎么谈呢？

"我对电脑没办法，不过小王对电脑很熟，你去拜托他看看怎么样？"

"我对计算工作最头大了，小芸好像是簿记二级的，她应该做得来！"

像这样搬出一位在这方面能力比自己强的人，然后要对方去拜托他就行了。

不只能力的问题，像下面这个例子中的场合也能适用。

"我如果要做这件事，恐怕要花掉不少时间。小范好像说他今天工作分量不怎么多！"

只有在大家都知道那个人的确比较胜任时才能用这招。

这个办法有一个问题就是，可能会招致那个被你"转嫁"的人的怨恨。想拜托你的人一定会说："是某某说请你帮忙比较好！"对方也就会知道是你干的好事。这么一来，那个人心里一定会想："可恶的家伙，竟然把讨厌的事推给我！"

尤其当需要帮忙的工作内容，是人人都不想做的事情的时候，惹来怨恨的可能性就愈高。所以，最好在多数人都知道"某某事情是某某最擅长的"，这样的场合才用此招。

当然，这一招不仅仅是可以用在工作中，还能用在日常生活中，假如你抽不开身，实事求是地讲清自己的困难，同时热心介绍能提供帮助的人。这样，对方不仅不会因为你的拒绝而失望、生气，反而会对你的关心、帮助表示感谢。

拒绝求爱这样说

如果爱你的人正是你所爱的人，被爱是一种幸福。但是，假如爱你的人并不是你的意中人，或者你一点也不喜欢他（她），你就不会感觉被爱是一种幸福了，你可能会产生反感甚至是痛苦，这份你并不需要的爱就成了你的精神负担。

别人爱你，向你求爱，他（她）并没有错；你不欢迎，你拒绝他（她）的爱，你也没错。最关键的是看你怎样拒绝。如果拒绝得恰到好处，对双方都是一种解脱，也可以免去许多麻烦；如果你不讲方式，不能恰到好处地拒绝别人的求爱，你就可能犯错误，不但伤害他人，说不定也会危害自己。

你也许曾经有过这样的左右为难，因为对方的条件实在让人爱不起来。但是，由于是你的上司介绍的，或者是上司的子女，使你在拒绝时产生了犹豫，虽然每次见面都会使你感到不舒服、不愉快，你一想到对方的身份、上司的威严，屡次想谢绝却又不好开口。有时候，也许你为了顾全对方的面子而难以开口说个"不"字，或者慑于对方的威严，你不知所措。你被这份多余的爱折磨得痛苦不堪，不知该如何去做。生活中处在这种矛盾中的人太多了。有些人遇到这些情况时不知该如何拒绝，因处理不当，造成了很不好的后果。

那么该如何巧妙而不失体面地拒绝求爱呢？

首先要做到直言相告，以免产生误会，这是非常必要的。

你若已有意中人，又遇求爱者，那么就直接明确地告诉对方，你已有爱人，请他（她）另选别人，而且一定要表明你很爱自己的恋人。同时，切忌向求爱者炫耀自己恋人的优点、长处，以免伤害对方的自尊心。

倘若你认为自己年纪尚小，不想考虑个人问题，那正好，你可以直言不讳，讲明情况。

其次，倘若你不喜欢求爱者，根本没有建立爱情的基础，可以在尊重对方的基础上婉言谢绝。

对自尊心较强的男性和羞涩心理较重的女性，适合委婉、间接地拒绝。因为有这类心理的人，往往是克服了极大的心理障碍，鼓足勇气才说出自己的感情，一旦遭到断然地拒绝，很容易感觉受伤害，甚至痛不欲生，或者采取极端的手段，以平衡自己的感情创伤。因此拒绝他们的爱，态度一定要真诚，言语也要十分小心。你可以告诉他（她）你的感受，让他（她）明白你只把他（她）当朋友，当同事或者当兄妹看待，你希望你们的关系能保持在这一层面上，你不愿意伤害他（她），也不会对别人说出你们的秘密。

你不妨说："我觉得我们的性格差异太大，恐怕不合适。"

"你是个可爱的女孩，许多人喜欢你，你一定会找到合适的人。"

"你是个很好的男人，我很尊重你，我们能永远做朋友吗？"

"我父母不希望我这么早谈恋爱，我不想伤他们的心。"

如果这些自尊和羞涩感都挺重的人没有直接示爱，只是用言行含蓄地暗示他们的感情，那么你也可以采取同样的办法，用暗含拒绝的语言，用适当的冷淡或疏远来让他（她）明白你的心思。

要记住，拒绝别人时千万不要直接指出或攻击对方的缺点或弱点，因为你觉得是缺点或弱点的东西，对他（她）自己来说也许并不认为是缺点。所以，不能以一种"对方不如自己"的优越感来拒绝对方。特别是一些条件优越的女青年，更不能认为别人求爱是"癞蛤蟆想吃天鹅肉"一推了之，或不屑一顾、态度生硬，让人难以接受。

不过，对于带有骚扰性的某些"求爱"方式，就不必手下留情，一定要果断出击。

如果你是一名美女，你难免会遇到"性骚扰"。随着开放程度的日益提高，许多女性走出家庭，与男子一样，在社会工作中担任着重要的角色，而且敢于展示自己的美，这就招来一些好色之徒，使他们有了非分之想。爱美之心人皆有之，但对美女的垂涎太过分，就成了"性骚扰"。女性遭到来自男性的性骚扰，如果太过软弱，就会使好色之徒得寸进尺；如果义正词严怒目斥之，就可能陷入麻烦之中弄得自己不开心。比较聪明的办法是，以机智的讥讽言辞使其退却，这是一个两全其美的法子。

试看这位漂亮的少妇是如何抗拒性骚扰的。

一位生性风流的男子，看到了一个漂亮的少妇迎面走过来，便跟在她后面，寻找机会和她搭话，但因为不相识，不好开口。忽然瞥见她手上挎了个提包，于是找到了话题，他嬉皮笑脸地说："请问，您这漂亮的小提包是从哪儿买的，我也想给我妻子买一个。"没想到这位少妇冷冷地说："你妻子有这种包会倒霉的。""为什么呀？"少妇幽默地回答说："因为不三不四的男人会以提包为借口找她的麻烦。"

这位少妇看穿了这个风流男子的意图，但没有揭穿他，而是接过男子的话头，以嘲讽而幽默、机智的言辞给了他当头一棒，这个男子见难以得手，只得灰溜溜地逃之夭夭了。

年轻漂亮的女性，单身独处，往往容易受到骚扰。

一位年轻美貌的女子独自坐在酒吧里，被一个油头粉面的青年男子瞧见了，于是他走过来主动搭话："您好，小姐，我能为您要一杯咖啡吗？""你要到舞厅去吗？"她喊道。"不，不，您搞错了。我只是说，我能不能为您要一杯咖啡？"青年男子说。

"你说现在就去吗？"她尖声叫道，比刚才更激动了。

青年男子被她彻底搞糊涂了，红着脸悄悄地走到一个角落坐下。这时几乎所有的人都把目光转向了他，愤慨地看着他。

过了一会儿，这个年轻女子走到他的桌子旁边。"真对不起，使你难堪了。"她说，"我只是想调查一下，看看他人对意外情况有什么异常反应。"

这位聪明女子的做法真让人叫绝，她故意装糊涂，大声叫嚷，引起别人注意，好色之徒只好灰溜溜地躲开了。

约会是男女开始真正意义上的恋爱的标志，所以，接受别人的约会请求也意味着接受别人的求爱。对于不愿意接受的示爱者，我们首先应该拒绝与其约会，不能因为一时心软而使对方误会，导致真正明确两人关系时牵扯不清，给对方造成更大的伤害。拒绝约会应该有"快刀斩乱麻"的魄力，因为这不仅仅代表对一次约会的推搪，而且暗示着自己对对方的爱情的谢绝，这就要求我们一方面要把握说话的分寸，不损害对方的感情，另一方面要表明心意，断绝对方再次邀请的念头。

找各种各样的借口来推搪约会，使对方体会到拒绝之意。

上课、加班、身体欠安、天气不好……这些都可以成为拒绝约会的好借口。在搬出这些借口的同时，可以有意地露出破绽，让对方从借口的不严密性中明白是在有意敷衍。此外，也可以以委婉的方式暗示自己确实不愿意与对方交往。总之，借口不能找得太严密、太合乎情理，不要让对方误认为是客观原因导致不能赴约，从而把约会的时间推至以后，令自己再次处于被动局面。

张京对同事小洁暗恋已久，这天，他终于鼓起勇气约小洁出来看电影。小洁也觉察到了张京的感情，无奈自己对他实在没有"触电"的感觉，于是对他说："真是对不起。这段时间我正在上夜大的电脑培训班，每天晚上都有课。上完夜大后又要准备英语的等级考试，实在没有看电影的空闲时间。要不，你找刘伟吧，你们哥俩不是常在一起讨论好莱坞的影片吗？"张京听了，只好悻悻而归，从此再也没向小洁提出过约会的请求。

看一场电影只需要一两个小时的时间，如果小洁愿意接受张京的话，怎么也能抽出点时间来赴约，而她的推辞却根本没有流露出任何的遗憾和改日赴约的愿望。想清楚了这一点，张京自然明白小洁的拒绝之意，只得收回自己的感情。

暗示已经有了意中人，使对方知难而退。

由于约会是恋爱的前奏，当对方刚刚提出约会，尚未表露爱意时，可以"先发制人"，间接说明已经心有所属。对方听了之后，明白自己希望渺茫，自然不敢强求，有时甚至会为了避免尴尬，还会找理由取消此次约会。

郭建对新来的同事孙红一见钟情，星期五下午下班前，他打电话给孙红："我听朋友说，这两天香山的枫叶红得最美，你有兴趣和我一起去看看吗？"孙红立刻明白了他的意思，于是笑着答道："哎呀，真是不巧。明天恰好我男朋友的妈妈过生日，我要赶着去拜寿，要不我们改天再叫几个朋友一起去吧？"郭建听了，心里凉了半截，只得敷衍道："那……那就以后再说吧！"

孙红以男朋友的母亲过生日为由，既推掉了郭建的邀请，又表明自己已"名花有主"，郭建只好识趣地知难而退，便不会再提出什么约会的邀请了。

无论如何，在爱情的历程中，当遇到不满意或不能接受的求爱时，最好采用恰当的语言，婉言拒绝，巧妙收场。

多说"不过"和"但是"

有时对方提出的要求有一定的合理性，但因条件的限制又无法予以满足。在这种情况下，拒绝的言辞可采用"先肯定后否定"的形式，使其精神上得到一些满足，以减少因拒绝而产生的不快和失望。例如，一家公司的经理对一家工厂的厂长说："我们两家搞联营，你看怎么样？"厂长回答："这个设想很不错，只是目前条件还没有成熟。"这样既拒绝了对方，又给自己留了后路。

对对方的请求最好避免一开口就说"不行"，而是要表示理解、同情，然后再据实陈述无法接受的理由，获得对方的理解，自动放弃请求。

李刚和王静是大学同学，李刚这几年做生意虽说挣了些钱，但也有不少的外债。两人毕业后一直无来往，忽一日，王静向李刚提出借钱的请求。李刚很犯难，借吧，怕担风险；不借吧，同学一回，又不好拒绝。思忖再三，最后李刚说："你在困难时找到我，是信任我、瞧得起我，但不巧的是我刚刚买了房子，手头一时没有积蓄，你先等几天，等我过几天账结回来，一定借给你。"

先扬后抑这种方法也可以说成是一种"先承后转"的方法，这也是一种力求避免正面表述，而采用间接拒绝他人的一种方法。先用肯定的口气去赞赏别人的一些想法和要求，然后再来表达你需要拒绝的原因，这样你就不会直接地去伤害对方的感情和积极性了，而且还能够使对方更容易接受你，同时也为自己留下一条退路。一般情况来说，你还可以采用下面一些话来表达你的意见："这真的是一个好主意，只可惜由于……我们不能马上采用它，等情况好了再说吧"；"我知道你是一个体谅朋友的人，你如果对我不十分信任，认为我没有能力做好这件事，那么你是不会找我的，但是我实在忙不过来了，下次如果有什么事情我一定会尽我的全力来支持你"，等等。

有的时候对方可能会很急于事成而相求，但是你确实又没有时间，没有办法帮助他的时候，一定要考虑到对方的实际情况和他当时的心情，一定要避免使对方恼羞成怒，以免造成误会。

某学校里有一个艺术团的小提琴手叫小玲，她经常参加一些大型的演出活动。一次，一位朋友对她说："我也很喜欢你的演奏，很想到剧院现场欣赏你演奏小提琴，可惜售票处的票已经卖光了。"小玲手头也没有票，又不愿意在演出前为一张票劳神，这样会影响发挥，不想答应他的要求。但是，这时她并没有直接地拒绝他的话，她只是先承后转，然后才把拒绝间接化了。她平静地对朋友说："遗憾得很，我手上也没有票了。不过，在大厅里我有一个座位，如果你高兴可以……"朋友非常高兴地问道："在哪里呀？"小玲答道："不难找，就在小提琴后面。"

小玲的先承后转法显得更为含蓄、间接。我们在采取各种拒绝法时，其目的也就是为了避免直接。

拒绝还可以从感情上先表示同情，然后再表明无能为力。

黄女士在民航售票处担任售票工作，由于经济的发展，乘坐飞机的旅客与日俱增，黄女士时常要拒绝很多旅客的订票要求。黄女士每每总是带着非常同情的心情对旅客说："我知道你们非常需要坐飞机，从感情上说我也十分愿意为你们效劳，使你们如愿以偿，但票已订完了，实在无能为力。欢迎你们下次再来乘坐我们的飞机。"黄女士的一番话叫旅客再也提不出意见来。

贬低自我让对方知难而退

有很多既没有什么实际意义又浪费时间与精力的活动，我们要对它进行拒绝，可以采取自我贬低的方法。

"自我贬低"是一种特殊形式，表示自己无能为力，不愿做不想做的事。也就是说："我办不到！所以不想做！"

根据心理学的调查发现，人们的确有在日常生活中自我贬低的现象。例如，在上班族中，有12%的人曾对上司装过傻，而14%的人对同事装过傻。虽然它跟"楚楚可怜"法一样，会导致别人对自己的评价降低，但令人惊讶的是，仍有一成以上的人是在自己有意识的情况下用了这个办法。

上班族会用到"自我贬低法"的场合有以下3种。

第一，遇到不想做的事。例如，像是打杂般的工作、很花时间的工作或单调的工作等；还有像公司运动会之类，筹办公司内部活动也是其中之一。像这些情形便有不少人会用"我不会呀"或"我对这方面不擅长"等理由，来把不想做的事巧妙地推掉。

第二，拒绝他人的请求。当别人找上你，希望你能帮他的忙时，你很难直接说："不！"因此便以"我很想帮你，可是我自己也没有那个能力"的态度来婉转拒绝。拒绝别人时，很难直接以"我不愿意"这种态度来拒绝，而且如果拒绝不恰当还可能会让对方怀恨在心。因此，若是用没有能力，也就是自己无法控制的原因来拒绝（想帮你，可是帮不了）的话，拒绝起来便容易多了。

第三，想降低对自己的期望值。一个人若能得到他人的高度期待固然值得高兴，但压力也会随之而来。因为万一失败，受到高度期待的人带给其他人的冲击性会更大。因此，借由表现出自己的无能来降低期望值，万一将来失败，自己的评价也不会下降得太多；相反，如果成功，反而会得到预期之外的肯定。

根据工作的内容，"无能"的内容也应有所不同。例如：

别人要求你处理电脑文书资料时——

"电脑我用不好，光一页我就要打一个小时，说不定还会把重要的资料弄丢！"

别人要求你做账簿时——

"我最怕计算了，看到数字我就头痛！"

不过，所表明的"无能"的理由不具真实性，那可就行不通。例如，刚才要求处理电脑资料的例子，如果是在电脑公司，说这种话谁信！后面那个例子，如果发生在银行，也绝对会显得很突兀。平常很少接触到的工作，说这种话时，所获得的可信度就越大。所以要说"我没做过""我做得不好"这些话的时候，这些话一定要具有可信度才行。

"自我贬低"如果使用过度，很容易给人留下"无能""不可靠"的印象；而当自己反过来想求人帮忙时，被拒绝的概率也会大幅提高。因此要注意，绝对不要使用过度。

"自我贬低"使用时的第一重点就在于慎选使用的场合，也就是只在与自己的工作无关的地方使用。

举个极端的例子。如果一个跑业务的说："我在别人面前讲话会很紧张！"以此拒绝参加公司的会议，那么这对他来说可是致命伤；但如果是做研究工作的人说这种话，那就另当别论，效果完全不同。要自我贬低时，切记：只用对自己不重要的部分来贬低自己。

第二个重点是，尽量避免招来"无能"或"不可靠"的负面印象。记住善用"如果是某某就没问题，但这件事我实在心有余而力不足"这句话。例如：

"对文字处理我还有办法，可是资料输入我真的不行！"

"公司旅行的账目我倒是做过，但太复杂的东西我没自信能做好！"

这么说总比直接拒绝对方好，而且这种说法听起来比较具有真实性，也比较容易成功。

抬出"后台老板"

"不"字很难说出口，因此我们总是想方设法避免将这个"不"字说出口，取而代之的是许多费尽心机想出来的婉言曲说方式。其实很多时候也不用这么复杂，只需要抬出一个"后台老板"，将责任归之于他，你便可以轻松说出"不"了。

一家公司的经理对一家工厂的车间顾问说："我们两家搞联营，你看怎么样？"顾问回答说："这个设想很不错，可是厂长已经决定跟先前一家厂搞联营了，这个我也没有办法。"

注意了，拒绝不是顾问的意思，问题已经全部归结到厂长那里了，厂长的决定，谁也改变不了，事情就这么简单。

抬出"后台老板"，就是以别人的身份表示拒绝。这种方法看似推卸责任，却很容易被人理解：既然爱莫能助，也就不便勉强。

有个女孩是个集邮爱好者，她的几个好朋友也是集邮迷。一天，有个朋友向她提出要换邮票，她不同意换，但又怕朋友不高兴，便对朋友说："我也非常喜欢你的邮票，但我妈不同意我换。"其实她妈妈从没干涉过她换邮票的事，她只不过是以此为借口，但朋友听她这样一说，也就作罢了。

有时为了拒绝别人，可以含糊其词地推脱："对不起，这件事情我实在不能决定，我必须问问我的父母。"或者是："让我和孩子商量商量，决定了再答复你吧。"

一位和善的主妇说，巧妙拒绝的艺术使她一次又一次地获得了宁静。每当推销员找上门来，她便彬彬有礼却态度坚决地说："我丈夫不让我在家门口买任何东西。"

这样，推销员会因为被拒绝的并不仅仅是自己一个人而心理上得到了一点平衡，减少了被拒绝的不快。

人处在一个大的社会背景中，互相制约的因素很多，为什么不选择一个盾牌来挡一挡呢？例如，有人求你办事，假如你是领导成员之一，你可以说，我们单位是集体领导，像刚才的事，需要大家讨论才能决定。不过，这件事恐怕很难通过，最好还是别抱什么希望。如果你实在要坚持的话，待大家讨论后再说，我个人说了不算数。这就是推脱之辞，把矛盾引向了另外的地方，意思是我不是不给你办，而是我决定不了。求人办事者听到这样的话一般都要打退堂鼓。

一个年轻的物资销售员经常与客户在酒桌上打交道，他觉得自己的身体每况愈下，已不能再像以前那样喝太多的酒了，可应酬中又是免不了要喝酒的，怎么办呢？后来他想到一个妙计。每当客户劝他多喝点的时候，他便诙谐地说："诸位仁兄还不知道吧，我家里那位可是一个母老虎，我这么酒气熏天地回去，万一她河东狮吼起来，我还不得跪搓衣板啊？"

他这么一说，客户觉得他既诚恳又可爱，自然就不再多劝了。

每个人在必要时都可以抬出甚至虚构出一个"后台老板"，把自己的意愿通过这位"后台老板"表达出来，适当放低自己的位置，便能直言拒绝。这样拒绝的效果很好，而且不会得罪人，即使得罪，责任也到了"后台老板"那里了。

批评时应遵守的原则

批评者如果能够遵循批评的基本原则，那么他的批评将会更容易被对方所接受。

世上没有十全十美的人，每个人都有可能会犯错。有的人会忍不住大发雷霆，严厉斥责犯错的人。然而在一阵狂风暴雨之后，你可能会沮丧地发现，你的"善意"并没有被对方所接受。倘若，我们给批评裹上"糖衣"，也许批评会更容易为人所接受。

一天中午，钢铁厂厂长查理·夏布偶然走进厂里，撞见几个工人正在吸烟，而在那些工人头顶的墙上正悬着"禁止吸烟"的牌子。

夏布没有直接地批评工人。他走到那些工人面前，拿出烟盒，给他们每人一支雪茄，然后请他们到外边抽。

那些工人知道自己已违反了规定，可是夏布先生不但没有责备他们，还给他们每人一支雪茄，工人们很高兴，以后再也没有在厂里吸烟了。

其实，批评不一定要用尖刻的言语，有时"温柔细语"更能起劝说、批评所要的效果。

在生活和工作中，批评是必不可少的，因为缺点每个人都有，只有认识到自己的缺点并加以改正，才有可能获得进步。这就是批评的价值所在。

但是，在批评时，一定要讲究方式、方法。否则难以达到预期效果。那么，批评需要遵循哪些原则呢？

1. 体谅对方的情绪

开门见山地批评他人显得有点残酷，会给对方的心理蒙上一层阴影。所以，当你在批评他人时，不妨设身处地地站在对方的立场考虑一下，自己是否能接受得了这种批评。如果批评的话自己听来都有些生硬，那么就该检讨一下自己的措辞。

另外，也要考虑批评的场合。不注意场合的批评，任何人都很难接受。

2. 诚恳而友好的态度

批评是一个敏感的话题，哪怕是轻微的批评，都不会使人感到舒畅，而且，批评者此时会显得很挑剔。所以，如果批评者态度不诚恳，居高临下，反而会引发矛盾，使对方产生对立情绪。

因此，批评必须注意态度，诚恳而友好的态度往往能使摩擦减少，使批评达到预期效果。

3. 只说眼前，不提过去

批评应该站在如何解决当前问题、将来如何改进的立场上进行。

这样的批评才是理想、得当的。

4. 批评时一对一，莫让他人听到

批评时若有他人在场，被批评者会有屈辱感，由此心生反感，找理由辩解，而无心自省。因此，不到万不得已，不要当众批评他人。

批评别人时要给对方台阶下

装作不理解对方尴尬举动的真实含义，故意给对方找一个善意的行为动机，给对方铺一个台阶下。

当批评别人的时候，对方可能会有下不来台的时候。这个时候如果能巧妙地给人台阶下，就可以为对方挽回面子，缓和紧张难堪的气氛，使事情能顺利进行。要达到这样的目的，就应该学会使用下列的技巧，在批评别人时给对方台阶下。

1. 给对方寻找一个善意的动机

装作不理解对方尴尬举动的真实含义，故意给对方找一个善意的行为动机，给对方铺一个台阶下。

有一位老师曾经讲过这样一个故事：

一天中午，他路过学校后操场时，发现前两天帮助搬运实验器材的几位同学正拿着一个实验室特有的凸透镜在阳光下做"聚焦"实验。当时那位老师就想：他们哪来的透镜？难道是在搬器材时趁人不备拿了一个？实验室正丢了一枚。是上去问个究竟还是视而不见绕道而去？为难之时，同学们发现了那位老师，从同学们慌忙的神情中老师肯定了自己的判断。当时的空气就像凝固了似的，但是这位老师很快想出了一个妙方，他笑着说："哟，这透镜找到了！谢谢你们！昨天我到实验室准备实验，发现少了一个透镜，我想大概是搬器材过程中丢失了，我沿途找了好几遍都未能找到，谢谢你们帮我找到了这个透镜。这样吧，你们继续实验，下午还给我也不迟。"同学们轻松地点了点头，一场尴尬就这样被轻松解决了。

这位老师采用了故意曲解的方法，装作不懂学生的真实意图，反装作是他们帮助自己找到了透镜，将责怪化成了感激，自然令学生在摆脱尴尬的同时又羞愧不已。

2. 顺势而为

依据当时当场的势态，将对方的尴尬之举加以巧妙解释，使原本只有消极意味的事件转而具有积极的含义。

有一次，县教委的一些同志来学校听课，校长安排1班的李老师讲课，这下可使李老师犯难了。他既怕课讲得不好，又忧虑有的学生答问题时成绩不佳，有失面子。课堂上，他重点讲解了词的感情色彩问题。在提问了两位同学取得良好效果后，接着提问县教委一位领导的孩子："请你说出一个形容×××的美丽的词或句子。"

或许是课堂气氛紧张，或许是严父在场，也可能兼而有之，这名同学一时为难，只是站着。

李老师和那位领导都显出了尴尬的脸色。瞬间，这位老师便恢复正常，随机应变地讲道："好，请你坐下，同学们，××同学的答案是最完美的，他的意思是说这个人的美丽是无法用文字和语言来形容的。"

这一妙解为县教委领导孩子尴尬的"呆立"赋予了积极的意义，使他顺利下了台阶，而李老师本人和那位领导本人也自然摆脱了难堪。

3. 委过于不在现场的第三者

故意将对方的责任归于不在现场的他人，主动地为对方寻找遮掩不妥行为的借口。

一位女顾客在某商场为丈夫购买了一套西服，回家穿后，丈夫有点不大喜欢这种颜色。于是，她急忙将西服包好，干洗后拿商店去退货。面对服务员，她说那件衣服绝没穿过。

服务员检查衣服时，发现了衣服有干洗的痕迹。机敏的服务员并没有当场找出证据来拆穿她，因为服务员懂得一旦那样做，顾客会为了顾及自己的面子而死不承认的。这位服务员就为顾客找了一个台阶。她微笑着说："夫人，我想是不是您家的哪位搞错了，把衣服送到洗衣店去了？我自己前不久也发生过这类事，我把买的新衣服和其他衣服放在一起，结果我丈夫把新衣服送去洗了。我想，您大概是否也碰到了这种事情，因为这衣服确实有洗过的痕迹。"

这位女顾客知道自己错了，并且意识到服务员给了她台阶下，于是不好意思地拿起衣服，离开了商场。

4. 将尴尬的事情严肃化

故意以严肃的态度面对对方的尴尬举动，消除其中的可笑意味，缓解对方的紧张心理。

第二次世界大战时，一位德高望重的英国将军举办了一场祝捷酒会。除上层人士之外，将军还特意邀请了一批作战勇敢的士兵，酒会自然是热烈而隆重。没料想，一位从乡下入伍的士兵不懂酒席上的一些规矩，捧着面前的一碗供洗手用的水喝了，顿时引来达官贵人、夫人小姐的一片讥笑声。那士兵一下子面红耳赤，无地自容。此时，将军慢慢地站起来，端着自己面前的那碗洗手水，面向全场贵宾，充满激情地说道："我提议，为我们这些英勇杀敌，拼死为国的士兵们干了这一碗。"言罢，一饮而尽，全场为之肃然，少顷，人人均仰脖而干。此时，士兵们已是泪流满面。

在这个故事里，将军为了帮助自己的士兵摆脱窘境，恢复酒会的气氛，采用了将可笑事件严肃化的办法，不但不讥笑士兵的尴尬举动，而且将该举动定性为向杀敌英雄致敬的严肃行为。乡下士兵不但尴尬一扫而尽，而且获得了莫大的荣誉，成为酒会的焦点人物。

批评孩子的同时还需要对其正确引导

冲突本身并不可怕，关键在于如何正视冲突，并合理地处理和化解冲突。

随着社会的发展，人们的价值观、世界观发生了巨大的变化，父母与孩子之间由于生活在不同的时代而产生了基本价值观的差异，比如，孩子嫌父母古板、循规蹈矩，父母抱怨儿女不踏实、太新潮……

孩子与父母之间的这种冲突是孩子成长过程中必经的关口。冲突本身并不可怕，关键在于如何正视冲突，并合理地处理和化解冲突。

有时候，林女士会羡慕别的家庭，他们的孩子怎么就能和父母无话不谈？甚至恋爱的秘密也一起分享。但她女儿灿灿最爱说的就是："妈妈你别管了，我自己会处理。"

林女士第一次发现灿灿特有主见还是在中考时。

那时，灿灿已经被通知保送，直升本校重点高中。灿灿学习成绩一直很好，能保送就算是进了保险箱。但在此前，灿灿一直在考虑报考一所更好的学校。到底该如何选择？要知道，被保送已经是许多孩子梦寐以求的了。

那个月，这个话题一直在林女士家的饭桌上讨论不休。如果放弃保送，万一考不上，对灿灿会不会是个沉重的打击？而且，即便那时再考上本校，还要多交一大笔学费。而且，本校会不会不愿意接收呢……他们尽可能倾听灿灿对学校的感受，和灿灿商讨各种可能性，并介绍自己在工作生活中的教训……其实，林女士和她丈夫心中早有定数：希望她还是接受保送。"但我们能替孩子做决定吗？谁又能保证她执行的效果？"于是他们告诉灿灿："这件事由你自己决定。"

其实，女儿非常认真地听取了她们的意见。林女士心里也在打鼓："我和丈夫应该支持孩子在事关前途的问题上冒险吗？"

终于有一天，女儿回家后淡淡地说："爸，妈，我今天对老师说，我放弃保送名额了。"

一瞬间的震惊。林女士和丈夫迅速对视一眼，马上表示："那就这样吧！"再没多说什么。可是回到卧室，她和丈夫谈到深夜，心中不知是惊喜还是担忧。没想到孩子这么小就有了决断力和对自己负责的态度，她既然愿意逼自己一下，不管结果如何他们都接受。

几个月过去了，孩子还是以几分之差落回了本校。之后半年多的时间，孩子经历了期望值的失落、对学校的不满意和与其他同学比较后的失衡。看着她烦躁的神情，林女士的担心真是难以形容。

就在那时候，林女士常常用自己的经历来给女儿"打气"。她给灿灿讲述她18岁离家插队时，单纯、胆怯、对社会一无所知，十多年来，面对艰难困苦的生活，她和丈夫是如何熬过来的，如何靠着自己的奋斗走出困境。她对灿灿说："我跟爸爸现在拥有大部分好的经验、能力也都是在不断地失败中得来的，经历点挫折也不是坏事，这是成长中一次重要的心理考验，别人无法替代。只有依靠自己不断地打拼、锻炼才能取得成功。"林女士丈夫一直都在灿灿的身边默默地支持她。后来，灿灿逐渐从失败的阴影中走出来，并考上了北京著名的高等学府。

其实，独立是孩子成长的需要，处于青春期的个体具有明显的独立性和成人感心理。若父母对这些"准大人"仍采取强权态度，喜欢命令孩子，不但没有效果，反而会增加孩子的抵触情绪，加大父母与孩子之间的代沟。假如父母能认识到这是孩子个性的表现，抱着理解、尊重和正确引导的态度去面对，那么两代人之间的代沟自然容易消除。

以柔克刚，正话反说吐逆耳忠言

很多谈话高手在批评别人时，都会选择一种委婉的方式。

人们总是认为：口才好的人总能在交际中左右逢源，随机应变。而语讷的人常常会感到自惭形秽，认为自己不善于交际，对人际交往失去信心。其实在社会交往中，如何把话说得恰到好处才是成败的关键。

俗话说："良药苦口利于病，忠言逆耳利于行。"我们要把话说得恰到好处，那么为何不用顺耳的忠言、温柔的言语来化解矛盾呢？试想一下，公园里草地上竖立的牌子，有的写着"小草默默含羞笑，来往游客莫打扰""百花迎得嘉宾来，请君切莫用手摘"，有的则用诸如"禁止""罚款"等字眼。哪一种更能博得游人的喜爱，使花草得到爱护，这是一目了然的。

不论是工作还是生活中，一个人的能力毕竟是有限的，不可能把任何事情都做到十全十美，时常犯一些错误是在所难免的，同学之间、同事之间，如果真诚地提出善意的批评，对于双方都是有益的。对于他人的任何批评和帮助，我们要满怀诚意，虚心接受。但是，既然是批评，语言可能会尖锐一些，语气也会严厉一些，忠言逆耳或者顺耳，批评能否被接受，这取决于批评者说话的方式方法。

某领导发现秘书写的总结有不妥之处。他是这样批评秘书的："小张，这份总结总的来说写得不错，思路清楚，重点突出，有几处写得很有见地，看来你下了功夫。只是有几个地方提法不妥，有点言过其实，有的地方尚缺定量分析，麻烦你再修改一下。你的文笔不错，过去几次写总结也是越修改越好，相信你这次也一定能改出一个好总结来。"

这样说，秘书会感到领导对自己很公正、很器重，充满期望和信任，因而就会很卖力地把总结改好了。

人活一张脸，树活一张皮。一个人的自尊是最宝贵的也是最脆弱的。很多谈话高手在批评别人时，都会选择一种委婉的方式。聪明人总是在发现对方的不足时，想办法找个机会私底下向他透露，而且批评也是较为含蓄的，甚至他会将批评隐藏在玩笑中，这样就更能让对方很容易地接受建议了。

把握好说话的分寸，不可太露骨

事情有缓急，说话有轻重。有些人在日常交际中，考虑问题缺乏理智，不计后果，说话没轻没重，以致说了一些既伤害他人也不利自己的话。其实，把话说得有轻有重，并非人们想象的那么难。只要将心比心，把对别人说的话放在对自己说的位置上想一想，就知道我们所说的话有多少分量了。

说话轻重，通常出现在规劝或批评对方的情况中，所以掌握好轻重的比例，是非常重要的。谁都知道"人非圣贤，孰能无过"。所以，当我们发现对方行为有所缺失时，不必说得太露骨，稍微暗示一下对方，或者旁敲侧击地提醒，对方通常能够明白你的意思，还会对你的善意规劝表示好感。

宋朝益州的张咏，听说寇准当上了宰相，对其部下说："寇公奇才，惜学术不足尔。"张咏与寇准是多年的至交，他很想找个机会劝劝老朋友多读些书。

恰巧时隔不久，寇准因事来到陕西，刚刚卸任的张咏也从成都来到这里。老友相会，格外高兴。临分手时，寇准问张咏："何以教准？"张咏对此早已有所考虑，正想趁机劝寇公多读书。可是仔细一琢磨，寇准已是堂堂宰相，居一人之下，万人之上，怎么好直截了当地说他没学问呢？

张咏略微沉吟了一下，慢条斯理地说了一句："《霍光传》不可不读。"回到相府，寇准赶紧找出《汉书·霍光传》，从头仔细阅读，当他读到"光不学无术，阇于大理"时，恍然大悟，自言自语地说："此张公谓我矣！"是啊，当年霍光任过大司马、大将军要职，地位相当于宋朝的宰相，他辅佐汉朝立下大功，但是居功自傲，不好学习，不明事理。这与寇准有某些相似之处。因而寇准读了《霍光传》，明白了张咏的用意。

虽然张咏与寇准过去是至交，但如今寇准位居宰相，直截了当地说不一定合适。在这种情况下，张咏的一句赠言："《霍光传》不可不读。"可以说是说得非常绝妙的。别小看这一句话，其实它能胜过千言万语。而张咏通过让寇准去读《霍光传》这个委婉的方式，使寇准愉快地接受了自己的建议。

那些熟谙暗示手段提醒别人的人，通常能将自己善意的评价和论断很好地传达给对方，其结果通常使评价方和被评价方获得双赢。虽然人人皆知直言不讳是耿直的表现，但是物极必反，有时候态度越强硬，越达不到你想要的效果。最为高明的手段是根本不提"批评"二字，而是逐渐"敲醒"听者，启发他自我反省。

奉劝别人的话并不是随口说出来的，我们必须思考应该以什么样的方式把它说出来而不会让对方难堪。对于那些有自知之明的人，最好采用暗示的方式，因为这样做就可以达到劝说的目的了，无须再把话挑明，反而多加一层伤害。

看透但不点透：事情说得太白会伤和气

人非圣贤，有时难免会做一些不适当的事。在这种情况下，就要把握好指责他人的分寸，即使看破别人的心思也不要去点破。

在人际交往中，有的事不必弄得太明白，只要大家心知肚明就可以了。俗话说：看透别说透。事情说得太白，反而会伤和气，或显得太无聊。懂得此术，在交际中自然游刃有余。

一日，老姜在县上巧遇好友老刘。一番寒暄之后，老刘说道："我正想去找你，恰好你来了。"

"有啥事我能帮上忙的？"老姜好奇地问。

"×镇的朱××诉H镇的周××赔偿一案，你们受理的吧？"

"是啊。"

"周××是我的老乡。他是复员军人，共产党员，这人……"老刘说。

老姜插话笑道："你不必介绍他的政治面貌了，我们又不选拔干部。如果看政治面貌，那么，若遇上一件书记告贼的民事案子的话，岂不是连审判程序也不必进行，直接判书记胜诉就行了吗？"

"对对对。"老刘连连点头。

"但凡人们总爱把犯过错误的人看扁，犯过错误的人又不敢激烈申辩自己的正确主张。你是明理之人，为他辩护即可起到维护其合法权益的作用。你说，对吗？"老姜说。

"言之有理。"

一番说笑后，二人分手了，没有因此产生半点隔阂。

相反，那些事事追究到底，口无遮拦地说出心中所想的人，在很多时候往往会破坏原本融洽或是可能融洽的气氛。

在一次会议上，张教授遇见了一位文艺评论家。互通姓名后，张教授对这位文艺评论家说："久仰久仰，早就知道您对星宿很有研究，是位大名鼎鼎的天文学家。"评论家半天没有反应过来，以为是张教授搞错了，忙说："张教授，您可真会开玩笑，我是搞文艺评论的，并不研究什么天文现象。您是不是弄错了。"张教授正言答道："我怎么是跟您开玩笑呢。在您发表的文章里，我时常看到您不断发现了什么'著名歌星''舞台新星''歌坛巨星''文坛明星'等众多的星宿，想来您一定是个非凡的天文学家。"弄得这位评论家尴尬不已，什么也没说，坐了一会儿就走了。

为人处世，虽需练就一双"火眼金睛"，同时也要做一只"闷嘴葫芦"，这样才能万无一失。像故事中的张教授以为自己看得挺明白，于是就对人大加指责；而故事中的老姜则不同，他明白"看透不说透"的道理。这两种人在处理事情时得到的结果也自然不同了。

谁都会有出错的时候，如果只是一味地泄私愤、横加批评、讲刺话，总是数落对方"你怎么这么笨""你怎么总是这样""你这样做太不应该了"等，是不太妥当的。

人非圣贤，有时难免会做一些不适当的事。在这种情况下，就要把握好指责他人的分寸，即使看出别人的心思也不要去点破。要保全别人的面子，这是在人性丛林中生存的法宝。因为你不去点破他人的心思，充其量是落得他人的埋怨，却不至于引发什么危机。

因此，当某人行事真有问题时，在他内心有时会反省，觉得抱歉、恐慌、不知所措，此时如果你再批评指责他，那么他会因为你的谴责而羞愧难过，有的甚至从此一蹶不振，无法再树立自信。如果换种语气，换个方式，比如，"从今以后，你会做得比这次好"，或者"我想，下次你一定不会再犯这样的错误了"等诸如此类的话，对方不仅会感激你对他的信任，同时会感受到你的真诚，更重要的是有了改正错误的信心，对方在今后的工作、生活中，必定小心谨慎。

批评之后给对方铺退路

有时候为了给犯错的人铺一条退路，还可以假定双方在开始时没有掌握全部事实。

有一位老师曾遇到过这样一件事：下课了，有个学生向老师反映，昨天她爸爸作为生日礼物送给她的一支黑色派克钢笔不见了。老师观察了一下全班同学的表情，发现坐在该女生旁边的那个学生神情惊慌，面色苍白。钢笔可能是她拿的。当面指出吧，苦于没有充分的证据；搜身吧，又不近情理。这位掌握一定心理学知识的老师想了想说："别着急，肯定是哪个同学拿错了。只要等会儿她发现了，一定会还给你的。"说完，老师看了看那个学生。果然，下课以后，那个拿了钢笔的同学趁旁人不在的时候，赶紧把钢笔偷偷地放回了那个女同学的笔盒里。

这个故事告诉我们，如果他人犯错误，我们批评时要抱着一种理解的态度，不要一棒打死，而是要在批评之后给对方铺退路。因为，人都是有各种各样的弱点的，完美的人只有在童话或神话中才存在。现代生活中的人都是凡夫俗子，都或多或少地犯错误。

假如老师直接把自己的怀疑说出来，并严厉地批评偷笔的同学，把话说绝，把退路都堵死了，难免会使一时犯错的同学受到伤害，甚至会因使对方过于难堪而导致更糟糕的状况发生。相反，这位老师用暗示的方法给犯错的同学留下了弥补错误的机会。在人际交往中，我们不应该对所有犯错的人都予以不可辩驳的宣判，而是应该使对方下定"明天起要再加油"的决心，给他们改正醒悟的机会。

有时候为了给犯错的人铺一条退路，还可以假定双方在开始时没有掌握全部事实。例如，你可以这样说：

"当然，我完全理解你为什么会这样设想，因为那时你不知道那回事。"

"在这种情况下，任何人都会这样做的。"

"最初，我也是这样想的，但后来当我了解到全部情况时，我就知道自己错了。"

精明的人在说话时都懂得不撕破脸，在对方没有退路时给对方铺退路。这样对方也会自知理亏，而早早收场，不再纠缠。

从另一个角度来说，人与人之间的个人情感是不能回避的。随着社会的发展，人际交往中的人情味也会变得越来越浓。社会越前进，社会分工越细，人际的情感依存越强，人的情感就显得更加可贵。这个问题有利也有弊，社会中的领导者尤其应该重视这个问题。比如对一些影响不大，又不属于原则性的错误，进行了批评，达到了批评的目的，就可不再声张，甚至也不必再言及领导班子中的其他人。有时也可以直接告诉被批评者，说明到此为止，不再告之他人。这都可使对方得到尊严上的安全感，产生情感约束力。

巧妙类比，言在彼而意在此

人们为了各自的利益难免会陷入紧张或对立的状态。此时若用轻松的方式去解决，就可以巧妙地化解矛盾，比如用类比的方法。

在战国时期，齐国有个出身卑微的人叫淳于髡。他虽然身材矮小但口才很好，尤其善于讲笑话，使听者在笑声中受到启发。于是齐威王派他做齐国的使臣，出使各国。由于他有一副雄辩的口才，因而每次都非常出色地完成了使命，深得齐威王的器重。

一次，楚国发兵进攻齐国，齐威王派遣淳于髡带着黄金百斤、驷车十乘的礼物，前往赵国求救兵。淳于髡接到命令之后，放声大笑，直笑得前仰后合，浑身颤动，连帽子缨带都迸断了。齐威王问他道："先生是不是嫌我送给赵王的礼物太轻了？"

淳于髡回答说："不敢，我怎么敢呢？"

齐威王又问："那么，你为何这样大笑呢？"

淳于髡答道："不久前，我从东面来，看见路上有一个人正在向土地神祈祷。他拿着一只猪蹄，捧着一杯酒，嘴里念念有词：'高地上粮食满筐，低地上收获满车，五谷丰登，全家富足。'我看见他奉献给土地神的少，而向神索取的多，所以觉得好笑。"

齐威王听到此处明白了，淳于髡是在用隐语来劝谏自己增加礼物，于是决定把礼品增加到黄金一千斤、白璧十对、驷车一百乘。

淳于髡带着礼物前往赵国，说动了赵王。回国后齐威王便置办宴席庆贺，见淳于髡颇有酒量，就问他："先生最多能饮多少酒才会醉呢？"

淳于髡回答说："我饮一杯酒也会醉，饮一石酒也会醉。"

齐威王很惊奇，问他说："先生既然饮一杯酒就醉了，怎么还能饮一石酒呢？其中的道理可以说给我听吗？"

淳于髡说："如果在大王面前饮您所赐之酒，执事官吏在旁边看着，御史在后边监督，我心情恐惧，伏地而饮，这样的话，不过一杯就醉了。如果父母在家中接待贵客，我卷起袖子，陪侍于前，不时捧杯敬酒，恭敬陪侍，这样的话，不过两杯就醉了。如果朋友间一起游乐，由于很久没有见面，现在突然相逢，便互诉衷情，这样的话，大约饮五六杯才会醉。如果乡里相聚，男妇混杂在一起，细斟浅酌，一边饮酒，一边下棋、投壶，做各种游戏，随便与女郎握手也不受处罚，目不转睛地注视她也没有顾忌，前面掉有妇女的饰物，后面有姑娘遗落的发簪，我心中一高兴的话，便可饮八九杯。如果日暮酒残，将残席合并在一起，男女同席，促膝挨肩而坐，靴鞋交错，杯盘狼藉，一会儿堂上蜡烛尽熄，主人送走客人而独独把我留下，她敞开了罗袜的衣襟，我隐隐闻到一阵微香，当此之时，我心中最快乐，就能喝到一石。所以常言说'酒极则乱，乐极则悲'，一切的事情都是这样的。"

齐威王听了淳于髡这一番话语，明白了淳于髡是用幽默的隐语进行讽谏，从此不再作长夜之饮。

人们为了各自的利益难免会陷入紧张或对立的状态。此时若用轻松的方式去解决，就可以巧妙地化解矛盾，比如用类比的方法。

在一次新闻界的餐会上，美国总统艾森豪威尔应大家的要求站起来讲话。

他说："大家都知道，我不是善于言辞的人。小时候我曾经去拜访过一个农夫，我问这个农夫：你的母牛是不是纯种的？他说不知道。我又问：这头牛每个星期可以挤出多少牛奶呢？他也说不知道。最后，他被问烦了就说：你问的我都不知道，反正这头牛很老实，只要有奶，它都会给你。"

艾森豪威尔笑了笑，对所有在场的新闻界人士说："我也像那头牛一样老实，反正有新闻，一定都会给大家。"

说话兜圈子，绕道而行；用比喻、影射的方法举例说明；说故事，讲寓言，用幽默及双关语开开玩笑；采用游击战术，不正面冲突；拖延时间，爱理不理，静观其变……这些都叫迂回策略。

庄子非常善于运用类比来说道理。他的类比通俗易懂，且思想深刻，让人不得不折服。下面我们来看看庄子是怎样巧用类比来说理的。

高手示范一：视权贵如腐鼠

惠施在梁国当了宰相，庄子准备去会会他这位好朋友。有人急忙报告惠施，说："庄子来这里，是要想取代您的相位呀。"惠施很恐慌，便要阻止庄子，于是派人在国内搜了三天三夜。哪知道庄子从容而来拜见他说："南方有一种鸟，名字叫作凤凰，不知道您听说过吗？这只凤凰展翅而起后，从南海飞向北海，非梧桐不栖；非练实不食；非醴泉不饮。这时，有一只猫头鹰正在津津有味地吃着一只腐烂的老鼠，恰好凤凰从其头顶上飞过。猫头鹰急忙护住腐鼠，仰头视之道：'吓！'现在您也想用您的梁国来吓我吗？"

高手示范二：宁做自由之龟

一天，庄子正在涡水垂钓。楚王派了两位大夫前来聘请他。见面后他们对庄子说："我们大王久闻先生贤名，欲以国事相累。深望先生欣然出山，上以为君王分忧，下以为黎民谋福。"庄子持竿不顾，淡然说道："我听说楚国有一只神龟，被杀死时已经有三千岁。楚王把它珍藏在竹箱里，盖上了锦缎，供奉在庙堂之上。请问二位大夫，此龟是宁愿死后留骨而贵，还是宁愿生时在泥水中潜行曳尾呢？"二大夫道："自然是愿活着在泥水中曳尾而行啦。"庄子说："那么，二位大夫请回去吧！我也愿在泥水中曳尾而行。"

高手示范三：是贫穷不是潦倒

一天，庄子身着粗布补丁的衣服，脚穿草绳系住的破鞋，去拜访魏王。魏王见了他便问道："先生怎么会如此潦倒呢？"庄子说："是贫穷，不是潦倒。士有道德而不能体现，才是潦倒；衣破鞋烂，是贫穷，不是潦倒，此所谓生不逢时也！大王您难道没见过那腾跃的猿猴吗？如果在高大的楠木、樟树上，它们就会攀缘其枝而往来其上，逍遥自在，即使善射的后羿、蓬蒙再世，也无可奈何。可要是在荆棘丛中，它们则只能危行侧视，怵惧而过了，这并非其筋骨变得僵硬不柔灵了，而是处势不便，未足以逞其能而已，现在我处在昏君乱相之间而欲不潦倒，怎么可能呢？"

用不经意的话暗示别人

在日常交际中，当需要批评或提醒他人而又不便直接向他提出时，便可考虑使用侧面暗示法，从而达到启示、提醒、劝阻、教育他人的目的。

会说话的人知道哪些话可以说，哪些话不可以说。他们懂得用委婉含蓄的话语，不经意地暗示别人，在坚持自己原则的同时又不会令对方太过难堪。

有一次，小王家里来了客人，聊了几个小时后，这位客人还无意离去。

小王因还有其他事情要做，屡次暗示客人，但是那位客人却"执迷不悟"。小王无奈之中心生一计，对他说："我家的菊花开得正旺，我们到园子里去看看？"

客人欣然而起，于是小王陪他到花园里观赏菊花。看完后，小王趁机说："还去坐坐吗？"

客人看看天色，恍然大悟地说："不了，不了，我该回家了，要不就错过末班车了。"

小王没有直接说明自己有其他事情要做而是用不经意的话暗示对方，不仅没有让对方感到尴尬，而且也达到了自己的目的。

一天，几位青年人去拜访某教授。不知不觉已谈到深夜，教授接着其中一位青年人的话题说："你提的这个问题很值得研究，明天我去 A 城参加一个学术会，准备就这个问题找几位专家一块聊聊。"听完教授的话，几位青年立刻起身告辞："很抱歉，不知道您明天还要出差，耽误您休息了。"

如果遇上了一位不知情的客人，你让他走也不是，不走也不是，这可是件很让人尴尬的事情。这时，你不妨采取一些巧妙的暗示。诸如看看钟表，或者随意地问他忙否，然后再告诉他你最近都很忙。一般地，稍微敏感点的客人肯定就会起身告辞，但若是"执迷不悟"的客人于此"无动于衷"，我们就可以巧妙地转移一下地点，像小王那样用一下"调虎离山"之计，这样既维护了彼此的情感，又不至于拖延自己的事情，可谓两全其美。

在日常交际中，当需要批评或提醒他人而又不便直接向他提出时，便可考虑使用侧面暗示法，从而达到启示、提醒、劝阻、教育他人的目的。

在一家高级餐馆里，有一位顾客把餐巾系在脖子上，餐馆经理对此很反感。于是，他叫来了一个女服务员说："你要让这位绅士懂得，在我们的餐馆里，那样做是不允许的，但话要说得尽量委婉些。"女服务员来到那位顾客的桌旁，很有礼貌地问："先生，您是刮胡子，还是理发？"话音一落，顾客立即意识到自己的失礼，赶快取下了餐巾。

这位聪明的女服务员没有直接指出客人有失体统之处，却拐弯抹角地问两件与餐馆毫不相干的事——刮胡子和理发，表面上看来似乎是女服务员问错了，而实际上她通过这种风马牛不相及的事情来提醒这位顾客，不仅使顾客意识到自己失礼之处，又做到了礼貌待客，不伤害顾客的面子。

防止"弦外之音"伤人

弦外之音有时可以在不经意间起到暗示别人的作用，但有时也会在不经意间伤害别人。

我们常常夸奖别人说话含义丰富、深刻，有"言外之意""弦外之音"。

一般地说，我们说话要求简单明了，不要烦琐含糊。同时，还应该知道，有时候把话说得太直白会伤人，不如在话语中隐藏弦外之音。然而，有些人并不懂得如何运用弦外之音，从而在不经意间伤了他人。

一群人在看电视剧，剧中有婆媳争吵的镜头。张大嫂便随口议论道："我看，现在的儿媳真是不知好歹，不愿意和老人住在一起，也不想想以后自己老了怎么办？"话未说完，旁边的小齐马上站了起来，怒声说："你说话干净点，不要找不自在，我最讨厌别人指桑骂槐！"

原来，小齐平素与婆婆关系失和，最近刚从家里搬出自己住。张大嫂由于不了解情况，无意中揭了对方的短而得罪了小齐。

聪明的人善于把批评的意思压缩在一句貌似赞扬的话里，让人在体味"言外之意"的同时，意识到自己的错误。

某厂有一栋宿舍，一楼住着老工人，二楼住着年轻工人。一天夜晚，一些年轻工人喝酒猜拳，大吵大闹，到了凌晨1点还不罢休，影响了楼下老工人的休息。

一位老工人气愤地走上楼去，大声斥责说："安静！"

可这些年轻人连理也不理，吵闹得更凶了。

过了一会儿，另一位老工人也走了上去，笑着对他们说："小伙子们，你们辛苦了，该休息了。"

听了这位老工人的话，这伙年轻人很快静了下来。

这两句话表达的意思是一样的，但表现形式不一样导致结果迥然不同。我们分析一下：第一位老工人的话语直接，火药味十足，它让听者产生了逆反心理，所以，闹腾得更欢了。

第二位老工人则不同，他运用了隐含判断，话语中隐含着对这些年轻人"闹得太久，影响了他人休息"的批评，但话说得委婉含蓄。这些年轻人因第一位老工人的话而激起的反抗心理此时被击溃了，心悦诚服地改正了自己的过失。

不管什么人，都不喜欢别人说自己的坏话。因此，当他听到对方说自己坏话时，就会不高兴、生气，甚至想找机会报复。

因此，有些想说人家的坏话的人，就选择了说"弦外之音"。

说话的目的在于交流思想和感情，但万不能用"弦外之音"去伤害别人。有些人说话含蓄，爱卖弄，如果对方听懂了倒没关系，若是没听懂甚至听错了，不但起不到交流的目的，反而可能引起误会。

说话要隐晦些

直言直语固然好，但说话还是要隐晦一些。什么话该摊开来说，什么话该隐晦地说，我们要做到心中有数。

在表达一些意愿和请求时，如果能够合理地把握说话时的分寸，暗藏在话语背后的真意一样可以传达给对方。

1. 以退为进，让人主动接受

暑假时，某高校决定组织青年志愿者到孤儿院献爱心。

班主任向所有志愿者提出一项要求："希望每位成员能带一名孤儿到自己家中共同过暑假，让他们感受家庭的温暖。"把好不容易盼来的假期全部花在照料孤儿上，这的确有些勉为其难，当时，就遭到了大家无声的拒绝。

短暂的冷场后，班主任微微一笑，说："我知道这样可能使大家为难了。这样吧，我尊重大家的选择，把原计划改为每周抽出一天时间陪孩子一起逛逛公园、做做游戏，这样总可以了吧？"这一提议获得了大家的一致通过。

其实，这只不过是班主任的一个策略而已。他的真实用意实际上就是希望志愿者每周能抽出一天时间陪陪孤儿，不过他明白，在暑假里即使这样一个请求，实践起来也是有一定难度的。于是在提出这样一个请求前，他干脆提出了一个更大的请求——让他们整个暑假照料孤儿，这一请求不出所料地遭到大家的拒绝。只不过，在已经拒绝一次的情况下，再提出一个请求，大家也就不好意思再拒绝了。而且两次请求相劝衡，大家自然会选择后者。

2. 满足需要，让人自动回避

19世纪，在维也纳上层社会的妇女中，时兴一种高筒、宽檐的帽子，帽檐上装饰着五颜六色的羽翎。当这些女士进入剧场时，坐在她们后面的观众就只能看到她们的帽子而看不见舞台，于是不少观众向剧场经理提出抗议。

剧场经理起初只是一味地请求女士们脱帽，但女士们谁也不理睬。后来，经理眉头一皱，计上心来，对女士们说："本剧场照顾年老的女士，只有她们可以不脱帽。"此言一出，剧场中所有的女士都摘下了帽子。

上面这个故事中，剧场经理抓住女士们都希望自己年轻貌美的心理需求而说出的话，让女士们乖乖地摘下帽子。因为剧场经理激起了她们维护自己年轻的心理需求。

以退为进，满足需求都是为了使隐晦的语言能够更好地发挥效用，因此，我们在说话时完全可以借助上面的表达方式，该明说的话要明说，不适宜明说的话要用隐晦的方式说出来。

善用闲谈，化解尴尬境地

生活中难免会碰上尴尬的事情。这个时候，我们完全可以随机应变，巧妙地说一下闲话，使气氛得到缓和。

面对尴尬的窘境，如果置之不理，会有损自己的尊严；如果斤斤计较，又会有损自己的风度；如果无所适从，会有损自己的形象；如果处理不当，又会激化矛盾。可是，若你懂得用巧言妙语回答，不但能够很好地化解尴尬，而且会使气氛变得温馨。那么，化解尴尬的方法都有哪些呢？

1. 自嘲式化解

自嘲，顾名思义就是自我嘲解，调侃自己。自嘲是一种幽默，一种智慧。处理好复杂的人际关系可不是件容易的事，一旦陷入尴尬境地，不妨自我嘲解一下，既给自己找个台阶下，又能巧妙地缓和气氛。

某著名诗人应邀到某大学中文系作家班做学术讲座。诗人讲到自己的诗作时，准备朗诵一段，可诗稿却放在一个学员的课桌上，诗人便走下讲台去拿。但诗人在上台阶时，一不留神跌倒在第二级台阶上，学员们顿时哄堂大笑。诗人稳住身子，转向学员，指着台阶说："你们看，要升一个台阶多么不易，生活是这样，作诗亦如此。"这一哲理性的话语顿时赢得了热烈的掌声。诗人笑了笑，接着说："一次不成功不要紧，再努力！"说着，装着用力的样子走上讲台，继续他的讲座。

2. 反话式化解

林肯是一个富有幽默感的总统。有一次，林肯自己在擦皮靴，某外交官问道："总统先生，您总是擦自己的靴子吗？"林肯不动声色地回答说："是啊，那你是经常擦谁的靴子呢？"

林肯的高明在于他巧妙地绕开对方所提出的一个判断性问题，进而找出破绽，给对方回敬了一个特指性的反话。

3. 自圆式化解

一位主持人在主持一次知识问答类节目时，问道："有的公园里常常有武士模样的人摇着铃铛走东串西，请问这人是干什么的？"

参赛者的回答各种各样，可结果都是错的。最后主持人告诉大家谜底："是卖茶水的人。"此时主持人见参赛者情绪有些低落，赶快补上一句："看来这地方的水真是太宝贵了，卖茶水的人也穿戴得这么漂亮，把我们都迷惑了。"

这句话看来很平常，可句中的"我们"拉近了双方的距离，化解了参赛者由于回答错误可能带来的尴尬。

面对尴尬时，如果我们能够巧妙地说一些闲话，不仅可以化解尴尬的境地，还可以转移对方的注意力。因此，面对尴尬的局面时，幽默地说一些闲话是非常必要的。

淡化感情色彩，间接地表达你的不满

旁敲侧击，比喻说话、写文章不从正面直接点明，而是从侧面曲折地表明观点或加以讽刺、抨击。

在公众活动中，可能经常遇到让人尴尬而不满的情景。在这种情景下是不该强硬地表达不满的，而应该淡化感情色彩。

著名科学家爱因斯坦风趣幽默。有一次，由他证婚的一对年轻夫妇带着小儿子来看他。孩子刚看了爱因斯坦一眼就号啕大哭起来，弄得这对夫妇很尴尬，爱因斯坦脸上也有些挂不住，但幽默的爱因斯坦却摸着孩子的头高兴地说："你是第一个肯当面说出对我的印象的人。"这句妙答给了这对夫妇一个情面,活跃了气氛,融洽了关系,当然也含蓄地表达了爱因斯坦的不满。

在这里,爱因斯坦向我们显示了他在交际中的机智。面对孩子的大哭给自己和年轻夫妇带来的尴尬,他干脆采用了自嘲的方式,来帮助对方化解尴尬。然后放低姿态,凭借"慈祥"的语气表示自己对此态度的认同,淡化了感情色彩。

英国首相前丘吉尔在他执政的最后一年,出席一个政府举办的仪式,在他身后不远的地方有几个绅士窃窃私语:"你看,那不是丘吉尔吗?""人家说他现在已经开始老朽了。""还有人说他就要下台了,要把他的位子让给精力更充沛、更有能力的人了。"当这个仪式结束的时候,丘吉尔转过头来,对这几个绅士煞有介事地说:"唉!先生们,我还听说他的耳朵近来也不好用了。"

丘吉尔知道,自尊自爱就要以适当的方式来表达自己的思想感情,他在这里的幽默一语,既淡化了感情色彩,给自己解了围,表达了不满,又使那些绅士自讨没趣。

美国前总统威尔逊在一次竞选演讲中,遭到一个捣乱分子的挑衅。演讲正在进行,捣乱分子突然高声喊叫:"狗屁!垃圾!臭大粪!"这个人的意思很明显,是骂威尔逊的演讲臭不可闻,不值得一听。威尔逊对此感到非常生气,但只是报以微微一笑,安慰他说:"这位先生,我马上就要谈到你提出的环境脏乱差的问题了。"随之,听众中爆发出掌声、笑声,为威尔逊的机智幽默喝彩。

社交场合碰到别人的不恭言行,还真不能发作,但憋在心里也不好受。海明威曾说过:"告诉他你不高兴,但在话中别出现'不高兴'这个词。"把表示不满的语言的感情色彩淡化一下,让对方知道你不高兴,又不致破坏友好气氛,是个不错的方式。

侧击迂回,举重若轻显真功夫

迂回就是一种拖延战术,目的是要争取更多的时间促进沟通的进行。如果沟通不畅,可以考虑用迂回的方式寻求外界支援或是跳离原来的沟通模式,以特殊方法突破沟通障碍,让沟通顺畅。

说话兜圈子虽然给人啰唆的感觉,但是它都能更好地突破沟通障碍,让沟通顺畅。

一次,德皇威廉二世派人将一艘军舰的设计图交给一个造船界的权威人士,请他评估一下。他在所附的信件上告诉对方，这是他花了许多年，耗费了许多精力才研究出来的成果，希望对方能仔细鉴定一下。

几个星期之后，威廉二世接到了权威人士的报告。这份报告附有一叠以数字推论出来的详细分析，文字报告是这么写的：

"陛下，非常高兴能见到一幅绝妙的军舰设计图，能为它作评估是在下莫大的荣幸。可以看得出来这艘军舰威武壮观、性能超强，可说是全世界绝无仅有的海上雄狮。它的武器配备可说是举世无双，舰内设施豪华。这艘举世无双的超级军舰只有一个缺点，那就是如果一下水，马上就会像只铅铸的鸭子沉入水底。"

威廉二世看到了这个报告，不但没为设计失败而气恼，反而禁不住笑了起来。

说话高手并不是指那些会说好听的话、使用华丽辞藻的人，而是善于运用迂回婉转说话技巧之人。

说得巧，逐客令也能变得美妙动听

运用高超的语言技巧，把逐客令说得美妙动听，这样你就能两全其美：既不挫伤其自尊心，又能使其知趣地告别。

古人云："有朋自远方来，不亦乐乎。"友人来访，彼此促膝长谈，交流思想，应该是令人十分愉快的事。

但现实生活中也有与此截然相反的情况。茶余饭后，你刚想静下心来读点书或者做点事，不料不请自来的长舌客扰得你心烦意乱。他东家长西家短，没完没了，一再重复着你毫无兴趣的话题，而且越说越来劲。你勉强敷衍，心不在焉，焦急万分，想对他下逐客令，但又怕伤感情，难以启齿。那么，该怎样对付长舌客呢？最好的对付办法是运用高超的语言技巧把逐客令说得美妙动听，这样你就能两全其美：既不挫伤其自尊心，又能使其地告别知趣起。

下逐客令时，主人必须掌握两条原则。

有情。长舌客一般是邻居、亲戚、同学、同事，主客之间相当熟悉，切忌用冷冰冰的表情和尖刻刺耳的语言刺伤对方，一定要使对方感觉到主人对他还是很有情谊的。有情，才能使逐客令真正变得美妙动听。

有效。要使长舌客听了你得体的话语后明显减少来你家的次数，缩短闲扯的时间，这样，主人的语言技巧便真正起到了逐客的作用。

用模糊语言进行暗示

说话者可以巧妙地用模糊语言表达自己的意见，让当事人不感到难堪。

卡耐基认为，对于一些比较尖锐的事情最好使用模糊的语言，给对方一个模糊的意见，或者多用一些"好像""可能""大概""看来"之类的词语，显得留有余地，语气委婉一些。

例如，当学生在课堂上回答不出问题时，作为老师一般不应该这样训斥学生："你怎么搞的？昨天你肯定没复习！"而应当用模糊的语言表达批评的意思："看来，你好像没有认真复习，是不是？还是因为有点儿紧张，不知道该怎么说呢？"而且应当进一步提出希望和要求："希望你及时复习，抓住问题的要领，争取下次作出圆满的回答，行不行？"这样给了学生面子，也能达到好的效果。

在一些交流场合，尤其是在一些比较正式的场合，经常会碰到一些涉及尖锐问题的提问，这些提问既不能直接、具体地回答，又不能不回答。这时候，说话者可以巧妙地用模糊语言表达自己的意见，让当事人不感到难堪。

我们在听政府发言人谈话，或者看一些文件、公报的时候，常常觉得平淡无味。其实这些语言往往蕴含着非常尖锐的意思，只是用了一些模糊化的词语，让它显得"平淡"了一些而已。比如外交部发言人谈话提到"宾主双方进行了坦率的会谈"，这里"坦率"的背后意思就是有很多争议，意见分歧非常大；再比如"应当促进双方的交流"，意思就是双方的共识太少，彼此之间有比较深的成见。这些模糊化的语言既达到了说明问题的目的，又起到了淡化矛盾的作用。

摆脱尴尬篇

——遇事莫慌，妙语化解

主动，"开涮法"解决冷场时

许多场合中，由于个人的性格腼腆，或者彼此之间不够了解，而无法拥有共同的话题，使交往中出现了"冷场"的情形。

交流中最尴尬的局面莫过于双方无话可说。无话可说有时候是因为一方对另一方说的话题根本不感兴趣，有时候是因为我们说的意思和对方的理解有偏差，有时候是因为我们缺乏在某些特殊情景下的沟通技巧，有时候也会因为你的说话触及了别人的"雷区"，而造成别人的不愉快，导致交谈无法继续下去。无论是哪一种情况，都可能会让你焦虑。良好的沟通需要双方在适当的时候分别扮演起发送信息者和接收信息者的角色，就像跳探戈时需要两个人完美的配合。

"一个巴掌拍不响"，交流中一旦出现冷场的局面，也需要两个人共同配合才能打破僵局。交流是两个人的事情，所以你不能指望对方为交流负起全部责任。因此，当出现冷场或者尴尬的时候，要沉着，寻找双方的共同话题，不能一味地等着对方来解决这种尴尬的局面。

雁翎曾经有过一次痛苦的爱情经历，她对那位男朋友爱得如醉如痴，可是，对方却脚踏几条船，最终抛弃她跟别的女孩子浪漫去了。

一次，雁翎与第二位男朋友肖遥约会时，肖遥问她："你对爱情中的普遍撒网，重点逮鱼，怎么看？"没想到他话一出口，雁翎不但没搭理他，脸色还变得很难看。肖遥知道他误入情人的"雷区"，赶紧补充道："啊，请别误会，我是说，我有一个讽刺对爱情不忠的故事献给你，故事是说有一个对太太不忠的男人，经常趁太太不在家把情妇带回家过夜，但又时常担心太太会发觉。所以，有一天晚上，他突然从梦中惊醒，慌忙推着身边的太太说：'快起来走吧，我太太回来了。'等他太太也从梦中清醒时，他一下子傻眼了。"还没等肖遥话音落下，雁翎已被他的幽默故事给逗得喜笑颜开。

在这里肖遥运用故事的形式首先转移了他俩谈话的方向，然后用幽默的感染力，淡化了他因说话不慎而给雁翎带来的不快情绪，从而巧妙地把可能出现的"冷场"给过度过来，赢得了心上人的开心一笑。

巧妙应对咄咄逼人的话

在交往中，我们不可避免地会遇到咄咄逼人的谈话场景，谈话者一般是有备而来的，或是对自己的条件估计得比较充分，有信心战胜你。

当我们的对手提出重大问题，你却无法回答时，这种情况怎么办?

（1）以退为进，假如对方的问话是你所必须回答的、不能推辞的，而又要对方跟着你的思路走，你可以装作退却。对方趁机逼过来，你把他带远了，让他完全进入了圈套，然后再回过头来对他进行反击。

（2）后发制人，这是使自己能站稳脚跟的最有效的办法，一般在对方到了已经不能自圆其说或对方已是山穷水尽的时候最有效果，因为对方总是有弱点的，只要我们抓住了，就能反攻了。

（3）针锋相对。即以对方同样的火力，向对方进攻，对方提什么问题，你就给予十分肯定或否定的回答，丝毫不让，不拖沓也不拖泥带水，使对方无理可寻、无懈可击。

（4）把球踢给对方。当对方的问题很难回答，问的角度很刁，你回答肯定、否定都可能出差错时，那就不要回答，把问题再还给对方，将对方一军。

（5）抓住一点，丝毫不让，迅速找到他谈话内容中的一个小漏洞，即使再微不足道也无所谓，可以把这一点无限扩大，使其不能再充分展开其他方面的进攻。

借他人之口转达歉意

工作生活中，我们时常都会犯一些过错，有的错误很小，对他人也不会造成什么严重的影响；有的错误虽然比较大，但是只是给他人造成一些无关痛痒的影响。当我们犯了以上这些错误时，我们只需要亲自向对方表达歉意即可。

可是，当过错严重、对方对你成见很深时，当面道歉肯定会被对方劈头盖脸地训斥一通，这时候对方只会发泄情绪，而难以接受道歉，所以最好通过第三者先转达自己的歉意，让对方先消消气，然后等对方心情稍微平静之后，再亲自道歉。

现实生活中，也不乏这样的情况，有些人明知自己错了，也想向对方表达歉意，然而由于自尊心太强，面子太薄，当面道歉难为情，或者双方因为其他的原因不便亲自对话，这时，就可以考虑巧妙地借用"媒介"，让中间人为自己传达歉意，兴许还能收到当面道歉收不到的好效果。

巧借他人之口转达歉意，不仅可以保全致歉者的面子，对于接受道歉的人来说，当他了解了致歉者的良苦用心后，也可能会因为感动而不再生气。

使用这种技巧，有两个关键之处：一是选择合适的第三者，最好是对方的好朋友；二是你与第三者的交谈一定要恰到好处地表达歉意，并且让第三者明白你的良苦用心，只有这样，第三者才会替你转达歉意。

借他人之口转达歉意，这个第三者最好是双方都认识或者要好的朋友，也可以是领导。不论是朋友还是领导，道歉都要表现出你的诚意，如果你"犹抱琵琶半遮面"，何谈一个"诚"字？也不要说推卸责任的话，如"要不是因为……他（她）也就不会……"这样一味地强调客观原因，说得好像自己根本没有错，那又何必道歉呢？

难以启齿的逐客令要讲得不动声色

朋友来访，促膝长谈，交流思想，增进友情是生活中的一大乐事，也是人生道路上的一大益事。宋朝著名词人张孝祥在跟友人夜谈后，忍不住发出了"谁知对床语，胜读十年书"的感叹。然而，现实中也会有与此截然相反的情形。下班后吃过饭，你希望静下心来读点书或做点事，那些不请自来的"好聊"分子又要扰得你心烦意乱了。他唠唠叨叨，没完没了，一再重复你毫无兴趣的话题，还越说越起劲。你勉强敷衍，焦急万分，极想对其下逐客令但又怕伤了感情，故而难以启齿。

但是，你"舍命陪君子"，就将一事无成，因为你最宝贵的时间，正在白白地被别人占去。鲁迅先生说："无端地空耗别人的时间，无异于谋财害命。"任何一个珍惜时间的人都不愿任人"谋财害命"。

那么，怎样对付这种说起来话没完没了的常客呢？最好的办法是：运用高超的语言技巧，把"逐客令"说得美妙动听，做到两全其美。要将"逐客令"下得有人情味，既不挫伤好说者的自尊心，又使其变得知趣。

例如，暗示滔滔不绝的客人，主人并没有多余的时间跟他闲聊胡扯时，与冷酷无情的逐客令相比，下面的方法就更容易被对方接受。

"今天晚上我有空，咱们可以好好畅谈一番。不过，从明天开始我就要全力以赴写职评小结，争取这次能评上工程师。"含义是：请您从明天起就别再打扰我了。

"最近我妻子身体不好，吃过晚饭后就想睡觉。咱们是不是说话时小声一点？"这句话用商量的口气，却传递着十分明确的信息：你的高谈阔论妨碍女主人休息，还是请你少来光临为妙吧。

有时有些"嘴贫"的人对婉转的逐客令可能会意识不到。对这种人，可以用张贴字样的方法代替语言，让人一看就明白。影片《陈毅市长》里有一位著名的科学家，在自家客厅里的墙上贴上了"闲谈不得超过三分钟"的字样，以提醒来客：主人正在争分夺秒地搞科研，请闲聊者自重。看到这张字样，纯属"闲谈"的人，谁还会好意思喋喋不休地说下去呢？

根据具体情况，我们可以贴一些诸如"我家孩子即将参加高考，请勿大声喧哗""主人正在自学英语，请客人多加关照"等字样，制造出一种惜时如金的氛围，让爱闲聊者理解和注意。一般来说，字样是写给所有来客看的，并非针对某一位，所以不会令某位来客过于难堪。

以柔克刚，正话反说吐逆耳忠言

人们总是认为：口才好的人总能在交际中随机应变。而语讷的人常常会感到自惭形秽，认为自己不善于交际，对人际交往失去信心。其实在社会交往中，如何把话说得恰到好处才是成败的关键。

俗话说："良药苦口利于病，忠言逆耳利于行"，我们要把话说得恰到好处，那么为何不用顺耳的忠言、温柔的言语来化解矛盾呢？试想一下，公园里草地上竖立的牌子，有的写着："小草默默含羞笑，来往游客莫打扰""百花迎得嘉宾来，请君切莫用手摘"，有的则用诸如"禁止""罚款"等字眼。哪一种更能博得游人的喜爱，使花草得到爱护，这是一目了然的。

不论是工作还是生活中，一个人的能力毕竟是有限的，不可能把任何事情都做到十全十美，时常犯一些错误是在所难免的，同学之间、同事之间，如果真诚地提出善意的批评，对于双方都是有益的。对于他人的任何批评和帮助，我们要满怀诚意，虚心接受。但是，既然是批评，语言可能会尖锐一些，语气也会严厉一些，忠言逆耳或者顺耳，批评能否被接受，这取决于批评者说话的方式方法。

人活一张脸，树活一张皮。一个人的自尊是最宝贵的也是最脆弱的。很多谈话高手在批评别人时，都会选择一种委婉的方式。聪明人总是在发现对方的不足时，想办法找个机会私底下向他透露，而且批评也是较为含蓄的，甚至他会将批评隐藏在玩笑中，这样就能让对方很容易地接受建议了。

谈吐有趣，在笑声中摆脱窘境

在日常生活中，常有人由于不慎而使我们身处窘境，或是向我们提一些过分的请求，或是问一些我们不好回答或暂时不知道答案的问题。此时，我们如果直接表明"不满意""不可能"或"无可奉告""不知道"，往往会给彼此带来不快。如果我们想从窘境中摆脱出来，不妨借用幽默的力量。

有一次，英国上议院议员里德在演讲将近结束时，听众都很认真望着他，都在倾耳听着每一个字，但就在这时候，突然有一个人的椅子腿断了，那个人摔倒在地上。如果这时做演讲的不是像里德这样灵巧的人，恐怕当时的局面会对演讲产生一种破坏性的影响。但是聪明的里德马上说："各位现在一定可以相信，我提出的理由足以压倒别人。"就这样，他立刻就恢复了听众的注意，而那个摔倒的人也在别人善意的笑声中，找到了一个新座位。

这个故事给予我们的启迪是：恰到好处的幽默能够使双方都从窘迫的情形中脱身而出，里德就是依靠这一点化解了演讲中的尴尬局面。

如果我们面临不好回答的问题，而又不能以"无可奉告"进行简单的说明时，不妨找一个大家都能领悟的笑话来说，可以转移对方的视线。

1972年，在美苏最高级会谈前的一次记者招待会上，有人向基辛格提出了一个所谓的"程序性问题"："到时，你是打算点点滴滴地宣布呢，还是倾盆大雨地、成批地发表协定呢？"

基辛格沉着地回答："你们看，他要我们在倾盆大雨和点点滴滴之间任选一个，无论我们怎么办，总是坏透了。"他略微停顿了一下，接着，一字一句地说："我们打算点点滴滴地发表成批的声明。"在一片轻松的笑声之中，基辛格解答了这个棘手的问题。

生活离不开交流，交流必然会产生融洽与对立，一旦身处窘境，面对无礼要求或做不到的事情，就像站在悬崖上，前面是深渊后面是追兵。此时婉言拒绝或摆脱便成了我们必须精通的一种说话方式，而灵活的头脑和幽默的谈吐可以让我们突生翅膀，顺利飞跃到高处，摆脱进退维谷的境地。

遭遇尴尬时故说"痴"话

我们在不同的场合都会遭遇尴尬。尴尬的表现形式不一样，应对方式当然也有差别。用语言应对的一种很好方式，就是佯装不知，故说"痴"话，好像这种尴尬从来没有发生过一样。

一家星级宾馆招聘客房服务人员，经理给三位应聘者出了一道题目：

"假如你无意间把房间推开，看见女客一丝不挂地在沐浴，而她也看见你了，这时候你该怎么办？"

第一位答："说声对不起，就关门退出。"

第二位答："说声对不起，小姐，就关门退出。"

第三位答："说声对不起，先生，就关门退出。"

结果第三位应聘者被录取了。

为什么呢？前两位的回答都让客人有了解不开的尴尬心结，唯有第三位的回答很巧妙。他妙就妙在假装没看清，故作痴呆，既保全了客人的面子，又使双方摆脱了尴尬。

还有一个例子：

小玲在一次聚会上第一次穿高跟鞋和超短裙，还化了比较浓的妆。朋友们见到她这样的打扮，一片惊呼，自然而然地，她成了聚会的焦点之一。但是年轻人聚会的一项必不可少的活动就是蹦迪。高跟鞋和超短裙肯定是不利于蹦迪的，何况小玲还是第一回穿呢。开始她不愿意下舞池，后来在朋友们的劝说之下勉强蹦了一会儿，谁知却出了问题，一只鞋跟折断了，短裙也不小心撑裂了，只好装作没事一样，一瘸一拐地回到了座位上。

一个女孩看见了，忙跑过来问她怎么回事，她回答说脚扭了。女孩关心地弯下腰去看。"啊，你的鞋跟断了哎。真是的，怎么这么倒霉啊。哇，你的裙子怎么……好了别介意，大家都是朋友，谁都不会笑话你的，我也会给你保密的。你就在这儿坐着好了，待会儿结束了我陪你回家。"说着又下了舞池，小玲沮丧地坐在那里。

一曲终了，大家都下场来，一个男孩过来坐到了小玲对面，小玲脸上红一阵白一阵，生怕被他发现了，赶忙说脚有点不舒服，说着把没有断跟的那只脚伸到了前面。男孩并不看她的"伤势"，只是叫了两杯饮料，说："蹦迪很累吧，你平时看起来挺文弱的，一定小心啊。这种激烈运动连我都浑身湿透，你肯定更累吧。以后多锻炼锻炼，再穿上今天这么漂亮的衣服，那效果肯定超棒！"

两个人聊了半天，男孩始终没有提起她的"伤"。其实他早就看到是怎么回事了，为了不让小玲太尴尬，装作不知道，让小玲长长地舒了一口气。

这位男孩就是巧妙运用了"佯装不知"的技巧，避免了尴尬。

在社交场合中，许多人遭遇尴尬以后，即使假装不在意，其实心里面还是会有个疙瘩，因为对每个人来说，面子都是非常重要的。所以，当别人遭遇尴尬时，有时候你的安慰可能只会让对方感觉更没有面子，这时，故作不知、说一句痴话，让当事人释怀才是最好的方法。

实话要巧说，坏话要好说

在生活中，人与人之间交流是避免不了的，同时说话的双方彼此都希望对方能对自己实话实说。但在某些特定的场合下，顾及面子、自尊，以及出于保密等需要，实话实说往往会令人尴尬、伤人自尊，因此，实话是要说的，但应该巧说。

两个人的意见产生了分歧，如果实话实说直接反驳，就有可能伤了和气。这时候就需要巧妙地表达自己的意见。

一次事故中，主管生产的副厂长老马左手指受了伤被送往医院治疗，厂长老丁来看望时，谈到了车间小吴和小齐两个年轻人技术水平较强，但组织纪律观念较差，想让他们下岗一事。老马当时没有表态，只是突然捧着手"哎哟哎哟"大叫。丁厂长忙问："疼了吧？"老马说："可不是，实在太疼了，干脆把手锯掉算了。"老丁一听忙说："老马，你是不是疼糊涂了，怎么手指受了伤就想把手给锯掉呢。"老马说："你说得很有道理，有时候，我们看问题，往往因注重了一方面而忽视了另一方面啊。老丁，我这手受了伤需要治疗，那小吴和小齐……"老丁一下子听出老马的"弦外之音"，忙说："老马，谢谢你开导我，小吴和小齐的事我知道该怎么处理了。"

老马用手受伤需要治疗类比人有缺点需要改正，进而巧妙地把用人和治病结合起来，既没因为直接反对老丁伤了和气，而且又维护了团结，成功地解决了问题。

说话是一门应当用心钻研的艺术，说实话需要语言的修饰，要巧妙地表达自己的意思，尤其是说一些"坏话"时，更要用心选择恰当的方式。

林肯当总统期间，有人向他引荐某人为阁员，因为林肯早就了解到此人品行不好，所以一直没有同意。

一次，朋友生气地问他，怎么到现在还没结果。林肯说，我不喜欢他那副"长相"。

朋友一惊，说道："什么！那你也未免太严厉了，'长相'是父母给的，也怨不得他呀！"

林肯说："不，一个人超过四十岁就应该对他脸上那副长相负责了。"

朋友当即听出了林肯的话中话，再也没有说什么。

很显然，这里林肯所说的"长相"和他朋友所说的"长相"，根本不是一回事。林肯巧妙地利用词语的歧义性，引出了"这个人品行道德差，我不同意他做阁员"这句大实话，既维护了朋友的面子，又达到了自己的目的。

五招秘籍，打破与陌生人无话可说的尴尬

气质清新可人的文玲，眉宇间总透出淡淡的忧伤。为什么呢？原来她由于不习惯和陌生人相处，经常弄得自己和别人都很尴尬。

据了解，文玲从小就很内向，进入高中后，更是天天埋头学习，很少和同学交流；大学四年，她从不参加学校活动。今年7月，大学毕业后，她顺利地进入北京一家公司工作，但工作一个月后，公司就以业务能力不强为由将她辞退。她又来到北京某广告公司工作，但感到工作很吃力，干了不久又离开了。

踏入社会的两次努力都失败了，她变得越来越沮丧，于是天天把自己关在屋里，不见人也不愿和人说话，最后连见外人的勇气都没有了。

文玲的父母看到这种情况，非常着急，他们想尽各种办法开导她，还带她去看心理医生。在医生和父母的帮助下，她鼓起勇气带着微笑又参加了一次人才招聘会，幸运地被一家公司录用为职员。

此后，她信心大增，将微笑带入新的工作岗位。虽然她仍然不善言辞，可是这次大家都认为她是一个为人正直、作风正派、不轻浮、有涵养的女孩。不久之后，

她也能和不熟悉的人自然相处了。

其实，社会中很多人都曾有过文玲这样的经历，总是不知道如何与陌生人交往，或者是在与他们相处时，不知道说些什么。

处于这种状态的人，在独处的时候，总是会突然想到："那天我很唐突地说了那样一句话，真是不该。"或者是："我当时怎么那么呆头呆脑的，真是破坏气氛啊。"并且为此而后悔不已。可是，世上没有后悔药可买，人们只好悔恨地提醒自己，下次不可以再犯。可是这样做的话，又经常弄得自己很紧张，更加惧怕与陌生人相处。

怎样避免这种尴尬呢？不要急，这里教你几招"秘籍"，只要你明白了个中诀窍，那么无论在职场上，在 Party 中，还是在朋友身边，你都可以轻而易举地跨过人与人之间的心理栅栏，做个能说会道、善解人意的贴心可人儿。

（1）与陌生人相处时，只要你能发自内心地微笑，就能与他人架起一座沟通的桥梁。

（2）察言观色，最好能从细微之处入手，看能否找出对方感兴趣的话题。

（3）如果确实觉得自己拙于言辞，不妨先做一个友好的倾听者，让他们多说一点，而后可以适当地提出自己的疑问，一般对方都会很乐意为你解答的，这样就可以顺利地开启与陌生人之间的话题了。

（4）如被对方问及隐私，必须既要表现出诚实的一面，又要有技巧地回答某些尖锐的问题。

（5）在交流的过程中，要对对方的话做出及时的反应，切忌总是说一些令自己"死机"的话，这样才能提升对方的好感。

应对嫉妒，低调是最好的策略

生活中常出现这样的情况，比如准备了好长时间的计划书终于呈报老板了，在会议上各部门主管一致赞许，老板对你更加赏识。这时的你必然是春风得意，难掩喜悦之色，但在得意忘形之际，也许正是自埋炸弹之时。

因为自己的得意往往会招来他人的嫉妒。嫉妒是人的天性，对别人的得意视而不见的人毕竟是少数。也许有人会锦上添花地说："看来，老板就只信任你一个！""经理这个位置非你莫属了！""他日高升之后，千万别忘记我啊！""你的聪明才智，公司里无人能及！"之类话语，但切莫被这些话冲昏头脑，聪明的人必须是理智的，告诉他们："不要乱开玩笑啊，公司有很多人才呢。""我的意见只是一时灵感，没什么特别的！""我还有很多的东西要学。"

让别人嫉妒就等于无端树敌，那么，如何才能处理好这些关系，保护好自己呢？

保护自己的最好办法就是保持低调，要处处表现得虚心、容易满足。要与同事之间保持良好的关系。

为了达到目的，有些人勤于制造高帽，往"目标物"头上戴。职权大的你自然极易成为"目标物"，这时就应该保持低调的姿态，因为它可以让你保持清醒的头脑，才有利于做出正确的判断。

低调的姿态是获取他人好感所必要的，大多数人欣赏的是低调为人的人；低调为人可以避免小人的妒忌之心，避免闲言碎语；在低调为人的同时，不妨给自己定下更大的奋斗目标，保持始终拼搏的劲头，一步步迈向成功的目标与顶峰。

对无理取闹，不可针锋相对

张林和婆婆一直相依为命地住在老房子里，和楼下的林女士家也一直相安无事。在林女士的丈夫因车祸不幸去世后，林女士就莫名其妙地开始找张林家的麻烦，有事没事就跑到张林家大吵大闹，说她的丈夫是因为张林家太吵才死去的。到了晚上，林女士就用木棒使劲敲打自家的天花板，使得住在她楼上的张林和婆婆根本没有办法好好休息。张林本来对这些事情感到很气愤，准备去找林女士理论一番，可是一想到林女士刚死了丈夫，可能心情不好才会这样，所以张林也就忍了。但是，张林的忍让，并没有让林女士收敛，反而愈加变本加厉地制造麻烦。有一天，张婆婆要去市场买菜，下楼路过林女士家门口的时候，林女士突然拉住张婆婆，不让她过去。嘴里还说着骂骂咧咧的话！后来林女士推了张婆婆一把，使张婆婆跌倒受伤。邻居见到以后，都劝张林报警，因为林女士的所作所为，也对周围的人的生活造成了很大的影响。张林虽然十分生气，但是他不想把事情闹大闹僵，所以他去找林女士理论，告诉她不要再无理取闹了，如果再这样下去，他就会报警！经过这次以后，林女士也慢慢地收敛了她的行为。

在工作生活中，我们时常都会遇到像林女士这样无理取闹的人。他们总是有意无意地制造麻烦，时常让人有一种"秀才遇到兵，有理说不清"的感觉。面对他们的无理取闹，与之针锋相对，可能不会起到任何效果，反而会让其变本加厉。这时候保持风度是最好的选择。张林面对林女士的无理取闹，一直都保持着风度，因为考虑到林女士心里的痛苦，所以也就一直让着她。后来，张林也没有像邻居建议的那样选择报警，而是自己私下里去给林女士一个警告，保留了林女士的面子，因为一旦报警，林女士肯定是理亏的一方，还有可能会受到法律上的处罚。

一个有风度的人，在面对他人的无理取闹时，一举一动都体现着其智慧和修养，他的风度决定着他人格的高度。

话不投机时，不想尴尬快转弯

在我们日常与他人进行交流之时，因话不投机也往往会造成一些尴尬，令气氛紧张。话不投机有多种情况，第一种情况是，某种言谈举止使人为难，那就要及时转换话题，以缓和气氛。

两个青年去拜访老师，在谈话中提道：

"老师，听说您的夫人是教英语的，我们想请她指教，行吗？"

老师为难地沉默了片刻，说："那是我以前的爱人，前不久分手了。"

"哦？对不起，老师……"

"没什么，喝点水吧。"

"老师，您的书什么时候出版？快了吧？……"

这样转换话题，特别是提出对方很愿意谈的话题，就会使谈话很快恢复正常，气氛活跃起来。

话不投机的第二种情况，是有人有意或无意地和你开玩笑，带有挖苦意味，使你窘迫甚至生气。如你的头发脱落许多，快成秃子了，有人很可能挖苦你是"电灯泡""不毛之地"。在这种情况下，你不可恼羞成怒，伤了和气，也不能忍气吞声，硬装没事。最好是一笑置之，豁然大度地来两句："好啊！这说明我是绝顶聪明。没听说吗？热闹的大街不长草，聪明的脑袋不长毛！"这样答复，话题未转，内容却引申、转折了，既摆脱了窘境，又自我表扬，岂不妙哉？

第三种情况是双方意见对立谈不拢，但问题还要解决，不能回避。这种话不投机的情况就需要绕路引导。

在找对象的问题上，母子有矛盾。儿子不愿也不能和母亲闹僵，只好等待时机再说。这天吃饭时，母亲又唠叨起来："你这孩子，怎么就不听妈的话呢？人家局长的女儿，人长得不错，又有现成的房子，你为什么不和人家谈，偏要……""妈，快吃饭吧，菜凉了不好吃……"儿子先回避话题，意在绕路引导。

联系工作，洽谈生意，也可能话不投机，陷入僵局。只要还有余地，就可提出新的话题，绕弯引导。如甲方推销四吨卡车，而乙方不要四吨的，想要两吨的。这时，甲方若硬着头皮争执，只会越谈越僵，不欢而散。如能转移话题，绕弯引导，从季节、路途、载重多少与车辆寿命长短等各种因素来促使乙方考虑只用两吨的弊病，或许能"柳暗花明又一村"，开辟新的途径。

在社交应酬场合，有时候会遇到一些让人左右为难的问题，如果按照对方设计的思路去想问题，回答问题，无论如何回答都会落入对方设计的圈套。此时，就需要人们有非凡的反应能力，最好能够借助周围的环境，迅速转移话题，以有效地避免自己的尴尬。

当然，这种及时转弯的应变能力是靠不断的实践培养出来的，但也并不是遥不可及的。只要平时多加锻炼，必然会有所收获。

会绕圈子才能如鱼得水

我国传统文化，是很讲究绕圈子的。尤其是在中国封建时代的官场都是"伴君如伴虎"，不会"绕圈子"的人，就很容易吃亏，深谙此道的人才可能如鱼得水。

汉元帝刘爽上台后，将著名的学者贡禹请到朝廷，征求他对国家大事的意见。这时朝廷最大的问题是外戚与宦官专权，正直的大臣难以在朝廷立足，对此，贡禹不置一词，他可不愿得罪那些权势人物。贡禹只给皇帝提了一条，即请皇帝注意节俭，将宫中众多宫女放掉一批，再少养一点马。其实，汉元帝这个人本来就很节俭，早在贡禹提意见之前已经将许多节俭的措施付诸实施了，其中就包括裁减宫中多余人员及减少御马，贡禹只不过将皇帝已经做过的事情再重复一遍，汉元帝自然乐于接受。于是，汉元帝便博得了纳谏的美名，而贡禹也达到了迎合皇帝的目的。

《资治通鉴》的作者司马光对贡禹的这种做法很不以为然，他批评说："忠臣服侍君主，应该要求他去解决国家所面临的最困难的问题，其他较容易的问题也就迎刃而解了；应该补救他的缺点，他的优点不用说也会得到发挥。当汉元帝即位之初，向贡禹征求意见时，他应当先国家之所急，其他问题可以先放一放。就当时的形势而言，皇帝优柔寡断，谗佞之徒专权，是国家亟待解决的大问题，对此贡禹一字不提。恭谨节俭，是汉元帝的一贯心愿，贡禹却说个没完没了，这算什么？如果贡禹不了解国家的问题，他算不上什么贤者，如果知而不言，罪过就更大了。"

司马光可能忽视了，古代的帝王在即位之初或某些较为严重的政治关头，时常会下诏求谏，让臣下对朝政或他本人提意见，表现出一副弃旧图新、虚心纳谏的样子，其实这大多是一些故作姿态的表面文章。有一些实心眼的大臣十分认真，不知轻重地提一大堆意见，这时常招来嫉恨，埋下祸根，早晚会受到帝王的打击报复。但贡禹十分精明，他专拣君上能够解决、愿意解决、甚至正在着手解决的问题去提，而回避重大的、急需的、棘手的问题，这样避重就轻，避难从易，避大取小，既迎合了上意，又不得罪人，表明他"绕圈子"的技巧已经十分圆熟老道了。

相反，大凡那些喜欢直来直去，不会"绕圈子"的人，常常会吃亏。因为你针锋相对地进行争执和批驳，对方很难从内心真正接受，还可能使自己"惹火上身"，因此在说话表达和行事方式上学会一些绕圈子，效果就好多了。

面对有意刁难，要化被动为主动

在应酬场上，你难免会遇到一些刁钻古怪的人，他们会进行刁难。如果你恼羞成怒，对刁难者进行指责，就会激起对方的反击，由此引发"战争"，就落入他人为你设下的圈套了。但如果你表现得过于温和，又会让对方觉得你是一个软弱易欺的人，没准还会找机会再刁难你。

不仅是从政者，社交人士也需要掌握一些应酬技巧，巧妙应对别人的有意刁难，才能既保住自己的面子，又不至于因回敬过头而显得失礼。

1. 装糊涂

应酬时，有时会遇到某些人针对一些细微的事情对你发难，存心要让你难堪，意图让你成为全场的笑话。这时，如果你和他针锋相对，就会中了他的激将法，丧失了自己的风度。你不妨揣着明白装糊涂，全当不懂对方的话，让对方的预期心理落空，自讨没趣。

2. 用一个反问来作答

应酬场上，有些人就是喜欢抛给别人两难问题，喜欢看别人左右为难的样子。这时，与其在是与不是两个答案中左右为难，不妨把这个问题直接抛回给对方，来一句："不知您的看法如何呢？"

3. 以相同思维反击

应酬中，当面对别人的有意刁难，你不能直接回答时，不妨采用与对方一样的思维，照他的逻辑，再设一个相同句式的问题来反问他，请君入瓮，这样就可以巧妙地把球踢还给对方，让他也尝尝这左右为难的滋味。

此外，在面对他人的有意刁难时，我们应先有意放松、消除对方的戒备心理，为能牢牢地把握主动权打好基础，等到对方上钩了，再予以反击，令对方措手不及。

总之，应酬时，当我们遇到别人的有意刁难时，一定要保持沉着冷静的心态，化被动为主动，才是商务应酬达人的最佳应酬法。

以亲和友善的方式软化对方

在与人交际的过程中，有时候我们为了达到一定的目的需要说服对方，但是对方的态度又比较强硬，此时我们就不能硬碰硬，要采取迂回的态度，以亲和友善的方式来软化对方，以此达到我们的目的。

某电气公司的约瑟夫·韦伯，在宾夕法尼亚州的一个富饶的荷兰移民地区做一次视察。

"为什么这家人不使用电器呢？"经过一家管理良好的农庄时，他问该区的代表。

"他们一毛不拔，你无法卖给他们任何东西，"那位代表回答，"此外，他们对公司火气很大。我试过了，一点希望也没有。"

也许真是一点希望也没有，但韦伯决定无论如何也要尝试一下，因此他敲敲这家农舍的门。门打开了一条小缝，屈根堡太太探出头来。

"一看到那位公司的代表，"韦伯先生后来叙述事情的经过，"她立即当着我们的面把门砰的一声关起来。我又敲门，她又打开来；而这次，她把反对公司的原因一股脑儿地说出来。"

"屈根堡太太，"我说，"很抱歉打扰了您，但我来不是向您推销电器的，我只是要买一些鸡蛋。"

她把门又开大一点，瞧着我们。

"我注意到您那些可爱的多明尼克鸡，我想买一打鲜蛋。"

门又开大了一点。"你怎么知道我的鸡是多明尼克种？"她好奇地问。

"我自己也养鸡，而我必须承认，我从没见过这么棒的多明尼克鸡。"

"那你为什么不吃自己家的鸡蛋呢？"她仍然有点怀疑。

"因为我的鸡下的是白壳蛋。当然，您知道，做蛋糕的时候，白壳蛋是比不上红壳蛋的，而我妻子因她的蛋糕而自豪。"

到这时候，屈根堡太太放心地走出来，温和多了。同时，我四处打量，发现这家农舍有一间修得很好看的奶牛棚。

"事实上，屈根堡太太，我敢打赌，您养鸡所赚的钱，比您丈夫养奶牛所赚的钱要多。"

这下，她可高兴了！她兴奋地告诉我，她真的是比她的丈夫赚钱多。但她无法使那位顽固的丈夫承认这一点。

她邀请我们参观她的鸡棚。参观时，我注意到她装了一些各式各样的小机械，于是我介绍了一些饲料和掌握某种温度的方法，并向她请教了几件事。片刻间，我们就高兴地在交流一些经验了。

不一会儿，她告诉我，附近一些邻居在鸡棚里装设了电器，据说效果极好。她征求我的意见，想知道是否真的值得那么干……

两个星期之后，屈根堡太太的那些多明尼克鸡就在电灯的照耀下了。我推销了电气设备，她得到了更多的鸡蛋，皆大欢喜。

林肯曾说过："当一个人心中充满怨恨时，你不可能说服他依照你的想法行事。那些喜欢骂人的父母、爱挑剔的老板、喋喋不休的妻子……都该了解这个道理。你不能强迫别人同意你的意见，但可以用温和而友善的方式使他屈服。"

有一则关于太阳和风的寓言。

太阳和风在争论谁更有力量，风说："我来证明我更行。看到那儿一个穿大衣的老头吗？我打赌我能比你更快速地使他脱掉大衣。"

于是太阳躲在云后，风开始吹起来，愈吹愈大，大到像一场飓风，但风吹得愈急，老人愈把大衣紧裹在身上。

终于风平息下来，放弃了。然后太阳从云后露面，开始以它的光照着老人。不久，老人开始擦汗，脱掉大衣。太阳对风说："温和和友善总是要比愤怒和暴力更强更有力。"

实际上，在与人交谈的过程中亲切、友善、赞美的态度，更能使一个人摈弃成见而面对理性。当你想要说服别人时，别忘了以亲切和善的态度软化对方，以收到你想要的效果。

用类比法反驳诘难

不管是在生活中还是在工作中，都会遇到突如其来的诘难，此时如果处理得不好，就会影响自己的生活和工作，还会影响到与他人和客户的关系，此时采用类比的方式处理会更轻松一些。

一家公司的经理在一次业务谈判中，受到了另一家公司业务员的顶撞，为此，他气冲冲地找到那家公司的经理，吼道：

"如果你不向我保证，撤销上次那个蛮横无理的工作人员的职务，那么，显然是没有诚意和我公司达成协议！"

这家公司的经理听了微微一笑，说："经理先生，对于工作人员的态度问题，是批评教育还是撤职处理，完全是我们公司的内部事务，无须向贵公司做什么保证。这就同我们并不要求你们的董事会一定要撤换与我公司工作人员有过冲突的经理的职务，才算是你们具有与我公司达成协议的诚意一样。"

先前怒气冲冲的经理顿时哑口无言，态度也和缓了许多。

在这里，后一家公司的经理就巧妙地运用了类比的技巧。虽然说这两家公司有很多不同之处，但有一点却是相似的，即两家公司对工作人员或经理的处理完全是各公司的内部事务，与有没有诚意和对方合作无关。该经理就是抓住了这一相似点作比，从而告诉了对方所提要求的不合理之处，表达了对其诘难的反驳。

苏联诗人马雅可夫斯基在一次演讲会结束后，与对他怀有敌意的发问者展开了争论。发问者说："您的诗太骇人听闻了，这样写诗是短命的，明天就会完蛋，您本人也会被忘却，您不会成为不朽的人。"

马雅可夫斯基答道："请您过1000年再来，那时我们再谈吧。"

问者又说："您说，有时应当把沾满'尘土'的传统和习性从自己身上洗掉，那么您既然需要洗脸，这就是说，您也是肮脏的了。"

诗人回答："那么，您不洗脸，就认为自己是干净的吗？"

问者又说："您的诗不能使人沸腾，不能使人燃烧，不能感染人。"

诗人答道："我的诗不是大海，不是火炉，更不是鼠疫！"

这段话引起人们长久的掌声和笑声。诗人巧妙地运用了类比的手法，使自己的反驳充满了幽默感。诗人反驳了对方的观点，给唇枪舌剑的争辩添上了诙谐的情调。

反驳诘难要从逻辑上来说明吗？那你可能陷入一场无休止的争论之中。聪明人会用类比的方式，找一个相似的事物所具有的属性或特点，来证明对方诘难的荒谬。这是一种以曲为直的方法，在达到反驳目的的同时，让对方也能心平气和地接受你的观点。

引导对方说"是"

在与人谈话的过程中，我们有时候想得到对方的肯定回答，但是所处的形式往往对自己不利，这个时候就要想办法引导对方走入我们设置的话题圈中，让其不得不同意我们的意见，并给予肯定的答案。

日本有个聪明绝顶的小和尚，他的名字可谓家喻户晓：一休。有一次，大将军足利义满把自己最喜爱的一条龙目茶碗暂时寄放在安国寺，没想到被一休不小心打碎了。就在这时，足利义满派人来取龙目茶碗。

大家顿时大惊失色，不知所措，茶碗已被一休打碎，拿什么去还呢？

一休道："不必担心，我去见大将军，让我来应付他吧！"

一休对将军说："有生命的东西到最后一定会死，对不对？"

足利义满回答："是。"

一休又说道："世界上一切有形的东西，最后都会破碎消失，是不是？"

足利义满回答："是。"

一休接着说："这种破碎消失，谁也无法阻止是不是？"

足利义满还是回答："是。"

一休和尚听了足利义满的回答，露出一副很无辜的神情接着说："义满大人，您最心爱的龙目茶碗破碎了，我们无法阻止，请您原谅。"

足利义满已经连着回答了几个"是"，所以他也知道此事不宜再严加追究了，一休和尚和外鉴法师便这样安然地渡过了这一难关。

在说服中，可以先巧设陷阱，在对方没有防备的情况下，引其说"是"。让对方多说"是"的好处就是使对方在不知不觉中一步步坠入圈套，这时候你便牵住了他的"牛鼻子"，对方于是不得不就范。

促使对方说"是"的方法很多，最简单的方法就是以双方都同意的事开始谈话，这样就可以让对方多说"是"，少说或不说"不"。

一个人的思维是有惯性的，当你朝某一个方向思考问题时，你就会倾向于一直考虑下去，这就是为什么有些人一旦沉醉于某些消极的想法之后，就一直难以自拔的道理。在人际交往中我们应懂得并善于运用这一原理。与人讨论某一问题时，不要一开始就将双方的分歧亮出来，而应先讨论一些你们具有共识的东西，让对方不断说"是"，渐渐地，你开始提出你们存在的分歧，这时对方也会习惯性地说"是"，一旦他发现之后，可能已经晚了，只好继续说"是"。

詹姆斯·艾伯森是格林尼治储蓄银行的一名出纳，他就是采取了引导对方说"是"的办法挽回了一位差点失去的顾客。

"有个年轻人走进来要开个户头，"艾伯森先生说道，"我递给他几份表格让他填写，但他断然拒绝填写有些方面的资料。"

"在我没有学习人际关系课程以前，我一定会告诉这个客户，假如他拒绝向银行提供一份完整的个人资料，我们是很难给他开户的。但今天早上，我突然想，最好不要谈及银行需要什么，而是顾客需要什么，所以我决定一开始就先引他回答'是，是的'。于是，我先同意他的观点，告诉他，那些他所拒绝回答的资料，其实并不是非写不可。但是，假定你碰到意外，是不是愿意银行把钱转给你所指定的亲人？

"'是的，当然愿意。'他回答。

"那么，你是不是认为应该把这位亲人的名字告诉我们，以便我们届时可以依照你的意思处理，而不致出错或拖延？

"'是的。'他再度回答。

"年轻人的态度已经缓和下来，知道这些资料并非仅为银行而留，而是为了他个人的利益。所以，最后他不仅填写了所有资料，而且在我的建议下，开了一个信托账户，指定他母亲为法定受益人。当然，他也回答了所有与他母亲有关的资料。"

"由于一开始就让他回答'是，是的'，这样反而使他忘了原本存在的问题，而高高兴兴地去做我建议的所有事情。"

很多人先在内心制造出否定的情况，却又要求对方说"好"、表现出肯定的态度，这样做是不可能让对方点头的。假如你要使对方说"好"，最好的方法是制造出他可以说"好"的气氛，然后慢慢引导他，让他相信你的话，他就会像是被催眠般地说出"好"。换句话说，你不要制造出他可以表示否定态度的机会，一定要创造出他会说"好"的肯定气氛。

多说两个对不起，可化解瞬间爆发的火气

戴尔·卡耐基时常带着自己心爱的小狗，到家附近的森林公园去散步。为了保护游客的安全，这个公园有个规定，必须为狗戴上口罩，拴上链条，才可以进入公园。一开始，卡耐基按照规定遛狗，可是看到自己的爱犬可怜的模样，很不忍心，于是就将口罩和链条取下，让爱犬无拘无束地在公园里玩耍。

没想到这被一位公园警察看到了，他走了过来，对卡耐基说："你没有看到公园门口贴的公告吗？"

卡耐基争辩道："噢，我的狗是不会咬人的。"

警察一听，厉声警告卡耐基："法官可不会管你的狗会不会咬人而放过你，下次再被我看到，你自己对法官说去！"

过了几天，卡耐基一大早就带了爱犬，到公园里一处很空旷的地方溜达，看看四下无人，于是又将狗的口罩和链条取了下来。

说来也巧，上回碰到的那个警察，不知从哪里钻出来了。卡耐基见到警察慢慢地走过来，心想大事不妙，这下准逃不掉。根据上次的经验，和他争辩只会让他更恼火。

卡耐基想了想，以满面羞愧的表情迎上前去。

他故意很难为情地对警察说："警官，对不起，你才警告过我，可我又犯错了，我有罪，你逮捕我吧！"

警察愣了一下，笑意爬上原本严肃的脸庞，他很温和地对卡耐基说："我知道谁都不忍心看到自己的狗可怜兮兮的模样，何况这里没有什么人，所以你取下了口罩。"

卡耐基轻声回答道："但是，这样做是违法的。"

警察望了望远处说："这样吧！你让小狗跑到那个小丘后头，让我看不见，这件事就算了。"

"对不起"这三个字看来简单，可是它的效用，不是别的字所能比拟的。这三个字，能使顽固者点头，能使怒气消减，甚至能化敌为友。

你在汽车上踩了别人的脚，说声"对不起"，被踩的人自然不会计较什么了。若因为你的过失，使别人吃亏，而你还不承认自己的错误，好像别人吃亏是咎由自取似的，这就不能使别人原谅你了。

消除厌恶感，避免伤害对方的感情，最聪明的办法是：自己谦逊一点。自己有过失的时候立刻道歉，别人会给予宽容。

"对不起"三个字，意思无非是让别人占上风，你既然让他占了上风，他还有什么更多的要求呢？

从刚懂事起，父母、老师就教导我们要诚实，要勇于认错，要知错就改。想想小时候养成了一个多么好的习惯啊，而长大后却逐渐生疏起来。看看我们的周围，经常可以听到"我不会……因为遗传……""我迟到，因为……""我的计划没完成，因为……"等，即使错了，"对不起"之类的话我们也难以说出口。面对同事和朋友，我们拉不下脸面，怕被瞧不起；面对长辈和领导，我们怕失去信任；面对小辈，我们怕失去威信；面对客户，我们怕承担责任……正是在这些害怕中，我们一点点地丧失勇气，迷失自己。更重要的，容易让人感到我们没有修养。

点点滴滴的失误，在我们工作中真的发生了很多很多，可我们并没有及时地说"对不起"，我们忙于找借口来拒绝承担自己的责任。

在交际应酬的过程中，说了对不起，认了错就真的会被瞧不起，会被认为能力差，会丢面子，会得不到信任，会失去威信吗？我们都知道，多少夫妻之间的相濡以沫、多少同事关系的一如既往，关键皆在于：双方能坦然地承认自己错了。卡耐基有名的人际关系原则中有一条：如果错在你，应当立即、断然地承认。我们要认识到认错并不会丢面子，也不会说明你能力差，相反，它还能证明你是个有勇气的人，大家也都会喜欢一个勇于承认错误的人。

如果对方经验老到，恩威并施说服更快

人都是有血有肉有感情的，因此，一般情况之下，只要我们能以诚相待、将心比心，多为对方考虑，就很容易说服他按照我们的意思办事。但当我们需要说服的对象经验老到时，我们不妨施之以威，采取恩威并施之策略。唯有如此，我们的说服效率才会更高。

在明朝初定之时，西南少数民族并不完全归服，一则天高皇帝远，中央势力鞭长莫及；二则少数民族与中原汉族素有隔阂，因此，对此边远之地维持有效统治并非易事。可是，朱元璋在当时的形势下，就因为能够恩威并施，才解决了很多问题。

当时，朝廷驻贵州镇守的都督马烨趁水东、水西两邦改换首领之机，想"改土归流"，废掉水西、水东土司，改制郡县。因此，他将水西的女土司奢香抓来，鞭挞凌辱，欲以此挑起云南水东、水西诸邦怒气，来制造出兵借口。

此事一出，水部四十八部彝民都纷纷欲反，这使明太祖认识到武力并不能解决问题，对待云南各部还要采取抚慰政策。

这样一来，可借机让土司交出部分权力，去除各部与内地交通之屏障；二来可成就仁君之美名，收买人心，得到百姓拥戴。

尽管马烨也一片忠心，但这回不得不成为明太祖政治手腕的牺牲品。

明太祖接待了水东土司刘淑贞，听其诉说马烨的劣迹和世代守土之功。马皇后也召见了刘淑贞，并传唤设宴进京入朝，予以抚慰。这使刘淑贞和奢香很是感动。明太祖进一步问："汝诚苦马都督，吾为汝除之，然何以报我？"明太祖已打算用马烨的性命换取二位土司的归顺。奢香说："愿世世代代皆诸罗，令不敢为乱。"

明太祖斩马烨的同时，册封奢香为顺德夫人，刘淑贞为明德夫人。可谓极尽恩赐之能事。但明太祖心中有数，过于亲近厚待必定会使其得意忘形，不服管教，并以为朝廷懦弱。因此，朱元璋仍留了一手。

当奢香、刘淑贞历经回归时，明太祖命令沿途官府在两路中央陈设兵力，紧张武备设施，以震慑二女，让其明白朝廷并非软弱可欺，而是具备相当实力，若举兵反叛，下场将不会很好。

明太祖的这种做法可谓明智至极，效果也极佳，对其册封厚待，使二位邦主领略了中央爱民之仁德；对其耀武陈兵，又使她们明白朝廷的威德。奢香等回去后，将朝廷兵力告知各部，于是众部心中顿生敬畏之情，归顺之心日强。下面，再看一个经典的恩威并施之例吧！

清朝被推翻之后，中国进入了军阀割据的年代，各大军阀为了抢占地盘，在帝国主义的支持下大打出手，把整个中国搞得乌烟瘴气、民不聊生。

这时，奉系军阀张作霖占据东北，而直系军阀曹锟占据了华北平原，双方地盘接壤，时不时会有小摩擦发生，但一直没有大的冲突。

这是为什么呢？照理说，在当时那种条件下，军阀地盘交错，不是朋友，就是敌人，气氛应该很紧张。其实，张作霖与曹锟还能扯上一点亲戚关系，张作霖的姑妈的表侄女是曹锟的三姨太，尽管没有血缘关系，但也算有姻亲在其中。

曹锟的为人有一个让人所不齿的地方，就是"势利"，早在曹锟还没有爬到直系统帅的时候，张作霖就听姑妈说过，而后几次偶然的接触，更加深了他对曹锟的认识。

曹锟在当上直系的头子后，就不时地送礼给张作霖，希望他能与之合作，共同打垮其他几支军阀，而一同称霸中国。开始，张作霖没有反应，后来曹锟动用了"亲情"，想以此来感动张作霖，但张作霖还是没有答应。照理说，在那种年代，能暂时寻得同盟也未尝不可，但张作霖太了解曹锟的为人了，所以才未敢答应。

曹锟一计不成，又生一计，又不时地向张作霖抢地盘，以为张作霖不会因"一小块"不毛之地与人翻脸，但曹锟又想错了，张作霖在地盘上毫不退缩，就是一寸，也动之以武力相威胁，就令曹锟对他这位亲戚又恨又怕，毕竟，张作霖背后有日本这个大靠山，拥有了大量的兵源与装备。

张作霖在这方面态度强硬，但也不敢太得罪这位亲戚，因此自动支持曹锟竞选民国总统，声称"全力声援"。

就这样，曹锟又不得不与张作霖搞好关系，因为他需要张作霖的支持。

张作霖真不愧是恩威并施的高手，他在与这个"势利"亲戚交涉时，让曹锟吃够了苦头，又尝到了不少甜头，令曹锟这种势利小人不得不主动与之处好"亲戚"关系。

当我们使用恩威并施的方法之时，一定要注意考察对手的相关情况。如果对方具有丰富的经验，并且整个说服的形势对自己不利而对对手有利，那么，恩威并施的方法难于达到预期效果。反之，在整个形势对己有利而对对方不利的时候，特别是对方缺乏足够的经验，或者对方对达成某项协议心情较为迫切的情况下，一般效果甚佳。

用俏皮话冲淡尴尬

尴尬是生活和交际中遇到处境窘困、不易处理的场面而使人张口结舌、面红耳赤的一种心理紧张状态。在这种时候，如果能调整心态、急中生智，以戏谑来冲淡它，应该可以收到良好的效果，从而化解你和他人的紧张气氛。

如果能使人发笑，那渐渐地人们也就会将刚才的尴尬场面忘掉，气氛会慢慢恢复正常。

相信你一定遇到过那样的场面，你或你周围的人突然一不留神，在众目睽睽之下滑倒。幽默可以巧妙地把这种陷自己于不利的因素用一种荒诞的逻辑歪曲成有利因素，机智地将自己从困境中解脱出来。

一次，里根总统在白宫钢琴演奏会上讲话时，夫人南希一不小心连人带椅跌落在台下地毯上，观众发出惊叫，但是南希却灵活地爬起来，在众多宾客的热烈掌声中回到自己的座位上。正在讲话的里根看到夫人并没有受伤，便插入一句俏皮话："亲爱的，我告诉过你，只有在我没有获得掌声的时候，你才可以这样表演。"

艾森豪威尔也是一位幽默的智者。

1944 年秋，艾森豪威尔亲临前线给第 29 步兵师的数百名官兵训话。当时，他站在一个泥泞的小山坡上讲话，讲完后转身走向吉普车时突然滑倒。原来肃静严整的队伍轰然混乱，士兵们不禁捧腹大笑。面对突发情况，部队指挥官们十分尴尬，以为艾森豪威尔要发脾气了。岂料，他却毫不介意地爬起来，幽默地说："从士兵们的笑声看来，可以肯定地说，我与士兵的多次接触，这次是最成功的了。"

在两性之间，吵架在所难免，有一方发火，另一方也跟着吵，无异于火上浇油，情况越来越糟，关系越闹越僵，倒不如以谐平怒，大家更容易冷静下来，在笑声中很快消气。

约翰先生下班回家，发现妻子正在收拾行李。"你在干什么？"他问。"我再也待不下去了，"她喊道，"一年到头，老是争吵不休，我要离开这个家！"约翰困惑地站在那儿，望着他的妻子提着皮箱走出门去。忽然，他冲出房间，从架上抓起一只皮箱，也冲向门外，对着正在远去的妻子喊道："等一等，亲爱的，我也待不下去了，我和你一起走！"怒气冲天的妻子听到丈夫这句既可笑又充满对自己的爱心和歉意的话，像气球被扎了一个洞，很快就消气了。

当约翰的妻子抓起皮箱冲出门外之时，我们不难想象，约翰是多么地难堪、焦急！但他既没有苦劝妻子留下，也没有做任何解释、开导，更没有抱怨和责怪，而是说："等一等，亲爱的，我待不下去了，我和你一起走！"这哪像夫妻吵架，倒像一对恩爱夫妻携手出游。约翰这番话，以谐息怒，不但会让妻子感到好笑，而且体会和理解丈夫对妻子的爱心和歉意，以及两人不可分离的关系。听到这番话，妻子怎能不回心转意呢？

只要语言把握得当，俏皮话的化解法大多数人都拒绝不了它的"功效"，因为它能使人开怀大笑、舒展情绪，在笑声中淡化尴尬与窘迫。这是作为一个交际高手应该掌握的，摆脱窘遇的技巧。

保持谨慎意识，避开语言中的陷阱

要想自己不陷入窘境，最好时刻保持谨慎，避免可能出现的语言危机，与其在危机出现了之后再挖空心思解围，不如平时多注意如何来防止窘境的发生。

平时说话最忌讳的就是口无遮拦，说话不经大脑思考，直接信口而出。

在交谈中，每说一句话之前，都要考虑一下你要说的话是否合适，不要想说什么就说什么，给其他人造成不快。

除非是亲密的朋友，否则最好不要对个人的卫生状况妄加评论。如果某人的肩膀上有很多头皮屑或口中很难闻，或者拉锁纽扣没系好，请尽量忍耐不去想，并等他亲密一些的朋友告诉他。如果你直接告诉他，特别是在人比较多的场合，很容易让对方处于尴尬的境地。

许多人不喜欢别人问自己的年龄。尤其对女性而言，年龄是她们的秘密，不愿被人提及。对钱等涉及个人收入的一类私人问题的询问通常也是不合适的，可以置之不理。

在社交活动中，应以诚待人、宽以待人。要与人为善，而不要打听、干涉别人的隐私，评论他人的是是非非。不要无事生非、捕风捉影，也不要东家长，西家短，更不要传小道消息，把芝麻说成西瓜。说话要有事实根据，不能听风就是雨，随波逐流。俗话说："良言一句三冬暖，恶语伤人六月寒。"所谓恶语是指那些肮脏污秽、奚落挖苦、刻薄侮辱一类的语言。口出恶语，不但伤人，而且有损自身形象。在社交活动中，应当尊重人，温文尔雅，讲究语言美，而不要自以为是，出言不逊，恶语伤人。

有的人明明好心却办坏事，不分场合说安慰话，这等于就是在众人面前哪壶不开提哪壶。

有一位姑娘谈恋爱遇挫，头一回感情旅程就打了"回程票"，心里有点懊恼。这位姑娘性格内向，平时不善言谈，也没有向旁人袒露内心的秘密。单位里一个与她很要好的同事在办公室里看到她愁容不展，就当着众人的面说起安慰话："这个人有什么好，凭你这种条件，还怕找不到更好的？"没等她说完，这位姑娘就跑出办公室。这时她才感到这样的地方、这样的安慰话有些不当，可姑娘已无法领情了。

几句安慰话倒成了彼此尴尬的缘由。由此可见，即使说安慰话也要尊重人格，充分考虑到对方的性格和习惯。对性格内向的人，一般不宜在众人面前直接给予安慰，对不喜欢别人安慰的人，一般不要随意赐予。尤其是涉及别人的隐私，万万不可"好心办错事"，不宜在公开场合"走漏风声"，在说安慰话时，不同对象要不同处置。

人们在交谈中常有一些失言："哎，你儿子的脚跛得越来越厉害了？""你怎么还没结婚？""你真的要离婚吗？"等，一些别人内心秘而不宣的想法和隐私被你这些话无情地暴露了出来，实在是不够理智的。如果你想让人喜欢，就不要对跛子谈跳舞的好处和乐趣；不要对一个自立奋发的人谈祖荫的好处；不要无端嘲笑和讽刺别人，尤其是别人无能为力的缺陷，否则就是一种刻薄。

在平时的交谈中，我们还应该知道一些礼貌忌语，尽量在某些场合去避免使用。

礼貌是文明交谈的首要前提。在交谈中要体现出敬意、友善、得体的气度和风范。要做到礼貌交谈，首先就要使用礼貌用语，如"请""谢谢"等；然后，要注意学习一些礼貌忌语，一语不慎造成的后果可能是不能够弥补的。

礼貌忌语是指不礼貌的语言，他人忌讳的语言，会使他人引起误解、不快的语言。不礼貌的语言，如粗话脏话，是语言中的垃圾，必须坚决清除。他人忌讳的语言是指他人不愿听的语言，交谈中要注意避免使用。如谈到某人死了，可用"病故""走了"等委婉的语言来表达。香港人有喜"8"厌"4"的习惯。因香港人大都讲广东话，而广东话中"8"与"发"谐音，"4"与"死"谐音。因此，在遇到非说"4"不可时，可用"两双"来代替。逢年过节，不宜说"新年快乐"或"节日快乐"，而用"新年愉快""节日愉快"或"恭喜发财"代之。这也是谐音的关系，因为"快乐"与"快落"听起来很相似。

容易引起误解和不快的语言也要注意回避。在议论他人长相时，可把"肥胖"改说成"丰满"或"福相"，"瘦"则用"苗条"或"清秀"代之。参加婚礼时，应祝新婚夫妇白头偕老。在探望病人时，应说些宽慰的话，如"你的精神不错""你的气色比前几天好多了"等。随着语言本身的发展，一些词汇的意义也发生了转移，譬如"小姐"等，在使用时要针对不同对象谨慎决定。还要注意在日常生活中，遇到矛盾冲突时，应冷静处理，不用指责的语言，多用谅解的语言，以免使人难堪。

有些预料中的尴尬是可以及时避免或减轻的。比如，说如果某主管欲将一位不重用的职员降调至A分公司，光是对他说："我要将你调到某一公司去。"则他的内心必定会有被放逐的感觉，但如果你说："我本想派你到A分公司或B分公司，但我考虑的结果还是认为 A 分公司较为恰当，因为 B 分公司对你来说太远了，可能不太方便，所以还是麻烦你到 A 分公司去。"

这样一来对方就不会有丢面子的感觉，因为他的心里也只存有如何做选择而已。

要想不陷入难堪的局面，就应该多花些心思，培养一种避开语言危机的意识。

打破冷场的技巧

在日常生活和社会交往中，尤其是在比较正式的场合，如聚会、议事等常会出现冷场现象，彼此都尴尬。冷场，在人际关系中，它无疑是一种"冰块"。打破冷场的技巧，就是及时融化妨碍交往的"冰块"。

谈话者之间存在以下几种情况时，最容易因"话不投机"而出现冷场：

（1）彼此不大相识。

（2）年龄、职业、身份、地位差异大。

（3）心境差异大。

（4）兴趣、爱好差异大。

（5）性格、素质差异大。

（6）平时意见不合，感情不和。

（7）互相之间有利害冲突。

（8）异性相处，尤其单独相处时。

（9）因长期不交往而比较疏远。

（10）均为性格内向者。

会话出现冷场，双方都会感到尴尬。但只要会话者掌握住了破"冰"之术，及时根据情境设置话题，冷场是很容易被打破的。

1. 要学会拓展话题的领域

开始第一句话要注意的是使人人都能了解，人人都能发表看法，由此再探出对方的兴趣和爱好，拓展谈话的领域。如果指着一件雕刻说："真像某某的作品！"或是听见鸟唱就说："很有门德尔松音乐的风格。"除非知道对方是内行，否则不仅不能讨好，而且会在背后挨骂的。

如果不知道对方的职业，就不可胡乱问他。因为社会上免不了有人会失业，问他的职业无异于迫他自认失业，这对自尊心很重的人来说是不太好的。如果你想开拓谈话的领域而希望知道他的职业，只能用试探他的方法："先生常常去游泳吗？"如果他说："不。"你就可以问他是否很忙，"每天上哪儿消遣最多呢？"接下去探出他是否有固定工作。如果他回答"是"，你便可加上一句问他平时什么时候去游泳，从而判断他有无职业。如果他说是星期天或每天下午五时以后去，那无疑是有固定工作。

确定了别人有工作，才可问他的职业，这样就可以谈他的工作范围内的事情。如果不知对方有没有职业，或确知对方为失业者，那么还是谈别的话题为佳。

2. 巧妙析姓辨名

在气氛不活跃时，可以针对一些人的姓名进行别致的解释，其效果往往会出人意料，从而活跃气氛。在这方面伟大领袖毛泽东同志就很有造诣。

客人初次见面，往往要介绍姓名。毛泽东擅长抓住这一机会，运用他渊博的知识，把客人的姓名作有趣的解析，使交谈一开始就消除了对方的紧张情绪，显得亲切随和。普通干部、群众与这位中国最高领袖间的鸿沟顷刻填平，交谈气氛就更为活跃。

1957 年 9 月，毛泽东到上海，邀见新民晚报社社长赵超构（林放）。赵正因当时的政治气氛而惶惶不安。谁知毛泽东一见赵，就对旁人说："宋高宗的哥哥来了！"他由赵的名字"超构"，机敏地联想到高宗的名字"赵构"。前者既是"超构"，那不就可称作宋高宗的哥哥吗？此话出乎人们意料之外，听者初时为之一愣，细想又能自圆其说，别有一番诙谐之趣，会场里顿时爆发出热烈的笑声。赵超构的思想负担立刻解除了。毛泽东联系历史人物的姓名，对赵超构的名字作"歪解"，让人经过思考后发出了会心的微笑。

20 世纪 70 年代，唐由之初任毛泽东的保健医生，首次见面时，心情很紧张。谁知毛泽东望着唐，反复念着他的名字："由之，由之……"并问："你的名字是出自《论语》'民可使由之，不可使知之'吧？"又说："你不要按孔夫子的'由之'去做，而是按鲁迅的'由之'去做。"随即又抑扬顿挫地哼起了鲁迅的诗句："岂有豪情似旧时，花开花落两由之……"毛泽东出语成趣，使唐大夫欢笑出声，开始了融洽的交谈。

这里，毛泽东"析姓辨名"的方法与上面不同，采取了解析名字出处，并随机发挥的方法，但效果是一样的。

3. 风趣接话题转话题

在谈话中善于抓住对方的话题，机智巧接答，可以使我们谈话变得风趣，从而使谈话活跃起来。有一个典型的例子：当我们夸奖对方取得的成绩时，总能听到这样的回答——"一般情况"。倘若我们不接着话茬说下去，就有点赞同对方的"一般情况"说法的意思，达不到接话说的目的。可以这样回答："'一班'情况尚且如此，那'二班'情况就可想而知了。"言外之意是说："你一班的情况才如此的话，我二班的情况就更不值得一提了。"这类搭茬儿，一般是采用谐音、双关的手法，接住对方的话茬，作风趣的转答。

巧妙地接答对方的话茬，可以把原来的话题引向另一个话题，使谈话转变一个角度继续进行下去。

刘某是公司负责某一地区的销售业务员。公司为了加强和客户之间的联系，特举办了一年一度的"工商联谊会"。公司安排刘某在会议期间陪同他的客户顾某。他们路过一家商场，谈起了商场销售情况。末了，顾某深有感触地说："现在，市场竞争够激烈的。"刘某接过他的话茬儿说："就是。在你们单位工作的业务员也不少吧？"就这样刘某既把话题延伸下去，同时又把话题朝向有利于自己的方向发展。

4. 适时地提一些引导性的话题

提出引导性话题，可以给他人留下谈话时间和空间，特别是对于那些不善于当众讲话的人。这些话题可以根据对方的性格特点、兴趣爱好、职业性质等方面来设置。比如："近来工作顺利吧"，"听说你最近有件高兴的事，是什么呢"，"前一阵我见到你的孩子，学习怎么样"。先用这些听起来使对方温暖的话寒暄一下，便于开展谈话。对于那些在公司上班的人，可以探问对其公司的日常规则的看法，如："你们公司，每周都要举行升旗仪式，之后还要做早操，召开例会，你怎么看待？"引导性话题应该注重可谈性和可公开性。对学文的不宜谈深奥的理科的问题，反之亦然。不宜在公开场合触及个人隐私，或者是背后议论他人等。如果引导性话题过于敏感，或者越出了对方的兴趣爱好，或者过于深奥，超出了对方的知识结构等原因，对方也许不愿说，也许真的无话可说。提出这类话题，目的是让对方开口讲话，不能让对方讲，还有什么意义呢？

在提一些引导性话题的时候，也要注意方法和策略，不要让对方感到难以回答和附和而已。比如："你是不是也觉得你们现在的厂长很能干？"人家要说赞同的话，他自己的确也有保留意见；要说不赞同，而你已经认可了，他总不至于在你的面前进行反对吧，何况是说别人的坏话呢？这样的话题，处理得不好，会让自己失去谈话的亲和力，适得其反。再者也不要问些大而空的问题，让人不知从何说起，最好具体点。

此外，在打破冷场时说话还应该注意下面的内容：

（1）如果是由于自己太清高、架子大，使人敬而远之，而造成双方的沉默，在交谈中应该主动、客气及随和一些。

（2）如果是由于自己太自负，盛气凌人，使对方反感，而造成了沉默，则要注意谦虚，多想想自己的短处，适当褒扬对方的长处。

（3）如果是由于自己口若悬河，讲起话来漫无边际、无休无止，而导致了对方的沉默，则要注意自己讲话适可而止，给对方说话的机会，不要让人觉得你是在做单方面的"传教"。

（4）有时装作不懂事的样子，往往可以听取他人更多的意见，这根源于人们的自炫心理。反之，你表现得太聪明，人家即使要讲，也有顾虑，怕比不上你。如果我们用"请教"的语气说话，引起对方的优越感，就会引出滔滔话语。一般人的心理总是喜欢教人，而不喜欢受教于人。

冷场的出现，往往与"话题"有关。"曲高和寡"会导致冷场；"淡而无味"同样会引起冷场。不希望出现冷场的交谈者，应当事先做些准备，使自己有一点"库存话题"，以备不时之需。

面对恶意冒犯者

在社交场合，有时我们会遇到别人有意无意地抢白、奚落、挖苦、讥讽，这时该怎么办？有随机应变能力的人，能调动自己的智慧，化被动为主动，使尴尬烟消云散。"兵来将挡，水来土掩"，你可视不同的对象选择不同的应付办法。

1. 仿拟话语

仿照对方讽刺性的话语形式，制造出一种新的说法，将对方置于一种反而不利的位置上，从而使对方落入"聪明反被聪明误"的自造的陷阱中。

丹麦著名童话家安徒生一生俭朴，常常戴一顶破旧的帽子在街上溜达。一次，一个富翁嘲笑他说："你脑袋上边的那个玩意儿是个什么东西，能算是一顶帽子吗？"安徒生马上回敬了一句："你帽子底下的那玩意儿是个什么东西，能算是个脑袋吗？"

对方本想嘲笑安徒生服饰破旧寒酸，不想反被安徒生嘲弄了一番。安徒生仿拟对方的话语形式，改换了几个字词，便辛辣地讽刺了对方的愚蠢卑鄙，空长一个脑袋。

2. 歧解语义

它是指故意将对方讽刺性的话做出另一种解释，而这种解释又恰巧扭转了矛头，指向对方，这等于让对方自己打了自己的嘴巴。

普希金年轻时并不出名。一次，他在彼得堡参加一个公爵举行的舞会。他邀请一位年轻漂亮的贵族小姐跳舞。这位小姐傲慢地看了普希金一眼，冷淡地说："我不能和小孩子一起跳舞！"普希金不但不生气，反而微笑着说："对不起！我亲爱的小姐，我不知道您正怀着孩子。"那位贵族小姐一听顿时羞得满脸赤红。

普希金在这里就是歧解了语义，把"小孩子"偷换成贵族小姐"已有身孕"，因而才不能和别人跳舞。

3. 以毒攻毒

当对方用恶毒的话攻击你的时候，不妨顺水推舟，借他的话回敬对方。

有一个掌柜经常喜欢愚弄人，并常常以此自得。一天早上他正在门口吸着水旱烟，看见赶集的大爷骑着毛驴来到门口，于是他就喊道："喂，抽袋烟再走吧！"大爷忙从驴背上跳下来，说："多谢掌柜的，我刚抽过了。"这位掌柜一本正经地说："我没问你呢，我问的是毛驴。"说完，他得意地一笑。

大爷猛地转过身子，照准毛驴脸上"啪啪"两巴掌，骂道："出门时我问你这里有没有朋友，你说没有。没有朋友为什么人家会请你抽烟呢？""叭叭"，对准驴屁股又是两鞭子，说："看你以后还敢不敢胡说！"说完，翻身上驴，扬长而去。

这位大爷的反击力相当强。既然你以你和驴说话的假设来侮辱我，我就姑且承认你的这个假设，借此教训毛驴，来嘲弄你自己与毛驴的"朋友"关系。

孔融10岁那年，有一次到李膺家做客，当时在场的都是些社会名流，孔融应答如流，得到宾客们的称赞。但有一位叫陈韪的大夫却不以为然，讥讽地说："小时候聪明，长大了未必也聪明。"孔融立刻回答道："我想先生在小时候一定很聪明吧？"

孔融采用以其人之"法"还治其人之身的语言形式、以问作答，把对方射过来的"炮弹"又原样给弹了回去。暗示对方长大后就变愚蠢了。

4. 一箭双雕

抓住主要事实或揭露要害，在自己摆脱困境的同时，通过对比指出对方的弱点，置其窘境。

1988 年，美国第 41 届总统竞选。民意测验表明：8 月份前，民主党总统候选人杜卡基斯比共和党总统候选人布什多出 10 多个百分点。当布什与杜卡基斯进行最后一次电视辩论，布什的策略是，抓住对方的弱点，揭其要害，戳在痛处，从而让对方陷入窘境。杜卡基斯嘲笑布什不过是里根的影子，他嘲弄式地发问："布什在哪里？"

布什轻松地回答了他的发问："噢，布什在家里，同夫人巴巴拉在一起，这有什么错吗？"

平淡一句，却语义双关，既表现了布什的道德品质，又讥讽了杜卡基斯的风流癖好，置杜卡基斯于极尴尬的境地。可谓是一箭双雕。

5.巧借比喻

巧借对方比喻中的不雅事物，用与此相克相关的事物作比，针锋相对，给以迎头痛击。例如，达尔文提出进化论以后，赫胥黎竭力加以支持和宣传，并与宗教势力展开了激烈的论战。教会诅咒他为"达尔文的斗犬"。在伦敦的一次辩论会上，宗教首领见赫胥黎步入会场，便骂道："当心，这只狗又来了！"赫胥黎轻蔑地答道："是啊，盗贼最害怕嗅觉灵敏的猎犬！"

赫胥黎以比对比，引出被比的事物"盗贼"，巧妙地戳穿了宗教首领的丑恶本质和害怕真理的面目。

当你面对别人恶意的侵犯时，具备随机应变的语言表达功力非常重要。在防卫中运用优雅、得体的语言把你的智慧和大度发挥得淋漓尽致。

找个化解尴尬的"台阶"

在社交活动中，能适时地为陷入尴尬境地的对方提供一个恰当的"台阶"，使对方免丢面子，也算是处世的一大原则，也是为人的一种美德，这不仅能获得对方的好感，而且也有助于自己树立良好的社交形象。否则对方没能下得"台阶"而出了丑，可能会记恨终生。相反，若注意给人"台阶"下，可能会让人感激一生。是让人感激还是让人记恨，关键是自己在"台阶"上不陷入误区。

外圆内方的人，不但尽量避免因自己的不慎而使别人下不了台，而且还会在对方可能不好下台时，巧妙及时地为其提供一个"台阶"。这是因为他们在帮助别人"下台"时，掌握了正确的方法。

1. 因势利导搭台阶

小吴师范院校刚毕业，分到一所小学，给全校出了名的"捣蛋班"上第一堂课。这个班全是男生，鬼点子特多，专爱变着法子为难老师。

小吴刚进教室，就觉得气氛不对，正想开始讲课时，忽然发现讲桌上放着一块木板，上面用粉笔写着"吴××老师之墓"。对血气方刚的青年来说，这无疑是一个奇耻大辱，再看台下，有几个学生正挤眉弄眼地嘲笑他。

他气愤极了，但他没有发作。而是一本正经地把"灵牌"放到了黑板前，然后缓缓地对学生说："让我们以极其沉痛的心情对吴××同志的不幸表示最衷心的哀悼。现在，我提议，全体起立默哀一分钟！"

以前有好几个老师面对类似情况，不是当场大发雷霆，便是夹起书本扭头就走。小吴的这一举动使同学们大吃一惊，个个面面相觑，不再挤眉弄眼。接下来，小吴又故作惊讶地问："吴××是谁呀？"听了这话，同学们都瞪大眼睛惶恐地望着他。他指指自己的鼻梁说："吴××者，台上新任语文老师是也。他没想到你们这么敬重他，还给他立了'灵牌'，他在九泉之下得到消息很快就起死回生了，现在他就站在你们面前给你们道谢！"说完，还真的向全班同学鞠了一躬。这一下，同学们都开心地笑了，笑声里充满了敬意和歉意。

小吴第一天上课，便遭受了学生如此的戏弄，他没有大发脾气，而是煞有介事，顺藤摸瓜地用含蓄的语言自然而然地化解了自己的难堪，还赢得了学生们内心真正的佩服。这一招叫"因势利导"，即在遭受冷遇时，不马上驳斥或者埋怨对方，而是顺着对方的话或者对方设下的场景，慢慢地往对自己有利的方向发展。

2. 增光添彩设台阶

有时遇到意外情况使对方陷入尴尬境地，这时，"外圆内方"的人在给对方提供"台阶"的同时，往往会采取某些妥善措施，及时给对方的面子上再增添一些光彩，使对方更加感激不尽。

1953年，周恩来总理率中国政府代表团慰问驻旅大的联军队。在我方举行的招待宴会上，一名苏联军中尉在翻译总理的讲话时，译错了一个地方。我方代表团的一位同志当场做了纠正。这使总理感到很意外，也使在场的苏联驻军司令大为恼火。因为部下在这种场合失误使司令有些丢面子，他马上走过去，要撕下中尉的肩章和领章。宴会厅里的气氛顿时非常紧张。这时，周总理及时地为对方提供了一个"台阶"，他温和地说："两国语言要做到恰到好处地翻译是很不容易的，也可能是我讲得不够完善。"并慢慢重述了被译错了的那段话，让翻译仔细听清，并准确地翻译出来，从而缓解了紧张的气氛。总理讲完话在同苏联军将领、英雄模范干杯时，还特意地同那位翻译单独干杯。苏联驻军司令和其他将领看到这一景象，在干杯时眼里都含着热泪，那位翻译也被感动得举着杯酒久久不放。

3. 遭遇戏弄巧下台阶

有人喜欢故意挑起事端，企图以巧言戏弄他人，陷人于尴尬境地，以博取笑料。此时，可以使用幽默作为武器，予以还击。

有这样一个故事：

一个自恃有才学的城里人，遇到一个乡下人，就想奚落他一番，于是向他发难："请问这位老乡，你有几个令尊？"

乡下人装作不知，反问："令尊是什么？"

城里人以为得手，狡黠地一笑："令尊就是儿子的意思啊。"

乡下人不动声色地说："噢，原来如此，那么请问您有几个令尊？"

城里人没有思想准备，一时竟无言以对，气得直翻白眼。

乡下人步步紧逼，佯作安慰状："原来您膝下无子。我倒是有两个儿子，可以过继一个给您当令尊，不知可否？"

城里人偷鸡不成反蚀一把米，只好悻悻而去。

乡下人有理有节；既有效化解了尴尬，又达到了反击对方的目的。

化解尴尬最聪明的做法就是幽默素材取材于对方的话题，让对方自吞苦果，将尴尬不知不觉地转移给对方。这叫作以其人之道还治其人之身。

一次马克吐温应邀赴宴，席间他对一位贵妇说："夫人，你太美丽了！"不料那位妇人却说："先生，可是遗憾得很，我不能用同样的话回答你。"

头脑灵敏，言辞犀利的马克吐温笑着说："那没关系，你也可以像我一样说假话。"

4. 将错就错下台阶

在一次战争后，军官问一个士兵：

"在这次战争中，你是否勇敢？"

士兵回答道："你听了一定会很高兴的，在战争开始后我勇敢地冲上去砍掉了一个敌人的双脚。"

军官听了后奇怪地问道：

"为什么不是头呢？"

士兵回答道："因为他的头已经被砍掉了。"

有时候，最好的下台阶办法就是将错就错，顺着对方的话往下说，把尴尬化解掉。此外，还有挥洒感情造台阶法。

挥洒感情造台阶法，就是故意以严肃的态度面对对方的尴尬举动，消除其中的可笑意味，缓解对方的紧张心理。

人人都有下不来台的时候。学会给人下台阶，既可以缓解紧张难堪的气氛，使事情得以正常进行，又能够帮助尴尬者挽回面子，增进彼此的关系。要达到这样的目的，我们应系统地学会使用以上技巧。

自我调侃帮你走出尴尬

由于我们的过失，造成了在谈话中出现难堪，这时我们不要责备他人，还是找找自己的责任，采用自我调侃的方式低调退出吧。

有一次，十多年没见的老同学聚会，因为大家都是好朋友，所以说起话来直来直去。有一位男同学打趣地问一位女同学说："听说你的先生是大老板，什么时候请我们到大酒店吃一顿？"他的话刚说完，这位女同学有点不安起来。原来这位女同学的丈夫前不久因发生意外去世了，但这位开玩笑的男同学并不知道，因而玩笑开得过了一点。旁边的一位同学暗示他不要说了，谁知这位男同学偏要说，旁边的那位同学只得告诉他真实的情况，这位男同学非常尴尬。不过他迅速回过神来，先是在自己脸上打了一下，之后调侃地说："你看我这嘴，十多年过去了，还和当学生时一样没有把门的，不知高低深浅，只知道胡说八道。该打嘴！该打嘴！"女同学见状，虽有说不出的苦涩，但仍大度地原谅了老同学的唐突，苦笑着说："不知者不怪，事情过去很久了，现在不提它了。"男同学便忙转换话题，从尴尬中解脱出来。

当我们处于类似的由于我们自己的原因造成不好下台时，最好的办法就是不要死要面子活受罪，可以采用自我调侃的办法，真诚一点，像该例中的那位男同学一样，表达自己真诚的歉意，而对方也不会喋喋不休地责备我们，相反，还会因为我们的真诚一笑而置之。

人一生中总会有当众失态的时候，此时我们不妨抢先一步对自己进行调侃，好过别人来嘲笑，使自己难堪。

宋朝大文学家石曼卿，人称"石学士"。一日酒后乘马车去报国寺游玩，突然马受惊乱跑，将石曼卿从车上摔了下来。只见石曼卿站起来，拍拍身上的尘土，拿起马鞭，然后风趣地对围观者说："幸亏我是'石'学士，要是'瓦'学士，一定要摔破了。"石学士把自己的姓作了另外一种解释，妙语解颐，为后人称道。

1915 年，丘吉尔还是英国的海军大臣。不知他是心血来潮还是什么原因，突然要学开飞机，于是，他命令海军航空兵的那些特级飞行员教他开飞机，军官们只好遵命。

丘吉尔还真有股韧劲，刻苦用功，拼命学习，把全部的业余时间都搭上了，负责训练他的军官都快累坏了。丘吉尔虽称得上是杰出的政治家，但操纵战斗机跟政治是没什么必然联系的。也可能是隔行如隔山吧，总之，丘吉尔虽然刻苦用功，但就是对那么多的仪表搞不明白。

在一次飞行途中，天气突然变坏，一段 25.75 千米的航程他竟然花了 3 个小时才抵达目的地。

着陆后，丘吉尔刚从机舱里跳出来，那架飞机竟然再次腾空，一头扎到海里去了，旁边的军官们都吓得怔在那里，一动不动。

原来，匆忙之中的丘吉尔忘了操作规程，在慌乱之中又把引擎发动起来了。望着眼前这一切，丘吉尔也不知所措，好在他并没有惊慌，装作茫然不知似的，自我解嘲道：

"怎么搞的，这架飞机这么不够意思。刚刚离开我，就又急着去和大海约会了。"

一句话缓解了紧张的气氛，也让丘吉尔摆脱了尴尬。

在有些尴尬的场合，运用自嘲能使自尊心通过自我排解的方式受到保护，而且还能体现出说话者宽广大度的胸怀。

当你陷入窘境时，逃避嘲笑并非良方，也不是超脱。相反，你殚精竭虑地力图反击，很可能会遭到对手更多的嘲讽，不如来个 180° 大转变的超脱。这种超脱既能使自己摆脱狭隘的心理束缚，又能使凶悍的对手"心软"下来。

20 世纪 50 年代初，美国总统杜鲁门会见十分傲慢的麦克阿瑟将军。会见中，麦克阿瑟拿出烟斗，装上烟丝，把烟斗叼在嘴里，取出火柴。当他准备划燃火柴时，才停下来，对杜鲁门说："抽烟，你不会介意吧？"

显然，这不是真心地向对方征求意见。杜鲁门讨厌抽烟的人，但他心里很明白，在面前的这个人已经做好抽烟准备的情况下，如果说他介意，那就会显得自己粗鲁和霸道。

杜鲁门看了麦克阿瑟一眼，自嘲道："抽吧，将军。别人喷到我脸上的烟雾，要比喷在任何一个美国人脸上的烟雾都多。"

杜鲁门总统以自我解嘲的形式来摆脱难堪的境况，而他自嘲，还包含着深深的责备和不满，无形中给了傲慢的将军以含蓄的训诫。

当然大多数人都不是故意陷人于难堪境地的。如果过分掩饰自己的失态，反而会弄巧成拙，使自己越发尴尬，并且对方会心神不宁、坐立不安。以漫不经心、自我解嘲的口吻说几句取悦于人的话，却可以活跃气氛，消除尴尬。

某次，柏林空军军官俱乐部举行盛宴招待会，主宾是有名的乌戴特将军。敬酒时，一位年轻士兵不小心将啤酒洒到了将军光亮的秃头上，士兵吓得魂不附体，手足无措，全场人目瞪口呆。面对颤抖的士兵，乌戴特微笑着说："老弟，你以为这种治疗会有效吗？"在场的人闻言大笑起来，难堪的局面被打破。

世间最尴尬的时刻莫过于自己的裸体暴露在别人面前，大名鼎鼎的首相丘吉尔就有过类似的经历，不过他却能坦然化解。

丘吉尔有个习惯，一天之中无论什么时候只要一停止工作，他就躺到热气腾腾的浴缸中去泡一泡，然后就光着身子在浴室里来回地踱步，一边思考问题一边让身体放松放松，有时甚至会入迷。

有一次，丘吉尔率领英国代表团到美国去进行国事访问，他们受到热情款待。为了方便两国领导人的交流、沟通，组织者专门让丘吉尔下榻在白宫，与美国总统罗斯福离得很近。

一天，丘吉尔又像往常一样在浴缸里泡过后，光着身子在浴室里踱步。当时，世界反法西斯战争进行得如火如荼。丘吉尔在思考着战场上的形势，以及如何同美国联手对付德国法西斯。想着、想着，他已经忘了自己在什么地方，而且还是光着身子。

碰巧，这时罗斯福有事来找丘吉尔，发现屋里没人。罗斯福刚欲转身离去，听见浴室里有水响，便走过来敲浴室的门。

丘吉尔正在聚精会神地考虑问题，听见有人敲门，本能地说了一句：

"进来吧，进来吧。"

门打开了，美国总统罗斯福出现在门口。罗斯福看到丘吉尔一丝不挂，十分地尴尬，进也不是，退也不是，索性一言不发地站在门口。

此时丘吉尔也清醒了。他看了看自己，又看了看罗斯福，急中生智地说道：

"进来吧！总统先生。大不列颠的首相是没有什么东西可对美国的总统隐瞒的！"说罢，这两位世界知名人物都不约而同地哈哈大笑。

尴尬场合，运用自嘲可以平添许多风采。当然，自嘲要避免采取玩世不恭的态度。具有积极因素的自嘲包含着自嘲者强烈的自尊、自爱。自嘲实质上是当事人采取的一种貌似消极，实为积极的促使交谈向好的方向转化的手段而已。

化解纠纷要做个和事佬

人们在工作、生活中难免会发生这样那样的矛盾。当矛盾进一步激化时，作为第三方，站在一个特殊的位置上，你是左右为难的；袖手旁观，矛盾会更扩大，大家都不好处。

调解他人的纠纷实在是个非常棘手的问题，如果处理不当的话，就很有可能在你的身边埋下一颗定时炸弹。因此，在调解他人的纠纷时一定要讲究技巧，遵循一定的原则。"和稀泥"也要和出个样子来。

首先，调解他人的纠纷时要考虑自己的角色，即你与他人之间的关系，摆正了这种关系才能正确地调解纠纷。

全国刚解放时，人们废除资本家的一些陋习颇费了些力气。

一天，上海市市长陈毅到一家纺织厂里，他笑着说："老板，我冒昧来访，欢迎不？"

这位老板正为一件事发愁，便发起牢骚来："陈市长，今天工会又来要我废除'抄身制'。不当家不知柴米贵，工人下班有抄身婆搜身还经常丢纱呢，如果取消抄身制度，纱厂不被偷光才怪呢！"

陈毅品了口茶，不紧不慢地说："要说办工厂、买机器，我要拜你为师。因为我只当过工人，没有经营过工厂嘛！要说管理工人、教育工人，你要向我学习哩！我参加了革命，就一直宣传、组织群众，在这方面我可以给你当参谋，还带'长'呢！你倒是要我这参谋还是不要？"

老板连声说："要，要，请您快说。""我在法国当过工人。那个工厂大得很，老板也比你厉害得多。厂子四周筑起高墙，拉上电网，还雇了一大帮带枪的警察，对每个下班的工人从头搜到脚，那过细的劲头，身上硬是连一根钉也藏不住。但结果呢？原料、零件还是大量丢失，为什么呢？老板把工人只当成会说话的工具，劳动很重，工资很少，工人实在无法养家糊口，工厂赚了钱对工人毫无好处，他们为什么不拿呢？现在不同！工人翻身当了主人了，他们懂得，生产经营搞得好新中国才能富强起来，工人才能改善待遇。你们虽是私营企业，但也是新民主主义经济的一个组成部分，一样可以有利于国、有利于民。所以，以我之见，你应该在纺织业带头，用我的办法试试看，废除抄身制，关心工人的利益，待工人如朋友、如弟兄，有困难多与他们商量着办。我相信眼前的困难会克服的。"

老板听了连连点头："想想是有些道理。"第二天，他就主动找工会研究，决定废除抄身制。

陈毅同志一番话，使"抄身制"取消了。

调解矛盾还可以采取一种方法：不对矛盾的双方进行批评、指责，相反，分别赞美争执的双方，肯定他们各自的价值，使他们感到再争执下去只会损害自己的形象，因而自觉放弃争吵。

星期天，小陈一家包饺子，婆婆擀饺子皮，小陈夫妻俩包。不一会儿，儿子从外面跑进来："我也要包。"

婆婆说："大刚乖，去洗了手再来。"

儿子没挪窝，在一旁蹭来蹭去。妻子叫："蹭什么！还不去洗手，弄得一身面粉，我看你今天要挨揍。"

"哇……"5 岁的大刚竟哭起来。

"孩子还小，懂什么？这么凶，别吓着他！"婆婆心疼孙子了。

"都 5 岁了还不懂事。管孩子自有我的道理，护着他是害他！"

"谁护着他了，5 岁的孩子能懂个啥，不能好好说吗？动不动就吓他！"

小陈一看，自己再不发话，"火"有越烧越旺之势，便说："再说，今天这饺子可就要咸了哟！平日里，街邻、朋友都说我有福气，羡慕我有一个热情好客、通情达理的母亲，夸奖我有一位事业心强、心直口快的妻子，看你们这样，别人会笑话的，都是为孩子好。大刚还不快去让奶奶帮你洗洗手，叫奶奶不要生气了。"又转向妻子："你看你，标准的'美女形象'，嘴噘得都能挂 10 只桶了。生气可不利于美容呀！"妻子被他逗乐了。那边，母亲正在给孩子擦着身上的面粉，显然气也消了。

讲述纠纷双方可引以为豪的一面，唤起其内心的荣誉感，也可使其自觉放弃争吵。

在一辆公共汽车上，乘务员关车门时夹住了乘客，但自己还不认账。这时一青年打抱不平，对乘务员说："你是干什么吃的！不爱干，回家抱孩子去！"乘务员嘴像刀子，两人吵了起来。这时，车上有位老工人看看青年胸前的厂徽，想起了什么，挤了过去，拍拍青年的肩膀说："小丁，你当'机修大王'还不够，还想当个吵架大王吗？"青年说："师傅，我可不认识你呀！""我认识你，上次我去你们厂，你的照片在门口的光荣榜上，那特大照片可神气呢！"小伙子一下红了脸。老工人说："以后可不要再吵架了，这不是解决问题的办法嘛。"一场纠纷就这样平息了。

夫妻之间的争吵总是在发生，作为亲朋好友夹在其中，不能不说是一件尴尬难处的事，坐视不理是不可能的，这容易使双方积怨加深，妨碍家人的正常生活。缩小争端本身的严重性，使一方或双方看淡争端，从而缓和情绪，平息风波，这才是解决问题的办法。

某厂一对新婚不久的夫妻因家庭小事闹矛盾，女方一气之下跑到娘家哭诉告状，说男方欺负她。哥哥听罢心想：妹妹结婚不久就遭妹夫欺负，日后还有好日子过？于是气愤地扬言要去教训妹夫。这时，父亲充当起"和事佬"来，他首先对儿子说：

"教训他？别冲动！教训他就能解决问题吗？再说，他家又不在厂里，一个人孤立无援的，你去教训他，旁人岂不要说闲话？好了，妹妹自己家里的小事，用不着你操心，还有我和你妈呢。你多管些自己的事吧。"

待儿子息怒离开后，父亲又劝慰女儿说：

"别哭了，又不是什么大不了的事。都结婚出嫁了，还耍小孩子脾气，多丢人。小夫妻哪有不吵架的？我当初和你妈就常吵闹呢。不过，夫妻吵架不记仇，夫妻吵架不过夜。你不要想得太多，日后凡事要大度些，不要像在娘家那样娇气任性。好了，快点回去，不要让他到这里来找你，他是个不错的小伙子。家丑不可外扬，以后丁点儿小矛盾不要动不动就往娘家跑。"

女儿点头止哭，像没事一样回她的小家去了。

夫妻吵架本是稀松平常的事，而当事人本身却认为事情很严重。因此，父亲在劝慰女儿的过程中始终强调夫妻闹别扭只是"丁点儿"小事情，促使女儿把争端看得淡一点。女儿在冷静思考之后，认同了父亲的看法，思想疏通了，气也自然消了。

生活中，家庭矛盾时有发生，夫妻之间难免出现磕磕碰碰、吵吵闹闹甚至大动干戈的事。夫妻吵嘴打架后，妻子往往回娘家诉苦。对此，娘家人劝架不能偏听偏信，让矛盾升级，应该劝双方多作自我批评，从而化解矛盾，达到新的和睦。以下是娘家人劝架中的五忌。

一是忌偏袒女儿。女儿是娘身上的肉，谁动她一根毫毛就对他不客气，劝架处处偏袒护短，把女婿说得一无是处，让其无地自容而后快，以警告女婿娘家人不好惹；明明是女儿不对，却以长辈自居，强词夺理。这样做，会助长女儿的不良习性，埋下了长期争吵的祸根，增加了女婿的厌恶心理，轻则闹得家庭不和，重则导致家庭破裂。

二是忌火上浇油。只要诚恳规劝，完全可以唤起双方的自责心理，从而平息矛盾。但如果娘家人坚持小题大做，硬要对方认不是，不但无助于解决问题，反而使其肝火更旺。

三是忌倾巢出动。在听到女儿一面之词后，不分青红皂白，娘家人男女老少齐动员，上男方家"说理""算账"，造成大兵压境的局面，这样人多火气旺，很容易将小事闹大，不但于调解无补，反而激化矛盾，破坏夫妻感情。万一男方翻脸不认人，势必引起一场争斗，夫妻感情的裂痕就无法弥补。

四是忌拒之门外。女儿回娘家是为了暂时躲避矛盾，以感化丈夫回心转意，也是为了得到娘家人的谅解和帮助，作为娘家人应当热情迎接，细心开导；否则，极易使女儿产生孤独感，弄不好会酿成悲剧。女婿登门，是求女方及其家人的谅解，用实际行动认错，更应笑脸相迎，诚恳待婿，不可拒于千里之外，使女婿憎恨，激化夫妻矛盾。

五是忌留女久住。明智的娘家人只留女儿小住，并劝她尽早回到丈夫身边，以免造成更大的裂痕。

人们在生活中难免会发生各种各样的矛盾，总是由于这些矛盾的激化而产生纷争。面对那些激愤的吵架者，一定要掌握一些调解的技巧，有效平息纠纷。

顺着对方的话锋说话

顺梯而下，是指依据当时有利的时机，只要有可能，不可更多地纠缠，应顺势而下，不需要特意地去找，自然而然，做得巧妙，不会引起他人的注意，自己依然保持着主动的局面。顺梯而下有以下两种表现。

1. 顺着对方的话题而下

有时候，一个话题要进行下去，可朝着多种方向发展，我们可以有意识地将话题引往有利于自己的方向，然后顺着话题及时撤出去。

在一次师生座谈会上，师生之间聊起了如何面对自己弱点的话题。会议进行得很温和，从不指名道姓，遇到要举事例的时候，也是以假设开始，诸如"假设你有什么弱点，你该怎么做"。可是后来会议特意留出了一定的时间，让学生就不懂的问题向在座的老师请教。一位同学站起来向一位姓何的老师提问："当一个人遇到了非常难堪的事情，他可以正视它、战胜它，但也可以逃避它，哪种方法更好些呢？"何老师首先肯定了这位同学合理的分析，说："正视它，战胜它！"这位同学接着又问："能不能问您一个隐私的问题……"正在那位同学还在犹豫该不该问时，何老师说话了："既然是隐私问题，就不好当着众人的面讲，如果你感兴趣，会后我们可以私下里谈谈。"

在这里，如果何老师让那位同学把话说下去的话，接下来肯定会使自己左右为难，不如顺着对方的话音，巧妙地撤出去，不在原来的话题上打转转。

那些毫无根据又极具挑衅性的提问总是会激起人们的反感，但是直接的指责反而会显得自己涵养不够。所以，我们不如根据对方的诘问，为自己编造一个更严重的罪责，嘲讽对方无中生有、不讲礼貌，表达我方对这种无凭无据的问题的极大愤怒和拒绝回答的态度。

一位记者向扎伊尔总统蒙博托说："您很富有。据说您的财产达30亿美元？"显然，这一提问是针对蒙博托本人政治上是否廉洁而来的，对于蒙博托来说，这是一个极其严肃的而易动感情的敏感问题。蒙博托听后大笑着反问说："一位比利时议员说我有60亿美元！你听到了吧？"

记者用一句没有根据的传言来质问蒙博托是否廉洁，蒙博托没有被对方刺激得暴跳如雷，反而编出一个更大的、显然是虚构的数字来"加重"自己的"罪行"，以讽刺记者所提问题的荒谬与别有用心，间接表明了自己的清白，维护了自己的名誉。

家庭生活中，也难免有下不了台的时候，顺梯而下的方法也可适当利用。

小张有一次到朋友家做客，恰巧他们夫妻在挂一幅装饰画。丈夫问妻子："挂正了吗？"妻子说："挺正的。"挂好后，丈夫一看，还是有点歪，就抱怨说："你什么事都马马虎虎，我可是讲求完美的人。"做妻子的有点下不来台，见有人在场便开口道："你说得对极了，要不你怎么娶了我呢！"这一巧妙的回答，不仅挽回了面子，又造成了一种幽默的气氛，做丈夫的也感到自己失言了，以一笑来表示歉意。

2.顺着他人解围而下

在谈话中，如果因为我们自己的难堪，造成整个气氛的不和谐，可能会有知趣的人站出来，及时替你解围，这时，就应该抓住时机，顺着他人解围及时撤出。

小明喜欢和他人诡辩，并且以此为乐事。一天将近中午吃饭时，小可深有感触地说："人是铁，饭是钢，一天不吃饿得慌。"小明接着说："这句话就不对了，据科学分析，人是可以饿 7 天的。"小可说："那你饿 7 天看看。"小明接着说："这句话你又错了，你也可以饿 7 天的。"小可说："我才没那么傻呢，只有疯子才干这样的蠢事。"小明又说："历史上，很多当时被认为是疯子的人，后人把他们看作是伟人。"小明就这样无限地推演下去。哪知小可的个性淳朴，不喜欢这样饶舌，后来就有点无法忍受了。这时小明的好友小冬见状，凑过来说："我们的小可最大的'优点'就是说错了话还不承认。"小可接过话头说："小冬真是了解我。"说着对小明一笑，走开了。

顺梯而下是解窘见效很快的方法之一，它能使人逃脱于无形，而让制造尴尬的人立即停止发话，可谓一箭双雕。

不好回答的话可以岔开说

在语言交际中，我们经常会遇到一些令人尴尬的问话，比如，涉及国家、组织的秘密，涉及个人收入、个人生活、人际关系等问题。如处于这样的尴尬场合时，就需要具备"顾左右而言他"的语言艺术，从而能使你面对尴尬而取得峰回路转、柳暗花明的效果。

最简单直接的做法就是把话题故意转向其他地方。

某单位一女工结婚，在单位散发喜糖。刚巧该单位有一位尚未谈对象的 33 岁的大龄女青年，大家吃着糖，突然一位同事笑着对那位女青年说："喂，什么时候吃你的喜糖？"大家都望着那位女青年。那位女青年脸微微一红，把脸转向邻近的一位女同事，然后指着那位女同事身上的一件款式新颖的上衣问："咦？这件上衣什么时候买的？在哪个商店买的？"两个人便兴致勃勃地谈起了那件衣服。

在大庭广众之下问大龄女子何时结婚确实是件很不礼貌的事情。女青年碰到这个尖锐的问题时处境十分尴尬，回答不好可能会引起大家的闲话，再说这事也没必要让大家来参与。于是她立刻把话题转移到同事的衣服上，借以回避对方的无聊问题。问者受到毫不掩饰的冷落，自然也意识到自己的失礼，没有理由责怪女青年对自己的置之不理。

毫无疑问，直接转移法可以让你立即摆脱刚才那个令你难堪的话题，然而有一点不足的是，这样显得十分生硬。将话题飞快转向与之毫不相干的地方，看似快速甩开了为难局面，可是心理上仍然是有阴影的。因此，我们要学会更含蓄的言他法——岔换。

岔换法是针对对方的话题而岔换新的话题，字面上看是回答了对方的问题，而实质意义却是不相干的两个问题。它给人的感觉通常是干脆利落，能显示出一种较为强硬的表达气息。

比如，有个发达国家的外交官问非洲一个国家的大使："贵国的死亡率必定不低吧？"大使接过话题就立即掷出一句："跟贵国一样，每人死亡一次。"

这位外交官的问题是针对整个国家说的，而大使岔开话题直言不讳地换用"每个人的死亡"作答，显示了一种针尖对麦芒的强硬态度。

所以，我们在采用"顾左右而言他"的解围法时，应尽量把它运用得不露声色，婉转巧妙。

装作不知道，说得更奇妙

实习期间，一位实习老师在黑板上刚写了几个字，学生中突然有人叫起来："老师的字比我们李老师的字好看！"

真是语惊四座。稚幼的学生哪能想到此时后座的班主任李老师该多么尴尬！对这位实习生来说，初上岗位，就碰到这般让人难堪的场面，的确使人头疼，以后怎样同这位班主任共度实习关呢？怎么办？转过身来谦虚几句，行吗？不行！这位实习生灵机一动，装作没有听到，继续写了几个字，头也不回地说：

"不安安静静地看课文，是谁在下边大声喧哗？"此语一出，后座的李老师紧张尴尬的神情顿时轻松多了，尴尬局面也随之消除。

这里的实习老师巧妙地运用了"装作不知道"的技巧，避实就虚，避开"称赞"这一实体，装作没有听清楚，而攻击"喧哗"这一虚象。既巧妙地告诉那位班主任"我根本没有听到"，又打消了那位学生的称赞兴致，避免了学生误认为老师没有听见可能再称赞几句，从而再次造成尴尬的局面。

"装作不知道"，就是指对别人的话装作没有听到或没有听清楚，以便避实就虚、猛然出击的处理问题的方式。它的特点是：说辩的锋芒主要不在于传递何种信息，而是通过打击、转移对方的说辩兴致使之无法继续设置窘迫局面，化干戈为玉帛，能够寓辩于无形，不战而屈人之兵。当然唯有具有较深阅历的人方能达到这种效果。在人际交往中，这种方式的使用场合很多。

别人的刻薄攻击，不仅可以当作耳旁风，而且还能对其反讽一番，这就叫"装作不知道，说得更奇妙"。

对于一些敏感性问题，提问者一般不直接就问题的本质提出质疑，而是从其他貌似平常的事物着手，旁敲侧击地进行诱导性询问。这时，我们可以故意装作不懂对方的真正用意，而站在非常表面的、肤浅的层次上曲解其问话，并将这种曲解强加给对方，使对方意识到我方的有意误解实际上是在表达委婉的抗议和回避，从而识趣地放弃自己的追问。

1975 年，周恩来总理在医院会见泰国总理克立先生，当他们道别时，克立总理说："可以问最后一个问题吗？"

"请。"

克立含笑注视着周总理，确切地说，是注视着周总理的前胸。

"这次访问贵国，"克立说，"我发现了一个小小的变化：人们几乎都不戴毛主席像章了。1971 年我来北京时，每个人都戴着像章。"

"这是您的问题？"

"不，"克立的笑容有些神秘，"问题是关于阁下您的。'文化大革命'开始时，人们都戴着毛主席的像章，而您只戴'为人民服务'的纪念章，即使是 1971 年'革命'最热烈的时候您也如此；而在人们不戴像章的时候，您为什么还戴？您又为什么把'为人民服务'的纪念章换成了毛主席像章？"

周总理说："克立先生对中国的像章很有兴趣。我知道您想要我这枚像章，送您了。"

克立总理想要知道周恩来总理对中国政局变化的明确反应，这是一个敏感性的政治问题。他以周恩来胸前佩戴的像章发生变化为理由，从侧面向周恩来诱导询问。周总理弄清了他的意图后，避开问题的实质，故意把克立的意思理解为他想得到自己的这枚像章，并慷慨相送。在这种情况下，哭笑不得的克立除了接受这份意外的礼物之外不能再说什么了。周恩来以自己的智慧取得了外交上的又一次胜利。

在人际交往中，有许多场合都可以使用"装作不知道"的办法，躲开别人说话的锋芒，然后避实就虚、猛然出击。其技巧关键在于躲闪避让的机智，虽是"装作"，正如实施"苦肉计"一样，却一定要表演得自然。

面对责难这样说

这个社会上不乏一群总喜欢中伤他人的魔鬼，他们总是扫别人的兴，以别人的难堪为快，品质恶劣至极。我们如果刻意躲闪，反而使自身更加手足无措，使他人得意忘形。因此，我们必须懂得反击。

有时，别人可能用指桑骂槐的方式对你进行猛烈的人身攻击，侮辱你的人格。对此，你如果质问对方，正面回击，可能正中对方下怀，他可以说：我并没有指你，你为什么要往自己头上硬扯？要回击这类人身攻击，最好的办法是也采用同样含沙射影的方式，反击对方，取得以隐制隐的效果。请看下例：

有一伙人从某地火车站出来，到车站广场的摊点上想买几只烧鸡在旅途中吃，买主都很年轻。他们买烧鸡时，对女老板说："嘿，你这摊上卖得还真全啊！还有野鸡呢，你这野鸡肉香不香啊？想不到你们这地方还出这么漂亮的野鸡，这野鸡的肉多嫩呀！老板，怎么个卖法呀？可不可以送货上门啊？"说完后，他们一伙人都很轻慢地笑了起来。

女老板很清楚这伙人居心不良，把自己比作"野鸡"，如果直接骂他们几句，就会被指责为不文明经商；如果不回敬几句，就很可能有更难堪的场面出现。于是她不卑不亢地说："我们这里不出野鸡，只加工野鸡，这里的野鸡都是用火车从外地运来的。运来的野鸡都是活的，所以稍不留神就会被野鸡啄着，这些东西毕竟是野物嘛，又不通人性。我们在加工野鸡时，对那些野性大的野鸡先开刀，然后用开水烫，接着把它的毛扯光，乘热就开膛破肚，接下去就是烧烤熏煮。你们问问旁边这两位小妹，她们刚刚尝过了。你们如果吃着好的话，就欢迎多买几只，我可以优惠点卖。你们除了自己吃，多余的带回去送给亲友，不是也算帮我们送货上门了吗？"

那些恶意挑逗者听了这番滴水不漏的回答之后暗冒冷汗，只好强打精神说："好！够份儿。老板娘的货漂亮，人漂亮，话更漂亮。"说完以后还真乖乖地买了几只烧鸡走了。

这位老板娘就是采用了含沙射影、以隐制隐的语言技巧，把"野鸡"的雅号送了回去，巧妙地回击了指桑骂槐的发难者。

在社交场合，有时会遇到别人有意无意抢白你，奚落、挖苦、讥讽你，你该怎么办？有随机应变能力的人，能化被动为主动，使尴尬烟消云散。"兵来将挡，水来土掩"，你可视不同的对象选择不同的应付办法。

来者不善，怀有恶意，故意挑衅，你可以"以牙还牙，以眼还眼"，有理、有利、有节，有礼貌而巧妙地回敬对手，针锋相对，"原物"顶回。

前面所说的周恩来智对美国记者关于一支派克笔的恶意提问，就是一个典型的例子。

如果有人用过于唐突的言辞使你受到伤害，千万不要息事宁人，要知道，只有反击、进攻才能有效抑制那些人的出言不逊。

有个成语，叫急中生智。要做到这一点，需要灵敏的思维、丰富的语汇、渊博的知识、娴熟的技巧。只有掌握了各种应付尴尬局面的语言技巧，受人责难时才能使自己立于不败之地。

出其不意，用幽默制胜

面对别人的职责或挑剔时，出其不意地运用幽默的语言进行反驳，可以扭转不利的局势，化解尴尬的局面。

利用幽默出奇制胜，往往会使你的语言更有说服力，达到奇妙的沟通效果。

德国诗人歌德，有一天在公园里散步。在一条只能通过一个人的小道上，他迎面遇到了一个曾经对他的作品提出过尖锐批评的评论家。这位评论家高声喊道："我从来不给傻子让路！"

"而我则相反！"歌德一边说，一边满面笑容地让路。

歌德运用幽默战术，出其不意地将了对方一军，达到了"反败为胜"的目的。

有一条狗疯狂地向一个农夫扑去，农夫忍无可忍，用粪叉打死了那条狗。于是狗的主人将农夫告到法院，要农夫赔偿损失。法官说："你要是把叉子倒过来，用没有尖刺的那一头，不就没有这事了吗？"

农夫回答说："您说得对，法官先生，要是那狗倒着向我扑过来，我会那样做的！"结果农夫被宣判无罪。

农夫在法庭上遇到急迫而又棘手的问题时，他随机应变，以一句幽默的话使自己立于不败之地。

一个顾客在酒店喝酒，他喝完第二杯后，转身问老板："你一星期能卖多少桶啤酒？"

"35 桶。"老板得意扬扬地回答。

"那么,"顾客说,"我倒想出一个能使你每星期卖掉 70 桶啤酒的方法。"

老板很惊讶,忙问:"什么方法?"

"这很简单,只要你将每个杯子里的啤酒装满就行了。"

这位顾客的本意是指责老板卖的啤酒只有半杯,但他利用老板"唯利是图"的心理,设下一个"圈套",让老板不知不觉地钻了进去,巧妙地指责了老板的恶劣行为。

有一位绅士正在餐馆里进餐,忽然发现菜汤里有一只苍蝇。他扬手招来侍者,冷冷地说道:"请问,这小东西在我的汤里干什么?"在这种情况下,无论侍者如何解释、道歉,都只能受到尖锐的批评,甚至会引起顾客更大的愤怒。但是,幽默帮了他的忙,把他从困境中解救出来,使气氛得以缓和。侍者弯下腰,仔细看了半天,回答道:"先生,它是在仰泳!"餐馆里的顾客被逗得捧腹大笑。

恰当使用幽默不但让人愉快,还能扭转不利的局势,化解尴尬的局面。

宴会应酬篇

——话说对了，事情就成了

"无功不受禄"，请客要找好理由

中国有句古话叫"无功不受禄"。因此，请别人吃饭一定要找个合适的理由，要知道，恰当的宴请能大大拉近人与人之间的关系，从而提高办事的成功率。如果对方能欣然赴宴，那么求他办的事也就等于成功了一半。

刘强是刚毕业的大学生，初入职场的他和办公室里元老级的同事总有些不合拍，连科长都说他有些木讷。办公室里的同事总能找到理由请客，科长也时不时欣然前往。而刘强更加被孤立，虽然他也在寻找请客的理由，以期拉近和大家的关系。

刘强没有女朋友，生日也还有半年多的时间，他实在找不到可以宴请大家的理由，又怕落个马屁精的称号。这天，刘强在路边的饭厅吃午餐，看到对面有个福利彩票销售点，很多人排着队在买彩票。刘强灵光一闪，顿时想到一个好办法。

从那天，刘强开始买彩票，还有意无意将买来的彩票遗忘在办公桌上。刘强买彩票的消息，在同事间不胫而走。还没等大家把这个消息炒成办公室最热门的话题，刘强一天早上郑重地宣布自己获得20000元的一个奖。下班了，同事和科长被请进了饭店，酒足饭饱后，刘强从大家的眼神里看到了认可和友好的神情。

从此以后，他也渐渐融入了办公室这个大集体，上司和同事对他伸出帮助之手。就连他以后结婚分房的事，也是科长和同事鼎力相助的结果。这一切得谢那次虚拟的"中奖"。

俗话说，"吃人家的嘴软"，很多人都明白这个道理，所以并不是所有的宴请人们都会捧场。能够拒绝的，即使是自己一分钱不花，也往往会想办法拒绝。所以，宴请别人一定要找个好理由，理由找好了，才能让对方欣然赴宴，你的目的才有可能达成。

通常情况下，请客的方式无外乎以下几种：

1. 开门见山式

例如，当你想邀请上级领导吃饭时，可以直接说："请问徐经理吗？我们现在在某某酒楼吃饭，过来认识几个朋友吧，我们等你来啊。"这种方式自然亲切。

2. 借花献佛式

例如："陈工！今天获奖名单公布了，我中奖了！走吧，我们去庆祝庆祝！"然后在酒宴上再提自己求他所办之事，那时候他的酒都喝了，哪好意思不帮你？

3. 喧宾夺主式

如："哦！你中午没有时间啊？没有关系，这样吧，下午我去订个位置，然后晚上你带上你的家人，我们一起去吃怎样？晚上我给你电话！"这样发出的邀请，别人就很难再有借口推辞了。你也就有了接近对方，求其办事的机会。

另外，请客的理由也五花八门，生日、乔迁、工作调动、开业典礼等都能成为请客的理由。总之，找一个好理由宴请别人是最重要的。

女性在宴会上要注意仪态细节

有些女人为了在宴会上大放异彩，往往不惜重金打造自己的形象，一旦掌握不好分寸，就可能漏洞百出，做一个受尽众人嘲笑的宴会女王。

明星胡小姐是社交界公认的宴会女王。一次参加宴会，胡小姐一进入宴会现场立刻吸引了所有人的目光，只见她身穿一袭名家设计的黑色晚礼服，价值百万的首饰更是为她增色不少，可是红地毯刚走了一半，胡小姐便双手提起晚礼服，踩着那双又细又高的皮鞋快速奔进了会场，并且一下子抱住会场内的一位小姐。原来两人是旧相识，不过胡小姐的"闪亮"登场还是吓了那位小姐一跳，更是让在场的众人大跌眼镜。接着，两人聊了起来，只见胡小姐的一条腿不停地抖动，而且手还不时地拨弄自己的头发，偶尔还会翻开包包拿出自己的小镜子，照来照去，想来是不希望自己的妆容有任何闪失吧。旁边那位小姐对她说："小胡，你稍微注意点，这么多人在呢，还是去化妆间弄吧。""没事，大家都很忙，不会注意到我的，你帮我挡挡啊，我补点腮红。"胡小姐说着以迅雷不及掩耳之势拿出粉饼快速地补起妆来。周围其他人都不约而同地露出鄙夷的眼神，场面十分尴尬。

也许胡小姐的性格本来就是大大咧咧的，然而她在宴会现场的表现绝对不能用大大咧咧一语掩盖。她的漏洞百出，体现出她缺乏基本的素养，更谈不上品位和修养。她的粗俗习惯绝对不会给现场的与宴者感官的愉悦，她甚至连最基本的尊重自己和尊重别人都做不到。胡小姐如此失态根本与她的宴会女王称号不符，甚至连个花瓶都算不上，自然会受到大家的鄙夷。

所以，女性在宴会上一定要注意自己的仪态细节，万不可毛毛躁躁，失礼于人。如果你是宴会的女主人，更应该注意自己的形象，得体端庄。具体来说，主要注意以下几个方面：

首先，要选择适合宴会的着装，力求干净整洁。席间，无论现场如何闷热，作为女性的你都不能当众解开纽扣或脱下外衣。

其次，要保持自己发型的高雅端庄，如果头发有些凌乱，应该立即去化妆间整理，而不可当众整理。

再次，不可当众化妆或补妆，处理妆容上的小细节也应该到化妆间去处理。

总之，作为女主人的你或者渴望成为宴会女王的你一定记住，在宴会前除了要细心装扮自己以外，还要注意自己在宴会现场的表现，不可有丝毫的大意，否则仪态尽失不仅成不了"女王"，还会成别人的笑柄，贻笑大方。

菜点对了，打开对方心扉并不难

点菜是摆在众人面前一道严峻的选择题。如果菜点安排太少，会怠慢客人；反之，则会造成浪费，引起他人误解。所以，点菜是一个人饮食文化修养的集中表现，是一项复杂的工作，值得大家探讨。

作为请客者，若时间允许，应等客人到齐之后，将菜单供客人传阅，并请他们来点菜。当然，如果是公务宴请，要控制预算，最重要的是要多做饭前功课，选择合适档次的请客地点非常重要。一般来说，如果由你来埋单，客人也不太好意思点菜，会让你来做主。

如果你的上司也在宴席上，千万不要因为尊重他，或是认为他应酬经验丰富，酒席吃得多，而让他来点菜，除非是他主动要求，否则他会觉得不够体面。

如果你是作为赴宴者出现在宴席上，在点菜时，不应该太过主动，而要让主人来点菜。如果对方盛情要求，你可以点一个不太贵、又不是大家忌口的菜，最好征询一下同桌人的意见，特别是问一下"有没有哪些是不吃的"或是"比较喜欢吃什么"，要让大家有被照顾到的感觉。

点菜水平的高低直接影响进餐的心情和氛围，在点菜时一定要心中有数，牢记以下三条原则：

一是一定要看人员组成，一般来说人均一菜是比较普通的原则。如果是男士较多的餐会，可适当地加量。同时要看菜肴的组合，冷热、荤素搭配要全面。如果男士较多可多点些荤菜，如果女士较多，可以清淡些。

二是如果是普通的商务宴请，可以节俭些。如果这次宴请的对象是比较关键的人物，则要点上几个够分量的菜。

三是点菜前要对价格了解清楚，点菜时不要问服务员菜的价格，或者跟服务员讨价还价，这样会显得你小家子气，而且被请者也会觉得不自在。

中餐宴席菜肴上桌的顺序，各地不完全相同，但一般普遍依循下列六项原则：先冷盘后热炒；先菜肴后点心；先炒后烧；先咸后甜；先味道清淡鲜美，后味道油腻浓烈；好的菜肴先上，普通的后上。因此，点菜也要遵循这个顺序。

主随客便，彬彬有礼

宴请是针对别人进行的，就要最大化地满足别人的需求与方便，所以宴请的时机与地点要尽可能地遵守主随客便的原则。

在决定社交聚餐的具体时间时，主人不仅要从自己的客观能力出发，更要讲究主随客便，即要优先考虑被邀请者，尤其是主宾的方便，切勿对此不闻不问，勉强从事。如有可能，应先与主宾协商一下，力求双方方便，达成一致，以显示自己的诚意。

现实生活中，有很多人宴请时都没能做到这一点，而因此造成的求人不成、办事无果的例子有很多。

有一次张经理因为一件事想请另一个公司的孙主管帮忙，于是就和妻子商量着要请孙主管吃一顿饭。张经理想到市郊新开了一家韩国饭店，那里的烧烤做得不错，就决定请孙主管到那家饭店吃一顿。妻子想了想觉得那家饭店离市区太远，交通不方便，孙主管能欣然赴宴吗？张经理却始终想要去那家，最后妻子也勉强同意了。

第二天，张经理诚意邀请孙主管吃饭，没想到孙主管很干脆地就拒绝了。他告诉张经理，烧烤的确不错，但是自己最近很忙很累，所以不能去那边吃饭了。

结果可想而知，张经理没能邀请到孙主管，也没能办好自己的事情。

所以，你在宴请时一定要做到主随客便，不能仅凭自己的感觉就断定别人会喜欢你的安排。大多数情况下，正式宴请的具体时间遵从民俗惯例。比如在国内外举办正式宴会，通常都要安排在晚上进行。因工作交往而安排工作餐，大都选择在午间进行。而在广东、海南、港澳地区，亲朋好友聚餐，则多爱选择饮早茶。

宴请是针对所请之人进行的，因此要千方百计地满足客人的需求，宴请的地点和时机应尽可能让客人感到方便。主人可在宴请前征求客人的意见，以便充分准备。

主次分明，把握好敬酒的顺序

宴请别人时，为了表示自己的诚意，就需要向别人敬酒。敬酒也是一门学问。一般情况下敬酒应以年龄大小、职位高低、宾主身份为序。要遵循先尊后长的原则，按年龄大小、辈分高低分先后次序摆杯斟酒。

在同领导一起喝酒时，最需要讲究的就是秩序，这跟开会一样，官大的自然上座，然后按级别、所在部门依次落座。敬酒的次序仍依座位次序进行。小人物要是不小心坐错了位置或者敬错了酒，必然惊出一身冷汗。小官敬大官要一干到底。做下属的在敬酒时是机遇与挑战并存，所谓机遇是零距离接触领导，是增进与领导感情的绝好时机；所谓挑战是因为人一喝酒思维和平时就不一样，搞不好也是最容易得罪领导的时候。所以对下属来说敬酒须谨慎。小人物既要考虑酒场这一环境的特殊性，又要察言观色，随时揣摩领导的心思，新上的菜，领导不下筷子，自己不能先动。敬酒前一定要充分考虑好敬酒的顺序，分清主次，即使与不熟悉的人在一起喝酒，也要先打听一下身份或是留意别人如何称呼，这一点心中要有数，避免出现尴尬或伤感情。

敬酒时一定要把握好敬酒的顺序。有求于席上的某位客人，对他自然要倍加恭敬。但是要注意：如果在场有更高身份的人或年长的人，则不应只对能帮你忙的人毕恭毕敬，要先给尊者、长者敬酒，不然会使大家难为情。

总之，在宴请时你一定要注意敬酒的次序，做到主次分明，这样才能有利于你扩展人际关系、拉拢关系及求人办事等。

形势不妙，敬为上

在饭局上求人办事是很普遍的事情，但是这并不是说只要你请对方吃饭，对方就一定会答应给你提供帮助，这其中有很多技巧性的问题，需要你仔细斟酌。而且饭局上风云变幻，对方的情绪随时都在变化，尽管你会试着尽量避免触犯对方的逆鳞，却无法确切探知到对方的心理，你能做的只能是在对方表现出不悦或是有反感迹象的前几秒，迅速做出应变反应，平息对方心中的波澜，缓和现场的气氛。

张勤和周华夫妻俩都是某学校的老师，前段时间教导主任退休了，按资格来说张勤是最有希望晋升这个职位的，而且张勤还连续五年当选为校级模范教师。可是，一个多月过去了，校长那边毫无表示。张勤暗示了几回，校长还是没有丝毫表示。无奈之下，夫妻俩决定请校长吃饭，顺便探听虚实，也好就势争取。

只见席间，校长一再顾左右而言他，就是不提选拔教导主任这件事。张勤性子急，问校长说："校长，李主任退休那么久了，教务处现在都是由副校长管着，副校长一人担两职实在是劳累，这不是长久之计啊！"校长笑了一笑，说："这个嘛，校领导一直在开会讨论，可咱们学校实在是人才济济啊，还得从长计议啊！""可是，这个按照资格来说……再说，这选谁还不是校长你说了算吗？"张勤很不满意校长的话，出口反驳。校长一听张勤说这话，立马变了脸色，正要开口，张勤的妻子周华说："哎哟，真是的，你们男人怎么吃饭也离不开公事啊！今天咱们就是吃饭，不谈公事啊！赶紧吃菜，老张，傻愣着干吗，赶紧给校长满上。"张勤明白妻子的暗示，赶紧给校长倒满了酒，三人碰了杯。

接下来，张勤和校长就学校里的一些事情交换了意见，中间不免有看法不一之处，可是妻子周华每次都能在关键时刻以敬酒为名，避免两人起争执。最后，校长表示这顿饭吃得很愉快，并感谢张勤夫妻俩的款待。

不管周勤最后是否能晋升教导主任，至少这次请校长吃饭的目的是达到了，在此愉快的氛围下，校长势必会对他们夫妻俩留下不错的印象，从而对周勤晋升一事也会多上份心。

请客吃饭，求人办事时，切忌急功近利，一门心思只想着达己所愿而不顾及饭桌上的气氛。我们要想在饭桌上更好地成事，就要善于察言观色，眼见形势不妙，就应以敬酒的方式尽量缓解，不可操之过急，甚至在对方脸色不对、情绪不佳的当口，还只顾着自己的利益，那样是很难真正成事的。

敬酒有道，频频举杯有妙招

假如你希望使酒宴按照宴会的目的，高潮迭起，频频举杯，"劝君更尽一杯酒"，你需要具备一定的酒桌敬酒的"硬功夫"。

酒宴越是临近结束，劝酒就越发困难。所以要想频频举杯与客人畅饮，就得靠标新立异、新颖别致的话题才能出奇制胜，收到凝聚万般情的效果。

如在一次商务交往的宴会上，十分需要借助酒性沟通，可是无论怎样敬酒，客人都礼貌地回绝了。事先宴请方得知这个客人嗜酒，如果喝不尽兴，就难于合作。那么宴请方就可以这么说："各位来宾，我给大家再敬杯酒，这杯酒我借着刚刚呈上来的这盘'浇汁鱼'向各位表示衷心的祝福之情。如果各位认为我说得对，就请干杯。你们看，吃鱼头，独占鳌头；吃鱼腮，满面灵气；吃鱼眼，珠玉满目；吃鱼唇，唇齿相依；吃鱼骨，中流砥柱；吃鱼鳞，年年有余；吃鱼腹，推心置腹；吃鱼背，倍感亲密；吃鱼子，财智无数；吃鱼尾，机敏迅疾！让我们共同举杯，为吃鱼给我们带来年年有余，事事如意，干杯！"这样一来，众来宾都会被他的风趣幽默、独树一帜的祝酒词所感染，不但立即举杯畅饮，而且那位最重要的客人也会愿意多喝一杯。

在酒宴上为了敬酒而采取"即物生情"的办法，往往出奇制胜，屡屡成功。人们不仅可以从吃鱼上说起，也可以从鸡、鸭以及各种菜肴来引申祝酒，也能收到奇效，如贡菜、发菜，为"恭喜发财"等。当然，采用这种方法祝酒需要掌握好一定的时机和技巧。

在一次接待客商的宴会上，为了劝客人多喝几杯，东道主在请客人品尝北京烤鸭时，举杯说道："各位来宾，吃烤鸭不但味道鲜美，而且包含着祝福和吉祥。人们说，吃鸭头，抢占先机，神采飞扬；吃鸭脖，曲颈高歌，引吭向上；吃鸭胸，胸有成竹，金玉满堂；吃鸭腿，健康有力，身强体壮；吃鸭掌，红掌清波，事事顺畅；吃翅膀，展翅高飞，前程无量；吃鸭尾，义无反顾，福寿绵长。让我们为吃烤鸭带来的良好祝福，为各位幸福吉祥，激流勇进，劈波斩浪，干杯！"一番精彩的祝词，让人神清气爽，心潮澎湃，来宾纷纷要求为吃烤鸭的吉祥祝福一起干一杯。

当然，在宴会中以即物生情的办法敬酒只是一种方法，为了使客人在宴会中频频举杯，你必须灵活应变，才能达到你宴请的目的。

不动声色，应对别人的围攻酒

人们在参加宴会的时候常常会遇到这样的情况，主人频频敬酒，一个个轮番上阵，你举杯后他登场，每个祝酒者都满怀激情，理由充分，大有让你不醉不休的架势。这种情况怎样才能保持不醉，全身而退呢？最好的办法就是请君入瓮，以其人之道还治其人之身，让他们知难而退，主动放弃对你的"围攻"。

一日，某公司举办商务酒宴，席间该公司经理频频举杯，巧立名目，敬了六次酒。在敬第六杯酒时，经理怕来宾拒酒，强调"六是吉祥，六是顺意，六标志着不论经历六六三十六番风雨，都会有七十二般彩霞壮丽，六蕴含着无数的变化与商机。六杯酒是对我们合作顺畅的洗礼，六是我们双方激情的凝聚，任何数字都不及六的祝福最能表达我们的心意……为我们合作顺心如意，财源如春雨，干杯！"看来宾们喝下第六杯酒后，不一会儿，他又第七次举杯："各位来宾，各位朋友，我喝一杯你一杯，感情浓了酒似水。这七杯酒表心扉。情意重了千杯不醉，酒入口中心心交会，合作经营前景宏伟……为了我们的合作永远有七色彩虹相伴相随，为财源滚滚像流水，干杯！"

此时的来宾大多已是不胜酒力，再喝下去势必影响下午的谈判。而且第七杯喝下去，必然还会有热情洋溢的第八杯，如果这杯不挡住，后面的更难于抵挡。可面对主人如此"热情"，不喝又似乎说不过去。这时，一位来宾缓缓站了起来，端起酒杯，从容地说道："各位，一杯的酒香凝结在喉，两杯的祝福记在心头，三杯的盛情共同拥有，四杯的浓情风雨同舟，五杯的热烈如风摆柳，六杯的祝愿天高地厚。我虽然已经喝得无力承受，但我还记得刚刚喝下的那杯酒，你们说，任何数字都不及第六杯酒最能表达心意，那我们就要把最能表达地凝聚在心头，既然你们的祝福说'六是顺意，六标志着纵然有三十六番风雨，也一定能有七十二个丰收'，那么，我们就把最好的、最美的、最顺畅的那第六杯酒代表的最具盛情的祝福永远拥有。正像你们开始祝酒时所说，祝酒在情不在酒，那我们就正好以水代酒，让祝福顺畅永远绕心头。干杯！"

听罢这番祝酒，来宾纷纷响应，那位经理虽然还想再拼酒，但觉得第六杯酒祝酒时已经把话说满，不好再自我否定，在对那位来宾的钦佩之余，也共同举杯。敬酒也就到此为止了。

上述案例中来宾就是采用了"请君入瓮"方法，应对对方经理车轮式的敬酒，他明白对方经理是想利用拼酒，使他们在下午的谈判中因为醉酒而处于下风，所以巧妙地利用对方第六杯说得过满的话，让其钻入自己所设的话语圈套中，从而避免了醉酒误事。

酒量不好的人陪酒如何不失礼

如果你因为很多原因不得不参加酒宴，而事实上你的酒量又不好，那么你应该怎样陪别人才显得周到呢？这可以从以下两种情况分析：

1. 滴酒不沾的人如何陪客

在一些滴酒不沾的人中，有不少人是宴会上陪客的高手。他们在长期的磨炼中，在热情地向客人斟酒的过程中，学到不少陪伴客人的诀窍，其诀窍就是"因为不会喝，所以我就只有一心一意地为客人斟酒服务"。

有的人在自己的酒杯里倒些茶，也像喝酒似的一点点地喝，这样也会使气氛很热闹，也有的办事人员装出喝醉酒的样子，讲一些有趣的话逗大家笑。总而言之，办法很多，只要你想做就做得出来。

2. 会喝酒但喝不多的人如何陪客

会喝但喝不多的人最多了。在宴会上这种会喝但又喝不多的人处境是最难的。因为他不可能像一滴酒都不能喝的人那样索性为客人斟酒服务，另一方面他又不能和酒量大的客人干杯痛饮。

酒量小的人不仅要设法控制自己的酒量，还要动脑筋琢磨劝酒的方法。敬酒、劝酒、斟酒的方法愈高明，对方也喝得愈高兴。

宴会上如果对方明知你酒量小而有意想把你灌醉的话，你可直率地把酒杯收起来，并且郑重其事地告诉对方："我的身体实在是受不了，请您谅解！"

另外，陪酒量大的客人喝酒之前，最好先多吃些脂肪多的食物垫垫底，以收到保护胃壁及阻止酒精吸收的作用，在喝酒的方法上，开始要少喝一点，然后再逐渐地增加酒量，使自己有个适应的时间。

如上所述，在喝酒时斟酒是大有学问的，公关办事时，应该在这些问题上多动点脑筋多下点功夫才可以。不要事情还没办好，自己已经醉得不省人事了。

把拒酒的理由说得自然些

现代人的各种应酬都少不了酒，只要一上酒席，如有人敬酒，总要喝上一些。如果遇到某些特殊的情况而不想或是不能喝，那该怎么办呢？要知道酒席上的氛围总是喝酒容易拒酒难。拒酒的话该如何说，才不让劝酒的人觉得是你故意不给面子，或者不让其他人觉得你在故意扫大家的兴呢？

下面我们介绍几种行之有效又自然大方的拒酒方式。

1. 满脸堆笑，就是不喝

张力大喜之日，特邀亲朋祝贺，小波也在其中，然而小波平素很少饮酒，且酒量"不堪一击"。酒席上，偏偏有人提议小波与张力单独"表示"一下，小波深知自己酒量的深浅，忙起身，一个劲地扮笑脸，一个劲地说圆场话："酒不在多，喝好就行。"

"经常见面，不必客气。"

"你看我喝得满面红光，全托你的福，实在是……"

结果使张力无可奈何。在筵席上一些"酒精（久经）考验"的拒酒者，任凭敬酒的人说得天花乱坠，他就是笑眯眯地频频举杯而不饮，而且振振有词。

这种"满面笑容，好话说尽"的拒酒术往往能让对方拿你没办法，最后只好作罢。

2. 以其人之道，还治其人之身

小君的朋友吴勇，人很好，就是有一个毛病，喜欢在酒席上盛情劝酒，而且通常采取那种欲抑先扬的劝酒术，先恭维对方是"高人"或"朋友"，再举杯敬酒，让对方骑虎难下。因为吴勇已经"有言"在先，如果不喝，就不配为"高人"，不配做"朋友"。

这天在酒席上，吴勇又故技重演，劝小君喝酒，可小君怎么也不想喝了，于是说："今天你要我喝酒简直是要我的命。如果你把我当朋友，就不要害我了！"

吴勇也不好意思再劝了，小君使用了和他一样的说话技巧，可谓是以其人之道，还治其人之身。因为小君的言下之意也很明白：你要我喝酒就不够朋友！

而劝酒者都有一个心理：喝也罢，不喝也罢，口头上都必须承认是朋友，是兄弟。抓住这个弱点予以反击，劝者碍于"朋友"的情面，不得不缄口。

3. 坦白求"从宽"

赵波去参加一个宴会，王刚好久没与他见面了，坚持要和赵波痛饮三杯，赵波说："你的厚意我领了，遗憾的是我最近一段时间身体不好，正在吃药，已是好久滴酒不沾，只好请老朋友你多多关照了。好在来日方长，日后我一定与你一醉方休，好吗？"

此言一出，宾客们纷纷赞许，王刚也就只好见好就收了。

事实胜于雄辩，拒酒时，若能突出事实，申明实际情况，表明自己的苦衷，再配上得体的语言，那就能取得劝酒者的谅解，使他欲言又止，辍杯罢手。

4. 夸大后果，争取谅解

饮酒当然是喝好而不喝倒，让客人乘兴而来，尽兴而归。那种不顾实际的劝酒风，说到底，也不过是以把人喝倒为目的，这充其量只能说是一种低级趣味的劝酒术，是劝酒中的大忌。作为被动者，当酒量喝到一半有余时，就应向东道主或劝酒者说明情况。如："感谢你对我的一片盛情，我原本只有三两酒量，今天因喝得格外称心，多贪了几杯，再喝就'不对劲'了，还望你能体谅。"

如此开脱以后，就再也不要喝了，这种实实在在地说明后果和隐患的拒酒术，只要劝酒者明白"过犹不及"的道理，善解人意者，就会见好就收。

5. 女将出马，以情动人

媛媛陪丈夫去参加聚会，酒席上丈夫的好朋友们大有不醉不归的架势。但丈夫身体不好，媛媛担心生性内向的丈夫会一陪到底，而不会适时拒绝。等丈夫三杯白酒下肚，媛媛站了起来，举起手中的酒，对酒席上丈夫的朋友们说："各位好朋友，我丈夫身体不好，两周前还去过医院，医生特地嘱咐说不能喝酒，可今天见了大家，他高兴，才喝了那么多。既然都是好朋友，你们一定不忍心让他酒喝尽兴了，人却上医院了。为了不扫大家的兴，我敬各位一杯，我先干为尽！"

说完，一杯酒就下了媛媛的肚子。丈夫的朋友们，听她说的话挺在理，又充满感情，再看她豪爽的架势，也就不再劝她丈夫的酒了。

酒席上，女人拒酒往往更能得到人们的理解，如果女人能帮着丈夫拒酒，不就是帮丈夫解围了吗？当然这时，一定要慎重，不要贸然代替丈夫拒酒，否则会让人觉得你的丈夫不豪爽，反而有损丈夫的面子。

6. 设下陷阱，请君入瓮

刘某新婚大喜之日，当酒宴进入高潮时，某"酒仙"似醉非醉、侃侃而谈，请三位上座的来宾一起"吹"一瓶。面对"酒仙"言辞上的咄咄逼人，三位来宾中的一人站起来说：

"我想请教你一个问题，'三人行，必有我师'，这是不是孔子的话？"

"是的。""酒仙"随即说。

来宾又问："你是不是要我们三个人一起喝？"

"酒仙"答："不错。"

来宾见其已入"圈套"，便说："既然圣人说'三人行，必有我师'，你又提出要我们三人一起喝，你现在就是我们最好的老师，请你先示范一瓶，怎么样？"

这突如其来的一击，直逼得"酒仙"束手无策、无言以对，只得解除"酒令"。这一招叫"巧设圈套，反守为攻"，就是先不动声色，静听其言，等待时机。一旦时机成熟，抓住对方言辞中的"突破口"，以此切入，反守为攻，使对方无言争辩，从而回绝。

当然了，这一招最为关键的是"巧设圈套"，这需要设局者跳出当时的处境，以旁观者的心态，去看待事情本身。这时，往往会有"闪亮"的圈套跃入思维。酒场上最忌的是"直白""粗鲁"。虚虚实实、实实虚虚是酒场的轴心。

餐桌上，哪些话让人如临大敌

《论语》中有云："言之不文，行之不远。"将这句话运用到宴会的场合，意思就是：如果在宴会上与客人交谈时，选对了话题，自然能让彼此的关系更近一步，交情更深，合作更盛；但如果选错了话题，不重视语言的得体运用，毫无顾忌地滥用辞藻，不仅会传递出错误的信息，让人如临大敌，影响彼此之间的感情，破坏彼此的合作关系，最后还会落得不欢而散、两败俱伤的惨烈局面。

有个人请客吃饭，看看时间过了，还有一大半的客人没来，心里很焦急，便说："怎么搞的，该来的客人还不来？"一些敏感的客人听到了，心想："该来的没来，那我们是不该来的呗？"于是悄悄走了。

主人一看又走掉好几位客人，越发着急了，便说："怎么这些不该走的客人，反倒走了呢？"剩下的客人一听，又想："走了的是不该走的，那我们这些没走的倒是该走的了！"于是又走了一些。

最后只剩下一个跟主人较亲近的朋友，看了这种尴尬的场面，就劝他说："你说话前应该先考虑一下，否则说错了，就不容易收回来了。"主人大叫冤枉，急忙解释说："我并不是叫他们走哇！"朋友听了大为光火，说："不是叫他们走，那就是叫我走了。"说完，头也不回地离开了。

在上面的这个故事中的主人公正是不懂得顾及客人的心理，又不重视语言的得体运用，才把客人一一得罪光了，到最后连和他关系较亲近的朋友也得罪了。宴请时，许多人选错了话题，就会像故事中的主人公一样被客人纷纷厌弃，以后的生意自然也就难做了。

有些人说话不讲究方式，无意中得罪了别人，自己却浑然不知。其实，这与日常的说话习惯是息息相关的，如果想要在交谈中尽显风度，取悦于人，有一些讲话的方法需要特别注意。比如，美国人吃螃蟹习惯吃钳子，其余部分都不要；而中国人习惯吃黄吃膏，此时你就不能说"你真傻，吃螃蟹应该吃黄吃膏"。因为各个地区的风情有别，饮食习惯各异，尊重他人，才能获得他人的尊重。总的来说，在餐桌上，有下列几项交谈的禁忌需要尤其注意：

1. 忌打断对方

双方交谈时，上级可以打断下级，长辈可以打断晚辈，平等身份的人是没有权力打断对方谈话的。万一你与对方同时开口说话，你应该说"您请"，让对方先说。

2. 忌补充对方

有些人好为人师，总想显得比对方知道得多，技高一筹。这是因为他们没有摆正自己的位置。不同的人站在不同的角度，对同一问题的看法可能会产生很大的差异，必须认识到这一点。譬如你说北京降温了，对方马上告诉你哈尔滨还下大雪了。当然，如果谈话双方身份平等，彼此熟悉，有时候适当补充对方的谈话也并无大碍。

3. 忌纠正对方

"十里不同风，百里不同俗。"不同国家、不同地区、不同文化背景的人考虑同一问题，得出的结论未必一致。真正有教养的人，是懂得尊重别人的人。尊重别人就是要尊重对方的选择。除了大是大非的问题必须旗帜鲜明地回答外，人际交往中的一般性问题不要随便与对方争论是或不是，因为对或错是相对的，有些问题很难说清谁对谁错。

4. 忌玩笑开过度

俗话说："人上一百，形形色色。"商务宴会时和客人交流，你适当开开玩笑，可以活跃气氛、融洽关系、增进友谊。但如果开玩笑时不注意因人、因时、因环境、因内容而异，就可能因开玩笑过度而招人厌恨。

5. 忌说不适宜话题

在商务宴请的餐桌上，不能非议国家和政府，不能涉及国家和行业秘密，不能涉及对方内部的事情，不能在背后议论领导、同事、同行的坏话（要知道来说是非者，必是是非人），不能谈论格调不高的问题，现代的人应当有现代人的修养，不涉及私人问题。

6. 忌探听他人隐私

商务宴请是出于商务利益的需求，彼此之间的交流涉及的是彼此的商务方面，不宜探听他人的隐私，应做到不问收入、不问年龄、不问婚姻家庭、不问健康问题。在某些国家，询问他人隐私的某些行为甚至可能触犯法律。

此外，在宴请的交谈中，不想客户因你的话而如临大敌，就要规避说"粗话、脏话、黑话、气话"等"四话"，在言谈时做到有分寸、有礼貌、有教养、有学识，才能赢得客户的好感，也才能为生意赢得更多的机遇。

巧抓时机，求人办事事半功倍

求人办事，把握住时机是非常重要的。当我们了解了对方心理之后，并等到一个合适的时机时，应该学会当机立断，避免犹豫不决，贻误良机，这样就可以迅速达到自己的目的。

慈禧太后60岁大寿这一天，宫里大摆筵席，慈禧按预先安排好的计划，在颐和园的佛香阁下放鸟。一笼笼的鸟摆在那里，慈禧亲自抽开鸟笼，鸟儿自由飞出，腾空而去。等李莲英让小太监搬出最后一批鸟笼，慈禧抽开笼门后，鸟儿就纷纷飞出，但这些鸟儿在空中只盘旋了一阵，又叽叽喳喳地飞进笼子来了。慈禧又惊奇又纳闷，还有几分高兴，便向李莲英说："小李子，这些鸟怎么不飞走啊？"李莲英跪下叩头道："奴才回老佛爷的话，这是老佛爷德威天地，泽及禽兽，鸟儿才不愿飞走。这是祥瑞之兆，老佛爷一定万寿无疆！"

慈禧太后听后，怒斥李莲英道："好大胆的奴才，竟敢拿驯熟了的鸟儿来骗我！"

李莲英并不慌张，他不慌不忙地躬腰禀道："奴才怎敢欺骗老佛爷，这实在是老佛爷德威天地所致。如果奴才欺骗了老佛爷，就请老佛爷按欺君之罪办我。不过在老佛爷降罪之前，请先答应奴才一个请求。"

在场的人一听，李莲英竟敢讨价还价，吓得脸都白了，哪个还敢吱声。大家知道，慈禧虽号为老佛爷，却是一个杀人不眨眼的刽子手，许多人因服侍不周或出言犯忌而被她处死，哪个敢像李莲英这样大胆。慈禧听了这番话，立刻铁青了脸，说："你这奴才还有什么请求？"李莲英说："天下只有驯熟的鸟儿，没听说有驯熟的鱼儿。如果老佛爷不信自己德威天地，泽及鱼鸟禽兽，就请把湖畔的百桶鲤鱼放入湖中，以测天心佛意，我想，鱼儿也必定不肯游走。如果我错了，请老佛爷一并治罪。"

慈禧也有些疑惑了，她随即走到湖边，下令把鲤鱼倒入昆明湖。稀奇的事情真就出现了，那些鲤鱼游了一圈之后，竟又纷纷游回岸边，排成一溜儿，远远望去，仿佛朝拜一般。这下子，不仅众人惊呆了，连慈禧也有些迷惑。她知道这肯定是李莲英糊弄自己，但至于用了什么法子，她一时也猜不透。

李莲英见火候已到，哪能错过时机，便跪在慈禧面前说："老佛爷真是德威天地，如此看来，天心佛意都是一样的，由不得老佛爷谦辞了。这鸟儿不飞去，鱼儿不游走，那是有目共睹的，哪是奴才敢蒙骗老佛爷，今天这赏，奴才是讨定了。"

李莲英说完，立刻口呼万岁拜起来，随行的太监、宫女、大臣，哪能不来凑趣，一齐跪倒，个个都向他们的"大总管"投来了奉承的眼光。事情到了这份儿上，慈禧太后哪里还能发怒，她满心欢喜，还把脖子上挂的念珠赏给了李莲英。

从这个故事我们可以看出，李莲英抓住时机讨巧的功夫实在高明至极。在宴席上我们也应该抓住时机尽快办成自己要办的事。

比如你要升官晋职。由于本单位、本部门的领导者因为某种原因，或者是工作突出被提拔了，或者到了法定年龄而离休、退休了，或者因工作犯了错误而被解职了，总之，使原来的领导职位出现了空缺，这个空缺就为你创造了一个升迁的机会。如果这个机会来临之时，要想通过宴请办事成功，就要把握住适当的机会，在宴会上说明自己的请求，这样才有可能会成功。

餐桌上的"激励"更有效

职场中，领导为了激励或是为了与下属保持良好的关系，常常会请下属吃饭。下属也会为了更好地与领导沟通感情或是有求于领导而请领导吃饭。领导受邀赴宴，应该适当有所表示，千万不可摆架子。俗话说"一个篱笆三个桩，一个好汉三个帮"，能力再强的上司，要把事业做得风生水起，也离不开下属的合作与支持。所以，在下属请吃饭时，一定适当给予对方鼓励，给其打打"兴奋剂"，这样下属才能感受到你的良苦用心，从而更好地配合你的工作。那么，具体该怎么做呢？

1. 让下属感觉他很重要

每个人身上都有个无形的胸卡，上面写着"让我感到我的重要"。这句话揭示了与人相处的关键所在。因此，你一定要让他感到自己很重要，比如时常关心一下他的工作、生活情况。哪怕只是一句温暖的问候，也会让他感到自己很重要，从而觉得你是个通情达理的领导。

2. 真正宽容下属

如果你的下属是因为做错了事，想获得你的原谅才请你吃饭的，只要他犯的错误无关原则问题，你都应该适当表态，可以稍稍训斥一番，然后对他表示理解和宽容。

3. 体现人性化的一面

如果下属是因为之前与你产生分歧，甚至发生争执，事后特意请你吃饭表示和解的话，你该适度进行一番自我批评，点明双方的争执是由于一时过于主观，最好能以幽默缓解彼此的紧绷情绪，体现人性化的一面，让下属明白你是个就事论事的人，绝不会在背后做小动作，公报私仇。

当然，受下属宴请本身就说明你是个不错的领导，否则下属也不会自讨没趣。不过，为了让你和下属的关系更和谐，你还是应该巧妙利用下属请你吃饭的机会，真诚地鼓励他们，从而让你们之间能更默契地合作。

酒桌上把生意敲定

作为交际媒介的一种，酒在许多场合都发挥着独特的作用，所以探索一下酒桌上的"奥妙"，有助于你交际的成功。

1. 众欢同乐，切忌私语

大多数酒宴宾客都较多，所以应尽量多谈论一些大部分人能够参与的话题，得到多数人的认同。因为每个人的兴趣爱好、知识面不同，所以话题尽量不要太偏，避免唯我独尊，天南海北，神侃无边，出现跑题现象，忽略了众人。

特别注意：尽量不要与人贴耳小声私语，让人产生"就你俩好"的嫉妒心理，影响喝酒的效果。

2. 瞄准宾主，把握大局

大多数酒宴都有一个主题，也就是喝酒的目的。赴宴时首先应环视一下各位的神态表情，分清主次，不要单纯地为了喝酒而喝酒，从而失去交友的好机会，更不要让某些哗众取宠的酒徒搅乱东道主置办酒宴的目的。

3. 语言得当，诙谐幽默

酒桌上可以显示出一个人的才华、常识、修养和交际风度，有时一句诙谐幽默的语言就会给客人留下很深的印象，使人无形中对你产生好感。所以应该知道什么时候该说什么话，语言得当、诙谐幽默很关键。

4. 劝酒适度，切莫强求

在酒桌上往往会遇到劝酒的现象，有的人总喜欢把酒场当战场，想方设法劝别人多喝几杯，认为不喝到量就是不实在。"以酒论英雄"，对酒量大的人还可以，酒量小的就犯难了，有时过分地劝酒，会将原有的朋友感情完全破坏。

5. 察言观色，顾及他人

要想在酒桌上得到大家的赞赏，就必须学会察言观色。因为与人交际，就要照顾到他人的情绪，才能演好酒桌上的角色。

6. 锋芒渐射，稳坐泰山

酒宴上要看清场合，正确估价自己的实力，不要太冲动，尽量保留一些酒力和说话的分寸，既不让别人小看自己，又不要过分地表露自身。选择适当的机会，逐渐放射自己的锋芒，才能稳坐泰山，不致给别人产生"就这点能力"的看法。

商务"概念饭"要巧吃

商务宴请虽然吃的是"概念饭"，但是用餐的地点和场合的选择是非常重要的，口味、环境、位置等，都是应考虑的要素。宴请时间可根据主办方的实际需要而定，但也应该根据客人的活动妥善安排，同时还应考虑参加人员的风俗习惯。总之，订餐标准的高低，直接影响宴会质量的优劣。

1. 宴请重要客户要讲究档次

重要客户是公司利润的主要来源，更是公司稳定发展的基本保障。对于重要客户来说，东西好不好吃不那么重要，重要的是吃东西的环境和档次一定要高，要讲究排场。因为讲究排场才能说明对客户有足够的诚意和尊重。邀请重要客户吃饭，首选"大腕"餐厅或四星级以上的饭店。一般来说，海鲜类餐厅、日本料理、法式大餐等常是首选。在国内，这些字眼儿几乎代表了餐厅的高档和菜品的考究。上述饭店通常环境高雅，装修豪华气派、富丽堂皇。而且，这些地方还有舒适的单间、雅座，保证你与客户的沟通不会受到外界的干扰。

2. 对待未来客户要讲究舒适

如果是对待未来客户，那么一定要讲究舒适。未来客户是生意场上的潜在客户，他们可能今天还不是你的财富来源，但是明天就可能让你赚到钱。对于潜在客户来说，接触、交往和交流显得更为重要。比如通过商务宴请，让双方放下戒备，敞开心扉。所以，定期宴请未来客户不失为一个好选择。

对于未来客户，尤其是不了解他对你将会有多大价值时，你可能不大愿意为宴请而抛重金，像对待重要客户那样讲究档次和排场。但是，在宴请的安排上也要真诚相待，档次不能过低，或者为了节约而选择环境差、卫生标准低、交通不便的场所。所选餐厅的位置最好有利于客户出行，不太好找的地点最好就不要去了。对于菜品，可以不太贵，但应力求做到新鲜和独特，比如尝试一下新开的风味餐馆，品尝新推出的菜品，都是经济实惠的选择。

3. 对待老客户要讲究情绪的渲染

一般来讲，跟"朋友"客户吃饭没有那么多的讲究，选择中档餐厅就可以了，但务必要口味地道、环境卫生。同时，毕竟是生意上的合作伙伴，所以，在宴请上仍然要让对方感受到你的诚意。如果双方关系足够亲密，不妨邀请他到自己家中吃"家宴"，经济实惠，环境也肯定比餐厅要自由放松得多。对于双方来说，"家宴"更能加深了解和友谊，是简单却绝好的选择。

4. 邀请客户共进商务餐的注意事项

（1）邀请：尽量不要带自己的爱人，因为他（她）不是所有人都认识，你会整晚都处在他们之间。如果你跟你的爱人并非从事同一个职业，更不要带他（她）去了。

（2）迎客：如果你先到，那就应该让客户有宾至如归之感。进入酒店要以目光和手势示意客户，请他走在前面，同时可以配合语言提示："刘经理，您先请！"

（3）点菜：客人一般不了解当地酒店的特色，往往不点菜，那么，你可以请服务生介绍本店特色，但切不可耽搁时间太久，过分讲究点菜反而让客户觉得你做事拖泥带水。点菜后，可以请示"我点了菜，不知道是否合您的口味"，"要不要再来点其他的什么"，等等。如果事前能与酒店打电话联络，提前拟定菜单，那就更周到了。

（4）结账：不要让客户知道用餐的费用，否则也是失礼的。因为无论贵贱，都是主人的心意。

宴会致辞贵在巧妙

在欢度佳节、迎送宾客、吉庆喜事等活动的酒席上，人们常要举杯祝酒，说一些美好的话语，互相表达祝贺和希望。对于一个领导来说，酒宴致辞更是家常便饭，这是由于领导是酒宴的贵宾，是酒宴的焦点。一席好的祝酒词，能使酒宴的气氛更为欢快轻松，使入席者的感情更为融洽密切。但有时发表祝酒词的人才思不够敏捷，甚至端着酒结结巴巴说不下去。大家手里举着酒，又不能放下来，又不好喝下去，这才叫尴尬！

祝酒词一般是在饮第一杯酒以前说的，因此，祝酒词必须短小精悍，千万不能太长太啰唆。因为大家举杯，情绪高昂，要是啰嗦半天，热乎劲儿就冷了。

你一旦开始祝酒，就不要离题，要沿着一个主题，保持一个完整的结构，逐步趋向一个明快、自信的邀请，让每个人都举起酒杯，还要把你所祝愿的那个人（或那些人）的名字准确无误地牢牢地记在脑子里。你的主题可以着眼于被祝愿的人的成就或品质，一件事情的重要意义，伙伴们的乐事，个人的成长或集体工作的益处，等等。无论说什么都要和那个场合相适应。例如老友聚会，那么可以说："此时此刻，我从心里感谢诸位光临，我极为留恋过去的时光，因为它有着令我心醉的友情，但愿今后的岁月也一如既往，来吧，让我们举杯，彼此赠送一个美好的祝愿。"

1. 尽可能地表现出文采

适当地引用诗词、典故、幽默，能使讲话更有感染力。1984 年，缅甸总统吴山友访问上海，市长在祝酒词中引用了陈毅元帅《致缅甸友人》的诗句："我住江之头，君住江之尾，彼此情无限，共饮一江水。"大家都知道中缅交界只有一江之隔，两岸人民共饮一江水。话语亲切，表达了中缅两国人民之间的情谊，外宾十分高兴。

比喻可以使祝酒词生动形象。例如，两校建立校际关系，其中一方致辞说："过去，我们交往只是一条小路；现在，却是一条宽敞的大道。我相信，我们的友谊和交往一定会成为一条高速公路。"这一连串的比喻，言辞贴切，恰到好处地说出了他内心的祝愿，赢得了大家一致的掌声。

2. 适时进行联想

在祝酒时如能就地取材进行联想，就可以产生出乎意料的好效果，使人产生出许多美好的想象，从而达到使人愉悦、使人振奋的目的。例如，你端起席间一杯矿泉水，在不同的情况下可以引起不同的联想，运用不同的语词。

在朋友的聚会上你可以说："俗话说，如鱼得水，看见这杯矿泉水使我想起我们的友谊。鱼儿离不开水啊，正因为有了深厚的友谊，才使我们顺利地在艰苦的生活中成长起来。现在我们又一起回到了家乡，更是如鱼得水。相信今后我们的友谊将会与日俱增。我建议为友谊干杯！"

在为老师祝贺生日的聚会上可以说："同学们，这是一杯水。看见这杯水我想起了'饮水思源'这句老话。我们之所以有今天的成功，完全是老师辛勤培养的成果啊！师恩难忘。同学们，让我们以水代酒，祝老师永葆青春！"

聚会，搞好气氛很重要

无论是在饭店里还是在家里，搞聚会总需要一个牵头组织的人，这就是我们说的"主人"。毫无疑问，为了使聚会顺利、热烈地进行下去，真正达到增进关系、交流感情的目的，聚会的主人负有最大的责任。要想在聚会上营造活跃、热烈的气氛，主人一方面必须找到合适的话题，使大家在杯盏之余能够兴致盎然地畅谈起来，另一方面也必须要恰当地应付好两种人：一种是过分滔滔不绝的人，另一种是沉默或木讷的人。如果主人能在这两个方面下足功夫，那么聚会的气氛就很容易调动起来了。

1. 找寻大家熟知的话题

主人要想调动聚会的气氛，防止出现冷场的尴尬局面，寻找到合适的话题是最重要的。所谓合适的话题，也就是能够促使聚会者津津乐道、相谈甚欢的话题，归纳起来不外有两种：一种是大家熟知的话题，一种是大家关心的话题。显而易见，在聚会中找寻大家熟知的话题有两大好处，首先是熟知的话题对每一个人来说都不陌生，每一个人都能够发表几句自己的看法，并且正因为熟悉，所以能够谈得深，谈得透，谈得妙趣横生，很容易把每一个人的兴致都调动起来；其次，大家熟知的话题往往牵涉到一些共同的体验和经历，因而在谈论过程中很容易激发共鸣，拉近彼此的心理距离。

找寻大家熟知的话题其实并不难，关键是要抓住聚会群体的基本特征。例如同学聚会，大家所熟知的话题自然是昔日学生时代的学校、老师、种种趣事等，只要有人提到了往昔的那些人或事，那么很快就会激发大家连绵不断的回忆与联想，大家的谈兴自然就浓起来。再如家庭聚会，大家所熟知的话题无非就是家庭内部新近发生的一些琐事，要么就是关于往事的一些回忆，这至少会勾起第一代、第二代家庭成员的兴趣。又如单位同事聚会，不妨引导大家谈一谈单位的业务问题，让大家畅所欲言，或者是在单位领导不在的情况下，引导大家评论评论领导优缺点，只要不涉及人身贬损，权当作谈资也无所谓。当然，以上是指聚会的成员比较熟悉的情况，如果参加聚会的人尚不十分熟悉甚至初次相见，那么主人就必须根据大家的性别、年龄、职业、家庭背景等来揣摩大家较为熟知的应是些什么样的话题。

2. 找寻大家关心的话题

除大家熟知的话题之外，大家关心的话题也能够迅速调动聚会的气氛。对这类话题大家可能并不十分熟悉，但出于关心还是忍不住说一说，问一问，一个人可能讲不出个所以然来，但大家七嘴八舌就马上热闹起来了，聚会的气氛也随之活跃起来。

那么，什么样的问题才是大家所关心的呢？粗略归纳，不外乎有两种：一种是牵涉到大家个人利益的问题，如对同在一单位的同事来说，工资的涨落、领导的更换、本月是不是要多加班、国庆节是否组织公费旅游，等等，这些都牵涉到每个人的切身利益，因而大家都很乐意发表一番自己的见解。另外一种易为大家所关心的话题是那些能够让大家感兴趣的话题，这主要和聚会者的职业、个人爱好有关。

例如，几位同事去餐馆聚会，感到没什么可聊的，聚会发起者小王无计可施之际，忽然想起几个同事中有三位是钓鱼迷，于是就赶快引出了有关钓鱼的话题，说："我前两天买了一杆海竿，刚用了一次就出了问题，正好向你们几位请教一下。"这一下几位钓鱼迷就来了兴致，先帮助小王解决钓竿的问题，进而又畅谈到了钓鱼的方方面面，最后竟聊起了谁的妻子最会烧鱼。聊到这里，那几个不太喜欢钓鱼的同事也兴致勃勃地加入进来，聚会的气氛十分热烈。

可见，寻找大家关心的话题对于调动聚会气氛确实是非常有效的。

3. 如何应对滔滔不绝的人

在他尚未打开话匣子之前一定要找对话题，以便大家都能参与讨论，而不致让他一个人口若悬河地宣讲大家都不感兴趣的话题。

适当插话或提问，把对方的话题朝大家所希望的地方引导。

几位同事聚会，其中一人上了饭桌就大谈足球，而偏偏其他几人都对此不感兴趣。聚会的发起者张涛看到了这种情况，就问这位滔滔不绝的同事："你知道吗？咱们单位郑主任年轻的时候是市足球队的队长呢，后来检查出来患有先天性心脏病，只好退出了球队。提起郑主任的年轻时代，那可真是颇有传奇色彩，其间还有一段惊心动魄的恋情呢，不知你们想不想听？"这样，有关足球的话题就岔开了，大家又都来了兴致。

另起炉灶，孤立对方。在对方滔滔不绝时，你也没有必要非要惊扰，不妨先就大家感兴趣的话题跟身边的一两个人谈起来，然后慢慢扩大范围，直到多数人都开始津津乐道于此话题为止。滔滔不绝者再善谈，没有听众也就没了意思，自然就安静了。

委婉善意地提醒对方。例如，正当对方滔滔不绝之时，你可以端起一杯茶水敬过去，说："讲了这么久，一定口干舌燥了吧，先喝口茶润润喉咙。"在座者忍耐了好久，此时一定免不了开怀大笑，对方也就不得不在窘迫中有所收敛了。

4. 如何应对沉默寡言的人

要让沉默寡言的人开口说话，就要注意以下几点：

（1）探明其兴趣所在，然后将其感兴趣的话题作为大家谈论的话题。这就需要主人耐心地与沉默寡言者进行交流，了解其兴趣所在。一般来说，对方再不喜言谈，遇到自己感兴趣的话题也喜欢说几句的，特别是当他对某一问题的看法埋藏很深而终于得以发表出来时，他会获得很大的满足感，而这种满足感会促使他继续说下去。

（2）刺激刺激他，然后热忱赞美。例如，在大家谈论某一问题时，你可以突然向一言不发的他发问："这位先生，能请教一下您的高见吗？"对方肯定会很尴尬，但是碍于面子，他不能不说几句。此时你再抓住"几句"中的闪光之处大加赞赏："您半天不说话，原来肚子里藏着这么精辟的见解。您能再详细讲一讲吗？"这样一来，对方的信心受到了鼓舞，也许会就此打开话匣子。

（3）给对方找一个"同道中人"。这是针对那些因教育程度、文化背景迥异而不想发言的人来说的。这些人不一定不健谈，关键是他感到自己无法与身边的人交流，有一种"道不同，不相为谋"的感觉。例如，一位农民坐在一群知识分子中间，他就会感觉彼此有隔膜，甚至还有些自卑，因此他就不想发言。遇到这种情况，最好从在座者中介绍一位与他在某些方面有相似性的人，让他们从共同熟知或关心的话题出发聊起来。知识分子似乎与农民没什么相似地方，但没准儿有哪一位与该农民是同乡，你给两人介绍一下，也许他们谈谈家乡旧事或家乡新貌之类就相谈甚欢了。这样，虽然并不是所有人都找到了共同语言，但至少每个人都有话题可聊，聚会也就不至于冷场。

5. 如何应对言谈木讷的人

首先要有耐心和尊重的态度。千万不要显出急躁、不耐烦的情绪或对人家不屑一顾的表情，你越是这样对方就越着急，越着急他就越说不出话。无论对方说得如何结结巴巴，你都要目视人家的眼睛，耐心、恭敬地听人家说完。

随时准备把话送到对方的嘴边。言谈木讷的人不知是反应太慢还是词汇量太少，总之其特别突出的一个表现就是总是找不到合适的用词，因而常常一句话停在半路，再也说不下去。这个时候，你最好主动及时地把人家需要的那个词送到他的嘴边，同时做出很受启发的样子。例如，一位言谈木讷者在谈论"角球"问题时卡住了壳："这是、这是……"此时如果你明白他要表达的意思，最好帮他一把。这样，彼此间的交谈也就得以继续下去了。

最好选择一些对方熟悉且表达难度不算大的话题与之交谈，缓和他的心理压力。例如，如果对方是位搞个体养殖的农民，你最好多问问他所养殖的那些东西的情况，别问他一些你认为有趣但却令他很难回答的问题，这样你们之间的谈话就顺畅多了。

结婚喜宴，祝词要热烈温馨

结婚是人生大事，所以很多人都会邀请一些亲朋好友。作为当事人的亲朋好友，如受邀去参加婚礼一定要以合适的身份准备好祝福，即使新郎新娘没有委托你代表众人讲话，你也可以把准备好的短短的祝福词献给他们，这样无形中你会多了两个朋友，那又何乐而不为呢？

那么，该怎么说出祝福的话呢？这就要根据情况，不同身份的人，祝词也不尽相同，但不外乎以下几种：

1. 作为长辈的祝词

在婚礼当中，作为一个长辈，不能在婚礼上说几句客套的祝词就算了事，他们既是您的晚辈，也是您的亲人，所以您的谆谆教导是最合适的祝词。我们不妨看看以下祝词：

"我是新娘的大伯，在这里我代表她所有的长辈首先祝他们小夫妻生活甜美，白头到老！

"在这盛大、隆重的喜庆场合，我本应多为你们祝福，多讲几句使你们高兴、愉快的话，可你们还小，不完全知道婚姻生活究竟是怎么一回事，因此作为过来人，我想借着这个说话的机会给你们一点忠告。

"婚姻生活就如在大海中航行，而你们俩没有一点航海的经验。这一片汪洋，风浪、风波总会有的，如果你们还在做梦，认为婚姻生活总会一帆风顺，那就快些醒来吧。婚姻是叫两个个性不同、性别不同、兴趣不同，本来过两种生活的人去共过一种生活，同吃、同住、同玩。世上又哪有口味、习惯、情欲、嗜好都完全相同的人，所以假定你们不吵架，就一点人情味也没有了。

"我的侄女，我诚实地告诉你，婚姻生活不是完全沐浴在蜜汁里，你得趁早打破少女时的桃色的痴梦，竖起你的脊梁，决心做一个温柔贤惠的妻子，同时还要担负起家庭事务的重担。我的侄郎，或许你不久就会发现别人的太太更加漂亮。要清楚，你的新娘并不是仙女，她只是一个可爱的女子，能帮你度过人生的种种磨难。唯有她，才是你一生可遇不可求的稀世珍宝。而世上这样的珍宝不多，所以你要加倍地爱惜和保护。

"我已经浪费了你们许多宝贵的快乐的时光，但我还要说一句长辈的愿望之话：希望你们互相信任，互相扶持，共同走完完美的人生之路。"

2. 作为领导的祝词

当你的下属邀请你参加他们的婚礼时，作为领导，又是在这种喜庆的场合，你应该多说些鼓励、赞扬的话语。如果你确实又有诸如对新郎或新娘提拔、晋升、分房以及别的什么奖励的心愿，不妨在此说出来。这可增加他们的愉快心情，又能烘托出欢快气氛，真可谓锦上添花。下面一起看看这篇祝词：

"我是小韩单位的办公室主任——韩栋自从进公司工作后就一直是在我这里工作。我是看着他从年轻走向成熟并日渐老练的，所以我相信他今后会大有前途。他性情憨厚、朴实，乐于助人，很得人缘。公司上上下下都很喜欢他。如今他娶妻成家，这是他的大喜事，也是我们公司的一大喜事，因此我代表全公司同仁祝他生活甜甜蜜蜜，新婚快快乐乐！"

3. 作为同事及同窗好友的祝词

作为同事、朋友，和结婚人彼此相知相识，所以祝福的语言自然不会是虚伪的客套。

"今天是秦耀东大喜的日子，说起来耀东和我有很深的缘分，我们不但是同学、同事还是同宿舍的挚友，因为我们毕业后分到一个单位又在同一宿舍住。

"前些天在街上偶然遇见他们，耀东把他的未婚妻介绍给我，当时就觉得他们是天生的一对。后来我们一起去看电影，他们两人低头私语、甜蜜非常，早把电影和我这个'第三者'忘得一干二净了。

"王小姐——不，秦太太，我要坦诚对你公开耀东的一个坏习惯，那就是晚上爱熬夜，我们同宿舍的人常深受其害。不可否认的，他是位很好的人。假如秦耀东的这一坏习惯能得到改进，你的功劳就非常之大了。

"最后祝福两位健康、幸福，并且再说一声恭喜恭喜！"

4. 作为一般人员的祝词

也许你和当事人或许并不相识，但通过亲朋好友的牵线，你帮过他们的忙，出于对你的感激或因你的知名度，礼貌上他们请你说几句，盛情难却，那样欢乐的场面你又不好推辞，所以不得不整理一番思绪，开始你的祝福。

由于你和当事人的关系很一般，对于他们细枝末节的小事情不大了解，又不便以长者、亲朋好友的身份说些鼓励、亲切的话语，只能说些纯粹祝福的话语，但要力求脱离俗套、与众不同就比较困难一些，因为"祝生活甜蜜，爱情幸福"之类的话语前人已说了很多。你再重复似乎意义不大，因此你完全可以换一个角度，从当事人选择的结婚日子上着手引申展开你的话题，这样既能显出你的博学多才，又能表达你的美意。如：

"在这金秋八月的大好日子里，我接到了你们的喜帖，于是喜气洋洋地赶来祝福。新郎的潇洒、新娘的美貌可谓为这秋天增添了另一番景象。"

"秋天是收获的季节，预祝你们的生活和事业像秋天一样硕果累累。"

总之，好的祝词不仅能烘托气氛，而且能温暖人心，使人深受鼓舞和启发。

也许你现在还默默无名，但对各种祝词你要了然于胸，这样到机会来了的时候，你就可以一展风采。

推销有术篇

——把任何东西卖给任何人

如何通过说话建立信赖感

现代营销充满竞争,产品的价格、品质和服务的差异已经变得越来越小。推销人员也逐步意识到竞争核心正聚焦于自身,懂得"推销产品,首先要推销自我"的道理。要"推销自我",首先必须赢得客户的信任,没有客户信任,就没有展示自身才华的机会,更无从谈起赢得销售成功的结果。要想取得客户的信任,可以从以下几个方面去努力。

1. 自信 + 专业

"自信等于成功的一半",自信心对营销人员非常重要,它直接展示你的精神面貌,无形中向客户传递了你的信心。试想,一位推销人员对自己和公司都缺乏信心,那么要让客户信任和接受你则是很难的。

但我们也应该认识到,在推销人员必须具备自信的同时,一味强调自信心显然又是不够的,因为自信的表现和发挥需要一定的基础——"专业"。也就是说,当你和客户交往时,你对交流内容的理解应该力求有"专家"的认识深度,这样让客户在和你沟通中每次都有所收获,进而拉近距离,提升信任度。另一方面,自身专业素养的不断提高,也将有助于自信心的进一步强化,形成良性循环。

2. 提问消除对方疑虑

日本推销之神原一平在打消客户的疑惑,取得客户对自己的信任方面有一套独特的方法:

"先生,您好!"

"你是谁啊?"

"我是明治保险公司的原一平,今天我到贵地,有两件事专程来请教您这位附近最有名的老板。"

"附近最有名的老板?"

"是啊!根据我打听的结果,大伙儿都说这个问题最好请教您。"

"喔!大伙儿都说是我啊!真不敢当,到底什么问题呢?"

"实不相瞒,是如何有效地规避税收和风险的事。"

"站着不方便，请进来说话吧！"

"…………"

突然地推销，未免显得有点唐突，而且很容易招致别人的反感，以至于拒绝，先打消客户的疑惑，取得客户的信赖感。推销便成了顺理成章的事了。

提出相关的问题，并善意地为顾客解决问题，做顾客的朋友，是打消顾客怀疑的有效方法。

3. 帮客户买，让客户选

推销人员在详尽阐述自身优势后，不要急于单方面下结论，而是建议客户多方面了解其他信息，并申明：相信客户经过客观评价后会做出正确选择的。这样的沟通方式能让客户感觉到他是拥有主动选择的权利的，和你的沟通是轻松的，体会我们所做的一切是帮助他更多地了解信息，并能自主做出购买决策。从而让我们和客户拥有更多的沟通机会，最终建立紧密和信任的关系。

4. 成功案例，强化信心保证

许多企业的销售资料中都有一定篇幅介绍本公司的典型客户，推销人员应该积极借助企业的成功案例，消除客户的疑虑，赢得客户的信任。在借用成功案例向新客户做宣传时，不应只是介绍老客户名称，还应有尽量详细的其他客户资料和信息，如公司背景、产品使用情况、联系部门、相关人员、联络电话及其他说明等，单纯告知案例名称而不能提供具体细节的情况，会给客户留下诸多疑问。比如，怀疑你所介绍的成功案例是虚假的，甚至根本就不存在。所以，细致介绍成功案例，准确答复客户询问非常重要，用好成功案例能在你建立客户信任工作上发挥重要作用——"事实胜于雄辩"。

以顾客感兴趣的话题开头

推销通常是以商谈的方式来进行，但是如果有机会观察推销员和客户在对话时的情形，就会发现这样的方式太过严肃了。

所以说对话之中如果没有趣味性、共通性是行不通的，而且通常都是由推销员迎合客户。倘若客户对推销员的话题没有一点点兴趣的话，彼此的对话就会变得索然无味。

推销员为了要和客户之间培养良好的人际关系，最好尽早找出共通的话题，在拜访之前先收集有关的情报，尤其是在第一次拜访时，事前的准备工作一定要充分。

总之，询问是绝对少不了的，推销员在不断地发问当中，很快就可以发现客户的兴趣。

例如，看到阳台上有很多的盆栽，推销员可以问："你对盆栽很感兴趣吧？假日花市正在开兰花展，不知道你去看过了没有？"

看到高尔夫球具、溜冰鞋、钓竿、围棋或象棋，都可以拿来作为话题。

打过招呼之后，谈谈客户深感兴趣的话题，可以使气氛缓和一些，接着进入主题，效果往往会比一开始就立刻进入主题来得好。

天气、季节和新闻也都是很好的话题，但是大约1分钟就谈完了，所以很难成为共通的话题。

重要的关键是在于客户感兴趣的东西，推销员多多少少都要懂一些。要做到这一点必须靠长年的积累，而且必须靠不懈地努力来充实自己。

被推销者通常对推销者敬而远之，说得不客气，是深恶痛绝，这是劣质推销文化造成的。经验丰富的人甚至练就了拒绝推销的高招，拟好了各种各样的借口和理由，准备给来犯的推销员当头一棒。聪明的推销员会审时度势，有时候避免正面推销，从对方意想不到的角度切进去。那就是：投其所好。

股票、体育、影视、文学、曲艺、商业……人的兴趣多种多样，一个人不可能样样精通。除了对一些重要人物的特殊嗜好下功夫钻研（比如见到一位大人物家中挂着猎枪，就对射击进行一番研究）外，你没有必要什么都学。人的精力是有限的，你了解一些常识就够了。你要做的仅仅是引起特殊话题，多多应和。如果在交谈中，你的知识确实不足以跟上对方的思路，欣赏不了奥妙的境界，那又有什么大不了？你可以说："我一直想学××（或了解××），可就是学不好。你这么精通，真是了不起！"

投其所好，对对方最热心的话题或事物表示真挚的热心，巧妙地引出话题后，多多应和，表示钦佩。

美国超级推销员乔·吉拉德曾因一时分心丢了一笔到手的生意。那一次，一位即将签约的准客户兴致勃勃地说起他上医学院的儿子，而乔·吉拉德心不在焉，侧耳听其他推销员讲的话，准客户突然说他不想买车子了……后来，吉拉德好不容易弄清对方是因为他在说"儿子、儿子、儿子"时，吉拉德都念叨"车子、车子、车子"，对方才转而找别人买了车！

光知道这些道理还不够。

一个出色的推销员,是利用种种因素积极行动的人。怎么做? 一点都不难。拍一拍对方的孩子,聊一聊对方孩子的成绩,问一问对方的孩子、配偶、父母的健康状况,不就行了吗?

难的是你问过的事情一定要记住,不要问好几次同一件事情,却依然记不住,那可就表明你根本没有诚心!

利用"面子"来说话

你能想到日常生活品中有哪种植物的价格会超过钻石吗? 在某年 4 月 18 日这个"死要发"的日子,在美丽的天堂杭州,就冷不丁冒出了一种:2 两西湖龙井御茶,拍卖了 14.56 万元,也就是每 500 克 72.8 万元,也就是每公斤 145.6 万元,这个天价远胜黄金、贵比钻石。

美国制度学派经济学家凡勃伦如果活着,听到这个消息的话一定会开怀一笑。凡勃伦最早注意到存在于消费者身上的一种商品价格越高反而越愿意购买的消费倾向,于是有了"凡勃伦效应"之称。在凡勃伦效应中的消费目的,已不仅仅是为了获得直接的物质满足与享受了,而更大程度上是为了获得一种社会心理上的满足,甚至以期获得更广泛的社会广告效应。这种"炫耀性消费",或者说是"炫耀性投入",似乎越来越受有钱人的欢迎了,无论是个人消费者还是单位消费者,都喜欢乐滋滋地一头扎进去。

"凡勃伦效应"在经济学领域得到了广泛证实,同样是一种经济活动,在推销工作中我们也可以得到一些启示。

人人都有虚荣心,只是程度不同罢了,先看一个实例。

陈冬是百货公司的副经理。一天,他看到售货员和一位顾客在谈论一款冰箱,便走过去说道:"这款冰箱很好,不是吗?"

"我看并不见得很好。"那位妇女摇摇头回答。

"怎么,你认为这款冰箱不好,是吗? 这款冰箱是由全国一流的工程师联合研制成功的,不管从外观、容量和结构,还是从性能和效果方面来看,都是很好的。可是你认为这冰箱有哪些地方不协调呢?"

"这几点倒还可以,只是不应该把那个圆圆的东西装在顶上,那有多难看啊!"

"这你就不懂了，正是顶上那个圆盖子，才使它看上去与众不同。现在市面上的那些冰箱，都是方方正正的，太死板。说不定你买了这款冰箱回去，邻家的太太见了一定羡慕不已，说你买了一台好冰箱呢！如果你买一台那种普通的冰箱回去，邻居见了，也不觉得怎么新奇，也许看一下就忘掉了，不是吗？"

陈冬说完就告辞离开了。这位妇女越想越觉得很有道理，于是便爽快地买了那款冰箱。

任何人都希望别人羡慕自己，对别人的认可在内心从不拒绝，这位妇女也一样。陈冬正是抓住这一点，潜移默化地引导这位妇女进入他预先布置好的"圈套"，最后不知不觉地将冰箱销售出去了。这就是利用"面子"的力量。

对待某些很爱面子的顾客要以熟悉的话题，为他提供发表高见的机会，不要轻易反驳或打断其谈话。在整个推销过程中推销员不能表现太突出，不要给对方造成对他极力劝说的印象。如果在推销过程中你能使第三者开口附和你的顾客，那么他就会在心情愉快的情况下做出令你满意的决策。对待这类顾客有以下几种办法。

1. 抬高他

对待虚荣型顾客，即使你早已看出他在吹牛，也假装糊涂地附和一下："你穿上它好漂亮啊！""它真适合您的气质呀！"甚至奉承他（她）道："你真会买东西啊！"

像这种"谎言"，说上几箩筐也没关系，既给人家以快乐，又锻炼自己口才，何乐而不为呢？记住，一个善于包容他人缺点的人，总比别人拥有更多成功的机会。

当然，"奉承"的时候千万不能说漏了嘴。比如说"某某公司早就有了比你先进得多的产品了"之类易引起顾客的反感，相反，你可以说"某某公司花了3倍的价钱才买到"以激发她的购买欲。

2. 刺激

比如，故意对对方说："某某明星虽然年纪也有你这么大了，可还是那么漂亮。"此时如果对方立即变脸或面红耳赤，您的目的便已达到，应立即采取补救措施，迅速说出该明星的若干不是来，批评一通，对方肯定会做出非常愉快的表情。

然后，你便接着先赞美你的嫉妒心强的这位顾客，而且最好跟不特定的多数人做比较，数出他（或她）的"优点"，效果会更好。

我们所处的时代是强者辈出的时代，很多人都会感到自卑，感到和别人的差距，他（她）需要得到别人的赞美才能够很自信地活下去。因此，满足客户的虚荣心也成了推销的重要内容。

推销员一定要让自己的客户有优越感。毕竟每个人都有虚荣心，而能让人虚荣心得到满足的最好方法就是让对方产生优越感。

虽然生活中不缺乏功成名就的成功人士，但是并不是每一个人都能功成名就，也并不是每一个功成名就的人都能使自己的优越感得到满足。在现实中，我们的大部分人都过着平凡的日子。每个人在日常的生活中都要承受来自许多方面的压力，其结果往往处处受制于人。正是因为人们普遍是这种状态，所以绝大多数的人都想尝试一下优越于别人的滋味，因此也喜欢那些能满足自己优越感的人。对于推销员来说，客户的优越感一旦被满足，初次见面的警戒心就会自然消失，彼此的心理距离就会无形地拉近了，双方的交往就能向前迈进一大步。

一般来说，让人产生优越感最有效的方法是对于他自己感到骄傲的事情加以赞美。

此外，对于推销员来说，还必须保证他的赞美不能说得过多，说得过多很容易使客户产生厌倦，认为这个推销员不够牢靠诚实。对不同客户的赞美应该是不同的，而且最好别在同一场合对不同客户同时加以赞美，这样显得推销员的赞美分文不值。

学会赞美你的客户

恐怕这世上没有人会拒绝别人的赞美，推销员在推销过程中最好学会赞美客户事情会比你想象的好办得多。

赞美就是对客户的能力和品格进行美化，这是销售成功必备的细节。想想看，谁不愿意听到美化自己的语言呢？谁又不认同美化自己的人呢？找到客户身上的闪光点，将它在合理的范围内合理放大，相信你总是受欢迎的。

有的推销员更是胜人一筹，在推销自己的产品之前先对对方的某个产品大赞一番，人们崇尚礼尚往来，我说你的产品好，再提到我的产品时，你还会给我泼冷水吗？

"我工作时，常用贵公司制造的收音机。那台收音机的品质极佳，我已经用了5年，还完好如新，没发生过故障。真不愧是贵公司生产的，就是有品质保证。"一个纸张推销员在推销本公司产品之前这样说道。

当然，他非常懂得怎样去丰富他的赞美之辞，他不仅说出自己对对方公司的商品有兴趣，还具体地说明了他实际使用后，该商品的特征与性能，从而使自己评价的重点有了价值：

"或许大家不知道，我现在仍使用贵公司20年前生产的扩音器。其间，我也买过好几次别的产品，但不是发生故障，就是声音难听，结果还是买贵公司的产品划算。

贵公司的产品真是好用，即使用了 20 年，比起现在的新产品也毫不逊色，真是令人佩服。"

"是的，本公司生产的扩音器都是采用进口技术的，材料把关也相当严格，所以非常耐用。现在市场上这样有质量保障的品牌为数不多，你真是有眼光，我看你们公司的产品也挺不错嘛，能让我试用一下吗……"对方再也忍不住要和他沟通起来。

好听的话令人感到开心和快乐，而对于说话的人也没有任何损失，何乐而不为呢？如果你在交际中多用一些赞美之词，你几乎会比别人少遇到一半的麻烦，它们会给你带来大量的生意。

伊斯曼曾经在曼彻斯特建过一所伊斯曼音乐学校。同时，为了纪念他的母亲，还盖过一所著名戏院。当时，纽约高级座椅公司的总裁亚当森想得到这两座建筑里的大笔座椅订货生意。

亚当森被领进伊斯曼的办公室，伊斯曼正伏案处理一堆文件。

过了一会儿，伊斯曼抬起头来，说道："早上好！先生，有事吗？"

亚当森满脸诚意地说："伊斯曼先生，在恭候您时，我一直欣赏着您的办公室，我很羡慕您的办公室，假如我自己能有这样一间办公室，那么即使工作辛劳一点我也不会在乎的。您知道，我从事的业务是房子内部的木建工作，我一生还没有见过比这更漂亮的办公室呢。"

伊斯曼回答说："您提醒我记起了一样差点儿已经遗忘的东西，这间办公室很漂亮，是吧？当初刚建好的时候我对它也是极为欣赏。可如今，我每来这儿时总是盘算着许多别的事情，有时甚至一连几个星期都顾不上好好看上这房间一眼。"

亚当森走过去，用手来回抚摸着一块镶板，那神情就如同抚摸一件心爱之物，"这是用英国的栎木做的，对吗？英国栎木的组织和意大利栎木的组织就是有点儿不一样。"

伊斯曼答道："不错，这是从英国进口的栎木，是一位专门同细木工打交道的朋友为我挑选的。"

接下来，伊斯曼带亚当森参观了那间房子的每一个角落，他把自己参与设计并监造的部分一一指给亚当森看。

这时候，他们的谈话已进行了 2 个小时了，亚当森轻而易举地获得了那两幢楼的座椅生意。

告诉他别人也买你的东西

你知道反馈意见的另一个重要意义吗？换句话说就是在推销的时候，告诉他别人也买你的东西。机敏的推销员把它幻化成了一个模板，搬到了推销谈判桌上。

"××先生，我很高兴您提出了关于××的问题。这是因为我们在××方面做了调整。因为我们的设计师认为，在经过这样的变化之后，更有××作用，虽然××，但它能够在××方面节约您的成本与开支。"

如果客户说："你们的××产品定价太高，我们可负荷不了。"这也就是告诉你，"我们的要求其实很低，不需要支付这么昂贵的价格。"发生这种事情时，我们没有必要非得强调我们的价格定得多么合理，这样容易发生口角，伤害与客户之间的感情而又无济于事。你可以换一种方法用柔和的语气说：

"我能理解您此时的感受，××先生，在××公司工作的B先生给我们寄来了感谢信，他说到我们公司产品的一些优点，如果您需要，我可以给您看一看他给我们的来信。"这时，毕竟客户也处在犹豫不决的时刻，他也希望有成功应用该产品的案例。

人们在购买商品时，常常有模仿他人的举动，推销员都会利用这一点。商场营业员对顾客说："买这种型号电冰箱的人挺多，我们平均每天要销出50多台，旺季时还需预订才能买到现货。"

家具厂厂长对采购员介绍本厂市场销售情况："这个月到今天为止，我厂已同100多家用户签订了供货合同，他们有来自本地的，也有远道从外省赶来的。瞧！这就是他们的订货合同。"

顾客在购买商品之前，会对商品持有一定怀疑态度，但对于有人使用并具有相当好处的物品，顾客就比较放心和偏好。推销员有效利用这一点，会大大提高业务效率，因为借助于已成交的一批顾客去吸引潜在顾客，无疑增强了推销论证的说服力。尤其是已成交的顾客是非常知名的人物时，你的说服就更加有力量了。

乔思转行成为一家珠宝店的推销员，有一次，他到北方一个小城去推销玉镯，当时很多人都笑话他，因为那个地方的人终年都穿着长袖，手臂很少外露，所以，这个地方的人并没有戴玉镯的习惯和喜好，如果到这里去卖玉镯、手链这样的装饰品，他的大脑肯定有问题。

刚好当时有一位著名歌手到这个城市演出，他灵机一动，通过关系，送了那位大歌星一对玉镯，唯一的要求就是在演出的时候，一定要戴上。在演出场上，皓臂玉镯相得益彰，一下子吸引了不少人的兴趣。而且，在演出中，那位明星更换了多套衣服，有长袖也有短袖，但她一直戴着那对玉镯，而无论她穿什么样的衣服，玉镯的光芒总是忽隐忽现地透露出来。

接下来，他的推销工作开始了，事实上，已经开始一大半了，因为他在推销时说："瞧，那晚××歌手演出时戴的就是这对玉镯，相信你戴上也能和她一样美丽动人。"

很快，那座城市掀起了一阵佩戴玉镯的风气，乔思的推销工作自然也获得了巨大成功。

在推销中善用榜样，那种离现实生活不太遥远的榜样更要利用起来，比如顾客认识的人，甚至是他的亲戚、他的邻居。

一位图书公司推销员对客户说："王主任，你认识县商业局的教育科长老李吗？他刚从我这里买去500本书，我想你们县物资局跟他们那儿情况差不多，也迫切需要有关市场经营与企业管理方面的书籍，你说是吗？"

一位推销家用小电表的促销员向顾客介绍产品时，总是这样开头的："我看你邻居家安装的就是这种型号的电表，可省电啦！"无论这笔生意是否谈成，但这样的宣传旁证在顾客心目中会留下很深的印象，自然会对推销的产品引发注意。

现实生活中的榜样太多了，你应该多用心去发掘，必要时候就把他们"抬"出来，他们的说服力估计比你直接费唇舌要强得多。

花点工夫在倾听上

每一个人都具有强烈的自我主张和强烈的表现欲。所以当我们高谈阔论时，比做一个静默的听众来得愉快。因此如果有一个人很专注、诚恳地听我们说话时，我们必如获知音，不由得对他产生好感。

"你说得对极了！"

"有机会我一定再来请教。"

"谢谢你！你的一番话使我获益匪浅，让我度过了一个既愉快又有意义的夜晚！"

如果有人对你说这些话，你将会有何感想？西谚云："不为任何言语所惑之人，也必为迷惑自己之言者所惑。"这句话可谓道尽了人类这种奇妙无比的心理。

若问推销的秘诀为何？那就是：

"倾听客人说话。"

所有高明的推销员，都躬身实践这个原则而获得了丰硕的成果。百货店的柜台小姐亦同，当客人有所批评或抗议时，与其费尽唇舌说明解释，不如静静地听客人诉说，即使再严重的抗议，我们只要谨守静听的原则，对方就会觉得满足。不是你口若悬河地说，而是尽量让对方说。

"这件事你的看法呢？"

"你想应该怎么做才好？"

当我们如此请教别人时，不仅表示我们承认他的价值，让他有被重视的感觉，同时也满足他喜求表现的欲望。因此他心里必十分愉快，对这件事情也就兴趣盎然了。

一个善言却不顾他人兴趣、感觉之人，往往被人敬而远之，因为他们独占了话题，剥夺了他人说话的权利和喜悦。

我们分析一下便可发觉，一般人日常的谈话，大多不离和自己有关的事情，例如，遇到了一件什么事情，有如何的感受，等等。一个人对于诉说自己的事情是最有兴趣，也最感愉快的，可是我们不能忘记，别人也同样地喜欢诉说有关自己的事情。

所以，任何一个人都觉得别人的话无多大趣味，也认为没有什么意义。如果一个人滔滔不绝地诉说自己的事情时，很容易招致别人的反感，大家在心里会认为：

"这个人真是目中无人。"

这句话说得真不错。光会说关于自己的事的人，是不经大脑思考的人。我们该陶醉在自说自话，而招致他人轻视，还是应选择听别人说话而获得别人的感激呢？这似乎是不必多加考虑的。

有效的、目标明确的倾听能够让你在心里清楚顾客正在买什么或希望买什么，而不是你在尽力推销什么。有了这种知识的储备，你会发现推销变得容易得多。

康福公司是一家地区性的沙发工厂，假设你是其中的销售员，你跟朗达家具店有约，他们新开张没多久，连陈列室也还没装潢好。所以你想，生意上门了。

可是，如果一个不小心，你可能会唱出这样的独角戏——

你："朗达，谢谢你给我机会介绍我们的产品。"

朗达："欢迎你来。"

你："容我介绍康福的最新系列产品——安逸。你也知道，现在顾客比较喜欢颜色亮一点的家具，老旧的款式已经不流行了。为了符合消费者的需求，我们的'安逸'系列正式问世；顾客想要的任何颜色——深红、紫色、黄色、亮粉红色等，应有尽有。而且，我们为零售商提供顾客订制的家具，你的顾客要粉红底座沙发，可以，要粉红椅垫，没问题，经由我们的方案，你可以让顾客设计自己的沙发，订制不另加价，两天交货，价钱嘛，标准型只要 350 元，很不错吧？"

朗达："嗯，那么……"

你："我的解说很清楚了吧？还有什么你想知道的吗？"

朗达："你说得很清楚。只不过，嗯……我想年轻人会很喜欢你们的东西，可是你知道，这附近有不少退休老人公寓，我打算把我的目标顾客锁定在比较年长、有固定收入的人，进货也以典雅、价钱合理的款式为主。"

听到这儿，你也只能"噢"一声！

最后，你只好跟朗达握手道别。康福其实也生产古典高雅的家具，但在大力吹嘘"安逸"系列后，你等于已经失去客户，此时再回头谈康福古典家具，为时已晚。

推销人员身上最大的毛病，就是说得太多，初次与客户见面，应保持一种聆听的心境。仔细聆听，适时点头和微笑，可以无形中鼓励对方继续表达他的思想。我们虽有两只耳朵，却只有一张嘴巴，所以听与说的比例，也是以此为准。聆听，可以融入对方的思绪，凡是业务高手绝对是懂得聆听的人。

主动承认自己产品的缺点

俗话说"家丑不可外扬"，对推销员来说，如果把自己产品的缺点讲给客户，无疑是在给自己的脸上抹黑，连王婆都知道自卖自夸，见多识广的优秀的推销员怎么能不夸自己的产品呢？

其实，宣扬自己产品的优点固然是推销中必不可少的，但这个原则在实际执行中是有一定灵活性的，就是在某些场合下，对某些特定的客户，只讲优点不一定对推销有利。在有些时候，适当地把产品的缺点暴露给客户，是一种策略，一方面可以赢得客户的信任，另一方面也能淡化产品的弱势而强化优势，适当地讲一点自己产品的缺点，不但不会使顾客退却，反而赢得他的高度信任，从而更乐于购买你的产品。因为每位客户都知道，世上没有完美的产品，就好像没有完美的人，每一件产品都会有缺点，面对顾客的疑问，要坦诚相告。刻意掩饰，顾客不但不相信你的产品，更不会相信你的为人。

而平庸的推销员奉行一个原则，就是永远讲自己产品的优点，从来不讲自己产品的缺点。他认为，那样自曝家丑，怎能卖出去产品呢？而优秀的推销员就懂得这个道理，他知道在什么时候巧用这个规则可以使推销取得成功。下面就是一个这样的优秀的推销员的例子。

一个不动产推销员，有一次他负责推销 K 市南区的一块土地，面积有 80 平方米，靠近车站，交通非常方便。但是，由于附近有一座钢材加工厂，铁锤敲打声和大型研磨机的噪音不能不说是个缺点。

尽管如此，他打算向一位住在 K 市工厂区道路附近，在整天不停的噪声中生活的人推荐这块地皮。原因是其位置、条件、价格都符合这位客人的要求，最重要的一点是他原来长期住在噪音大的地区，已经有了某种抵抗力，他对客人如实地说明情况并带他到现场去看。

"实际上这块土地比周围其他地方便宜得多，这主要是由于附近工厂的噪音大，如果您对这一点不在意的话，其他如价格、交通条件等都符合您的愿望，买下来还是合算的。"

"您特意提出噪音问题，我原以为这里的噪音大得惊人呢，其实这点噪音对我家来讲不成问题，这是由于我一直住在 10 吨卡车的发动机不停轰鸣的地方。况且这里一到下午 5 时噪音就停止了，不像我现在的住处，整天震得门窗咔咔响，我看这里不错。其他不动产商人都是光讲好处，像这种缺点都设法隐瞒起来，您把缺点讲得一清二楚，我反而放心了。"

不用说，这次交易成功了，那位客人从 K 市工厂区搬到了 K 市南区。

优秀的推销员为什么讲出自己产品的缺点反而成功了呢？因为这个缺点是显而易见的，即使你不讲出来，对方也一望即知，而你把它讲出来只会显示你的诚实，而这是推销员身上难得的品质，会使顾客对你增加信任，从而相信你向他推荐的产品的优点也是真的。最重要的是他相信了你的人品，那就好办多了。

因此，假如你是汽车推销商，对于那些学历高的客户，在某种程度上既要讲车的优点又要强调它的缺点；对于学历低的人要尽量强调长处；对于那些在某种程度上有独立见解的人，如果光讲长处，说得过于完美，反而会引起他们的疑心，产生完全相反的看法。

有的产品的缺点即使一时看不出来，顾客回去打听也很容易得知，你还不如当时就给他讲清楚。理智型的顾客明白，任何产品都是不可能没有缺点的，你讲出来，他会觉得很正常，他还会觉得其他产品的缺点不过是推销员不告诉他罢了。如果那个缺点不是什么大缺点，无关紧要，而对方又比较懂，那么只会对你的推销有利。

优秀的推销员善于灵活使用这个方法，他会根据商品的不同情况，根据客人的不同情况，清楚地说出商品的缺点和优点，从而取得客户的信任，促成购买。

先肯定再转折，以化解客户异议

推销员要善于间接否定顾客异议，用肯定与否定法，你就可以做到。具体做法是：先肯定、赞同顾客的看法，然后用一转折词，将顾客的异议予以否定。

采用该法，由于是先同意顾客异议的合理性，然后在重复顾客异议的过程中，巧妙地转移话题来阐明自己的观点，因而能较容易地与顾客沟通感情，避免顾客产生失望情绪和抵触心理，消除顾客的疑问，营造和谐的气氛。

齐德勒先生是一位烹调器的推销员。一次，他在向一位家庭主妇作了产品介绍后，约好第二天再去拜访她。到了第二天，这位家庭主妇虽然在家等着他的拜访，但听了他对产品进一步的说明后，便说：还要再想一下，这件事还要同丈夫商量之后才能做决定。

这时，齐德勒先生虽然知道这次成交的机会不大，但他走前想要确定这位妇女是有意拖延，还是确实有理由不买，是真要想和丈夫商量，还是想打发他走。于是他说："这很好，我到晚上再来，可以吗？"主妇拖延着不置可否。于是，齐德勒先生提出："让我问你一个问题，什么时候你的丈夫带食品回家？"她反问："你这是什么意思？他根本不带食品回来。"齐德勒问道："那谁买呢？"她说："当然我买。"齐德勒问："你经常买吗？"她说："当然。"齐德勒紧接着问："食品很贵吧？一星期的食品将花费你 20 元或 25 元，是吗？"她说："什么 20 元或 25 元！应当是 120 元或 125 元，你大概从来没买过食品吧？"齐德勒说："是的，让我做个保守一点的估计，你每星期花费在食品上至少 50 元，可以吗？"她说："可以。"

接着，齐德勒拿出一个笔记本，对她说："夫人，你每星期花费 50 元买食品，一年如果以每个星期算，那将花费 2500 元。你刚才告诉我，你已结婚 20 年了，这 20 年来，每年 2500 元，共花费了 5 万元，这是你丈夫信任你，让你买的，你总不会每次把食品都给他看吧？"她听完后笑了。齐德勒说："夫人，你丈夫既然信任你用 5 万元买食品，他肯定会让你再花 400 元买烹调器，以便更好、更节省地烹调下一个 5 万元的食品吧。"就这样，齐德勒卖出了一套烹调器。

当然,这种想方设法地加以化解的技巧是建立在正确判断顾客异议,掌握顾客真正想法的基础上的。

说最专业的用语

推销员说出的话应让顾客感到你的品质和服务都是一流的和专业的。如:"您""您会满意的""您可以放心"。这类的言语,会使顾客认为受尊重,自己是交谈的主体和中心,有利于成交。

推销员说话要给顾客以鼓励和信心。如:

"您能够了解。"

"您可以试用一下。"

"了不起,您领悟之快真是不一般。"

"您简直成了这台机器的专家了。"

"您这么快就掌握了它的要点,比我当初用的时间要少一半呢。"

"看起来,您还不那么熟悉,但是当您了解它之后,您一定会高兴地看到这台机器是十分容易操作的。"

这样,使用积极的语言引导,起到意想不到的暗示效果,能够坚定顾客的自信心。

推销员说话要让顾客感到买得放心。如说:

"放心吧!"

"这样十分安全。"

"这是事实。"

"我可以保证。"

这样,可以让顾客放心,顾客必然受你坚定语气的感染,放心购买商品。

推销员说话要用提问的方式正面引导顾客。如:

"您是不是要找什么人商量呢? 还是自己单独决定? "

这种提问,表面上看是要让顾客选择,事实上是要激发顾客的自尊,以便得到肯定的回答:

"我自己可以决定。"

有了这句话,这笔生意就做成了。

推销员说话,要设法激起顾客的购买欲望。如:

"如果您为您的太太买了这款首饰的话，您太太一定会很高兴的。要知道，这可是驰名世界的名贵黄金首饰啊！"

"要是贵单位拥有本公司卡车的话，一定会大大提高贵单位的经济效益，并大大提高贵单位的企业形象。"

这样，由于顾客对美好结果的向往，有利于成交。

推销员说话，要能说服顾客决定购买。如，

推销员："如果您要买的话，您愿出多少钱？"

顾客："我最多出50元，多1元钱我也不要。不过，我现在还没决定呢！"

推销员："嗯，我知道。要是您需要我公司的产品，在这三类中，您对哪一种感兴趣呢？"

顾客："我看这种不错，外形既大方又美观，功能又很多，包括了另外两种的所有优点。价格嘛，不算太吓人。"

推销员："我就知道您肯定会挑选这种。它是我公司最新产品，曾获巴黎博览会金奖，是一流产品！"

顾客："是吗？不过看起来确实不错。"

推销员："您是批发单位，要买的话，想必不会少于1000台吧！"

顾客："老兄，可别开玩笑了，我们那么小的批发单位，怎么会要这么多？最多要500台吧！"

推销员："那您觉得什么时候进货比较合适呢？"

顾客："那要跟老板联系一下。"

推销员："这不要紧，这先给您留着。"

与顾客交谈，让顾客在没有设防的情况下成交，十分理想。

投其所好进行推销

投其所好，是一种艺术、一种智慧，实际上更是一种沟通。它是寻求不同职位、不同行业、不同经历的买卖双方的利益共同点。

一位推销员奉命到印度去谈判一笔很难成交的军火生意。他事先和印度军界的一位将军通电话，但从来不提合同的事，只是说："我准备到加尔各答去，这次是专程到新德里拜访阁下，只见1分钟的面，就满足了。"那位将军勉强地答应了。

来到将军的办公室，将军先声明："我很忙，请勿多占时间！"冷若冰霜的态度给人增加了极大的失望感。

推销员思索片刻，说出了一番令人意想不到的话："将军阁下！您好。"他说，"我衷心向您表示谢意，感谢您对敝公司采取如此强硬的态度。"

将军顿感莫名其妙，一时无言以对。

"因为您使我得到了一个十分幸运的机会，在我过生日的这一天，又回到了自己的出生地。"推销员不紧不慢地说道。

"先生，您出生在印度吗？"将军冷漠的脸上露出了一丝微笑。

"是的！"推销员打开了话匣子，"1929 年的今天，我出生在贵国名城加尔各答。当时，我父亲是法国密歇尔公司驻印度的代表。印度人民是好客的，我们一家的生活得到了很好的照顾。"

接着，推销员又深情地谈起了他对童年生活的美好向往："我过 4 岁生日的时候，邻居的一位印度老大妈送给我一件可爱的小玩具，我和印度小朋友一起坐在象背上，度过了我一生中最幸福的一天……"

将军被他的一番情真意切的话语深深感动了，当即提出邀请说："您能在印度过生日太好了，今天我想请您共进午餐，表示对您生日的祝贺。"

汽车驶往饭店途中，推销员打开公文包，取出颜色已经泛黄的合影照片，双手捧着，恭恭敬敬地展放在将军面前。"将军阁下！您看这个人是谁？"

"这不是圣雄甘地吗？"将军吃惊地说道。

"是呀！您再仔细瞧瞧左边那个小孩，那就是我。4 岁时，我和父母一道回国途中，曾经十分荣幸地和圣雄甘地同乘一条船，这张照片就是那次在船上拍的。我父亲一直把它当作最宝贵的礼物珍藏着。这次，我要拜谒圣雄甘地的陵墓。"

"我非常感谢您对圣雄甘地和印度人民的友好感情。"将军紧紧握住了推销员的手。

当推销员告别将军回到住处时，这桩生意已成交。

在经营、推销的活动中，既要知彼，又要知己，同时再加上巧妙地周旋，艺术地交谈、推销，说客户喜欢听的话，你就能赢得主顾心甘情愿的解囊，在生意场上做到游刃有余，纵横驰骋。

利用问题接近客户

推销是一件很难的事情，要推销成功，成为一位优秀的推销员，需要掌握很多推销方法，其中利用问题接近客户是很有效的方法。推销员直接向客户提出问题，引起客户的注意和兴趣，引导客户去思考，并顺利转入正式面谈阶段。作为一名推销员，你可以首先提出一个问题，然后根据客户的实际反应再提出其他问题，步步紧逼，接近对方。也可以开头就提出一连串问题，使对方无法回避。

"到 2010 年，你将干什么呢？"这个问题可能引起一场推销员与客户之间关于退休计划的讨论。

"你的生意大得足以有利可图地使用自动化生产设备吗？"这个问题引得一家发展中的制造公司总裁提出新问题："我不知道，我的生意必须达到多大规模？"从而进入正式的推销面谈。

某公司推销员对客户说："只要你回答两个问题，我就知道我的产品能否帮助你装潢你的产品。"这实际上也是一个问题，并且常常引出这样的回答："你有什么问题？"

美国一位推销女士总是从容不迫，平心静气地提出 3 个问题："如果我送给你一套有关个人效率的书籍，你打开书发现内容十分有趣，你会读一读吗？""如果你读了之后非常喜欢这套书，你会买下吗？""如果你没有发现其中的乐趣，你把书重新塞进这个包里给我寄回，行吗？"这位推销女士的开场白简单明了，使客户几乎找不到说"不"的理由。后来这 3 个问题被该公司的全体推销员所采用，成为标准的接近方法。

美国一位口香糖推销员遭到客户拒绝时就提出一个问题："你听说过威斯汀豪斯公司吗？"零售商和批发商都会说："当然，每个人都知道！"推销员接着又问："他们有一条固定的规则，该公司采购人员必须给每一位来访的推销员 1 小时以内的谈话时间，你知道吗？他们是怕错过好的东西。你是有一套比他们更好的采购制度，还是害怕看东西？"

某自动售货机制造公司指示其推销员出门携带一块两英尺宽三英尺长的厚纸板，见到客户就打开铺在地面或柜台上，纸上写着："如果我能够告诉你怎样使这块地方每年收入 250 美元，你会感兴趣，是吗？"

当然，接近问题必须精心构思，刻意措辞。事实上，有许多推销员养成一些懒散的坏习惯，遇事不动脑筋，不管接近什么人，开口就是："生意好吗？"有位采购员研究推销员第一次接近客户时所说的行话，做了这样一个记录，在一天里来访的 14 名所谓的推销员中，就有 12 位是这样开始谈话的："近来生意还好吧？"这该是多么平淡、乏味。某家具厂推销经理抱怨说 4/5 的推销员都是以同一个问题开始推销面谈："生意怎样？"

一名成功的推销员，他最大的优势在于能将他接触的每一个人都自然转化为准客户，那么他是如何做到这一点的呢？

到一个公司或一个小区(亦即机关、单位或居民区)拜访前,尽力收集其内部情况,至少也要弄到一个人的姓。如事先来不及了解有关情况,则向在小区、公司遇见的人询问负责人的办公地点。问路也有窍门,你得选择固定的人才行,小店老板、办公室职员等都是理想目标。不然,你再也见不到你接触过的人,只是白费工夫。

"请问,物业管理委员会（居委会）在哪里？"

"请问 ×× 办公室怎么走？"

问题很简单，对方回答起来特别容易。

得到答案后,径直走向目的地找负责人。找到了当然再好不过,即使找不到,也不要紧。你的推销对象多着呢！

你回过头来再次与给你指路的人见面。这时候，对那个人来说，你不是真正意义上的陌生人了。你很诚恳地表示他或她的指点让你获益多多，能够认识他或她，你很高兴……你得营造出人与人之间交往的良好气氛。这样一来，进行推销就轻松了，因为你们已经变成熟人了嘛。

用计要灵活，你心里很清楚到哪个地方怎么走的时候，也可以"问路"，对吧？

有些推销员非常讨厌秘书、保安，总觉得他们碍手碍脚，整日琢磨骗过他们的"过关法"。其实，你把他们也看成推销对象、未来的合作伙伴，所有问题都能迎刃而解。

巧妙应对 7 种客户

推销人员在推销产品时，应根据不同类型的客户采取不同的对策，因人而异，灵活应变。"知己知彼，百战不殆"，推销员要有效激发客户的购买欲望，就要对各类客户事先研究,迅速判断出客户属于何种类型,应该采取怎样的推销策略。在此,有必要对各种客户类型加以介绍。

1. 犹豫不决的客户

无论是店员或推销员，都要在这些客户上花很多时间，但是你必须认清一点，推销员谈不成生意，责任不在客户。尤其年岁的大小，也会使某些客户裹足不前，像年纪轻的人，比较缺乏判断力，需要有人从旁鼓励，帮他做决断，当你要诱导这些客户时，可以采用指导晚辈或部下的方法，一一指点说明，如此在谈话的过程和技巧中，也可以让你学习如何去领导他人，这也是你必须学习的一面。

犹豫不决的客户，一般而言，并非与年龄成正比，只是自己不知道该如何处理的自尊心特别强，优越感和自我表现的欲望也很大，如果你当面指责客户讲话矛盾或错误时，当然是不易为客户所接受的。

为了要知道客户究竟懂多少，可以用一小部分专门问题来问他，例如说："电线回路不好，到底是什么原因呢？"或者说："为什么扩音器愈多，发出的声音愈好？"如果客户能够很流利地回答这些问题，当然显示他懂得不少，你可以照他懂的程度来应付。

相反地，如果客户的回答是："嗯！这个嘛！意思就是……就是，总而言之，它的性能很不错。"像这种答案，无论是谁听起来，都知道对方的知识有限，但是推销员却不可以马上露骨地表示出来，必须帮他答下去："也许你知道吧！就是……"

先要称赞一下客户的了解程度，然后再向他说明，这也是应付这一类型客户的方法。

2. 从容不迫型客户

这种客户严肃冷静，遇事沉着，不易为外界事物和广告宣传所影响，他们对推销员的建议认真聆听，有时还会提出问题和自己的看法，但不会轻易做出购买决定。从容不迫型的客户对于第一印象恶劣的推销员绝不会给予第二次见面机会，而总是与之保持距离。

而对此类客户，推销员必须从熟悉产品特点着手，谨慎地应用层层推进引导的办法，多方分析、比较、举证、提示，使客户全面了解利益所在，以期获得对方理性的支持。与这类客户打交道，推销建议只有经过对方理智的分析思考，才有被客户接受的可能；反之，拿不出有力的事实依据和耐心地说服讲解，推销是不会成功的。

3. 不爱讲话的客户

推销员最难应付的客户，就是顽固的客户和不讲话的客户。

大凡客户不爱说话，有下列 5 种原因：

（1）客户认为一旦讲了话，恐怕有鼓励人家劝自己买东西的疑虑，所以还是不说话为妙。

（2）不讲话时，不容易给人家知道自己的底细，而生就了一副不爱说话的特点。

（3）性格上如此，就是不喜欢讲话。

（4）因为讨厌对方，所以不讲话。

（5）不知说什么样的话比较好（想不出谈话的内容）。

事实上，这种不爱说话的客户并非绝对不开口，只要有适宜的开头和相当的情绪，他也能讲得很开心，推销员应该针对客户开心的事去征询他的意见，热心地赋予同情，就可以让客户愉快地谈话了。

4.忙碌或性急的客户

对于很忙碌的客户，或看起来很忙的客户，洽谈时除了寒暄一番外，就该立刻谈到正题。话虽是这么说，但是真正忙碌，和看起来忙碌的人，在实质意义上是不同的，所以讲话的方式也要因人而异。这时，就像是碰到不喜欢开口的客户一样，你必须先设法探听出他喜欢什么、关心什么等，在谈到正题之前，先跟他聊聊天，如果看苗头不对，就该立刻谈到正题，如此先谈结论，再谈理由，也可以给忙碌的客户一个好印象。

"我只花你5分钟的时间。"当你谈到5分钟时，再看看客户的表情，如果客户面露喜欢听下去的模样时，你再说："我再谈几分钟就好。"然后当你谈到几分钟后，可以反问客户："你还有什么不清楚的地方，有需要我向你解释的吗？"就利用这种方式，静候客户的发言。

记住，这时应特别注意拖延时间的说话技巧，绝不可以讲4分钟、6分钟和10分钟，因为双数给人的直觉反应就是很多，这样会使客户怀疑你要讲很久，若用单数，让客户心里存着5分钟、7分钟的观念，他会觉得费时不多，就会安心地听下去，等他心里发生了这种微妙的变化后，你再观察他的表情，如果他还有继续听下去、看看你的商品的意愿时，你就可以把说明书或样本递过去，再诚恳地问他："你还有什么意见吗？"

若遇到性急的客户，连珠炮似的发问时，推销员一定要先听清楚对方的问题，等把样品拿出来时，可以不必按照对方问话的次序，向他说明使用的方法和好处，同时在这种情形之下，你也可以对他说句："请你稍等一下。"然后再慢慢地向他解说。

当你把客户的注意力引到你的话上时，要尽量说明你所认为要紧的理由，如果推销员本身的行动和说服力不够机警和清楚的话，反而会使客户听得不耐烦，以致生意没谈妥，这时推销员最好长话短说，多用动词，少用形容词，言语简短有力，态度举动也要有分寸。

5. 吹毛求疵型客户

有一种人专门爱跟别人斗嘴、瞎扯。这种人不论什么事，总爱批评几句，如果事情迎合他的口味，就会怡然自得。通常这种人的脸形，是属长型或正方形的居多。因为这种人喜欢理论，如果推销员不合他的胃口，他就会讨厌推销员，这种人还有个特征，就是对有权威的人所讲的话表示不屑的态度，且还会用诡辩式的三段论法，使推销员无法接近他。

"是的，你讲的话的确很有道理，这也不是我们所赶得上的，但是这种产品，是我们公司的新发明，也许你知道，某大学电子工程系的吴教授，就是这方面的权威人士，他曾经针对我们的产品研究试验后，称赞这项发明确实非常好。"

在理论上，你能够提出权威证明，对方也比较能接受。就算你知道客户是在诡辩，也不可以指责或点破对方，一方面可以表示说不过他，另一方面最好是设法改变话题，从其他方面再跟他谈论下去。

6. 圆滑难缠型客户

这种类型的客户好强且顽固，在与推销人员面谈时，先是固守自己的阵地，并且不易改变初衷；然后向你索要产品说明和宣传资料，继而找借口拖延，还会声称另找厂家购买，以观察推销员的反应。

倘若推销员初次上门，经验不足，便容易中其圈套，因担心失去主顾而主动降低售价或提出更优惠的成交条件。针对这类圆滑老练的客户，推销员要预先洞察他的真实意图和购买动机，在面谈时造成一种紧张气氛，如现货不多，不久要提升，已有人订购等，使对方认识到只有当机立断做出购买决定才是明智举动。对方在如此"紧逼"的气氛中，推销人员再强调购买的利益与产品的优势，加以适当的"利诱"，如此双管齐下，客户也就没有纠缠的机会，失去退让的余地。

由于这类客户对推销员缺乏信任，不容易接近，他们又总是以自己的意志强加于人，往往为区区小事与你争执不下，因而推销员事先要有受冷遇的心理准备。

在洽谈时，他们会毫不客气地指出产品的缺点，且先入为主地评价推销员和有关厂家，所以在上门走访时，推销员必须准备足够的资料和佐证。另外，这些客户往往在达成交易时会提出较多的额外要求，如打折扣等，因此推销员事先在价格及交易条件方面要有所准备，使得推销访问井然有序，避免无功而返。

7. 冷淡傲慢型客户

此类客户多半高傲自视，不通情理，轻视别人，凡事自以为是，自尊心强，不善与他人交往。这类客户的最大特征就是具有坚持到底的精神，比较顽固，他们不易接近，但一旦与其建立起业务关系，便能够持续较长时间。

由于这种类型的客户个性严肃而灵活性不够，对推销商品和交易条件会逐项检查审问，商谈时需要花费较长时间，推销员在接近他们时，由熟人介绍效果最好。对这种客户，有时候推销员用尽各种宣传技巧之后，所得到的依然是一副冷淡、傲慢的态度，甚至是刻薄的拒绝，所以必须事先做好思想准备。

碰到这种情况，推销员也可以采取激将法，给予适当的反击，如说上一句："别人老是说你最好商量，今天你却让我大失所望，到底是怎么回事？""早知道你没有这个能力，我当初真不该来这里浪费时间和口舌！"如此这般以引起对方辩解表白，刺激对方的购买兴趣和欲望，有时反而更容易促成推销交易。

提醒他及早签约

每一个人都懂得时间的重要性，运用这一点制造紧迫感是非常有效的。如果是推销房地产，你有必要对顾客说："艾伦，我相信你明白生意场上时间就是一切的含义。我觉得要是你今天放弃购买这套房屋的话，你会感到很后悔，每个人都能看见房价在飞涨。"

你可以随时从报纸及电视广告中看到那种限时报价。商场和超市都在运用这种技巧出售所有商品，不管是弹簧床垫还是冰镇橙汁。例如，一位零售商会说某某报价在某段规定时间内有效，顾客要是错过的话，就会失去获得好交易的机会。限时报价是如此有成效，这就不难解释为什么美国公众常常被铺天盖地的鼓动性广告所包围。

处在犹豫中的顾客，大多在取舍问题上拿不定主意。因为买了担心不合算，不买又怕失去机会，患得患失。从推销心理分析，顾客对不能如愿以偿地满足需求，又花了冤枉钱，常常会感到非常惋惜。尤其是处于成交前夕的顾客，这种惜失心理更为明显。推销员利用顾客这种惜失心理，采取故意提醒顾客如果还不下定购买决心，则可能失去一次好机会的做法，称之为惜失成交法。当顾客感到将会失去唾手可得的种种好处与具体利益时，许多人会马上改变犹豫的态度，迅速采取购买行动，生怕过期不候。

有时，顾客需用600美元才能买下的东西，我们能以300美元的价格批发给他们——由此而完成一笔大型交易是很值得的。

这种引导物不必是一种实体物质，它可以是一种心理印象。假如你告诉顾客如果不购买就会失去一个占便宜的机会，它甚至可以是一种威望，那也是一种引导。

假如你告诉顾客如果能马上购买，他的名字就会上光荣榜，那也是一个充分的引导。

你也可以把它调过来说："假如你放弃，别人可能会在下一刻获得这种优惠。"

任何人买东西都有一个理由，所以为了推销成功，你必须向你的顾客提供他为什么应当买你的产品的具体理由。如果做不到这一点，顾客就无法产生立刻购买的动因，相反，他们常常需要推迟决定。你可以说你的产品存货不多，顾客不尽快买的话，很可能遭遇可怕的后果，这样的说法往往能创造出购买的必要性。

当你推销汽车时，你会有一种感觉，那就是顾客本来急于拥有一辆新车，但不知为什么又犹豫不决。这时你可以说："我们的车库里只剩下一辆这种颜色和款式的车了，要是您想要的话，我可以替您准备好，今天下午就可以取货。但是，如果您选择等一等的话，我担心这辆车会很快被人买走，我们今天上午就已经卖出了两辆这样的车。当然，我们还有另外一个办法，那就是我给别的推销员打电话，让他们替你选一辆，但那样可能需要等上一个星期，而且，我也不敢保证您就能得到您真正喜欢的车。"

然后你再停顿一会儿接着说："为什么您不肯帮自己一个忙，说一声'是'呢？我会通知服务部今天下午就准备好您的车。"

日常生活中，推销员所制造的紧迫感几乎无处不在。

"夏季一到，这批衬衫肯定很抢手！"推销员在顾客面前强调失去时节；

"说不定下个星期就要涨价了。"推销员在顾客面前强调失去便宜；

"只有这几件了，刚才还有客户打来电话要货呢！"推销员在顾客面前强调失去紧俏货；

"这是一次性处理，不会再有第二次了。"推销员在客户面前强调失去时间；

"订货 10 件可送货上门，少于 10 件则自己来厂提货。"推销员强调失去服务；

"年内购买则包修包退，过后购买则一概不退！"推销员强调失去保证。

股票经纪人能够有效地制造出紧迫感，他说："托尼，我今天打电话给你是因为现在有一个购买通用产品公司股票的绝好时机。我认为我们很有必要以每股 40 或再低一点的价格吃进这些股票，这种价格的股票将来能让我们赚好几倍。你知道这家热门股票公司的骄人纪录吗？咱们得抓住这个机会，我建议先吃进 3000 股。"在投资领域，迟疑不决很可能带来昂贵的代价和损失，尤其在行情看涨的牛市。

人寿保险代理人可以对他的客户说，保险费会随着客户年龄的增大而提高。"艾迪，你的生日就快到了，所以我想今天就递交你的申请表。"如果客户的生日还差一个月才到，代理人则可以说："公司一般要花 4 ～ 6 个星期才能处理完一份申请，我会尽力设法加快办理速度，以赶在你生日之前把保险单签署下来。"

服装厂代表说："本公司正在考虑再次提高纤维织物的价格，所以我准备马上呈递你的西服订单，以便能够以低价发货。"只要有通货膨胀存在，物价上扬的可能性也就会存在，这也就是刺激顾客迅速做出购买决定的关键因素之一。

对于那些垄断性产品或别人不易得到的东西更容易制造出紧迫感，因为它是独一无二的，如果你告诉他"如此不易获得的珍品，你一旦与它失之交臂，下一秒它将有可能出现在你隔壁邻居家的客厅里，成为他炫耀的资本，你会后悔莫及。"一般对方都会心动，并行动起来。

赞美顾客才能更容易介绍产品

没有人不喜欢别人的赞美，除非赞美的方式不对。赞美顾客，能够使他们在心理上接受我们，从而接受我们的服务或产品。但是，在赞美顾客的时候，一定要注意你表达真诚的方式，否则会适得其反。比如一个学生为了赞美老师教的方法对他作用很大，就对老师说："老师，我觉得您就像我的指路明灯，指引我前进的方向！"虽然老师很感谢他对自己讲课内容的欣赏，但如果你是那位老师，难道不感觉这种赞美比较做作吗？

因此，我们在赞美顾客时一定要注意几个方面：

（1）如果是新顾客，不要轻易赞美，只要礼貌即可。因为在大家还不是很熟悉的情况下贸然去赞美顾客，只会让其产生疑心乃至反感，弄不好就成了谄媚。

（2）如果是老顾客，下次来的时候一定留意其服饰、外貌、发型等有无变化，有的话一定要及时献上你的赞美，效果非常之好。

（3）如果你要赞美别人，请你一定要从具体的事情、问题、细节等层面赞美，比如你可以赞美其问题提得专业或者看问题比较深入等，这样更加能让顾客感觉到你的赞美很真实、真诚。

（4）最好借别人的口去赞美顾客。比如你可以说："是的，刚才旁边的那个顾客也说你很有品位！"这样更容易使人相信。

（5）顾客购买产品后，也要通过赞美来坚定顾客购买的信心。一般来讲，顾客购买产品后，总是怀疑自己买亏了或者买得不合适，所以他们会去询问身边的朋友、亲戚、家人，以判断是否合适。所以，如果顾客买完后你能对他（她）说："先生（小姐），你真是太有眼光了，这款是我们目前卖得最好的（如地板/橱柜/卫浴/瓷砖）

等，很多客户都很喜欢！"听了你的话，顾客心里会感觉很舒服，这次让他（她）感觉得了便宜，再次光临的可能性当然就会很大了。

弄清楚客户的真实需求，迈出成功推销的第一步

与客户打交道，能否成功说服客户，研究客户的心理是关键。再诱人的语言也没有比能得到用户从心理上认同更为重要，要在销售上取得成功，那就要针对客户的购买心理，弄清客户的真实需要。

周末的黄昏，许多青年男女伫立街头。他们中间有不少人是等待与情侣相会的，有两个擦鞋童，正高声叫喊着以招徕顾客。其中一个说："请坐，我为您擦擦皮鞋吧，又光又亮。"另一个说："约会前，请先擦一下皮鞋吧！"结果，前一个擦鞋童摊前的顾客寥寥无几，而后一个擦鞋童的叫喊声却收到了意想不到的效果，一个个青年男女都纷纷请他擦鞋。

这究竟是什么原因呢？

我们听到第一个擦鞋童的话，尽管他的话礼貌、热情，并且附带着质量上的保证，但这与此刻青年男女们的心理差距甚远。因为，在黄昏时刻花钱去"买"个"又光又亮"，显然没有多少必要。人们从这儿听出的印象是"为擦鞋而擦鞋"的意思。

而第二个擦鞋童的话就与此刻青年男女们的心理非常吻合。一句"约会前，请先擦一下皮鞋"，真是说到了青年男女们的心坎上。可见，这位聪明的擦鞋童传递的是"为约会而擦鞋"的温情爱意，一下子就抓住了顾客的心，因而大获成功。我们也该从中受到启发，研究心理，察言观色，得到准确的无形信息。知己知彼，百战不殆。

只有弄清楚客户的真实需求，才能迈出成功推销的第一步。在推销的过程中，客户接受推销信息宣传、购买推销商品，大致因为以下几种需要：

第一，便利心理的需要。客户普遍要求在购买商品时享受到热情周到的服务，要求合适的购买时机和购买方式，得到携带、使用、维修及保养等方面的便利。

第二，爱美心理的需要。俗话说，爱美之心，人皆有之。这句话说的便是客户追求美的消费心理需求。随着社会文明的不断进步和人民生活水平的不断提高，人们的审美要求也随之提高。

第三，好奇心理的需要。许多客户对一些造型奇特、新颖的商品，以及刚投入

市场的新式产品或服务活动，会产生浓厚的兴趣，希望马上能够购买和使用。

第四，求实心理的需要。这一类客户在选择厂家和购买商品时，比较注重是否经济实惠、物美价廉。尤其是他们对产品价格的变化十分敏感。

第五，从众心理的需要。这是一种赶时髦、紧跟时代潮流的心理需求。在现代社会中，人们受社会舆论、风俗习惯、流行时尚的引导，所见所闻对他们的需求触动很大，致使一般的客户都会迎合时尚。

第六，特殊心理的需要。有这种心理的客户大都希望自己在判断能力、知识层次、经济地位、价值观念等方面高于他人，独树一帜。

值得强调的是，客户的购买需要是多种多样的，一个人往往受几种消费心理需要的左右和支配。"购买需要"是一个弹性很大的因素，在考察和分析客户的购买需要时，要充分考虑重要的突破口，这才有利于提高自身的业务水平和企业适应市场变化的应变能力。

在拜访过程中必然要与客户进行面对面地沟通与交流。没有充分的接触和准备，你就无法知道将要面对的是一个什么样的客户，该为他提供什么样的商品，也无从知晓从什么途径、用什么方法赢得客户的信任。

多在决策者周围的人身上下功夫

一位很忠厚诚恳的客户，某天到现场看房子，对房子的各项条件都很满意。经过一番议价之后，原价1200万元的房子，杀价50万元后，以1150万元成交，并当场付了10万元定金，第二天再将剩余的钱补齐。

第二天一早，客户如约来到现场，还带了一大堆"顾问"，希望在补足定金前让家人再仔细看看房子。

这时，有一位自称是他哥哥，看起来似乎对房子很"内行"的中年人，手上拿着丈量尺，二话不说就量了起来。折腾了半天，房子的长宽高总算都量过了。之后，就一个人在旁边拿着计算器按了大半天！

负责这项业务的是一位经验丰富的推销员，他在冷眼旁观之余，即断定这又是一位外行充内行的"专家"，而且只有说服他，客户才会下决心购买。因此，他也不做表示，反正兵来将挡，水来土掩嘛！

这位老兄虽然对房地产不内行，但反应还算快，他发现对方似乎已经看穿他了，立刻自我调整："室内坪数要用地砖来算才方便！"

说完，不禁又喃喃自语："多少块地砖等于一坪呢？"

推销员很机警，知道这老兄一定是在家人面前大吹大擂的"牛皮王"，现在出了洋相，不晓得怎么自我解围呢！

推销员心里想着，脚步自然就跨了过去，对这位"专家"说："本公司是绝对诚信的大公司，从不欺骗顾客。不信您看，您把总平方公尺乘上 0.3025，就等于权状坪数，但这个坪数并不含公共设施及墙壁厚度。"

说完他拿出计算器，按照刚才的公式把总坪数打出来，再对这位"专家"说："您看，全部总平方公尺换算成坪数与平面图登记所换算的坪数丝毫不差，您是行家，看看对不对啊？"

这位老兄一听到对方说他是"行家"，又故意提出另一个问题："坪数是没问题，我只是怕这里以后会被征收。能不能让我看看都市计划图？"

推销员一听，立刻将资料拿出来。因为都市计划图是许多张连起来的，但推销员却故意先折好再拿给对方。结果对方一拿到手，竟然反着看，这时已可确定，对方是百分之百的外行了。推销员见机行事，赶紧指着都市计划图，解释道："您看，我们这户房子的位置在这里，路从这边来……完全没有'都市计划'的问题。本公司一向秉持诚信原则，绝对不会欺骗客户，您可以放心购买，没问题的……"

到了这个程度，这个"专家"没话说了，于是他下了最后的结论："这个房子没问题啦！可以买了！"

他的话刚一说完，全家一起拍手，立即到公司办了手续。

为了促进销售，努力完成销售过程的客户关系主要包括三个层次：一是客户的亲朋好友；二是客户周围的同事；三是客户的商业合作伙伴，或者说是客户的上游或者下游业务关系。如果推销员掌控了这些客户关系，就可以有效地通过这些客户关系来影响客户的采购决策。而要掌控客户关系，就需要推销员具备很高的感性能力。这个案例就是一个通过掌控了客户关系而成功销售的经典案例。

在此案例中，客户第一次看房很满意，并预付了部分定金，第二次看房，还带了家人一起来。的确，像购买别墅这样价值上千万的物品，任何一个客户都不会单独做最后的决定，他肯定要征求家庭成员的意见。如果推销员只是简单地将全部的销售技能都用在购房者身上，那实际上就是忽视了销售中影响客户决策的客户周围的人。对于客户来说，他更容易听取他们的意见，而不是推销员的意见。因此，如果你可以成功地取得决策者周围的人的认同，让他们替你要销售的产品说话，那么，你成功地取得订单就易如反掌。反之，你就可能丢掉订单。

就像这个案例中的房地产推销员一样，他通过观察了解了客户与陪同来看房的人的关系，于是运用自己出色的专业知识和沟通能力，说服了自称是"专家"的客户的哥哥，在他表示"可以买了"后，客户也毫不犹豫地签了单。

可见，推销员必须学会如何与客户周围的人建立有效的某种关系，通过对这些关系的了解和影响来对采购者发挥影响力，从而缩短销售过程，向有利于自己的方向发展。

给客户最直接有效的刺激，让其尽快与你成交

美国的一位著名推销员贺伊拉说："如果你想勾起别人吃牛排的欲望，把牛排摆在他的面前固然可以，但是最令人无法抗拒的是煎牛排的'吱吱'声，这会令他的脑海中马上浮现出牛排在黑色铁板上的香味四溢的画面。而这是对他最直接、最有效的刺激。"所以，要想成功吸引客户，不妨设个"圈套"，引诱客户，让他尽快地与你成交。

某推销员正在推销甲乙两座房子，他想卖出甲房子，因此，他在和客户交谈时说："您看这两座房子怎么样？现在甲房子已经在前两天被人看中了，要我替他留着，因此你还是看看乙房子吧，其实它也不错。"

客户当然两座房子都要看，而推销员的话语也在客户心中留下了深刻的印象，产生了一种"甲房子被人看中，肯定比乙房子好"的遗憾。

这里，推销员已经很成功地设下了一个圈套，也可以说是出色地完成了整个营销工作的一半了，就等客户来钻这个圈套。

过了几天，推销员兴高采烈地找到客户，说："你现在可以买甲房子，你真是幸运，以前订甲房子的客户由于钱紧，只好先不买房了，于是我就把这所房子留给了你。"

听到这儿，客户当然很高兴自己能有机会买到甲房子，现在自己想要的东西送上门了，眼下不买，更待何时，因此，买卖甲房子的交易很快就达成了。

在这个例子中，推销员稳稳地掌握住客户的心理，通过设圈套把客户的注意力吸引到甲房子上，又给他一个遗憾，甲房子已被订购，刺激起了他对甲房子更强的占有欲，最后很轻松地就让客户高高兴兴地买下了甲房子。令人叹服！

在商场上，欲擒故纵也是一种高明且极有效的策略。

路华德是美国著名的萨娜·卢贝百货公司的总经理,做生意的手段常常使他一鸣惊人。有一次,他为了推销一种档次不高的花布,特地为当地社交界最有名的两位妇人做了两件款式独特的衣服,两位夫人看到衣服后,很满意这种款式,于是在一次游园会上穿着衣服到处游玩,立刻引起当地妇女的羡慕。当游园会结束时,很多妇女都拿到一张通知单,上面写着:瑞尔夫人和泰姬夫人所穿的新衣料,将是今年最流行的花式,本公司有售。第二天当闻风而至的客户争相到萨娜·卢贝百货公司买这种衣料的时候,路华德又在厂门口贴上了一张大告示,上面写着:衣料已售完,但为了满足客户的需要,明日有新货进来。布店的营业员则一本正经地对前来购布的客户解释说,这种法国衣料不多,难以充分供应等。这些妇女听后,唯恐第二天来了仍然买不到,便纷纷预交货款。

路华德在此次经营中,就非常恰当地运用了欲擒故纵的销售技巧,成功地达到自己的销售意图。

制造紧张气氛,"逼"出他的决定

营销高手玛丽·柯蒂奇是美国米尔房产公司的经纪人,她曾在半小时之内卖出了一套价值 50 多万美元的房子。

米尔房产公司设在佛罗里达州海滨,这里位于美国的最南部,每年冬季都有许多的北方人到此度假。

一天,玛丽正在一处新转到她名下的大房子里参观。当时,与玛丽在一起的还有公司的另外几个经纪人。他们一行打算在参观完这间房屋之后,再去看看别的房子。

就在玛丽一行这看看那看看的时候,有一对夫妇也在看房子。房主见状,马上对玛丽说:"嗨,玛丽!快去和他们聊聊,也许会有收获呢!"

"知道他们是谁吗?"玛丽问。

"不知道。原先我还以为他们是你们公司的人呢,因为你们几乎是同时进来的。后来我才发现我错了,他们是自己过来的。"房主说。

玛丽听后,就快步走到那对夫妇面前,面带微笑地伸出手说:

"嗨,你们好,我是玛丽·柯蒂奇。"

"您好。我是邓恩,这是我太太丽莎。"那名男子说,"我们在海边散步,见这儿有房子参观,就过来看看。我们不知道……"

"欢迎欢迎！"玛丽说，"我是这房子的经纪人。"

"我们是顺道来的，车子就放在门口。我们从弗吉尼亚来这里度假，过一会儿就打算回去了。"

"哦，是这样啊！没关系的，你们可以随时随地来参观房子。"玛丽边说边把一份资料递给邓恩。

丽莎临窗看海，顿感心旷神怡，她自言自语地说："这儿真美！简直美极了！"

"但是亲爱的，我们必须回去了，要回到冰天雪地里去。"邓恩无奈地说，"这真是一件令人不开心的事情！"

玛丽又热情地和他们交谈了几分钟，就见邓恩掏出名片递给玛丽，说："认识你很高兴，这是我的名片，希望以后常联系。"

玛丽刚想掏名片给邓恩夫妇，但猛地停住了，她出人意料地对他们说："我有个好主意，既然我们谈得如此投机，为何不到我的办公室好好聊聊呢？我的办公室很近，只几分钟的车程而已。你们出门后向右拐，过第一个红绿灯后左转。"

玛丽对自己的建议很有自信，她不等他们同意，就率先走了，边走边对那对夫妇喊："我们待会儿办公室见！"

玛丽的两个同事早已坐在车上等着她，玛丽就给他们讲了刚才的事情。他们都不相信能在办公室看见那对夫妇。

还没等玛丽的车子停稳，他们就发现停车场上有一辆凯迪拉克轿车，车上装满了行李，从车牌标志可以清清楚楚地看出这辆车来自弗吉尼亚！

在玛丽的办公室里，经过短暂的寒暄后，邓恩就问："这套房子上市有多长时间了？"

"老实说，这套房子在别的经纪人名下有半年了，今天才刚刚转到我的名下。房主急等用钱，现在降价出售，我想应该很快就会成交。"玛丽回答。她看了看丽莎，然后盯着邓恩说："很快就会成交，我对这个很自信。"

丽莎对邓恩说："要是我们能有一套海边的房子就好了，因为我非常喜欢大海。如果那样的话，我们以后就可以常常去海边散散步。"

玛丽就问丽莎："您先生是做什么的？他的工作一定很辛苦吧？"

"邓恩在股票公司做事，他的工作非常辛苦。我希望他能够好好休息、多多放松，这也是我们每年都到佛罗里达旅游的原因。"丽莎说。

"每年都来？"玛丽问。

"是的，每年都来。"丽莎回答。

"我想，如果你们每年都来这里的话，就应该在这里有一套属于自己的大房子。

你想想，每次来到这里，就好像回到了自己的家一样，那是多么地舒服啊。更重要的是，这样不仅可以大大提高你们的生活质量，也将大大延长你们的寿命。"玛丽说。

"我也是这样想的。"丽莎和邓恩几乎同时说出了这句话。

接着，他们就陷入了沉默。玛丽知道他们在思考，所以也不说话，等着邓恩开口。过了片刻，邓恩开口说："我还是感觉房子的价格有点高。"

"房价其实很合理，我想很快就会卖掉的，我以我的经验保证。"

"为什么如此肯定？"

"能够眺望海景的房子并不多，不是吗？而且，房子刚刚降价。"

"但我发现这里的房子很多。"

"我承认，这里的房子是很多。我相信你也看了不少。我想你不会没有发现，这套房子是很少的拥有自己车库的房子之一。你只要把车开进车库，就等于是回到了家。你只要上楼梯，就可以喝到热腾腾的咖啡。并且，这套房子附近有这里最好的娱乐场所和大小餐馆，别的房子就没这么多的方便了。"

邓恩想了想，向玛丽报了一个价，然后很果断地说："这是我愿意购买的价格，再多一分钱我都不想要了。他不用担心贷款的问题，我可以付现金。如果房主同意，我将感到很高兴。"

玛丽一听邓恩的报价只比房主的要价少1万美元，就说："你的条件我想应该没问题，但我需要你的1万美元作为定金。"

"这个没问题，我现在就可以给你写一张支票。"邓恩说。

"请在这里签名。"玛丽把合同递给邓恩。

至此，整个交易宣告完成。玛丽从见到这对夫妇，直至交易成功，用了还不到半小时的时间！

压力推销是指推销员使用强有力的语言给客户造成购买是唯一的出路的感觉，促使客户做出购买决策的一种推销方法。这种方法对那些已对产品动心的客户，或者是那些准备买，但又有点犹豫的客户最管用。而使用这种强有力的语言的能力是推销员能力的一种体现。这个案例就是推销员使用压力推销法成功拿下大客户的一个经典案例。

在这个案例中，我们发现邓恩夫妇虽然很满意这套临海的房子，但他们当时并没有购买的意思。假如玛丽只是将自己的名片交给他们，事情多半会泡汤。玛丽知道，在这种情况下，必须利用邓恩夫妇在现场的有限时间，快速完成交易。怎样才能快速地完成这项交易呢？玛丽采取的方法很简单，即制造紧张气氛，给对方传递一个信息：想买的话就赶快，否则就没了。此招果然奏效，在短短的半个小时之内，玛丽就完成了其他经纪人半年都没有完成的任务。可见，给客户加压是一种比较有效的心理战术，它会使客户在无形中感到一种压力，但他们感觉不出这是推销员施加的压力，而以为是他们自己造成的。因此，使用这种推销技巧，就需要推销员说话具有感染力，对于环境有极强的控制能力，并且能够灵活地加以变换。

抓住决策人物，做出切实有效的解决方案

几年前，华北某省移动局有一个电信计费的项目，A公司志在必得，系统集成商、代理商组织了一个有十几个人的项目小组，住在当地的宾馆里，天天跟客户在一起，还帮客户做标书，做测试，关系处得非常好，大家都认为拿下这个订单是十拿九稳的，但在投标时却输给了另一家系统集成商。

不打不相识，最后双方决定坐下来谈一谈，看看有没有合作的可能性。后来得知，中标方的代表是位长相很普通的李小姐。事后，A公司的代表问她："你们是靠什么赢了那么大的订单呢？要知道，我们的代理商很努力呀！"李小姐反问道："你猜我在签这个合同前见了几次客户？"A公司的代表就说："我们的代理商在那边待了好几个月，你少说也去了20多次吧。"李小姐说："我只去了3次。"只去了3次就拿下2000万元的订单？肯定有特别好的关系吧，但李小姐在做这个项目之前，一个客户都不认识。

那到底是怎么回事呢？

她第一次来，就分别拜访局里的每一个部门，拜访到局长的时候，发现局长不在，办公室的人告诉她局长去北京出差了。她又问局长出差住在哪个宾馆。马上就给那个宾馆打了个电话，嘱咐该宾馆订一束鲜花和一个果篮，写上她的名字，送到局长房间。然后又打电话给她的老总，说这个局长非常重要，在北京出差，请老总一定要想办法接待一下。

她马上预订了机票，中断其他工作，下了飞机就去这个宾馆找局长。等她到宾馆的时候，她的老总已经在跟局长喝咖啡了。

在聊天中得知局长有两天的休息时间，老总就请局长到公司参观，局长对公司的印象非常好。参观完之后大家一起吃晚饭，吃完晚饭她请局长看话剧《茶馆》。

为什么请局长看《茶馆》呢？因为她问过办公室的工作人员，得知局长很喜欢看话剧。局长离开北京时，她把局长送到飞机场，对局长说："我们谈得非常愉快，一周之后我们能不能到您那儿做技术交流？"局长很痛快地答应了这个要求。一周

之后，她的公司老总带队去做了技术交流。

老总后来对她说，局长很给"面子"，亲自将相关部门的有关人员都请来，一起参加了技术交流，在交流的过程中，大家都感到了局长的倾向性，所以这个订单很顺利地拿了下来。A公司的代表听后说："你可真幸运，刚好局长到北京开会。"

李小姐掏出了一个小本子，说："不是什么幸运，我的每个重要客户主要领导的行程都记在上面。"打开一看，上面密密麻麻地记了很多名字、时间和航班，还包括他的爱好是什么，他的家乡是哪里，这一周在哪里，下一周去哪儿出差。

有句古话说："知己知彼，百战不殆。"做销售也是同样的道理。当推销员接近一个客户的时候，要做的第一件事就是尽可能地搜集相关信息，其中大客户的个人资料是必不可少的。因为只有掌握了大客户的个人资料，才有机会真正挖掘到客户的实际内在的需求，才能做出切实有效的解决方案。当掌握到这些资料的时候，销售策略和销售行为往往到了一个新的转折点，必须设计新的思路、新的方法来进行销售。这个案例就是一个通过掌握了大客户的个人资料而成功击败竞争对手的典型实战案例。

在此案例中，中标方的销售代表只与客户接触了三次就成功拿下了2000万元的订单，而竞争对手A公司花费了很大的人力、物力也未能如愿，原因就在于中标方的销售代表掌握了客户的关键决策人物——移动局局长的个人资料，并且根据这些资料采取了一系列主攻客户的销售策略。

由此可见，掌握大客户的个人资料在大客户销售中是非常重要的，有时候能起到事半功倍的作用。

大客户的个人资料主要包括以下几个方面：家庭状况和家乡、毕业的大学、喜欢的运动、喜爱的餐厅和食物、是否养宠物、喜欢阅读的书籍、上次度假的地点和下次休假的计划、在机构中的作用、同事之间的关系、今年的工作目标、个人发展计划和志向等。

电话销售，确定目标很重要

小陈是某公司的销售人员。他曾给一家大型公司的刘总打过无数次电话推销自己的产品，但每次打电话刘总都不在。当他再次拨打了刘总的电话时，也想当然地认为刘总还是不在。

小陈："您好，麻烦您找一下刘总。"

客户："我就是，请问你是哪位？"

（小陈听到话筒那边就是刘总，他便紧张起来，他根本没有想到会是刘总接电话。）

小陈："啊……啊……您就是刘总啊，我是××公司的小陈，我打电话给您就是，啊，就是……"

（小陈这时已经语无伦次，因为他不知道该讲什么，也不知道该问些什么问题，因为他不知道自己打电话的目的是什么。）

刘总："我现在正忙着，回头再联系。"

对拨打电话前的准备工作，很多人都不以为然，因为准备需要时间，他们不想把时间花在准备上，而更愿意将时间花在与客户的沟通上。事实上，有了充分的准备，明确了自己打电话的目标，往往会达到事半功倍的效果。如果你没有把准备工作做好，不瞄准靶子射箭，那么就会像上面那个例子一样，使电话沟通以失败告终。类似的例子在平时的商务电话沟通中比比皆是。

电话沟通必须以目标为导向。确定打电话的目标通常应遵循以下原则。

1. 明确时间

要明确客户在什么时候会采取行动。例如，客户想同你签这个合同，是今天，还是明天，或者是一个月以后？这一点你要有清楚的概念。

2. 详细的客户要求

客户要同你签订单，签多少？要有一个明确的数字。

3. 目标可行

工作人员要根据实际情况来制定目标，这个目标一定是可达到的，是经过认真判断的。

4. 为客户着想

目标要以客户为中心，也就是说，电话打完以后，是客户想采取行动，而不是工作人员让客户采取行动。

5. 设定多个目标

主要是指要有可替代的目标，因为我们不能保证一定可以达到某一个目标。而当我们的目标没有实现的时候，如果没有可替代的目标，我们可能就不知道如何再与客户沟通。

确定打电话的目标很重要，它可以使工作人员集中精力在实现这个目标上，并为了达到这个目标而准备其他事项。同时，这样也可以增强电话沟通人员的自信。

讲好开场白，吸引对方注意力

小李："不好意思，打扰一下，请问是孙经理吗？"

孙经理："是的，有什么事？"

小李："是这样的，孙经理，实在不好意思打扰您，我是××旅行公司的小李，我想请问一下您以前有没有使用过××旅行优惠卡住酒店？"

孙经理："什么卡？什么事情？快点说，我还有事要办。"

小李："非常抱歉，孙经理，我们的旅行优惠卡是方便您在全国各地搭乘飞机、住酒店时享受打折的。"

孙经理："我们不需要。"

小李："没关系，谢谢您，不好意思，打扰您了，再见！"

小李放下电话，也许心里会想，我打电话这么有礼貌，你居然对我那么冷漠，小李一直在抱怨孙经理的不对，却不从自己身上找原因。

其实，小李完全可以以下面的沟通方式获取成功。

小李："您好，请问是孙经理吗？"

孙经理："是的，什么事？"

小李："您好，孙经理，我是××旅行公司的小李，今天给您打电话最主要是感谢您对我公司一直以来的支持，谢谢您！"

孙经理："这没什么！"

小李："为答谢老客户对我们公司的支持，我们公司特别推出一种优惠卡，它可以使您在以后的旅行中不管是住酒店还是坐飞机，都有机会享受优惠折扣，相信这张卡一定会为您的旅行带来方便与更多的优惠。"

孙经理："好的，我可以考虑一下。"

一般来说，开场白是推销人员与客户进行电话沟通前三十秒内说的话，这些话往往是电话拜访人员留给客户的第一印象。你如何在这三十秒内给客户留下一个良好的印象？

许多人一拿起话筒便抛出一句惯常的用语"您好"，如果是日常交谈，这样开始还可以，但是如果你想给对方留下深刻而持久的印象，你就必须避免老套，要别出心裁。

小李和孙经理的开场白，不但把开场白所应该包括的要素清楚明白地传达给了客户，并且能够激发客户的好奇心，使谈话继续深入下去，可以说这是一次成功的开场白。

在电话沟通过程中，客户不喜欢浪费时间去听一些和自己无关的事情，除非这种电话让他们得到某种好处。因此，开场白一般要包括三个方面的内容：我是谁或我代表哪家公司、我打电话给客户的目的是什么、我公司的服务对客户有什么好处。

另外，吸引对方注意力的办法还有以下几种：

（1）陈述企业的与众不同之处，如"最大""唯一"等。

（2）谈及刚服务过的其他客户，如"最近我们刚刚为×××提供过销售培训服务，他们对服务很满意，所以，我觉得可能对您也有帮助"。

（3）谈他所熟悉的话题，如"最近我在报纸上看到一篇您写的文章"。

（4）赞美他，如"我听您同事说您在××领域很有研究，所以，也想同您交流一下"。

（5）引起他对某些事情的共鸣，如"很多人都认为电话营销是一种有效的销售方式，不知您如何看（假如知道他也认同这一点的话）"。

自报家门要明确，不可说"我是小张、小王"

电话销售员："胡总，您好，我是××公司的小刘。"

客户："小刘？哪个小刘？"

电话销售员："就是上次给您送电脑资料的那个小刘。"

客户："哦，想起来了，有什么事吗？"

电话销售员："没什么，想问一下您对我们的电脑有印象吗？"

客户："不好意思，最近太忙，没来得及看，等我看完了，再跟你联系。"

电话销售员："好的，胡总再见。"

有一位专业销售培训师在对新人进行培训时，这样告诉新人："我不管你以前的工作方式和习惯怎样，在我们公司，无论拜访客户还是打电话给客户，请直接报出你自己的名字，而不要说'我是小张、小王'。"

有人说，称呼自己是小刘会显得跟客户关系更亲密些。销售工作不需要低声下气地去求别人，很少看到那些成功的销售主管在客户面前充当小字辈，只有那些刚刚从事销售工作的业务人员常常会这样做。想成功，就向那些成功的销售主管学习吧，对你的客户直接大声地说出你的名字，然后充满自信地以主导者的身份跟他谈生意。

一名优秀的销售人员，每次谈判都会牢牢地掌握着局面的控制权。在日常的企业经营管理行为中，大部分领导都是些沉默寡言、善于思考的人，他们常常会让事情朝着自己规划的方向发展。销售人员面对客户的时候，就需要成为这样具有控制力的领导。如果你能够让销售朝着你希望的方向发展，那么所有的问题都会迎刃而解。

把话说得生动"另类"，客户才能接受你

销售人员："您好，请问是于总吗？"

于总："是的，请问什么事？"

销售人员："于总，您好，我是××公司的小李，我们是专门做网站建设的，今天下午我刚好要经过您公司，想顺便过来拜访一下您，觉得方便吗？"

于总："对不起，我很忙，没时间。"

销售人员："那您觉得什么时间方便呢？"

于总："这就很难说了，以后再说吧！"

销售人员："那好吧！以后再联系，谢谢！"

案例中客户的态度是不是很不给销售人员面子？其实面子不是客户给的，而是销售人员自己挣的。

总的来说，这篇开场白和那些新八股式的形式化文章一样，从大体上看不出什么好也看不出什么坏。就像语文课本上的范文，你挑不出毛病，如果要让你对它产生兴趣，那可就太难了。

应该知道，每天客户都会接到不止一个推销电话的打扰。所以，这种程式化的、缺少创意和新鲜感、没有一点幽默感的推销电话，肯定会遭到客户的拒绝。

销售人员要想不被当场回绝，就要你在这一时段把客户漫不经心的注意力变得越来越集中，让客户对你陈述的事情产生兴趣。在陈述阶段，对客户进行意向性的试探，是增加客户兴趣的阶段，要用各种方法，发展客户的兴趣和欲望。

同样一件事由于说法的不同，产生的效果也有天壤之别。富有创意的语言可以激发客户与你交谈下去的兴趣。平淡无奇的语言，只能导致客户拒绝你，从而中断你们之间的谈话。

在平时的电话沟通中，要不断开发自己语言的创意，相同的事试着换一种说法去表达，也许你会有意想不到的收获！

职场博弈篇
——好口才是事业成功的阶梯

避开同事的隐私问题

尽量避开私人问题，也别议论公司里的是非长短。

每个人都有自己的隐私，都有自己不想让别人知道的事情。因此，当我们与别人相处时，就要极力避免谈论别人的隐私，否则会使你人格受损，会让别人认为你缺乏修养，甚至破坏你与他人的和睦关系。

避免谈论别人的隐私，一是不可在谈话中拐弯抹角地打听别人的隐私，二是不可知道了别人的一点点隐私就到处宣扬。世界之大，谈资无所不有，何必非要以他人的隐私当作谈资呢？

如果有人在谈到某同事时说"我只跟你说"，对这样的话你可别太当真了。

假使你对某同事没有好感，按捺不住地对上级说："这些话只跟您提而已……"随意地大发议论的话，如果正中上级下怀，你所说的话会立刻传入该同事的耳中。

对于造谣中伤，大多数人都是深恶痛绝的。而对于隐私方面的流言蜚语，虽然大多数人也表示厌恶和排斥，但不少人总爱在不知不觉中加入进去。

一句"今天我看见业务科的小赵在咖啡厅和一个年轻姑娘在一起"，经过无数人的嘴，传到最后时会变成："业务科的小赵在咖啡厅和一个漂亮姑娘搂搂抱抱，可亲热呢！"甚至还说那姑娘还是本公司的××小姐。实际上呢，小赵只不过是在咖啡厅同妹妹商量搬家的事。

现实生活中有一种人，专好把别人的隐私编得有声有色，推波助澜，夸大其词地逢人就说。人世间不知有多少悲剧就是由此而产生的。你虽然不是这种人，但偶然谈论别人的隐私，也许无意中就为别人种下了祸患的幼苗，其不良后果并非你所能预料到的。

要是有人向你说某人的隐私，你唯一的办法就是，像保守自己的秘密一样守口如瓶，不可做传声筒，并且不要相信这片面之词，更不要记在心上。说一个坏人的好处，旁人听了最多认为你是无知；把一个好人说坏了，人们就会觉得你存心不良。

如果你茶余饭后要找谈话的主题，那天上的星河、地上的花草，无一不是谈话的好题目，真的不必靠说东家长、道西家短来消磨时间。

要是同事能将自己的隐私告诉你，那说明你们之间的友谊肯定是非常好的，否则他不会将自己的私密向你和盘托出。

要是同事在别人口中听到自己的秘密被曝光,不用说,他肯定认为是你出卖了他。被出卖的同事肯定会在心里不止千遍地骂你,并为以前的付出和信任感到后悔。因此,不随意泄露个人隐私是巩固职业友情的基本要求,如果这一点都做不好,恐怕没有哪个同事愿和你推心置腹。

尽量避开私人问题,也别议论公司里的是非长短。否则,用不了多久就会"烧"到你自己头上,引火烧身,到时再"逃跑"就会显得很被动了。

与同事说话的分寸

与同事相处,也要讲究一定的分寸。话太少不行,人家会认为你不合群、孤僻、不善交际;话多了也不行,容易让别人反感,而且也容易让别人误解,认定你是个大嘴巴。所以说,既不多说一句,也不少说一句,才是与同事相处最理想的说话分寸。

各类是是非非每天都在办公室里发生着,你可能是个很有正义感的人,忍不住要挺身而出"匡扶正义";你也可能是个外向的人,眼里看不惯嘴里要说出来;你还可能是个"事不关己,高高挂起"闲事少管的人……但不管你是个什么样的人,都要和同事们日复一日、年复一年地相处下去。这就需要你掌握一些与同事有分寸地说话方式,在他们中间塑造受欢迎和受欣赏的说话形象与风格,以便身边的同事不至于小看你或者抓住你的话柄找你的麻烦。

如果,某部门主管与你十分要好,有一天,他突然向你求救,说他有一个计划希望与某公司合作,而你与该公司老板或有权力人士十分熟稔,请你做中间人,向这位人士游说一番,说几句话。

不错,你与这人的交情很好,但是,你要切记:公私分明。

你不妨婉转、间接一些回答他,例如对方要求你伸出援助之手时,可以打趣地说:"其实这件事很简单,你一定可以应付自如的,被我的意见左右,可能不好。"这番话是间接提醒他:一个成功人士,必须独立、自信,而且,这样说也不会损及大家的情谊。

不管同事怎样冒犯你,或者你们之间产生什么矛盾,总之"得饶人处且饶人"。多一句,不如少一句,凡事能够忍让一点,日后你有什么行差踏错,同事也不会做得太过分,推你走向绝境。至于如何才能培养出这种豁达的情操,也是有办法的,比如让心思意念集中在一些美好的事情上,当你的报复或负面的思想产生时,叫自己停止再想下去!

当你意外发现某位跟你十分投契的同事,竟然在你背后四处散播谣言,说你的不是和缺点,这时你才猛然觉醒,原来平日的喜眉笑目,完全是对方的表面文章!晴天霹雳之余,你会痛心地想,跟他一刀两断吧!然而大家是同事关系,你若摆出绝交的态度,一定会吃亏,别人以为你主动跟他反目成仇,问题必然出在你身上,这无形中给对方一个借口去伤害你,这样做太不理智了。更何况你俩还有合作的机会,并且上司最不喜欢下属因私事交恶而影响工作。所以,你应该冷静地面对,千万别说出过火的话来,这样对谁都不利。

对这样的同事,只要暗中将自己的距离拉远就行了,因为你已了解到他是一个不可信任的人,但表面说话时最好保持以往跟他的关系。因为面对这种狡猾之人,你是不能说太多实话的!这就是你对这类同事应有的分寸。

同事与你抢功劳时的语言对策

在有些情况下,面对面地说开极有可能引发一场唇枪舌剑,若是以书信的方式进行沟通,效果或许会好些。

"职场如战场。"当你挖空心思想出一个好方案,或者你兢兢业业地工作为公司发展做出了极大的贡献时,却有人试图把这份功劳占为己有。这时,你该怎么办?是据理力争,还是自认倒霉?也许,下面两种说话方式对你会有所帮助。

1. 夸赞抢你功劳的人,然后说明功劳是自己的

在说明功劳是自己的时候,你可以这样说:"尽管最终的时候,我们把这个方案设计得几乎是天衣无缝,但那天我回去以后又仔细琢磨了一下,觉得有些地方仍需要改进。现在,这个方案才真正是完美无缺了!"

或许,你的同事也非心存歹意,他也是想尽力把本职工作做好,只不过无意中占了你的劳动果实,如果是这样的话,你只需轻描淡写地把你的构思过程讲述一遍,他便会有所领悟。值得一提的是,你的夸赞千万不能变成对他的挖苦,否则,将适得其反。

2. 不用言语用书信

在有些情况下,面对面地说开极有可能引发一场唇枪舌剑,若是以书信的方式进行沟通,效果或许会好些。当然,写信的主要目的是要委婉地提醒一下对方,自

己当初郑重提出的想法，是怎样获得今天这个令人欣喜的成绩。在信中适当的地方，你可以写上有关的日期、标题，可以引用任何现存的书面证据。这能让你有机会再次含蓄地强调一下你的真正意思：这主意是我想出来的。

被同事悦纳的有效说话方式

在争论中取胜的唯一方法就是避免在争论中占上风。

能被同事所悦纳的谈话方式有以下几种：

1. 主动承认错误

主动承认自己的缺点，比让别人批评要心情舒畅。

如果你觉察到同事认为你有不妥之处，或是想指出你的不妥之处时，那么，你就要首先自己讲出来，使他无法同你争辩。相信他会宽宏大度，不计较你的过错，并能原谅你。

所以，如果错了（这是在所难免的）就干脆认错，这种方法可产生意想不到的效果。

所以，当你要同事接受你的观点时，请遵循第这条准则：只要错了，就坚决承认。

2. 耐心倾听

大多数人为使他人接受自己的观点，总爱侃侃而谈，同事之间相处更是如此。应该给别人把话说完的机会，因为他对事情和自己的问题比你知道得更清楚，所以最好是向他提些问题，让他告诉你他认为什么是正确的。

如果你因不赞同他的意见而打断他的话，那是有害的。请不要这么做。在他言之未尽的时候，他会对你置之不理，因此请静心听他把话说完并尽量加以理解。要真心实意地听，要鼓励他把话说完。

法国哲学家拉罗什富科说："如果你想树敌，就设法超过自己的朋友；如果你要朋友，就请为您的朋友提供超过你的机会。"

德国有一句谚语，翻译过来的大概意思是：人们在其嫉妒的人遭受挫折所产生的喜悦，才是真正的喜悦。

有些朋友，他在你受到挫折时比在你获得成功后更高兴，这是完全可能的。最好把自己的成绩看低一些。只要我们能谦虚一些，我们很快就能达到自己的目的。

我们应该谦虚，因为我们自己没有什么了不起的。我们都会死亡并在百年之后就被彻底忘却。如果总是想在别人面前夸耀自己微不足道的成绩，那生活就太没意思了。最好是让别人讲话。请仔细想一想，你有什么值得自我吹嘘的呢？

所以，你如果想要别人依照你的观点办事，请遵照这条准则去做：给他人多说话的机会，自己尽量少说。

3. 在争论中不抢占上风

十有九次的争吵结果是，每人都更加相信自己是正确的。

实际上在争吵中是没有胜利者的。即使你在争吵中占了上风，说到底你还是失败了。为什么呢？即使你是胜利者，那又怎么样呢？你将扬扬得意。但你的对手会怎样？你让他觉得低你一头，你伤了他的自尊心，他当然恼火。而被迫放弃自己观点的人从来都不会因此而改变自己的初衷的。

佩恩·马尔特霍人寿保险公司为其代理人定下的规矩是：不许争吵。

说服某人并不意味着要同他争论。说服人同与人争吵毫无相同之处。争吵不能改变别人的看法。

好好思考一下，你更想看到什么呢，是想得到表面的胜利还是人的同情？二者兼得的事是很罕见的。

在争论中你的意见可能是正确的。但要改变一个人的看法，你的努力大概会是徒劳的。

因此，我们应牢记这一点：在非原则争论中要给予同事取胜的机会。误会是不能靠争吵消除的，它只能靠接触、和解的愿望和理解对方的真诚心愿。

有一次，林肯批评了一个年轻军官，原因是他同自己的一个同事进行了激烈的争吵。林肯说："任何一个想要有所作为的人，都不应在和人争吵上浪费时间，这不是说他不应该允许自己发火和失去控制，而是说在重大问题上如果你感到你和对方都正确，那你就应该让步；在枝节问题上即使你明明知道对方不对，你也应该让步。给狗让路总比让它咬你一口要好，因为即使把狗打死，也不能马上治好你的伤。"

所以，当你与同事发生争论时，请懂得这条准则：在争论中取胜的唯一方法就是避免在争论中占上风。

用恰当的话消解下属的怨气

由于种种原因，你的下属可能满怀怨气，那么，身为领导，如何说话，才能让下属消解心中的怨气，而又不失自己作为上司的尊严与威信呢？

1. 主动自责

谁都有犯错的时候，不要以为自己是领导，就高高在上，当自己说错话，办错事时不妨主动承认自己的错误，只有这样才能让员工消解怨气，让自己树立威信。

彭德怀任国防部长时，有一次来到东海前哨的一个炮兵阵地视察。负责同志对敌方情况掌握不透，惹得他心里不高兴。后来又发现弹药库竟然修在阵地前沿，禁不住大光其火，扬言要将团长"撤职，送军法处"。说得团长憋了一肚子的怨气。吃晚饭的时候，彭总叫身边的同志把团长找来，说：

"我今天又说错了话，不该说把你'撤职''送军法处'。其余的都对，你认为不对的，可以批评我，不能赌气不吃饭啊。"

彭总主动向团长承认自己说错了话。其实，从工作出发，他的火是发对了，理和势都在他这一边。但是从部队团结、官兵关系着想，他的"我今天又说错了话"的自责，无疑给广大官兵留下了严格自律的印象，从而激励官兵提高军事素质，始终保持常备不懈的清醒头脑。作为国防部长，他的自责不仅消解了当时那位团长的怨气，给那位团长留了台阶，还给所在部队留了台阶。这个台阶不是让其下去了事，更重要的是下了台阶之后的发奋努力。

当下属因为你过激的批评而心怀怨气时，能主动找到下属，作真诚的自责，实际上就是传达一种体贴和慰藉，责的是自己，慰的是下属。这有利于在对方本已紧凑的心理空间辟出一块"缓冲地带"，让命令得以执行，工作能够顺利地开展下去。

2. 晓以利害

某市无线电厂由于长期亏损，债台高筑，濒临破产。这天，该市电视机厂对无线电厂实行有偿兼并的大会在无线电厂举行。上千名职工感到耻辱，坚决反对兼并，愤怒的人群争吵着，吼叫着，吹口哨，鼓倒掌，场面十分混乱。

这时，电视机厂的吴厂长，扯大嗓门对陷入失控状态的人群喊道：

"我告诉你们一个事实：到下个月工商银行的抵押贷款就要到期，无线电厂马上就要破产，上千名职工就要失业！难道你们愿意这个具有几十年历史的我市唯一的收录机专业生产厂家破产吗？难道我们厂上千名职工情愿失业，重新到社会上待业吗？请问，谁能使无线电厂不破产？谁能使上千名职工不失业？是能人，请站出来说话，有高招，请拿出来！你们反对兼并，拿出主意来！"

愤怒的人群渐渐地开始静了下来，他面对着上千双翘首以待的眼睛，接着说：

"我吴某人不是资本家，是国家干部。就我个人而言，叫我兼并无线电厂，我才不干呢！我又何必自讨苦吃？可我是共产党员，看到国家受损失，我于心不忍啊！"

这时有人站起来说："我要问你，你能保证我们不失业，无线电厂不破产吗？"

吴厂长说："有些同志对我不信任，这是可以理解的，因为不了解嘛。请大家放心，从并厂后第一个月起，如果再亏损，由我吴某人负责。我和大家同舟共济。如果要下海，我第一个带头跳！至于具体办法，我这里就不说了！"

这时，全场爆发出雷鸣般的掌声。在当时骚乱的情况下，面对愤怒的人群，训斥制止都不行，婉言相劝想必也不行。这时，吴厂长直言并与不并的利害得失，终于打破了人们的认识障碍，镇住了混乱的场面，又消解了大家的怨气。

下属与上司的一个不同之处在于，上司除了关心自己的利益之外，更应该关心单位的整体利益，而下属却有权关注自己的切身利益胜过关注整体利益。因此，对下属说话应该常记住"晓以利害"这一技巧，当他们对某件事有与单位上司不同的想法时，作为上司的你就应该明智地对他们做一番权衡利弊的分析，只有让他们觉得你的决定才是真正有利于他们切身利益的时候，他们才会真正地消除不满，转而支持你的工作。

3. 抓住实质

冯玉祥当旅长时，有一次驻防四川顺庆，与一支"友军"发生矛盾。这支"友军"将骄兵惰，长官穿黑花缎马褂，蓝花缎袍子，在街上招摇过市，像当地的富豪公子模样。有一天，冯玉祥的卫士来报：

"我们的士兵在街上买东西，他们说我们穿得不好，骂我们是孙子兵。"

冯玉祥看到自己穿的灰布袄，便说：

"由他们骂去，有什么可气的。这正是他们堕落腐化，恬不知耻的表现！"

为了避免士兵们由于心里不平衡而生闷气，冯玉祥立即集合全体官兵，进行训话：

"刚才有人来报，说第四混成旅的兵骂我们是孙子兵，听说大家都很生气，可是我倒觉得他们骂得很对。按历史的关系来说，他们的旅长曾做过20镇的协统，我是20镇里出来的，你们又是我的学生，算起来，你们不正是矮两辈吗？他们说你们是孙子兵，不是说对了吗？再拿衣服说，绸子的儿子是缎子，缎子的儿子是布，现在他们穿绸子，我们穿布，因此他们说我们是孙子兵，不也是应当的吗？不过话虽这么说，若是有朝一日开上战场，那时就能看出谁是爷爷，谁是真正的孙子来了！"

几句话把官兵们说得大笑起来，再也不生闷气了。冯玉祥正是抓住了问题的实质，即军队就是比赛打仗的，而不是比赛穿衣服的，因此他把手下人说得心服口服。

当下属心怀怨气的时候，单纯劝导难以起到真正的作用，只有把他们心中的"怨结"打开，才能让他们豁然开朗。而打开"怨结"的关键就是抓住令他们生气的问题的实质，带领他们走出思想的误区。

不要让部下对你产生敌意

身为领导，有时不免颐指气使，让部下感觉不愉快，这是造成领导与员工彼此对立的重要原因。因此作为领导，对员工说话时，注意方式、掌握分寸很重要。

老板不应当仅仅看到部下的工作情况和成绩，还应当了解他们内心的烦恼。因此，老板讲话时要极为慎重，注意不要伤害部下的感情。

老板的讲话与提问的方式是极为重要的。如果掌握不好的话，就可能使部下与你产生对立。

老板可以通过经常鼓励部下积极工作的方式来消除彼此间的对立。而且，这样做还能让部下全部发挥出自己的能力来，从而为企业培养出优秀的人才。

产生对立的谈话方式是：

老板：喂，你最近的表现可不太好啊！部下：可是我已尽最大努力了。

老板：努力？我怎么看不出来你在努力。部下：我难道不是在工作吗？

老板：你怎么能用这种态度说话？部下：那你要我怎么说呢？

老板：你太自以为是了。这就是你的问题所在。

不会产生对立的谈话方式是：

老板：喂，最近表现的可不太出众啊，这可不像是你一贯的作风。部下：我已经尽最大努力了……

老板：是不是有什么心事？部下：实际上……（妻子住院了）

老板：是吗！你怎么不早说，家里出了事理应多照顾，要不就先请几天假，好好在家照顾一下病人。部下：好在已经没有什么大问题了。

老板：噢，那就好。如果有什么困难尽管来找我。

在这里，老板表现出了体贴部下的心意，又注意不要强按人低头，所以部下还是十分感激的。但是如果老板说服部下的方法不对，对方会对你产生敌意。这种情况，多发生在谈话之前对对方怀有不满和厌恶的时候；也可能是你过于急躁逼人认错的结果。所以首先避免以上两种容易产生敌意的态度。另外，对方情绪过分激动，其是非的判断力、意志的驱动力都会变得"模糊"，处于抑制状态。在这种情况下，任何"强攻"都难奏效。不如暂停说服工作，告诉对方，好好休息，下次我们再慢慢谈。停一停再谈，这对扭转认识、稳定情绪具有很大作用。心理学研究发现，某一件事在头脑中形成强烈的刺激反应，一时无法抑制，但睡了一觉，这种情绪会淡化，这就是"睡眠者效应"。昨天看来已处于"山重水复疑无路"的说服工作，到了第二天再谈，就可能出现"柳暗花明又一村"的新局面。

老板说服部下，目的是使对方跟自己走。光是自认为理由充足可不行，还要了解对方的心理特点，使对方心甘情愿听你的，一切都由你做主。古希腊哲学家苏格拉底认为：他从来没有要教训别人什么，他只像一个灵魂的催生婆，帮助人们产生自己的思想观点。看来，老板也很有必要掌握这种"催生"的艺术。

运用漂亮语言令下属服从命令

如果你是领导，你在运筹帷幄制订了工作方案之后，一定不愿让它成为没有现实意义的海市蜃楼。那么，你必然会把你的方案传达到下属那里，并让他们付诸实施。如何使你的下属服从命令呢？有经验的领导会用好口才去激发下属接受任务和完成任务。

1. 指导和激励

帮助解决问题和创造成绩是最佳的方式。一般人希望领导是帮助他们提供方法、解决难题的导师，是他们创造成绩、争取进步的牵引者，而不希望领导是不懂装懂的蹩脚传令官。当你所领导的下属在各个方面都有比你突出的专长时，你的技术指导似乎苍白无力。然而不要怕，更高明的方法不是直接的技术指导，而是帮助你的下属找到创造成绩的契机，通过激励他们实现人的成功欲望，让他们心甘情愿地实施你的方案。

比如，某单位接受一个科研新项目，有些人觉得领导是在惹麻烦。领导不动声色地在例会上讲："大家都知道，咱单位都是年轻人，谁也不会不想进步。但我昨天碰到一位老同志，他苦恼地对我讲，他一生虽算一头老黄牛苦苦干过来，可是遗憾没有科研成果，结果职称很低，到老也没什么好骄傲的。同志们，这位老同志的话给我很大的启发，我们在工作的同时不能不创造条件搞科研项目。所以，我向上级领导申请了一项科研任务……"说到这里，他已经把大家的成功欲望激发起来，"惹麻烦"的念头烟消云散，领导的科研方案顺利落实。是的，一方面以事晓之、以理服之、以法示之，另一方面又以情动之、以利导之、以气鼓之，要让下属言听计从，已有 80% 以上的把握了。

2. 讲明利害

有些人偏偏会在你任务很急的时候，因为某种偶然的原因拒绝接受任务，怎么办呢？有经验的领导会讲明利害，不动声色地强制执行。如某厂想调一名政工干部去营销部，该干部闹了情绪，厂长找他谈话："咱厂近来按制度让几位干得不好的干部闲置起来做待聘处理，你不会不知道吧？你有口才，我决定让你到营销部闯一闯，你如不去，可没其他机会了。"在竞争激烈的今天，被闲置就是竞争失败者，厂长一番话，政工干部脸红了，心知利害，服从了厂部安排。

3. 巧用激将法

对有些人，你使用一下激将法，也能取得意外的好效果。军营指挥官一句："你敢立下军令状吗？"叫多少热血将士冲锋陷阵，立下赫赫战功；经理一句："你就不能胜过 ××，去争取最高工资？"叫多少技术人员苦攻难关，创造惊人效益；而教师们运用激将法转化一些顽皮学生就不胜枚举了。又如，有位领导见一位年轻下属正在抓一个车间的改革试点，故意激他道："你这么点年龄，行吗？"年轻人答道："基本完成任务了，请领导验收吧！"领导见状，又有意激道："车间只是个小单位，你要能把咱厂的改革搞成功，我就服你！"年轻人红了脸："能让我试试吗？"领导于是让他当业务副厂长，年轻人竭尽全力开始他的改革方案……领导满意地笑了。

批评下属的技巧

斥责部属是一件很不容易的事情，斥责得不当，不但达不到原来的目的，有时还会让部属感到灰心失望。那么如何斥责部属才能达到预期的效果，而又能让他欣然接受呢？

1.冷静地处理

盛怒时，多数人都是面红耳赤、颈暴青筋。过度的生气，往往会使人失去理性。以致一些严重伤害对方的，不应该说的话也会说出来，这些都值得我们借鉴。怒气冲冲时，不可因情绪激昂而破口大骂，应冷静并选择有效的斥责技巧，才是正确的方法。

一位幼儿园的老师曾经说过："以声音来惊吓小孩，是非常不明智的举动。"当小孩受到惊吓后，为了防止再受伤害，会逐渐地把一些失败或不良行为转明为暗。好不容易才养成的健全身心，因此产生变异。所以，当家长因某事而盛怒时，不妨先握紧拳头并放入口袋中，数1、2、3……当怒气被平息下来之后，便能以理性来处理了。

被人批评："笨蛋！""叫你做事，害我晚上都睡不着。"相信你也会想："既然如此，一开始就不要叫我做。""你是垃圾，你家人也一样。前几天打电话去，那是什么礼貌啊！""看一个人的生活起居，就可以知道他是什么样的人。所以，我知道当你失败的时候，一定会找借口推脱。"伤害他人自尊心的话，不加思考就讲出来，对谁都没有好处！应该冷静地分析什么应该说、什么不该说之后，再平心静气地向对方说明。

2.场合的考虑

一次商务宴会上，罗伯特遇到了这样的一个场景。

那是一家公司的圣诞晚会，但事实上受到邀请的人都是与公司有生意往来的合作伙伴，所以这个晚会相当于一个非正式的商务宴会。公司的一个高级职员穿了一件不够得体的晚礼服，与罗伯特谈话的公关部经理看到后马上中断了和他的对话，走到那个职员面前：

"你怎么穿这样的衣服来了？"经理的声音不大，但还是有人能听到。

"对不起……之前准备好的衣服不小心刷坏了，所以就……"

"那也不能穿这样的来吧？简直是丢公司的人。"

面对咄咄逼人的经理，那个职员的脸色越来越难看。

"不要再解释了，马上去给我换一件，要么就离开这里，不要再在这里丢人了。"

被说得无地自容的职员只好狼狈地离开了会场。目睹这一切的罗伯特觉得这个经理做得过分了，他想这个经理应该不会在现在的位置上待很久的。果然，几个月后，这个经理被公司调到了外地的分公司，理由是无法和下属很好地相处。

批评时要考虑环境是否适合，这不仅仅是指不要在人多的场合中批评说教，还有其他的一些情况下，你也应该多加注意，以免让人产生逆反心理。

3. 明确地指出重点

大家都知道，没有一件事会比听人说教更难过，尤其是一开口便是这个也讲、那个也骂，到最后仍使人弄不懂到底是做错了什么。所以，斥责对方时，必须针对错误的事项，提出自己的想法与意见，其余的一些小问题都可暂时不予理会，而就重点斥责。这也是能令对方印象深刻的最佳方法。冗长的说教，除了功效不佳之外，最后还有可能造成双方不和。

4. 因人而异地批评

批评的方式，必须要先看对方是属于什么类型之后，再下决定。个性较温和的人遭人大声怒吼时，只会一味地退缩和保护自己，无法专心听人说教。而个性刚烈的人，则往往会因对方的斥责而亢奋，无法忍气吞声，结果，通常都会采取强硬的反驳手段，或因而更奋发图强。

"笨蛋！你到底在想些什么？不要以为是新人就可以不负责任，拿回去重写！"

遭到上司批评的 A 先生，心想："有什么了不起！"于是下定决心奋发图强："有一天等我超越你之后，再看你怎么斥责我。"所谓强将手下的人个个精明能干，就是这个道理。一再遭到他人的批评，却不愿认输投降的品质，往往都是出现在斗志高昂的人身上。而斗志不充足或是遇上麻烦就习惯性退缩者，通常在此阶段就因此而遭到淘汰的命运。

也有些人是属于工作效率高，但个性柔弱的，那么此时就该采取温和式的斥责。例如，将手轻搭在对方的肩上："喂！最近表现欠佳啊，好好加油！"以不惊吓到对方的程度给予警告性的斥责。

就如以上所说，批评要谨慎又谨慎，先考虑对方是属于何种类型后，再决定应该采取的方式。

表扬下属要有方法

很多领导都可能会犯这样一些错误：明知下属有成绩却很少表扬；该表扬员工时却批评，以为这样更能激励员工。古人指出，"求将之道，在有良心，有血性，有勇气，有智略"，对于那些忠义的下属，一定要大胆表扬施恩，以鼓励他们的忠心。

但表扬员工时，一定要注意以下几点：

1. 要具体，切忌含糊其词

表扬本来是激发热情的一种有效方法,但有时运用不适宜则会使下级反感。因此，中层领导在谈话中表扬下级时应斟酌词句，要明确具体。比如，有些领导者赞扬下级时使用这样含糊的评价："你是一名优秀工人"，"你工作得很好"之类。其实，以这种方式表扬是毫无用处的，因为他们没有明确赞扬评价的原因。有时部下甚至会因此而产生误解、混乱和窘迫，乃至关系恶化。一般认为，用词越是具体，表扬的有效性就越高，因为下级会因此而认为您对他很了解，对他的长处和成就很尊重。

举一个例子，克莱斯勒公司为罗斯福总统制造了一辆汽车，因为他下肢瘫痪，不能使用普通的小汽车。工程师钱柏林先生把汽车送到了白宫，总统立刻对它表示了极大的兴趣，他说："我觉得不可思议，你只要按按钮，车子就开起来，驾驶毫不费力，真妙。"他的朋友和同事们也在一旁欣赏汽车，总统当着大家的面夸奖："钱柏林先生，我真感谢你们花费时间和精力研制了这辆车，这是件了不起的事。"总统接着欣赏了散热器、特制后视镜、钟、车灯等。

换句话说，他注意并提到了每一个细节，总统知道工人为这些细节花费了不少心思，总统坚持让他的夫人、劳工部长和他的秘书注意这些装备。

2. 抓住时机

在与下级的谈话中能把握住有利时机去表扬对方，其效果可能是事半功倍，失掉有利时机，其效果则可能是事倍功半。一般说来，部下开始为他办某件有意义的事情，就应在开头予以表扬，这是一种鼓励；在这种行为的进行过程中，中层领导也应该抓住时机再次表扬，最好选在他刚刚取得一点成就的时候约谈一次，这样有助于您的下级趁热打铁，再接再厉。另外，请不要忘记，当他的工作告一段落并取得一定的成绩时，下级期望得到您的总结性的公开表扬。当然，在与下级交谈中，表扬也是有"度"的，适度表扬将会使您的下级心情舒畅，反之，则可能使他感到难堪、反感。因此，中层领导在讲话中必须从内容方式等诸方面把握好这个"度"。在上下级的语言艺术中，表扬总是"点石成金"之术，但它仍需根据不同情况巧妙运用，只有恰当适宜的表扬，才能在交谈中架起"心桥"，使上下级关系更加和谐。

3. 多表扬对方才华

希腊有句谚语："使人幸福的不是体力，也不是金钱，而是正义和多才。"才能，是一个人区别于他人的最明显的标志，是他幸福的源泉之一。我们表扬一个人，就要深深地打动他，而最能打动他人的表扬，莫过于对其才能的认可和高度评价。

我们周围不乏才华横溢之人，有的人有能言善辩的口才；有的人能潇潇洒洒，妙笔生花；有的人善发明；有的人演技高超……诸如此类的才华都是有价值的表扬题材。

4. 放下架子

放下"架子"表扬下属可以用谦虚、真诚的姿态来表现。

秦穆公得知百里奚是个人才，就想方设法用5张羊皮把他从楚国的囚牢里赎出来。

此时的百里奚已是年逾七十的长者。当把他带到秦穆公面前时，秦穆公亲自为他打开囚犯的镣铐，尊之以上座，并向他求教治国之策。

秦穆公的行为使百里奚感到受宠若惊，推辞道："下臣乃亡国之臣，还有什么值得您垂问的。"缺乏信心的百里奚语气里透着伤感和自卑。

秦穆公恳切地说："虞君不信用您，所以才招致亡国之祸。这并不是您的罪过呀！"

秦穆公通过剖析虞君之过巧妙地表扬了百里奚的政治才能，鼓励了他的信心，而秦穆公诚恳、谦虚的求教态度，更是对百里奚治国之才干的无声表扬。真挚的表扬使百里奚鼓起了信心，大为感动，与秦穆公连续3天交谈了自己的治国施政主张。

5. 少说"我"，多说"你"

少说"我"、多说"你"的表扬原则，主要是指要使对方始终成为你们谈话的重心，你可通过表示欣赏、求教等方式来显示你对对方的由衷赞叹。你要善于分享他的欢乐，肯定他的成功，为他所骄傲的事情喝彩。总之，你要使他得到在别人那里得不到或未被满足的某种心理需求。使对方感到被关怀，自我价值得到某种实现。

对领导说话不卑不亢

有的下属对领导唯马首是瞻，即使领导做错了，还佯装欢笑，卑躬屈膝，违背原则说一些子虚乌有的话。如果是非常精明的领导，这种人是很难得到重用的。因为这种人一般并没有什么真才实学，不仅很难成事，还经常会坏事；而且这些人把利益放在第一位置，现在他可以违背自己的良心说对你有"利"的话，明天也可以干出对你不利的事来。

当然，作为下属，对领导的面子还是要照顾到的。这就要求在和领导讲话的时候既不能肉麻地拍马屁，也不能让领导感觉被压制，下不了台，也就是要不卑不亢。

当在领导面前处于不利境地时，如果为了迎合领导，讲了假话，那就违背了自己的内心，也未必会得到领导认可。在这个时候如果讲究点技巧，不卑不亢，既讲了真话，不违背自己的本心，又能使对方接受，岂不是一举两得。下面就是这样一个例子：

宋代有一位大臣，为官公正，为人刚正不阿。他年轻时四处游学，机缘巧合，竟然认识了微服私访的当朝皇帝。皇帝心血来潮，写了字画了画儿拿去卖，只可惜水平实在不高。这位青年告诉皇帝，他的画儿只值1两银子。皇帝听了既不服气又生气，但也不好发作。

第二年这位青年进京赶考，高中状元，成了天子门生。觐见皇帝时才发现，原来当年卖画儿的老兄竟然是皇帝，皇帝也认出了他。皇帝屏退左右，只将这位大臣留了下来，拿出当年只值1两银子的那幅画，问道："卿家认为这幅画价值几何？"

这位大臣赶紧前进一步说道："这幅画如果是陛下送给微臣的，那就价值万金，因为无论陛下送的何物，对微臣来说，都是无价之宝。但如果拿去卖的话，这幅画就值1两银子。"

皇帝听了，不禁拍掌大笑，知道自己有了一位才学渊博、品行端正的忠心之士。

这位大臣在这里并没违背自己的本意，而是讲了真话，这种不卑不亢的巧妙表达，也使皇帝觉得在理，因而也非常高兴。

对于有些涉及领导者的棘手问题，为了给对方留一个面子，同时恰当地维护自己的尊严，就要巧妙区分，从不同的角度来解决，这一招通常都是很灵验的。

不卑不亢只是一种说话手段，运用它的关键是理直而气壮，只有在领导面前大胆地说出应该说的话，才能不致弄巧成拙，惹领导不快。

如何面对上司的批评意见

作为一个下属，在很多情况下，都会有被老板批评的时候。比如自己做了错事，自己受到污蔑，老板不了解情况……甚至老板心情不好或看不惯你，你都可能在老板那里品尝批评的滋味。

不管你是因为什么原因被老板批评，你都应该遵循下面的原则：

1.认真倾听，让老板把话说完

如果你的老板批评你，不管批评得对还是不对，千万不要打岔，要静静地听老板把话说完，即使有些话很不好听，你也要认真地听。同时，你一定要注意你的非语言因素，也就是要注意你的动作、表情，千万不要让老板感觉到你不愿意继续听下去。正确的做法是：目光直视老板的目光，身体稍微前倾，面部表情要和善，充分表明你在很认真地听取他的谆谆教诲。这就是我们所说的倾听。

在一般情况下，如果老板批评不当，你可以进行恰当的"辩解"，可是必须建立在你自己充分认识到老板的正确性的前提之下，而不是文过饰非，胡搅蛮缠。

当然，最好是不要进行辩解，特别是对那些细枝末节的或无法弄清楚的事情，最好是保持缄默。

2.充分肯定，感谢老板的诚意

不管老板的批评是不是有理，作为下属，首先至少必须在口头上对此表示充分的肯定，表现出你接受批评的诚意。

如果老板对你的批评是出于一种诚意，你的态度是会让他感到欣慰和满足的，从而老板的态度也会渐渐缓和下来；如果你的老板是另有目的，那么，一般来说，你表现出来的礼貌和涵养，也会使他感到心虚，从而表现出不自然。

如果采取了这些方法，你就可以从老板的反应中分析出是善意还是恶意。千万不要暗示老板，认为他的批评是出于某种不良的因素。如果这样，你和老板之间就会产生更深的隔阂和误解，对于一个下属而言，这是极为不好的。因为如果老板确实出于某种不良的动机，那么他更会因为你的这种暗示而产生更多的不良动机。这样你就很危险了。

3.退后一步，请老板说得更清楚

作为一个优秀的下属，当老板批评你的时候，你应该静下心来，最好能让老板说出他批评你的理由。研究证明，这种方法有利于你了解老板的真正动机和事情的真相，从而找到更有效的解决问题的方法。

研究发现，有个别老板批评下属的时候，很难做到就事论事，而是或含糊其词，或借口传言，或明话暗说，让下属捉摸不透。遇到这种情况，你就应该让老板把想说的话都说完，他说得越多，你就会洞察到更多的真相，找到更多的解决问题的办法。

俗话说，言多必失，通过老板的说话，从自然而然的流露之中，就会发现很多原先他本来不说的真实想法，这样你就因此能捕捉到事情的缘由。

下属尽量采用认真、低调、冷静的方法对待老板的批评，一般不仅不会损害你们之间的关系，而且还会增加你们之间的沟通，可能还会因此使关系变得紧密起来。

4. 不要顶撞，使老板感到受尊重

作为下属老板之所以批评你，就是因为他认为你有他值得批评的地方。聪明的下属是很明白这一点的，他们会善于利用老板的批评，从中化害为利，化腐朽为神奇。同时，不顶撞老板，就是对老板的尊重，很多老板都是会因此感激你的。如果老板是借你杀鸡儆猴，你的这一招可能比获得表扬还要有效。

因此，即使老板的批评是错误的，下属只要处理得好，很多时候，坏事也会变成好事。很多老板都会认为，"这个人很虚心，没脾气，能成就大事"等，可能因此就把你当成亲信，作为接班人。

而下属如果"老虎屁股摸不得"，动不动就牢骚满腹，那么，你虽然可以获得一时痛快，可是往往都会和老板的关系进一步恶化，会认定你"批评不得""不谦虚""目中无人"，因而得出了结论"这人重用不得""当个下属尚且如此，当了老板要吃人"。这样的后果比批评本身要严重得多。

当面顶撞老板更是一种匹夫行径，"匹夫见辱，拔剑而起"，这是不可取的，因为这不仅仅使老板大丢面子，连下属本身也下不了台，这是一种鱼死网破的行为。

5. 不做申辩，让老板认为你有度量

老板批评你几句，这没有什么了不起，又不是什么正式的处分。因此，你完全没必要申辩，一定要弄出一个谁是谁非。

被批评会使你的心头感到难受或使你在别人心里的印象受到损害。可是如处理恰当，老板会产生歉疚之情、感激之情，你不仅会得到补偿，甚至会收到更有利的效果。这与你面子上损失一比，哪头轻哪头重，显然是不言自明的。

并且，在别人的心目中，你能够有理让三分，这是一种很高的修养，是很容易得到大家的尊重的。

反复强调理由是没有必要的，因为如果你反复纠缠，得理不让人，一定要把事情搞个水落石出，老板就会认为你气量狭窄，斤斤计较。

这样的人，老板怎能委以重任呢？

通过大量的观察发现，老板批评下属的时候，最希望的是下属服服帖帖、诚恳虚心地接受批评，最恼火的是下属把老板的批评当成了"耳旁风"，依然我行我素，屡教不改。

按照一般情况，老板是不随便批评下属的，所以站在下属的立场，应该诚恳接受批评，从批评之中悟出很多道理。

因此，不应该把批评看得太重，认为自己挨了批评前途就泡汤了，因而强作申辩，或工作打不起精神，这样最让老板瞧不起。

把批评看得太重，老板就会认为你气度太小，他可能因此不会再指责你了，但是他也不会再信任和器重你了。

老板的面子是下属给的

每个人都好面子，领导更是如此。给领导面子也是给自己机会。那么给领导面子，最关键的就是不要超越领导的位置，即"越位"。

在与上司的相处中，尤其在工作的时候，如果你不摆正自己的位置，即使你为上司出了力，也会遭到他的反感甚至排挤。既然你是为人办事的角色，就应该站在自己的职位上去为上司出力，充分给予他面子和尊严，做到不越位。

越位的表现有多种，平时行事就要多加注意。

1. 决策的越位

在有的企业中，职员可以参与决策，这时就应该注意，谁做什么样的决策，是要有限制的。有些决策，职员可以参与意见，有些决策，职员还是不发言为妙。如果是该由老板来做的决策，你代劳了，那等于是无视上司的存在。

韦恩年轻干练、活泼开朗，入行没几年，职位"噌噌"地往上升，很快成为单位里的主力干将。几天前，新老板走马上任，下车伊始，就把韦恩叫了过去："韦恩，你经验丰富，能力又强，这里有个新项目，你就多费心盯一盯吧！"

受到新老板的重用，韦恩欢欣鼓舞。恰好这天要去北京某周边城市谈判，韦恩一合计，一行好几个人，坐公交车不方便，人也受累，会影响谈判效果；打车吧，一辆坐不下，两辆费用又太高；还是包一辆车好，经济又实惠。

主意定了。韦恩来到老板跟前。"老板，您看，我们今天要出去，"韦恩把几种方案的利弊分析了一番，接着说，"所以呢，我决定包一辆车去！"汇报完毕，韦恩发现老板的脸不知道什么时候黑了下来。他生硬地说："是吗？可是我认为这个方案不太好，你们还是买票坐长途车去吧！"韦恩愣住了，他万万没想到，一个如此合情合理的建议竟然被打了"回票"。

"没道理呀！傻瓜都能看出来我的方案是最佳的！"韦恩大惑不解。

在老板面前最忌讳说的一种话就是"我决定如何如何"。如果你想要做什么样的决定，一定要采用引导的方法，结论要让老板自己说出来。

2. 表态的越位

表态，是表明人们对某件事的基本态度。表态要同一定的身份密切相关。超越了自己的身份，胡乱地表态，是不负责任的表现，也是无效的。对带有实质性问题的表态，应该由领导或领导授权才行。而有的人作为下属，却没有做到这一点。上级领导没有表态也没有授权，他却抢先表明态度，造成喧宾夺主之势，陷领导于被动。

3. 干工作的越位

哪些工作由你干，哪些工作由他干，这里面有时确有几分奥妙。有的人不明白这一点，有些工作，本来由领导做更合适，他却抢先去做，从而造成干工作越位。

4. 答复问题的越位

这与表态的越位有些相同之处。有些问题的答复，往往需要有相应的权威，作为职员、下属，明明没有这种权威，却要抢先答复；会给领导造成工作的干扰，也是不明智之举。

5. 某些场合的越位

有些场合，如与客人应酬、参加宴会，也应当适当突出领导。有的人作为下属，张罗得过于积极，比如同客人如果认识，便抢先上前打招呼，不管领导在不在场。这样显示自己太多，显示领导不够，十分不好。

在公开或正式场合，一般的上司都喜欢下属称赞自己，讨厌下属抢镜头、抢次序。尤其是一些上司平时与下属走得过近，界线不分明，平常嘻嘻哈哈、随随便便，甚至称兄道弟，把下属惯坏了，下属心目中的"上司意识"淡薄了，一遇正规场合就可能伤害上司的尊严。

在一次宴请客户时，某公司设宴款待王经理和他的几个下属，就座时年轻的蒋某也没考虑，就抢先一步坐到主宾位置上大吃大喝，王经理只好屈居二位，心里很恼火。事后狠狠地把蒋某大骂一顿，说他能力低下，只知吃喝。不久蒋某便被解聘。

在工作中，"越位"对上下级关系有很大影响。下属的热情过高，表现过于积极，会导致领导偏离帅位，大权旁落，无法实施领导的职责。因此，领导往往把这视为对自己权力的严重侵犯。

拒绝老板有理由

任何事情有其结果，必有其起因。当老板的意见不正确，需要你拒绝的时候，一定要提出你拒绝的理由。

平白无故地拒绝老板的意见或者老板要你做的事情，如果不说出理由，是极端不礼貌的行为。

在拒绝老板的时候，要注意以下几点：

1. 态度要明确

当老板有了指示或者命令的时候，如果你持不赞同的观点，不要明确地表示拒绝，不要直接地说出"行"或者"不行"，要持有一种保留的态度。持有保留的态度可以避免引起老板的不快。

你的最终目的还是要拒绝老板的不当指令。但是这样做绝对不是说对老板的任何指示或者命令都要持有一种既非"肯定"，也非"否定"的暧昧态度。相反地，为达到拒绝的目的，最重要的一点是，事先就要明确地决定自己的态度，之所以这样做是为了拒绝老板，不要改变自己的初衷。

有些问题十分重要而又复杂，无法当场决定采取"肯定"还是"否定"的立场，这时候为了有所保留，不招致老板的不快，就要说：

"我想这个问题很重要，请让我多考虑一些时候。"

"现在一时说不出所以然来，无法马上答复你，请给我两天的时间。"

此时，表现得模棱两可，则是必要的，关键是争取缓冲的时间，以便仔细考虑。

鲁迅曾说过："犹豫要走哪一条路的时候，应该好好地定下心来，花费足够的时间以选择要走的路。"

这可看作有关决断的有益训示。

2. 善于辩解和找借口

作为下属，既要懂得拒绝老板，还要知道该如何让老板通过你的拒绝而欣赏你。

要想做到这一点，就要善于"辩解"和"找借口"。

"辩解"是"辩明理由让对方了解"以推动工作，而不是推诿责任，它是对自己言行负责的人应有的正确态度。在工作当中，有的人会因为认为"辩解是有失面子的事情"，而保持沉默，这样做的最终结果是失去自己的主见，也是对自己的工作不负责任的表现。

当然，如果为了保护自己而拼命地辩解，也是不好的。

正确的做法应该是，主动说明原因，提供情报，说明不能够做的理由，绝不仅仅是只要保护自己，这才是最好的方法。

一般来说，下属找借口时说话都是慢吞吞或犹豫不决的，同时语调也会变得低沉，但如果是堂堂正正地说明理由时，态度便会热忱而明快，语调也会开朗爽快。

向老板说明拒绝的理由时，要口齿清晰，态度明朗，如果在讲话的时候语调低沉、态度畏畏缩缩，老板就会认为你是在找借口。

3. 要在拒绝当中成长

作为公司的下属，常常会遇到这样的事情。当老板在某些场合听到一些工作上的新方法后，马上就会在自己的部门实施，于是就督促下属说："我想在我们的部门，用这种新方法来进行工作。"如果本部门适合这样的工作方法还好，但如果本部门的确不适合运用这种新的工作方法，这样做无疑是增加工作难度，这个时候，有的下属就会在私下里发牢骚。认为老板这样做是强人所难，也不管行不行得通，就将原来的工作秩序打乱。

发牢骚终归是发牢骚，不能解决任何实际的问题。这时，要想让老板打消这个念头，除非有人勇于拒绝上级或老板的新花样，让他说出"是这样的吗？"如果不是这样的话，就只有接受领导的这个新花样。

在实际工作当中，照正常情况，一个公司如果想采用一种新的工作方法，应该由组长一类的下层负责人根据实际情况决定是否采用，而不应由老板来考虑。可是如果一旦老板心中有了某种打算，要想消除将是十分困难的。

那些绞尽脑汁想要设法说服老板的人，可以从中培养自己的某些能力。

当你认为老板的计划不可实施而加以拒绝的时候，在拒绝的过程中，你或许能发现老板计划好的一面，而从中认识到从前没有发觉的老板的另一面，这对于你和老板之间加深了解不失为一件好事。

以上的情况说明，即便下属在拒绝老板的过程中或许最终反而被老板说服，但自己却会因为受到老板的影响而得以成长。在"拒绝"的时候，下属可以得到很多实际的锻炼，这包括胆量思维的敏捷性、口才的发挥，等等，从而促使自己成长，所以，作为下属，如果想在工作中做出成绩，就要学会拒绝，并勇于拒绝，当然，拒绝也必须是有理有节的，而绝不是无理取闹、更不是胡搅蛮缠的。

4. 拒绝的最终结果还是要尊重老板的决策

下属在工作的时候，如果老板提出的计划是无论如何也行不通的，这时，下属对老板的命令是不是非服从不可呢？经验告诉我们，作为下属，你必须服从老板的最后决定，听从老板的意见，因为这个时候，最终要负责任的是老板。

这个时候如果你一意孤行，明目张胆地反对老板的决定，置老板的决定于不顾，按照自己的想法去做，是绝对行不通的。

这个计划如果执行，十有八九会失败，且会造成重大损失，作为下属，就要考虑，是否也非服从不可。下属要如何作最终判断呢？依照下面方式思考才是正确的态度。

自己的意见显然是正确的，而老板却断然不肯接受时，原则上应先让老板了解你是出于公心，是为工作着想，并且是在万般无奈的情况下才反对的，然后去实行老板的命令。假如你认为按老板命令去做，会对企业的利益造成难以弥补的重大损失，在情况十分危急的紧要关头，你可以以辞职为手段，"要挟"老板取消其命令。当然，这得有个前提条件，即你是一个在工作中老板离不开的人，或这个命令老板只能依靠你去执行。如果不是这样，则可以假意接受下来，但在执行中让它走样，变形，从而使它的危害性变小或没有。

总之，作为一个负责任的下属，作为一个充满正义感的下属，要牢牢记住，在任何情况下，都应该把企业的整体利益放在首位。你如果这样做了，即便老板误解了你，但在事实面前，最终他还是会认识到你是正确的。到时，他就会万分地感谢你，因为是你的坚持，或是你的"胡作非为"才免除了一场重大损失，也才免除了他的灾难性后果。

汇报工作有讲究

在现代企业管理中，下级向上级汇报工作是再常见不过的了。特别是对那些经常要与老板打交道的员工或下属来说，在老板所交办的每一项工作完成之后，向老板进行必要的工作小结，更是必不可少的业务程序。

原则上说，只要是老板直接交办或委托他人交办的工作，无论大事小事，无论工作的结果是否圆满，均应向老板如实做出相应的汇报。

从管理的角度看，老板准确地掌握下属的工作总结的材料，有利于及时掌握工作进度及管理运行状况。对于员工和下属而言，如能掌握相应的汇报工作技巧，不仅有利于其自身素质的提高，而且，会进一步改善其在老板心目中的能力形象。

汇报工作，不能太简单，也不能太啰唆，关键是要说到点子上，没有哪一个上司会喜欢啰里啰唆而又政绩平平的汇报者。汇报工作有时采取书面汇报，有时采取口头汇报，但不管是采取哪种形式，需要掌握的具有共性的技巧有 4 个方面：

1. 理清思路

你在向老板汇报工作之前，应冷静地对工作过程进行反思。至于先说什么，后说什么;哪些问题简略地叙述，哪些问题必须详细地说明，都必须理出一个比较清晰的思路来。如果对待一个问题你自己都不能拿出一个比较完整、比较清晰的思路时，事实证明，你是无法或难以说服别人的。

汇报工作也是这样，如果不事先理清自己的思路，你是难以有条理地、层次分明地、有说服力地把自己做过的工作向老板汇报清楚的。

在向老板汇报工作之前,特别是在向老板汇报那些重大问题之前,必须先打腹稿,即先在脑海中把要汇报的问题以提纲的形式，列出一个分条目的小标题，记在心中，在汇报时逐条道来。当然，你也可以把这些提纲写在小本子上，作为向老板汇报工作时的备忘录。

2. 突出重点

任何一项工作都有自己的重点，即在任何工作程序中，各个环节的轻重缓急的分量是不同的。把握重点，常常意味着抓住了工作的要害。而这些要害问题又往往关系着企业和老板事业的大局或重大利益。所以，老板听你的汇报，或看你的汇报材料，所关心的根本问题，就是你对工作中的重点问题的处理结果如何。在具体操作时，你应掌握俗语所讲的"事不过三"的原则。即在一般情况下员工或下属向上司或老板汇报工作时，每次交谈的重点事项、关键问题，只谈 1 个或 1 件，最多不要超过 3 个或 3 件。

也许我们身边有很多这样的上级，他们在总结工作或做指示时，一般情况下总是"讲 3 条内容"，"提 3 点建议"，或"希望大家从 3 方面去做好工作"。事实说明，那些往往把问题或意见或指示归纳为 3 个数，而加以罗列的领导人，大多都比较干练，且办事效率相当高。尽管这不是绝对的现象，却是一个有趣的现象。

因此,员工或下属在向领导人汇报工作或交谈问题时,注意每次只强调一个问题,只突出一个重点，最多不超过 3 个问题或 3 件事情。这不仅有利于老板或上司理清思路，迅速决断，同时，还会使老板或上司对你的能力和效率表示好感。

所以,从一定意义上讲,善于掌握重点,突出重点,并把重点问题向老板描述清楚,不仅是一个方法和技巧问题，更是一个素养和能力问题。

3. 删繁就简

无论是作口头汇报，还是做书面汇报，你都必须注意删繁就简的问题。因为它不仅是技巧，而且是原则。

所谓删繁就简，就是要把一切不必要的话语从汇报中予以删除。否则，就会出现两种不利的影响。一是让人感到你思维混乱，思路不清，不知所云；二是让人感到你文风不正，似有哗众取宠之嫌。更何况还有"话多有失"的时候。

删繁就简，与其说是一种技巧，不如说是一种原则。

在具体操作上，我们可以这样进行：假如你要以书面的形式向老板汇报工作，那么，你就应该把文章尽量写得简练一些，按照鲁迅的说法，"写完后至少看两遍，竭力将可有可无的字、句、段删去。宁可将可用小说的材料缩成速写，决不将速写材料拉成小说"。

假如你是以口头语言形式，向老板汇报工作，则必须注意掌握老板问什么答什么的原则和策略，不做无谓的拓展和借题发挥。比如，老板只问到事情的结果，你就只叙述结果，而不要涉及事情的过程。因为，老板可能对事情的过程不感兴趣。事实证明，对别人不感兴趣的问题，滥加描述，只会招致反感。

4. 恭请老板评点

当你向老板汇报完工作之后，不可以马上一走了事。聪明人的做法是：主动恭请老板对自己的工作总结予以评点。

通常，老板对于下属的工作总结，大都会有一个评断，不同的是有一些评断他可能公开讲出来，而另一些评断他则可能保留在心里。事实上那些保留在心里的评断，有时却是最重要的评断，对此，你绝不可大意。反之，你应该以真诚的态度去征求老板的意见，让老板把心里话讲出来。

对于老板的诚恳的评点，即便是逆耳之言，你均应以认真的精神、负责的态度去细心反思。因为，老板，之所以能够站到老板的位置上，他肯定在很多方面或某些方面，有着强于你的优点。

老板的诚恳评点，无疑是他把自己的聪明智慧，无偿地奉献给了你，你何不乐而接受呢？

同时，也只有那些能够虚心接受老板评点的员工和下属，才能够再一次被老板委以重任。

那些经常与老板打交道的员工和下属，如能掌握上述汇报工作的技巧，必定能不断提高工作能力和文化品位，同时也会受到老板的信任与赏识。

当下属的就应该说下属该说的话

职场上的人际关系比较复杂，作为下属，在上级面前说话更应该有分寸。

在越来越强调"团队合作"的今天，"具有良好的沟通技巧"已成为许多企业招聘、考核员工时十分看重的条件。在公司里，选择恰当的沟通方式，学习如何与不同身份的同事相处，将使你赢得尊重、信任，在职场中从容行走。

小乔刚做记者的第一个月，感觉过得还不错，基本上不用加班。

但到了第二个月，领导经常叫小乔去现场采访。一开始小乔还觉得很新鲜，后来就感到疲惫了。在连加了3天班后的一天，他正准备下班回家，领导进来了："小乔，你先别走，公司有一个非常重要的客户来了，你帮忙招待一下。"当时小乔还很年轻，根本没想到公司的重要客户由他接待其实是器重他的举动。他感到疲惫和委屈，所以就没好气地说："凭什么叫我接待呀？我已经下班了啊！"

这时，旁边的一位同事赶紧对领导说："我去接待吧，小乔可能有事。"

那天走在回家的路上，小乔的心里一点都不好受，隐约感觉自己说错话了，但还在为自己解释：我已经加了3天班，很疲惫了，领导应该知道呀！

两个月后，那位替小乔招待客人的同事升为主管，这时，他才醒悟：原来大好机会已经被自己错过了！

有时候，领导多给你安排一些工作任务，也许真实的意图是要考验你，希望与你走得更近些，也可能是领导觉得你更好说话一些。但无论如何，这对你来说都是一个很好的机会，如何去把握就要看你了。

小孙是一名文秘。有一天她正在写一个报表，领导叫她："小孙，昨天下午说过的那个报表今天一定要交给我。"

正在写着报表的小孙被领导这么一叫，工作节奏和思路一下子被打乱了，于是她没好气地说："知道了，你没看见我正在写吗？"

领导没有说话，但出去时把门摔得很重。后来，同事问小孙这是怎么回事，她委屈地说："我正在写报表呢，他叫我把报表给他，又不是看不见，这不是故意为难我吗？"同事提醒她说："毕竟他是你的领导，你这样说话也太让领导下不来台了啊！"

小孙哑口无言。

对于领导的问话，一定要有问必答，最好是问一句多答几句，这样能让领导清楚你在做什么及事情的进展程度。作为下属，切勿因为领导很随和，在和他说话时就可以无所顾忌，不分职位高低。其实，即使性格再随和的领导，都会有一种强烈的自我意识：我是领导。所以你要在言语中表达出对他的尊重。在和领导说话的时候，认清双方的角色是非常重要的，让领导产生你像是领导或领导不如你的感觉，你的日子可能就不好过了。

怎么说话才不会引起领导的反感

当与领导有分歧时，顶撞或据理力争都会引起领导的反感。

对领导的意旨，理解的要执行，不理解的也要执行，顶撞领导的事能别干就别干，除非你想另谋高就或者有顶撞领导的资本——你有不可替代的价值，公司离开了你就无法正常运行。在这种情况下，领导虽然可能恨你恨得牙根儿痒痒的，但也得强忍着。但现实情况往往是，大多数人连这两项资本中的一项都不具备。那么，对这样的人来说，仅凭一股无名之火就顶撞起领导，后果自然很严重！另外，通常情况下，下级顶撞上级会让大家认为该下级很不懂礼貌，而一旦该领导是个心眼小的人，日后很可能给该下级小鞋穿，让其没有好日子过。

一直以来，小许都认为自己是一个生性耿直、善良的人。他相信，世上的事没有绝对的不公平，只是自己做得还不够好，所以当他眼看着别人晋升或加薪却没有自己的份儿时，他总会这样想，是不是自己做得还不够好，对这样的事就应该抱一种祝福的态度，因为人家很努力，所以自己要更努力，才能获得晋升或加薪的机会。

于是，小许默默地、认真努力地做着自己的事。领导也总是夸奖他工作做得好，很努力很认真。因此，他总是很欣慰：自己没有白付出这么多，领导还是很认可自己的。他还想入非非：只需领导的一句话，自己就可以在同等条件的同事中脱颖而出！

没想到，晋升或者加薪的机会还是一直没有出现。看到别人前途美好，自己却郁郁不得志，小许情绪忽然变得很低落。他想，要是自己做得不好，这还说得过去，可是，为什么自己这么努力，领导还是没有给自己机会呢？

于是，他开始反省自己，并转弯抹角地打听，才知道了自己总是得不到机会的缘由。

原来，小许虽然做事很认真很卖力，但是由于他性子太直了，平常有什么觉得不合理的事都要说出来，很多次还当面顶撞了领导，虽然领导当时没有表现出太大的反应，哪知全记在了心里。在能力和贡献都差不多的前提下，领导当然优先提拔了那些不顶撞自己、相对听话的下属了。

职场是一个看似很简单实际却很复杂的小社会。有时候它表面看起来很平静，其实下面隐藏了许多暗礁。千万不要贸然顶撞领导，即使有时候领导是在无理取闹，或者是想转嫁上级给他的压力。也许，领导这样的表现会显得没有风度，但作为下属的你，最好要忍耐一下，权当是帮助领导释放压力。在这种时候，你不用跟他讲理，也不用跟他讲你的委屈和为难之处。试想，顶撞领导，跟领导争论，赢了又如何？也许你在争吵中占了上风，但最后你输掉的却很可能是你自己的前程！

小王在一家商贸公司工作。一天，公司经理与外商的谈判进行得非常不顺利，本来谈妥的事情又中途变卦。当怒气冲冲地回到办公室时，他看到办公室乱七八糟，心情更加烦躁，于是便不分青红皂白地骂起大家来。此时，小王正在不紧不慢地看报纸，以为领导是冲着他来的，加上平时他就觉得领导好像对他有成见，便心想：我工作做完了，看会儿报纸还要挨你的臭骂，真是岂有此理。于是，他便跟经理吵了起来。另一位同事连忙过来，向经理问明了情况，领导此时也冷静下来了，便连忙向大家道歉："我心情不好，真不好意思。"

不过，往后的日子里，小王的工作就没之前那么顺利了。

领导发火时，作为下属，要么采取不理不睬的态度，要么就主动上前倾听领导的诉说，帮他分忧解愁，切不可与领导争执，那样做是极不明智的。

古往今来，下属服从领导是天经地义的事。但现实生活里，桀骜不驯之人还真不少，他们甚至都曾冲撞过领导。可事后往往又很后悔。为了避免出现类似的情况，下面两点要切记：

1.明确位置

在工作中要明确领导与自己的位置，要虚心接受领导的教诲。当受到领导批评时，最忌当面顶撞领导。当面顶撞是最不明智的做法。你的顶撞有可能使自己下不来台，更让领导下不了台。其实，如果领导在发威时，你给他面子，事情还有挽回的余地。你能坦然大度地接受其批评，他就会在潜意识中对你产生歉疚之情或感激之情，日后说不定还会因此而施惠于你。

2.不要纠缠

受到上级批评时，反复纠缠、争辩，希望弄个一清二楚，这是没有必要的。如果确实被误解的话，你可找机会解释一下，但要点到为止。即使领导没有为你"平反昭雪"，也完全用不着纠缠不休。那种斤斤计较型的部下，很让领导头疼，更不可能有晋升机会的。

面对倾诉苦水的领导，怎么说才有利

有时候，领导甚至会忍不住向下属吐苦水，这时，下属要懂得揣度领导吐苦水背后的真正动机，随机应变地说一些既能安慰领导，又不让领导反感的话。

很多职场中人都觉得和领导进行良好的沟通不容易。确实，人与人之间的沟通，尤其是上下级之间的交流，是需要用心的。所以，我们很有必要学一套跟领导说话的技巧。

有时候，和领导一个眼神的交流，一次开诚布公的交谈，能使你与领导的关系有突破性的进展。而当你站在领导的角度去看待问题、感受压力、面对困难，你在与领导沟通时就更容易跟领导合拍。在和领导感同身受的基础上，一定要学会巧妙回应倾诉苦水的领导。

27岁的麦克在一家公司担任办公室主任，他的领导是总经理。公司是总经理白手起家创立起来的，麦克很尊敬他。不过，麦克有时候也会拿自己的薪水和其他公司同等职位的人进行比较，然后发觉自己的薪水挺少的，有时会产生跳槽的想法。

后来，麦克怀疑自己的这个想法可能被领导发现了，所以，每次领导找自己聊天，麦克都很担心。直到谈话开始后，麦克发现，类似的谈话他们其实已经进行过无数次了，主要还是总经理想和他谈谈工作上的事情。但是有一天，总经理找麦克谈话，竟然向他吐起了苦水。总经理说，他的第一份工作是在一家中小型企业任职。当时的他虽然很年轻，但是也学会了察言观色和埋头苦干。当时他对公司的前景并不看好，于是产生了跳槽的念头，并让好朋友帮助自己找更好的出路。

一个礼拜之后，在好朋友的推荐下好几家猎头公司找到了他。在猎头公司提供的职位里，有一个对他有相当大的诱惑力。该职位的提供者是一家世界500强企业，更重要的是，该职位仿佛是为他量身定做的。他决定前去面试。

第一次面试他的是他未来部门的领导，彼此都十分满意。

一个星期后，他接到了公司人事部的面试通知。他有机会了解了将要得到的待遇和福利，一切都合乎他的想象。人事部主管对他的印象也很不错，一脸让他回去静候佳音的真诚微笑。

他以为这下肯定大功告成了。对当时手头上的工作已经有点厌烦了的他，以为录用通知书很快就会到来。没想到，他的面试远没有结束。甚至有两次他被要求早上6点钟到公司办公室，接受公司总部美国领导的电话面试。这一场没完没了的面试，从开始到结束持续了两个月。

每面试一次，他对自己必胜的信心就加强一次，对目前的公司就更看不顺眼一次，到了后来，每个人都看得出他是要走人了，因为即便还没有接到那家500强企业的录用通知书，他的辞职书已经写在脸上了。

没想到，那家500强企业最终没有聘用他，原因到现在他也没有搞清楚。

后来，他觉得自己没有脸面再在这家公司待下去了，便不动声色地走了。再后来，他创办了现在这家公司。

听完总经理的倾诉后，麦克大致明白了领导向他倾吐苦水的目的。于是，他真诚地对总经理说："人其实都是需要定力的，您放心，我一定会跟着您好好干！"

这个案例告诉我们，领导向我们吐苦水，并不等于他需要我们的帮助。也许，他有时候是拿自己的苦水来暗示你，此时你要做的是给他一个肯定的答复，让他放心和安心。

小陈是某公司总裁的秘书。因为职位原因，她经常有机会和领导聊天，领导也经常给她讲一些他的故事和感悟。

有一天，领导对小陈说："当真正了解了自己的性格特点后，不仅能助你在选择异性伴侣时少走弯路，建立一个美满、温馨的家庭，还能让你在工作上也称心如意，事半功倍。"

小陈正不明白领导为什么会和自己说这些时，领导已经开始讲他刚参加工作时的往事。当时他在一家出版社当编辑，策划了好几本书，但社会反响一般，发行量也勉强维持成本。在这个过程中，他还被合作者"骗过"：筹划了几个月的出书计划，先期也投入了一笔钱，但最后计划却流产了。所以，原本话不多的他变得越来越内向了，不愿意与人沟通，不相信别人，事无巨细都要自己去做。在一些具体工作的细节上，他又特别苛求，对自己对别人都是一样，于是便成了一个"绝对的完美主义者"。如此一来，同事们都不太愿意与他共事。当然，敏感的他对自己的这种状况心知肚明，但除了痛苦，别无他法。

小陈听了很惊讶，原来领导竟然曾经这样痛苦过，但她想，自己不能陷入当年领导的感受中，这样只能让领导更加伤感。于是小陈微笑着说："您当时经过了一阵痛苦的心理历程后肯定很快就走了出来吧，不然今天怎么会有这么大的成就呢？"

领导自信地笑了笑，说："当时我太年轻了，阅历不多，也不太容易相信别人，只相信自己。这是我当时一个致命的缺点！"

小陈紧接着说了一句："但是，您也是一个聪明的人，对人和事都充满了好奇心。同时，您的要求也很严格，我非常愿意和您共事。"

小陈和她的领导一直这样快乐地聊着天，她始终记得自己是领导的秘书，让领导充满自信地工作也是自己的职责！

作为一名员工，你可能会抱怨很少有机会和领导近距离接触，更别说有领导会向你倾吐苦水了。事实上，领导向你倾吐苦水的机会很多，也可能会很突然。当领导找你诉苦水时，你最好做到以下两点：

1. 学会倾听

如果领导在向你倾吐苦水你却没有好的言辞时，最好的方式就是倾听。因为你的倾听可以使你的领导感觉到你对他的尊重。

2. 有良好的沟通技巧

在领导倾吐苦水的过程中，如果你觉得对工作没有什么影响，可以用发问的方式引导领导一点点诉说。同时，随时注意防止沟通过程演变为诸如商讨问题、向领导汇报工作、领导进行工作评价等其他的沟通类型，这样会使领导觉得你不够尊重他，除非领导自己转换了话题。

当然，如果领导真的是想吐苦水，真的遇上了很痛苦的事，你完全可以帮助领导走出这种心理阴影。你可以启发他回想他的创业史，毕竟每个做领导的人都有过一段自己比较得意的经历。你可以借此告诉他：既然您过去能做出那么辉煌的成绩，将来也照样可以！

不要谈论领导的软肋与缺点

千万不要谈论领导的软肋和缺点，因为你说的很多话即使领导自己听不到，也会经由他人的口传到领导的耳朵里。

每个人都有缺点。绝大多数人都不愿意向别人提及自己的缺点，领导更是如此。所以，在和领导说话时，一定注意不要说出领导的缺点，不管是用怎样的方式，也不管你是有心的还是无意的。一旦你随便谈论领导的缺点，"倒霉"的只能是你自己。

有一天，小李在办公室里和同事聊天，他们聊起了"当领导好还是做员工好"的问题。小李说："要我选择，我还是选择做员工，当领导也太累了。比如我们的顶头上司吧，他的上头还有领导，别看他在我们面前很牛的样子，在他的老总面前，他还不是点头哈腰装得跟孙子似的。我觉得，一个人每天都要装出两副面孔，怎么活都别扭！"

同事笑着说："但是，人家的薪酬福利比咱们好呀；人家还有权，能指挥咱们！这些咱们都没有！"

小李不屑地说："那都是一时的，我说呀，要是哪天公司不行了，第一个该辞退的就是他！为啥？他比我们拿的工资多，但是技术上的东西却一点也不懂！你说哪天公司不行了，公司是要他，还是要我们？"

小李以为同事会爆笑，但是却没有，而且他发现大家都在低头干活。这时，他还没有发现领导正站在他的身后，还在说："你们还别不信，我叔叔开的公司就是这样，前期做领导的一个个都牛得不行，最后怎样？公司陷入低谷，第一个倒霉的就是那些做领导的！"小李说得激动，手一挥正好打在领导身上，一转头，领导正怒气冲冲地看着他。小李忙说："对不起！"然后就不知道说什么了。

领导不动声色地宣布："我是来向大家宣布一个消息的：刚才总经理开会时说要在两个月内裁员两名，我一直在想，我们大家都挺努力的，裁谁好呢？"小李发现大家的目光竟然都一起对准了他，他什么话也说不出来了。很快，小李就被辞退了。这时他才明白，不管在哪里，攻击领导的软肋、谈论领导的缺点，都是致命的错误。

"言多必失"，话太多确实会很容易招惹上麻烦。尤其在职场上，在根本不了解情况时，一句话击中别人的软肋，揭了别人的"疮疤"，只会让对方失面子，从而诱发了你与对方的矛盾。如果对方是你的普通同事后果还不怎么严重，如果对方是你的领导，你的麻烦就大了。

一家大型企业总部的市场经理莫妮卡初次来到某办事处指导工作。中午她邀请办事处的所有同事一起吃饭。席间，大家谈起刚刚离职的副总王琳。入职不久的琳达说王琳脾气不好，很难相处。莫妮卡说是不是她的工作压力太大了？琳达说："我看不是，30多岁的女人了还没结婚甚至连个男朋友都没有，肯定是心理变态！"

此话一出，刚才还争相发言的人都闭上了嘴巴。原来，除了琳达，其余在座的员工都知道，莫妮卡也是待字闺中的老姑娘。

事后，琳达为自己当时的一番话悔青了肠子，因为自己在莫妮卡心中的印象已经很不好了。

社交中的显规则告诉我们"言及莫论人非",而潜规则将其深化成"言及莫论人"。领导的缺点是不可以随便乱说的，否则，吃亏的将是你自己。

当心，赞美也有"安全用量"

如果赞美得当，那当然好；而赞美不当则有谄媚的嫌疑。所以，把握赞美的度十分重要。

赞美是一种满足别人心理需要、尊重别人的一种表现。不过，赞美也是有"安全用量"的。在职场上，怎样才能拿捏好赞美领导的"安全用量"呢？下面这三点建议，很简单但很重要。

赞美要真诚。只有态度真诚，领导才会乐于接受你的赞美，觉得你的赞美是发自内心的，不存在什么虚假的成分。

赞美要"确有其事""确有其由"。有充分的理由赞美领导，领导才会接受。否则，领导会觉得你另有企图。

赞美要有度。如果你一味地去赞美一个人，他听的次数越多就越容易产生厌恶的感觉。因此，只有在必要和适当的时候才赞美。

真正懂得赞美的人，懂得掌控好赞美的火候。赞美领导时，下属只有掌握好分寸，才能让赞美起到应有的效用。

在领导面前，切勿锋芒太露

你的聪明才智得让领导知道，但在领导面前锋芒太露则不好。

有些技术人员总是喜欢用领导不懂的术语与之交谈。这样做，可能会让领导觉得你是在故意难为他，也可能会让领导觉得你的才干对他的职务将构成威胁，并产生戒备而有意压制你，还有可能会让领导把你看成是书呆子，觉得你缺乏实际经验只会纸上谈兵而不信任你。

在职场这个大舞台上，如果过于张扬，就容易树大招风，甚至引火烧身。

重点大学毕业的小林不仅脸蛋俊俏，身材苗条，还能讲一口流利的英语。跟外商谈判，她总能表现出色，同事们因此对她都赞许有加。相比之下，她的顶头上司——部门经理宋星比她逊色多了。宋星年届40，体态有些臃肿，没有小林的美貌和青春，中专学历的她外语水平并不怎么好，但由于早年进入该公司工作，一直勤勤恳恳，管理水平也不错，所以就受到了公司老板的信任，担任了部门经理。小林刚进公司时，宋星对她很关照，但在一次跟外商洽谈业务的晚会上，小林出尽了风头，得意地用英语跟外商海阔天空地交谈，并频频举杯，充分显示出自己的学识与气质。事后，小林试图通过自己那天的表现向领导邀功，她主动找到了宋经理说："我作为一名重点大学毕业的高才生，英语水平在公司来讲算是很高的，想必那天和外商交谈的情景您也看到了。因此我想，公司是不是该考虑提升一下我的职位，或者给我加薪？"但结果是，不久小林被调到了另外一个不太重要的部门。

面对不如自己的领导时，小林犯了职场的大忌讳——越位。小林在公众场合喧宾夺主，旁若无人地与领导抢"镜头"，使领导陷入尴尬的处境，领导当然不愿意把这样的下属留在身边。在用得着的时候，领导自然还会使用你，但用不着的时候，就会把你晾于一旁了。

小宋到公司任职不久，部门经理就对他说："老弟，我随时准备交班。"说心里话，当时小宋也是这么想的，因为经理是自学成才的，知识和修养存在先天不足。而小宋大学毕业，且在外资企业有6年的工作经验，既独立又有主见，工作能力很强。由于个性率直，在讨论一些工作上的问题时，他总会直来直去，为此常与领导发生争执。虽然经理有时对他也有一定的暗示，但他却不以为然。久而久之，经理便渐渐疏远了他，让他失去了更大的施展才能的舞台。

虽然小宋的能力确实超过他的领导，但他不知道领导毕竟是领导。在领导眼里，下属永远比他差一截，他才会有成就感。下属的能力比领导强，本来就很可能在领导心里形成某种压力，如果再锋芒毕露地和他说话，哪怕你是无心的，领导也会忍不住对你施加压力。

身在职场，要谦虚和谨慎，这样才容易博得领导的信任和赏识。与领导一起走路时，要走在他后面；与客户谈生意时，应在适当的时候为领导"补台"，比如领导忘记了一个关键数字，在领导停顿的瞬间及时地为他提醒"台词"。

收敛起自己的锋芒，以消除领导的戒心。比如在业务会上，对自己的远见卓识要有意打点埋伏，留下空间给领导来总结。当然，在平时要经常向领导请示汇报，别擅自做主，特别是一些决策性的工作要等领导表态。

尽藏锋芒尽管有些痛苦，但你应该清楚，领导提拔你可能要费点力，可冷落你却是举手之劳。因此，要懂得先保护自己，收敛锐气，待时机成熟时再锋芒毕露，一鸣惊人。

背后诋毁，无异于"太岁头上动土"

有些人总在领导背后说三道四，有意诋毁领导的名誉，揭领导的家底，殊不知世上没有不透风的墙，领导总有一天会知道的。一旦被领导知道了，后果可想而知。

得罪领导不比得罪朋友、同事，因为领导掌握着你的饭碗甚至你的前途。也许只需领导一句话，你便职位不保。作为下属，你应该明白，"身在屋檐下，不得不低头"的道理。

小史是一家文化传播公司里很有才气的策划。由于自命不凡，他总是对老板的创意不屑一顾，认为老板的水平太差，所以经常忍不住在与同事的交流中流露出对老板的不屑。消息很快就通过"好事者"传到了老板那里，于是老板主动找小史谈话，诚恳地问小史对自己的创意有什么意见，对公司的业务有什么建议，小史却支支吾吾没有谈出什么内容。这位心胸还算比较宽广的老板认为小史简直就是一个两面三刀的人，当面不说，却在背后说，从而对小史的人品产生了怀疑。后来，老板开始冷落小史，重要的策划方案再也不交给小史去做了。不久，小史无奈地离开了这家公司。

职场无小事，职场人士的言谈举止一定要顾及自己的道德操守，如果让别人对你的道德或人品产生怀疑，职场前途可就不那么妙了。

有什么意见可以当面善意的沟通，切忌背后做负面评价。任何人都不可能完美，领导也不例外，领导不会介意真正出于善意的意见，但"不忠""两面三刀"却是任何领导都无法容忍的。

很多职场中人都有这样的"爱好"，就是在公司午餐或者闲暇时，喜欢"交心"地议论领导的是非，一个不小心，这些议论也许会成为别人出人头地的跳板，又或许被某人传到了领导耳中。无论是哪种局面对自己都是没有好处的。说不定领导会因此对你耿耿于怀！

如果真正对领导有异议，与其在背后嘀嘀咕咕授人以柄，还不如当面袒露胸襟，至少不会让人质疑你的人品。领导不是老虎，有话要好好说。如果实在藏不住话，心里憋得难受，那就不妨找一些其他的发泄方式，发泄出自己的不满。

即使受了委屈，牢骚话也要谨慎说

职场上难免会有受委屈的时候，受委屈时，你是冲动地发牢骚还是把委屈藏在心底，再寻找适当的时机转化委屈呢？不同的做法有不同的效果。聪明人的做法是，受了委屈之后，牢骚的话会谨慎说。

职场上难免会遇到不顺心的事：为什么自己付出了这么多却得不到领导的理解？和同事的合作怎么会这么难？因为别人而造成的损失为什么要自己来承担？其他人都不愿意做的事情为什么统统都交给我去做？不管是谁，受了委屈后，心里的滋味肯定不会好受，但是该不该向自己的领导发牢骚呢？

小刘是某市委宣传部的一名科员，经常在省级、地区级报刊上发表有分量的文章，是身边人公认的才女。然而，她依仗着发表过一些文章，常常对同事所写的材料或宣传稿件指手画脚，大加评点，毫不顾忌同事的颜面，因此同事都对她有些厌烦。在最近一次干部调整名单中，小刘榜上无名。小刘心里很不平衡，可是她不去反思自己的过错，反而觉得自己受了天大的委屈。

没几天，宣传部领导黄处长召集宣传部成员聚餐，在席间与大家一一碰杯。黄处长与小刘碰杯时说："你是咱们宣传部的才女，好好干，将来前程远大呀！"没想到小刘端起杯，竟不冷不热地说："谢谢您的祝福，但光好好干还不行，因为现在有的领导提拔人不是看谁有本事，不是注重人的才能，而只把眼睛盯在会拍马屁的人身上。"黄处长一听这话，脸色一下子变了，原本热闹的气氛也顿时降温，最后大家不欢而散。之后，小刘明显感觉到黄处长对她冷淡起来，原来见面还同她开开玩笑，现在只是点点头就走过去了。

小刘因为没有处理好同事间的关系而失去了升职的机会，但她既不自省，也不与领导沟通，却在大庭广众之下对领导冷嘲热讽，抱怨领导用人不公。试想，这样指桑骂槐的牢骚话，领导能爱听吗？所以黄处长对她的态度由热变冷，也就在所难免了。

"您好，魏总。昨天我交给您的文件签了吗？"在外面的小齐通过电话问自己的直接领导魏总。

魏总告诉他说："我翻箱倒柜也没找到你给我的文件。对不起，我没有看到。"

小齐灵机一动，说："那好吧，我再找找，有可能是我记错了。"

于是，小齐赶紧上楼，回办公室把电脑中的文件重新调出来再次打印。当他把文件放到魏总面前的时候，魏总连看都没看就签字了。

小齐心里清楚，领导其实比自己更清楚第一次打印稿的去向。

如果是职场上的新人或者比较"认真"的员工，碰到这种情况可能就会说："我看着您将文件摆在了桌子上的！"但小齐这样的职场资深职员就不会这样说了。显然，他的做法既给领导留了面子，又没让自己陷入较真的旋涡中，实乃聪明之举。

工作中受点委屈是在所难免的事。此时，与其在那怨天尤人，不如学会化委屈为动力。为了自己的前程，一定要做到以下几点：

1. "忍"字当头

即使是自己对领导错，也要想方设法为领导找一个台阶下。和领导发生冲突后，一走了之可不是什么明智之举，因为即便你到了新环境里还可能会出现这样的问题，到那时又能怎样呢？如果为了争口气而冲领导大发牢骚，可能会断送了自己的前途。因此，只要不是大是大非的问题，就忍忍吧。

2. 别向同事抱怨

即使你抱怨的理由很合理，别人也会对你反感。让同事听见你的抱怨其实并不好。如果失误在领导，同事对此都不好表态，又怎能安慰你呢？如果是你自己造成的，他们也不忍心再说你的不是。眼看你与领导的关系陷入僵局，一些同事为了避嫌，反而会疏远你，使你变得孤立起来。更糟糕的是，那些别有用心的人可能会把你说过的话添枝加叶地反映到领导那儿，加深你与领导之间的裂痕！

身处职场，谁都难免会遇到不如意的事，比如自我感觉良好，却总是得不到领导的认同。其实，如果遇到这样的事，最好先从自身查找原因，然后再跟领导沟通，绝不能一味地发牢骚，因为发牢骚很容易让人反感，从而增加了解决问题的难度，进而影响自己在职场的生存和发展。

诚实固然好，但有些实话还是要小心说出口

诚实固然是一种难能可贵的品质，但在职场上，诚实的话也要慎重说。

因为工作的原因，我们每天都需要和同事、领导说话、交流。然而，说什么，怎么说，什么话能说，什么话不能说，还是很有"讲究"的。很多时候，有些人吃

亏就是因为没能管住自己的嘴巴。

说真话、讲实话虽然值得赞赏，但也必须注意场合，注意交流对象。有时候，说实话也不一定能讨领导和同事喜欢。因此，职场人士一定要懂得把握分寸，谨慎地说实话。

小陈在一家知名外企做事。有一次，项目经理吩咐他给A单位做一份宣传策划案，经过项目组讨论后，小陈完全按照项目经理和组员们的意思，加班加点地顺利完成了策划。但是，当策划案交到项目总监那里，他却被狠狠地批了一通。

在项目总监面前，小陈说，这方案是他们小组所有人讨论的结果，而且，他们的项目经理也非常赞同，这个策划案60%的设想都来源于项目经理的想法。

可没想到项目总监直接把项目经理叫来，要和小陈当面对质。项目总监追问项目经理："听说这都是你想的，就这种东西还能叫方案，还值得你们那么多人来集体策划？我看你这个项目经理还是不要当了。"

从办公室出来后，小陈又被项目经理狠狠地批评了一顿。项目经理批评他，以后说话前要动点脑子，别一五一十地把什么都说出去。可小陈认为，自己并没有说错什么，更何况他说的都是实话。

不可否认，诚实是非常可贵的品质。但在职场上，尤其是在自己的领导面前，有时候实话未必一定要实说，这就要求我们在说实话时要掌握一定的技巧。因此，我们一定要做到以下几点：

1. 学会沉默

相对于说不该说的实话，沉默有许多更为实在的好处。沉默，不急于表态，可以兼听，避免偏信；沉默，不急于表态，可以避免被某些事物的表面现象所左右，而抓住事情的本质。

2. 尽量说好听的话

在领导面前少说下属的不好，多说下属的好；在下属面前不说领导的不好，只说领导的好。要尽量多说好话而不说坏话。

3. 懂得难得糊涂的道理

已经明白的事，不要说穿道破；不明白的，甚至似是而非的事，要画龙点睛，使人有醍醐灌顶之感。

办公场所忌讳的说话方式

办公室场所,不要总是用一些惹人厌烦的说话方式与人交谈,以免惹得人人厌烦。

在和同事谈话的时候,有些方式和习惯是不适当的,很容易导致"万人烦",应该努力克服并改正这些毛病。下面的几种说话方式应避免:

1. 喋喋不休

很多人在跟同事说话的时候,总把自己放在最主要的位置,一人唱主角。这不仅无法表现出你的交际口才,相反会惹人厌烦。交谈的时候适宜谈论有共同语言的话题,要长话短说,使大家都能充分表达自己的意见,留心观察其他人的反应,如此才能使气氛更融洽。

2. 尖酸刻薄

在言谈交际中有时候难免会跟同事发生一些争执,但是善意、友好的辩论能够更好地促进相互之间的了解,可以调动谈话的情绪,并能起到调节气氛的效果。相反,刁钻刻薄的论辩只会伤害到别人,从而导致对方心情不快,使对方对你敬而远之。

3. 逢人就诉苦

每个人都会遭遇这样那样的挫折和痛苦,但是每个人在面对困境时应对的方式又各不相同,有人会迎难而上,积极面对有的人则喜欢在大家面前倾吐辛酸,以此来获得别人的同情。但是在跟同事交往的过程中,要是你一味地向别人倒苦水,只会让人认为你是个没魄力、没能力的人,渐渐地别人就不再尊重你了。

4. 自命不凡

在跟同事交谈时,你若表现得像个"万事通",一定会惹人烦,交谈是一种增进相互之间了解、促进相互间沟通的手段,而不是让你表现渊博学识、广泛见识的舞台。

只有避免了上述招人厌烦的说话方式,你才会成为一个受人欢迎的人。

掌握几种和领导交谈时极为有用的句型

和领导交谈时,一句话说不好就可能引起领导的反感,严重的甚至会葬送自己的前程,而掌握一些极为有用的句型,与领导交谈时就会使你少犯一些错误。

如果你认为只要靠熟练的技能和辛勤的工作就能在职场上出人头地，你就有点"天真"了，因为懂得在关键时刻说适当的话也是事业能否成功的决定性因素之一。掌握了说话技巧，学会和领导、上司说话，不仅能让你的工作倍感轻松，更能使你获得名与利的双丰收。

宫茗在一家连锁机械公司负责网络部的技术工作。最近，公司的网络系统出了点故障。原来，由于公司的业务量大，网站的推广工作做得也不错，于是引来了同行的排挤，导致他们的网站经常被一些黑客攻击。为此，领导非常恼火。虽然领导也知道公司的网站被外人做了手脚，但一旦上不了网，领导还是会对宫茗等网络部的员工动怒。

领导第一次说出这些情况时，宫茗还没完全弄清楚发生了什么事。毕竟他们本来做好的程序不是这样的，而且已经运转两个多月了，怎么会一下子上不了网呢？所以，当时的他支支吾吾，什么都说不出来。领导训斥了他们一顿后，出去办事了。等领导回来时，宫茗他们已经将问题处理了。领导看到网络问题被处理好了，不但不高兴，反而丢了句这样的话："领导不发怒，员工不努力！"

宫茗很伤心，虽然他当时支支吾吾，但他确实很努力地去完成工作了，怎么能说领导不发怒，自己就不努力了呢？

在职场打拼多年的表哥知道了这件事后，就告诉宫茗，如果领导向你诉说工作上的问题，你的反映应该是充满自信地说："您放心，我马上处理。"他听了后觉得很不可思议："真的能处理好吗？"表哥笑着说："你听明白了，我说的是'我马上处理'，但没有说我一定能处理好！对于领导来说，他们想得到的就是这么一句话，这句话不至于让领导发怒！如果后来我处理好了，那是我有本事，如果我处理不好，也不能说我不把公司的事情当回事！"

宫茗这才明白，工作能力是一回事，让领导感觉你是否尽心工作又是另一回事。以后，不管出现了什么问题，只要领导开口，他都会说："我马上处理！请您放心。"

"我马上处理"虽说只有简单的5个字，但可以体现出你对领导下达指令的一种态度。当领导给你吩咐好一件事情后，你用这句话作答，一定会使领导对你产生好感。但是切记，话说出口后可还没有结束，关键是你是否马上处理了，所以还要行动起来。

如果领导向你询问一些不在你工作范畴内或者你并不熟悉的问题，你不知道该如何回答时，最好不要说不知道。你可以对领导说："让我再认真想一想，过一会儿给您答复好吗？"这样，巧妙回避了你不了解的情况和不知道的事，之后再询问其他人，或者查找相关的资料。这样的回答不仅能暂时为你解围，也能让领导认为你在这件事情上很用心，很认真。不过，事后可不能懈怠，要及时向领导汇报工作进展。

小苏在一家图书公司做策划。这天经理突然来到他的办公桌前，将一摞文件交给他，责问道："你到底都写了些什么啊？"当时小苏正想着下一个方案，被经理这么一问，就愣住了。

"怎么了？"小苏问。

没有想到这3个字一出口，经理立刻爆发了："怎么了？你问我还是我问你啊？"小苏一下子被问懵了，不知道该如何是好。

这时，小苏旁边的一名同事走了过来，冲经理一笑："经理，我看看，两点半点之前答复您，好吗？"

经理点了点头，又冲小苏瞪了瞪眼，离开了。这时，小苏心里一肚子委屈，却什么也说不出来。

"我看看，两点半以前给您答复好吗？"虽然只是一句简单的话，但足以平息领导的怒火。另外，当领导给你一个方案，或让你马上回答某个问题，你却没有做好思想准备时，类似于这样的回答，也能给你留出足够的思考和应对时间。

同样的意思用不同的说法表达出来，会给人不一样的感觉。我们也许会感慨，自己努力工作多年，一次职都没有升过，而那些能力不如自己的人却总是不断高升，世界真是太不公平了。而实际上，也许他们的工作技能确实不如你，但他们一定有自己独特的能力让领导对他们刮目相看。比如和领导沟通时，他们经常用一些习惯性的句型。下面我们总结归纳了一些职场中和领导说话时可能会用到的很实用的句型：

（1）以最委婉的方式传递坏消息的句型：我们似乎碰到了一些状况……

（2）领导传唤时责无旁贷的句型：我马上处理！

（3）表现出团队精神的句型：安琪的主意真不错！

（4）说服同事帮忙的句型：这件事没有你不行！

（5）巧妙闪避你不知道的事的句型：让我再认真地想一想，3点以前给您答复好吗？

（6）智退骚扰的句型：这种话好像不大适合在办公室讲喔！

（7）不着痕迹地减轻工作量的句型：我知道这件事很重要，但我能不能先查一查手头上的工作，把最重要的事排出个先后顺序来？

（8）承认疏忽但又避免引起领导不满的句型：是我一时失察，不过幸好……

（9）面对批评时表现冷静的句型：谢谢您告诉我，我会认真仔细地考虑您的建议的。

我们千万不要小看这些句型，这些句型领导听起来很受用，领导也会觉得下属有礼貌，处理事情有分寸，有资格、有能力成为自己的最佳拍档。

如何表达与上司相反的意见

跟上司提相反的意见，有些时候是不好直接说出来的，为了避免尴尬，甚至是导致不良后果，不妨从其反面说起，反说正话。

有的下属在工作中因为怕得罪上司，对上司的一言一行唯唯诺诺；当上司的意见或者见解不正确的时候，他即便知道，也不会说。这样的下属或许会赢得上司一时的喜欢，但是绝对不会是长久的。因此，作为下属，要经常向上司提出好的意见。

下面介绍几种可供借鉴的提意见方法，希望对你有所帮助。

1. 先赞扬再反对

向上司表示反对意见时，不仅要有充分的理由，而且要说得使他完全信服。同时，说话技巧的运用也不能不讲究。首先，你可以对上司的建议表示一番赞扬，如你可以说："太好了！""它太好了！"然后对这个建议的优点大概做个分析，阐明你认同的原因。紧接着指出这个建议的局限性，让上司意识到这个建议存在的不足，从而让其动摇对这个建议的坚持。这时，你就可乘机推出你的建议，并详细分析这个建议的优点，从而让上司认识到你的建议要优于他的建议。采用这种方法既满足了上司的自尊心，同时也不会使他产生不悦。待他作一番详细的斟酌后，他极有可能推翻自己的建议，采纳你的建议。

2. 迂回说理

在向上司提建议，特别是要表达相反的意见时，一定要仔细研究对方的特点，不能粗心大意，不考虑对象，不分析形势，只知冒冒失失地去据理力争。聪明的人分析具体情况，在某些场合，需采取迂回战略，进行迂回说理。

据说秦始皇一度异想天开，打算把打猎游乐的园林东延至函谷关，西扩至雍、陈仓一带。这样一来，几千万亩农田将成为牧场。优旃听到这个消息，想反对秦始皇的这一决定。于是，他找了一个秦始皇兴致较高的时候探听虚实："听说皇上要扩大园林。"

"是有这么回事！"秦始皇得意地说。

"那真是太好了！不过我还有个小小的建议，希望您在园中最好尽量多饲养各种飞禽走兽，特别是要多养些麋鹿，一旦有敌人从东方来进攻，咱们让这些麋鹿去顶他们就行了。"秦始皇听了，哈哈大笑。再一想，明白了优旃的话，觉得自己的做法确实不妥，于是把扩大园林的事搁下了。

要反对秦始皇的决定，优旃当然不可以直言进谏，那样容易触怒皇帝，招来杀身之祸。因此，他采用迂回曲折的方式进行说理，让秦始皇在一笑之间明白真理，并改变了原来的主意。

3.反说正话

跟上司提相反的意见，有些时候是不好直接说出来的，为了避免尴尬，甚至是导致不良后果，不妨从其反面说起，反说正话。因为真理再向前一小步就会变成谬论，同样，反面的话稍加引申，就可能走向反面的反面。在你的反话中，上司认识到自己的不对，自然就会改变他原来的意见，而且这样上司不会觉得你是在扫他的面子。

把对上司的"意见"变为"建议"

在上司面前，你最好不要表露出"我比你聪明"的意向，在谦虚的请教之中表达你的意见是最好的选择。

给上司提建议时，提建议者总会有一定的心理压力，害怕好心提建议反而把与上司的关系弄僵了。究竟如何说话，才能既让上司接受你的建议，又让他觉得你不是在故意与他为难或者不给他面子，这确实是件难办的事。

下面具体谈谈如何向上司提意见的方法、技巧。

1.多"引水"，少"开渠"

多"引水"，少"开渠"的意思是说，向上司"进谏"时不要直接点破上司的错误所在，或越俎代庖地替上司做出所谓的正确决策，而是要用引导、试探、征询意见的方式，向上司讲明其决策、意见本身与实际情况不相符，使上司在参考你所提出的建议后，水到渠成地做出你想要的正确决策。

2.多献"可"，少加"否"

多献"可"，少加"否"的意思是说，在下属向上司"进谏"时多献可行的，少说不该做的。它包括两层含义：一是要多从正面去阐明自己的观点；二是要少从反面去否定和批驳上司的意见，甚至要通过迂回变通的办法有意回避与上司发生正面冲突。

例如，你是一家公司的部门主管，根据业务发展情况需要配一名专管业务的副手，这时你想提拔一位懂业务、有经验的下属担任此职，而上司却准备从其他部门派一名不懂这方面业务的外行人任职。在这种情况下，你可把话题多用在部门副主管应具备的条件和你所提人选已具备的条件上，而不应用在反驳上司所提候选人上。这样既可以避免与上司发生直接冲突，又能把话题保留在自己所提人选上。

3. 设置多项建议

设置多项建议让上司在其中做出选择，会使上司感到非常舒服，这是一种高明的提建议技巧。

4. 兼并上司的立场

小柳是一家知名网络公司的总经理助理。他的顶头上司徐总是搞学术、技术出身，由于工作重点长期落在研究开发领域，因此对企业管理仍然一知半解。出于对技术的钟情与依恋，徐总总是直接插手技术部门的事，把管理的层级体系弄得乱七八糟，其他部门的员工虽然表面上敢怒不敢言，但私下里无不怨声载道，这使小柳在与其他部门沟通协调上倍感吃力。

经过一番思考，小柳决定采用兼并策略，向徐总提建议。他对徐总说：

"真正意义上的领导权威包含技术权威和管理权威两个层面，徐总的技术权威已经牢固树立，如果能在人事、营销、财物方面的管理上更上一层楼的话，整体的领导权威就能树立得更加完美。"

徐总听后，若有所思。后来，徐总果然越来越多地把时间用在人事、营销、财务的管理上，企业的不稳定因素得到控制，公司运营进入了高速发展状态，小柳的各项工作也顺风顺水，渐入佳境。

在实际工作中，上司毕竟也是人，俗话说，金无足赤，人无完人。上司在某些方面有缺陷是很自然的，关键是作为员工要有一个正确的心态，认识到上司也是人，不是神。立场站对后，处理同上司的关系就会顺利得多。

5. 以虚心为本

在上司面前，你最好不要表露出"我比你聪明"的意向，在谦虚的请教之中表达你的意见是最好的选择。

某企业的职代会正在讨论一个方案。小李发言："我认为，还应该加入一点……"而小罗的发言却是："我经过对这个方案的多方面考虑，认为有些不太理想的地方。我提出来，如果有什么不妥当的话，还请各位领导指正……"对于小李，上司只是神情冷漠地听了一遍，无所表示。对于小罗，上司却着着实实地考虑了一番。从那以后，企业里的事，常常征求他的意见。原因就在于小罗了解上司的心理，知道如何去维护上司的尊严。

此外，还要注意的是不可恃功自负，当得知领导改变了自己的错误决定，采纳了你的建议后，不要扬扬自得，最好不要多提此事，以后，领导定会更加重视你的意见。

6. 以此说彼

以此说彼就是以别人成功的例子论证自己建议的可行性，无形中为自己营造一些气势。给上司提建议，最好自己对该建议能有百分之百的把握，如果能引经据典地以真实存在过的例子为证，无疑会加强自己建议的说服力。上司若切实从内心认可这个建议，看到建议将会带来的利益，就必然乐意接受。

与上司说话的禁忌

一名员工在一位老板手下工作，对于老板、企业的经济实力和财产来源，切忌过多询问和议论，或者故意无中生有地乱宣传。

与上司说话应有一定的分寸、尺度，有些禁忌是必须铭记于心的。否则，将会给你带来许多不利的后果，影响当前乃至今后的事业发展。

1. 切忌问及老板的经济收入

不少员工在和老板交谈时，常常会无意地问及老板的月收入或年收入。尽管老板的收入状况不具有很强的商业机密性，但老板还是不希望员工过多问及。

"女人不问年龄，男人不问钱财。"古训早已有之，其中的道理很浅显，因为，这种询问往往有"瓜田李下"之嫌。事实上，正像越是漂亮的女人，越不喜欢陌生人问她的年龄一样；越是富有的老板，越不希望陌生的员工问及自己的收入状况。

问及老板的收入状况必定会引起老板的反感，特别是对于那些刚刚到企业上班工作，与老板比较陌生的员工来说，就更是如此。

2. 切忌问及老板的财产

一般来说，那些合法经营的老板，无论其当前拥有多大的家产，都是他们一滴血、一滴汗，辛辛苦苦经营积攒起来的，没有什么见不得人的地方。

但是，老板并非行政官员，国家未做要求，也不必进行个人资产申报。资产申报是国家约束政府官员清正廉洁的必要措施，而老板拥有资产的多寡，往往代表着其经济实力和商业竞争能力。

不言而喻，商战中经济实力的保密是关系企业生存、老板发展的关键因素之一。

因此，一名员工在一位老板手下工作，对于老板、企业的经济实力和财产来源，切忌过多询问和议论，或者故意无中生有地乱宣传。假如你违反了这些商业竞争的禁忌，比如多次问老板或向他人问及老板的经济实力和财产来源、财产去向等有关此类的企业商情时，一旦被老板察觉，他怕你图谋不轨，你就极有可能被"炒鱿鱼"。

所以，作为一个员工应切忌询问老板的财产。

3. 切忌议论老板的身体相貌

人的身体相貌，一般来说是先天决定的。任何人的身体相貌都不可能是完美无缺的。

员工在和老板交谈时，尤其要注意这个问题，切忌对老板的身体相貌品头论足。特别是不要谈论老板的身体缺陷。

比如，不要涉及老板及其配偶的健美情况；身体的高矮胖瘦；对于女老板，则不能谈论其着装的款式和化妆的效果。对此，作为一名员工，你最好的做法是：熟视无睹，权当什么也没有看见。因为，你议论他的长处、赞扬他的健美，则有可能被怀疑图谋不轨，或阿谀奉承；而议论其不够健美的地方，则又会被视为故意诋毁，或为人放肆。

因此，当与老板打交道之时，不谈论老板及其配偶的身体相貌，往往是明智之举。

4. 切忌询问老板的婚姻状况

一位法官曾经感叹道，婚姻案件是最难说得清楚的案件之一。不少人的婚姻状况往往看起来良好，实际上却存在着很多问题。幸福的、甜蜜的婚姻，只不过是人们的一种追求。任何人的婚姻都有不幸福、不甜蜜的一面。但是，任何理智的人又都倾向于把自己婚姻不幸福的一面隐蔽起来，秘而不宣，这也就是人们常说的"家丑不可外扬"。

基于以上认识，任何主动询问他人婚姻状况的人，将会被对方视为不明智的人。

老板自然也不能脱离现实，他们的婚姻状况也不可能完美无瑕。事实证明，不少大人物、有作为的人，其婚姻状况往往较常人更为复杂，更难说得清楚。没有哪一位老板会主动把自己婚姻的不幸方面主动宣扬一番。因为，在世俗观念中，在竞争的环境里，有那么一些品质不好、层次较低的人，往往像苍蝇那样专门喜爱追逐他人，特别是对手的所谓"桃色新闻"和婚姻逸事，以期吊起舆论界的胃口，以将对方搞"臭"。

诚然，作为一个品德高尚的人，是绝不会拿对手的婚姻缺憾和所谓的"桃色事件"去攻击对手的。但是，老板是在商业竞争的海洋里拼命挣扎、搏击的"弄潮儿"，换句话说，任何老板都有自己公开的和潜在的商业对手。因此，为了不给对手以攻击的口实和把柄，他们又往往刻意掩饰自己的缺憾。

所以，作为下属，其最大的禁忌之一是，切不可主动询问老板的婚姻状况及其他私生活方面的情况，比如，不可问及老板爱人的性情、爱好，不要问及老板的婚姻是否幸福。有时，老板可能会有意无意地谈起自己的婚姻状态，在这种情况下，你最好是"洗耳恭听"，不要随便插嘴询问，更不要向外传播。假如，你到老板家中或在其他场合遇到老板夫妇双方正在发生争执，你绝不要出于善良的意愿，帮人家调解。正确的做法是：迅速避开。否则，可能给你造成不利。

获得领导器重的秘诀

领导始终是权威，拥有最终决策权，而你是下属，记住你的建议只能作为一种参考，好的情况被录用，不好的情况石沉大海，这都是有可能的。

一个人的发展是需要有一定的靠山做支撑的，作为下属，你的老板就是你很好的乘凉大树。把握发展的机会的最好办法就是做好老板的参谋！做好老板的参谋要从几方面着手：

1. 尊重领导意见，合理提出自己的看法

尊重领导意见，保持对领导的尊重，处处替领导着想，切不可流露出对上司意见不屑一顾的态度，一定要把谈论工作同个人的能力或尊严区别开来，时刻留意，不能把对工作的看法误当作对人的看法；也不能让对方误解，认为自己对领导本人有看法。只要上级感到，你仍然维护他的权威，你的意见是针对工作而非是借工作之名进行人身攻击，他们多半会冷静下来，仔细研究你的看法，如果合理，甚至会采纳。

"打人不打脸,揭人不揭短。"在现代社会中"面子"是很重要的,有时为了"面子"可能导致关系破裂,更有甚者会闹出人命。在公司里,如果你不顾及领导的面子,总有一天会吃亏的。老于世故的员工从不轻易地在公共场合指出领导的错误,这样既能顾及领导的面子,又能使自己得到赏识,这种双方有利的事情,何乐而不为。

要想在尊重上司的基础上,巧妙地提出可以让领导接受的建议,那你必须预先下一番功夫。

(1)请教有方,言语有度。

可别轻视这简单的请教,请教可以帮你看清你的领导,领会领导的真正意图。

向领导请示的问题必须是关键性的有价值的,才能更好地使上司感受和体会到自己权力的有效性。而有一些人喜欢自作主张,无论大小事,只要是领导安排的,一切包揽下来,往往在关键的地方、关键的时刻出现差错。还有一些人害怕向领导请示,害怕被领导认为没有能力,害怕被领导看不起。这些大可不必,都是多余的顾虑。

在日常工作中,要把握关键的"5W1H",即 Who(谁)、What(事情)、Where(地方)、When(时刻)、Why(原因)、How(方式)进行请示,才能恰到好处地请示。

领会了上面的意图,那如何让领导心悦诚服地接受,那得努把力!

领导始终是权威,拥有最终决策权,而你是下属,记住你的建议只能作为一种参考,好的情况被录用,不好的情况石沉大海,这都是有可能的。因此,在说明自己的想法时,要以一种能让领导更容易接受的方式,语气要温和,言辞要中肯,重要的是有分析、有根据,条理清晰,能够说服别人,不要选用那些过于肯定的词语或方式,而是要用建议的语气委婉地加以表达。用心去发现去搜集,你会随时听到:"是否可采用这样的方式?""我觉得应该向您反映一些情况……""我想这样是不是会更好些? 也许这些看法会对您的计划有所补充。"

(2)"抱怨"的话要有所隐藏,切忌直言不讳。

在我们平常的工作中,难免要看领导的脸色办事,领导的赞美也好,批评也好,都要当作是你应得的,这对于你的发展来说,不能说是无所谓而是大有所谓,尤其是在你接受批评的时候,如果掌握不适度,那你的前程将毁于一旦,但是过分地否定自己,那你也只能做个故步自封的老古董。那究竟如何面对老板的训斥,如何把"抱怨"的话说得天衣无缝呢?

在此,我们不是提倡个性,但是如果能够在领导面前坦诚地为自己争辩,不仅是个胆量问题,也是个技巧问题。有时候,以自我批评、直抒肺腑的方式出现,比有损领导面子的据理力争或者辩护的效果好得多。

（3）投其所好，省时又省力。

摸清了领导的脾气，办事的阻力就会减少80%，事事都投其所好，还有什么领导不愿接受的，这不是既省时又省力嘛！作为下属，要想把自己的见解移植到领导头脑中，对领导的性格、喜好的了解是必不可少的。

在接受下属的意见时，有人喜欢白纸黑字的书面报告，有人则喜欢简短的口头报告。有些领导要求下属自己做出决定来完成任务，但有些却要求下属定时向他报告，凡事皆以他的意见为准。

多多了解你的领导，多多分析你的领导，只需动用一定的脑力就足够。

（4）时不再来，见机就要行事。

时不我待，要告诉你的是珍惜每一次成就你的机会，甚至是分秒，说不定就那么一瞬间你就获胜了。作为下属，应当把握自己进言的时机，尤其是当领导主动征询你的意见，更应当表达出自己独特的见解与主张，这样才能给自己一个发挥的机会，同时在上下级之间形成交流与共鸣。

每个人都有自尊心，这是做人的资本，尤其是对你的领导，要想给自己在事业上留条后路。请记住：领导的尊严不容侵犯。当领导理亏时要给他留下台阶，当众纠正领导是万万不能的。领导的忌讳不能冲撞。消极地给领导保面子不如积极地给领导争面子。如果发现领导有某种错误或不妥之处，可以在一对一的情况下，或下班后，以低调或不经意间婉转向他提出，但要特别注意不可过分强调，以免引起他的反感。在交谈中要时刻注意他的反应，如果他表现出满脸的不高兴，或找出各种理由极力为自己辩解、推脱责任，这时你就要立即停止，不可再三提示他的错误。如果听完你的提示，他承认自己所造成的错误或做得不足之处，并为此表示非常烦恼，你可以找出适当的借口为他开脱，使他得到心理上的安慰，这样他才会把你看作知心人。

2. 手脚要勤快，头脑要灵活，随时随处帮领导分忧解难

任何工作都不可能是一次性完成的，都可能会遇到这样或那样的挫折。作为领导，统管全局，责任重大，压力也最大，某些工作可以凭借自己的能力或以往的经验就能办成功，而有些工作则需要群策群力才能解决。这时，如果下属除了干好本职工作外，还能及时伸出援助之手，帮领导出谋划策，共同渡过难关，对于领导来说犹如雪中送炭，他肯定会十分感动的。像这样的帮助，如当商品销路出现堵塞时，利用自己的社会关系，联系销售渠道；当上级需要某一方面的人才时，帮助物色、推荐等，都会让领导备感欣慰。

再有就是，若能帮助领导发挥其专业水准，对你必然有好处。例如，领导经常找不到需要的资料，你就替他将所有档案有系统地整理一下；要是他对某客户处理不当，你可以得体地代他把关系缓和；如果他最讨厌做每月一次的市场报告，你不妨代劳。这样，领导觉得你是好帮手后，自然会重用你，你自己也可以多积累一些工作经验。

按理说，作为领导，不应该被日常事务困扰，而要把主要精力放在组织重大决策和进行战略思考上。但现实生活中，领导却常常成了公务的"集合—分散区"，一方面忙着把上级的指示精神领回来，把下属的愿望要求带上去，另一方面，又要把这些指标和要求化作各项工作任务落实下去。大小决策要拍板，大小会议要主持，大小责任要承担，因此一年到头有开不完的会，签不尽的文件，了不断的麻烦事。在这种情况下，有事业心、责任感的下属，不应袖手旁观，而要努力做到"该出手时就出手"，帮助领导解围。

除了在工作上帮领导解围外，对于领导周围的怨气，作为下属也应该进行一下恰当合理地疏导。

3. 勇于承担重任，不给领导增添麻烦

领导作为把握大局的舵手，不可能对任何事情都事必躬亲，他的精力也不允许他对每件事情都操心过多，更何况有些领导不便于出面，也没有必要出面，下属就应该自告奋勇，替领导解决一些棘手的问题。独当一面更多地体现在能干大事上。在工作中要做替领导处理麻烦的亲信，替领导去执行一些重要的任务，完成一些具有危险的工作，为领导收集重要的情报等，都是承担重任的表现。这样的下属不获得领导的信赖就怪了！

4. 做好领导的"信息搜集站"

为领导提供综合性的信息，这是身为下属义不容辞的责任。由于领导主要关心的是决策问题，那么大量信息的汇集、整理、筛选与剔除就要交给下属去承担。那些善于观察体会，能够正确理解领导的意图，为其提供所需的独特的信息的下属，才会"搔痒搔到正痒处"，为领导解决关键性问题，获得领导的赏识。无疑，这会大大促进领导与下属的情感，缩短距离，建立一种和谐、默契的上下级关系。

这就决定了，搜集信息的工作，不仅要强调综合性，还要注重独特性；不仅要实干，还要巧干，这样才能抓住要点，突出重点，解决难点，真正做好工作，赢得领导的好感。

如果遇到领导没有明确指派问题，你就应发挥主观能动性，变被动工作为主动工作，去发现它，并提供相关的资料。

谈判技巧篇

——一开口就赢谈判

唱好谈判的序曲

谈判的开局是实质性谈判的序幕。"良好的开端是成功的一半",开局的好坏直接关系到整个谈判的前景。在开局阶段,人们的精力最充沛,注意力最集中,神经也最敏感。有经验的谈判人员都十分重视开局的工作。

有一个非常重要的任务:就是通过对己方情况的介绍,将一些有价值的、对己方有利的信息传递给对方,显示自己的实力。这对谈判的深入乃至双方最终达成协议都有非常重要的意义。

谈判各方要能在谈判开始时,使对方感到,己方已经获取有关谈判内容以及对方需要的信息。从一定意义上讲,信息就是实力。如果缺少必要的各种信息,即使最有经验的谈判人员也会一筹莫展,寸步难行。这就要求谈判人员在开局时要正确地利用各种信息,公开地、明确无误地阐明己方的立场,并努力捕捉对方的各种信息,以此制定谈判的方式与策略。同时,要把自己真正的利益、需要和关注的重要问题有策略地藏匿起来,不透露机密的信息。

A公司是一家实力雄厚的房地产开发公司,在投资的过程中,相中了B公司所拥有的一块极具升值潜力的地皮。而B公司正想通过出卖这块地皮获得资金,以将其经营范围扩展到国外。于是双方精选了久经沙场的谈判干将,对土地转让问题展开磋商。

A公司代表:"我公司的情况你们可能也有所了解,我公司是×公司、××公司(均为全国著名的大公司)合资创办的,经济实力雄厚,近年来在房地产开发领域业绩显著。在你们市去年开发的××花园,收益很不错,听说你们的周总也是我们的买主啊。你们市的几家公司正在谋求与我们合作,想把他们手里的地皮转让给我们,但我们没有轻易表态。你们这块地皮对我们很有吸引力,我们准备把原有的住户拆迁,开发一片居民小区。前几天,我们公司的业务人员对该地区的住户、企业进行了广泛的调查,基本上没有什么阻力。时间就是金钱啊,我们希望能以最快的速度就这个问题达成协议,不知你们的想法如何?"

"很高兴能与你们有合作的机会。我们之间以前虽没有打过交道,但对你们的情况还是有所了解的。我们遍布全国的办事处也有多家住的是你们建的房子，这可能也是一种缘分吧。我们确实有出卖这块地皮的意愿，但我们并不是急于脱手，因为除了你们公司外，兴华、兴运等一些公司也对这块地皮表示出了浓厚的兴趣，正在积极地与我们接洽。当然了，如果你们的条件比较合理，我们还是愿优先与你们合作的，可以帮助你们简化有关手续，使你们的工程能早日开工。"

上述例子是谈判者通过简单的自我介绍暗显实力的成功典范。我们不止一次地强调，谈判双方是为了满足各自某种需要才走到一起来的。因此，要想与对方达成合作，你必须有能力满足对方的需要，而且你要确知对方是否同样有能力满足你的需要。谈判对手的实力是谈判者最为关心的问题。

因此，通过信息的交流，介绍己方的实力，取得对手的信任，是进行深入谈判和取得谈判成功的前提和基础。好的谈判者都非常注意在谈判初始阶段通过恰当的方式显示自己的实力，取得对手的信任，让其放心地与你一起谋求合作。比如上文例子中 A 公司的代表通过介绍本公司的背景和在某市的经营业绩，使对手对其信用和经营能力充满信心，这为未来的合作打下了很好的基础。

一个谈判者，需要对手信任的方面很多。比如你需要使对手相信你是满足他需要的最佳人选，你就应在介绍己方的情况时表现出你的坦率、真诚和满足他的需要的实力；如果你要使对手相信你是个兼顾双方利益、真诚谋求合作的人，你就应努力体现出你的友好与公正，等等。你最好还要使对手相信他选择了一个最好的谈判对手。

谈判的帷幕就是在双方的自我介绍中拉开的，奏响的序曲能不能做一个好的铺垫至关重要。而这里的序曲也就是通过简洁、扼要地对己方情况的介绍来表现自己的实力，取得对方的信任，抢占谈判中的主动权。

调好谈判的温度

序幕拉开后，谈判双方正式亮相，开始彼此间的接触、交流、摸底，甚至冲突。当然这也仅仅是开始，它离达成正式协议还有相当漫长的过程。但是在谈判开始阶段，你首先要做好一项非常重要的工作，那就是营造洽谈的气氛，调节好一个最恰当的环境"温度"，它对谈判成败有非常重要的关系。

谈判气氛是谈判对手之间的相互态度，它能够影响谈判人员的心理、情绪和感觉，从而引起相应的反应。倘若你经历过任何一次谈判，你对那次谈判的气氛都应该记忆犹新吧？那或许是冷淡的、对立的；或许是松弛的、旷日持久的；或许是积极的、友好的；也有严肃的、平静的；甚至还有大吵大闹的……

你也应当清楚，那种积极友好的气氛对一次谈判将有多大帮助，它使谈判者轻松上阵，信心百倍，高兴而来，满意而归。

卡耐基认为，对于任何谈判者而言，理想的气氛都应是严肃、认真、紧张、活泼。这可以说是总结了历来胜利而有意义的谈判气氛而得出的一个伟大结论。他建议每位谈判者努力为所进行的谈判营造这一良好气氛。

美国谈判学家卡洛斯认为，大凡谈判都有其独特的气氛。善于创造谈判气氛的谈判者，其谈判谋略的运用便有了很好的基础。我们有理由认为，合适的谈判气氛亦是谈判谋略的一个重要组成部分。良好的谈判气氛有助于谈判者发挥自己的能力。

谈判气氛有时是自然形成的，而多数情况下是人为营造的。不同的谈判气氛对谈判者来说都能感觉到。能运用谈判气氛影响谈判过程的谈判者自是精明之人，他们知道谈判气氛对谈判的成败影响很大。

谈判室是正式的工作场所，容易形成一种严肃而又紧张的气氛。当双方就某一问题发生争执，各持已见、互不相让，甚至话不投机、横眉冷对时，这种环境更容易使人产生一种压抑、沉闷的感觉。在这种情况下，我方可以建议暂时停止会谈或双方人员去游览、观光、出席宴会、观看文艺节目，也可以到游艺室、俱乐部等处娱乐、休息。这样，在轻松愉快的环境中，大家的心情自然也就放松了。更主要的是，通过玩游戏、休息、私下接触，双方可以进一步增进了解，消除彼此间的隔阂，增进友谊，也可以不拘形式地就僵持的问题继续交换意见，寓严肃的讨论于轻松活泼、融洽愉快的气氛之中。这时，彼此间心情愉快，人也变得慷慨大方。谈判桌上争论了几个小时无法解决的问题，在这儿也许会迎刃而解了。

谈判气氛形成后，并不是一成不变的。本来轻松和谐的气氛可以因为双方在实质性问题上的争执而突然变得紧张，甚至剑拔弩张，一步就跨入谈判破裂的边缘。这时双方面临最急迫的问题不是继续争个"鱼死网破"，而是应尽快缓和这种紧张的气氛。此时，诙谐幽默无疑是最有力的武器。

卡普尔任美国电报电话公司负责人时，在一次董事会上，众位董事对他的领导方式提出质疑，会议充满了紧张的气氛。人们似乎都已无法控制自己的情绪了。

一位女董事发难道："公司去年的福利你支出了多少？"

"900万元。"

"噢，你疯了，我真受不了！我要发昏了！"

听到如此尖刻的发难，卡普尔轻松地说了一句："我看那样倒好！"

会场意外地爆发了一阵难得的笑声，连那位女董事也忍俊不禁。紧张的气氛随之缓和下来了。

活跃气氛的另一种绝好方法就是寒暄。

寒暄又叫打招呼，是人与人建立语言交流的方法之一。它能使不相识的人相互认识，使不熟悉的人相互熟悉，使单调的气氛活跃起来，为双方进一步攀谈架设桥梁、沟通情感。

刚与对手见面时，必定要说几句客套话，虽是客套，可也非常重要，值得注意。数分钟的寒暄，有助于气氛的融洽，有助于商谈正题气氛的营造。如果刚见面就开门见山，单枪直入，很容易让人觉得突兀，态度不免就会强硬，不利于商谈的展开。

邓小平和英国女王及其丈夫爱丁堡公爵会谈前的寒暄是富有启发意义的。

邓小平迎上前去，对女王说："见到你很高兴，请接受一位中国老人对你的欢迎与敬意。"

接着，邓小平说："这几天北京的天气很好，这也是对贵宾的欢迎。当然，北京的天气比较干燥，要是能'借'一点伦敦的雾就更好了。我小时候就听说伦敦有雾。在巴黎时，听说登上巴黎铁塔，就可以望见伦敦的雾。我曾经登上过两次，可是很遗憾，天气都不好，没能看到伦敦的雾。"

爱丁堡公爵说："伦敦的雾是工业革命时的产物，现在没有了。"

邓小平风趣地说："那么，'借'你们的雾就更困难了。"

爱丁堡公爵说："可以借点雨给你们，雨比雾好，你们可以借点阳光给我们。"

这种寒暄，双方都说得十分高雅而得体。

邓小平的话说明英国贵宾到来不仅占人和（中英友好），而且占天时（天气很好），也点明了邓小平在法国的经历，还表明了他对雾都伦敦的认识和了解。

爱丁堡公爵的答话流露出对英国环境治理成效显著的自豪感。至于借雨、借阳光，多少隐含着双方互通有无的意向。

可见，谈判前的寒暄对谈判气氛的营造能起到意想不到的作用。

总的来说，为了创造出一个合作的、良好的谈判气氛，谈判人员应做到：

寒暄恰到好处。在进入谈判正题之前，一般都有一个过渡阶段，在这阶段双方一般要互致问候或谈几句与正题无关的问题。如来会谈前各自的经历、体育比赛、个人问题以及以往的共同经历和取得的成功等，使双方找到共同语言，为心理沟通做好准备。切记不要涉及令人沮丧的话题。

动作自然得体。动作和手势也是影响谈判气氛的重要因素。特别值得注意的是，由于各国、各民族文化、习俗的不同，对各种动作的反应也不尽相同。比如，初次见面时的握手就颇有讲究，有的外宾认为这是一种友好的表示，给人以亲近感；而有的外宾则会觉得对方是在故弄玄虚、有意谄媚，就会产生一种厌恶感。因此，谈判者应事先了解对方的背景、性格特点，区别不同的情况，采用不同的形体语言。

破题引人入胜。如果说开局是谈判气氛形成的关键阶段，那么破题则是关键中的关键，就好比围棋中的"天王山"，既是对方之要点，也是我方之要点，因为双方都要通过破题来表明自己的观点、立场，也都要通过破题来了解对方。由于谈判即将开始，难免会心情紧张，因此若出现张口结舌、言不由衷或盲目迎合对方的现象，这对下面的正式谈判将会产生不良的影响。为了防止这种现象的发生，应该事先做好充分准备，做到有备而来。比如，可以把预计谈判时间的5%作为"入题"阶段，若谈判准备进行1小时，就用3分钟时间沉思；如果谈判要持续几天，最好在谈生意前的某个晚上，找机会请对方一起吃顿饭。

讲究表情语言。表情语言是无声的信息，是内心情感的表露，包括形象、表情、眼神等。谈判人员是信心十足还是满腹狐疑、是轻松愉快还是紧张呆滞，都可以通过表情流露出来。是诚实还是狡猾，是活泼还是凝重，也都可以通过眼神表示出来。谈判人员应时刻注意自己的表情，通过表情和眼神表示出自信以及友好、合作的愿望。

察言观色。开局阶段的任务不仅仅是营造良好的气氛，还要敏锐地捕捉各种信息，如对方的性格、态度、意向、风格、经验等，为以后的谈判工作提供帮助。

既要唱"红脸"，又要唱"白脸"

在商务谈判中，当谈判一方处于被动或劣势的时候，可以运用"绵里藏针"的技巧，先软后硬，硬了再软，一波三折，软硬交替，来促使谈判成功。

有这样一个生动的例子：

1923年，苏联国内食品短缺，苏联驻挪威全权贸易代表柯伦泰奉命与挪威商人洽谈购买鲱鱼。

当时，挪威商人非常了解苏联的情况，想借此机会大捞一把，他们提出了一个高得惊人的价格。柯伦泰竭力进行讨价还价，但双方的差距还是很大，谈判一时陷入了僵局。柯伦泰心急如焚，怎样才能打破僵局，以较低的价格成交呢？低三下四是没有用的，而态度强硬更会使谈判破裂。她冥思苦想终于想出了一个办法。

当她再一次与挪威商人谈判时，柯伦泰十分痛快地说："目前我们国家非常需要这些食品，好吧，就按你们提出的价格成交。如果我们政府不批准这个价格的话，我就用自己的薪金来补偿。"

挪威商人一时竟呆住了。

柯伦泰又说："不过，我的薪金有限，这笔差额要分期支付，可能要一辈子。如果你们同意的话，就签约吧！"

挪威商人们被感动了，经过一番商议后，他们同意降低鲱鱼的价格，按柯伦泰的出价签订了协议。

柯伦泰的忠诚和才干，特别是她在谈判处于不利的形势下采取"绵里藏针"的技巧，赢得了谈判的成功，购得了人们需要的食品，得到了政府和人民的赞扬。第二年，她被任命为苏联驻挪威王国特命全权大使，成为世界上第一个女外交家。

一味地用和气、温柔的语调讲话，一个劲儿地谦虚、客气、退让，有时并不能让对方信赖、尊敬及让步，反而会使一些人误认为你必须依附于他，或认为你是个软弱的谈判对手，可以在你身上获得更多、更大的利益。

相反，如果你一开始就以较强硬的态度出现，从面部表情到言谈举止，都表现高傲、不可战胜、一步也不退让，那么留给对方的将是极不好的印象。这样，会使对方对你的谈判诚意持有异议，而导致失去对你的信赖和尊敬。

正确的做法应当是"软硬兼施"。须知，强硬与温柔相结合，能使人的心态发生很大的变化。强硬会使对方看到你的决心和力量，温柔则可使对方看到你的诚意，从而可以增强信任和友谊。在商务谈判中，软硬兼施的策略被谈判者普遍采用。凭软的方法以柔克刚，又用硬的手段以强取胜。软硬兼施的方法通常还可以由两个人来实行。

在谈判中，本方由一个成员扮演强硬派角色，坚持提出较高的要求，不轻易退却，努力捍卫本方的利益；由另一位成员扮演合作者角色，他在开始时并不马上参与意见，而是保持沉默，既维护好与对手的关系，又不损害本方强硬人物的"面子"。他要善于观察谈判形势的发展变化，适时地参与进来提出建议或做出某些让步。这也就是我们俗称的"红白脸"策略。

在运用红白脸策略时，对以下几点要领应注意把握：

（1）从红脸、白脸的角色分配来看，两种角色的分配应和本人的性格特征基本相符，即扮"红脸"者应态度温和、经验丰富、处事圆滑、言语平缓、性格沉稳；而扮"白脸"的人则应雷厉风行、反应迅速、善抓时机、敢于进攻、言语有力。如果让性格特征不相称的人去扮演这种角色，就会出现强硬派硬不上去，而红脸反倒硬了起来，结果导致希望和实际效果不符，场面一团糟，反倒使对方有机可乘，乘虚而入。

（2）两种角色一定要注意相互配合，看准时机，把握火候，在"白脸"发动强攻时，"红脸"就要充分注意对方的反应，如果对方以牙还牙，以硬对硬，"红脸"就要在适当的时候出面调停，让"白脸"有台阶下台，否则，"白脸"收不了场，而"红脸"又不及时出面，就可能使谈判僵持、暂停或是破裂了。

（3）在使用红白脸策略时，要求担任"白脸"角色的人既要善于进攻，但又必须言之有理、讲究礼节，不肯轻易让步，但不是胡搅蛮缠。而"红脸"也不能过于软弱，要掌握好分寸，既要掌握好让步的分寸，也要适度使用语言。

（4）从角色的分工来看，"红脸"一般由主谈人来充当，"白脸"由助手来充当，因为从红白脸策略的整体特点来看，"红脸"掌握着让步的分寸，总揽全局，而且从心理学角度来讲，"红脸"的观点也易为对方所接受，所以这样分工比较合适。

投石问路让对方亮出底牌

投石问路策略是指买主在谈判中为了摸清对方的虚实，通过不断地提问来了解直接从卖方那儿不容易获得的诸如成本、价格等方面的尽可能多的资料，以便在谈判中做出正确的决策。

比如，一位买主要购买3000件产品，他就可以先问如果购买100件、1000件、3000件、5000件和1万件产品的单价分别是多少。一旦买主给出了这些单价，敏锐的买主就可从中分析出卖主的生产成本、设备费用的分摊情形、生产的能力、价格政策、谈判经验丰富与否。最后买主能够得到购买3000件产品非常优惠的价格，因为很少有卖主愿意失去这样大数量的生意。

买主经常运用投石问路策略，通常都能问出很有价值的资料，知道的资料越多，就越能做出有利的选择。一般说来，可提出这样一些问题：

如果我们订货的数量加倍，或者减半呢？

如果我们建立长期合作关系呢？

如果我们同时购买几种产品呢？

如果我们分期付款呢？

如果我们自己运输呢?

如果我们淡季订货呢?

如果我们要求改变规格式样呢?

如果我们提供原材料呢?

每一个问题都好比一颗石头,掷向对方内心,落地有声,你要小心听"音"。

有这样一个眼镜师(谈判者)向顾客(谈判对方)索要高价的小故事。顾客向眼镜师问价:"要多少钱?"眼镜师回答:"10美元。"如果顾客没有不满的反应,他便立即加上一句"一副镜架",实际上就成了"10美元一副镜架"。然后他又开口"镜片5美元",如果顾客仍没有异议,狡猾的眼镜师就会再加上一句"一片"。这里,眼镜师运用了投石问路的方法,通过观察、判断顾客的反应,达到了自己的目的。

有目的地向对方提出各种问题,是摸清对方底细、掌握对方情况的重要手段。因此,所提问题的内容、方式以及问题提出的时间等都要好好考虑。

美国谈判专家尼尔伦伯格曾与他人合伙购买了地处纽约州布法罗市的一家旅馆。他对旅馆经营的业务一无所知,所以,他事先就讲好了对该项业务的经营不承担任何责任。谁知事不凑巧,协议刚签署几天,那位合伙人就因患了重病不能经营旅馆了。怎么办?尼尔伦伯格没有其他的选择,只好亲自去经营旅馆。当时,该旅馆的生意很不景气,月亏损额高达1.5万美元。3天之后,尼尔伦伯格将要被当作纽约市旅馆管理的"行家"去布法罗市走马上任,并亲自指挥500名员工的工作。他焦急万分,首先找来了哈佛商学院有关管理的书籍、资料潜心钻研,结果收效甚微。他坐在办公室里冥思苦想,突然一个念头闪过:500名员工绝不会想到一个外行会冒着风险来经营一个亏损严重的旅馆的,他们会认为我是一个这方面的专家,那么,我就去扮演一个经营旅馆的专家吧。尼尔伦伯格到了旅馆后,便从早到晚每15分钟接见一个人。他广泛地接触了管理人员、厨师、使役和勤杂人员,在和他们的谈话中了解了不少情况。他和员工的谈话是这样进行的:当每一个人走过尼尔伦伯格的办公室时,他都是皱着眉头对员工说,他们不适合继续留在旅馆里工作。人们一个个都感到愕然。接着,他说:"我怎么能留用如此无用的人呢?看来你还像是个能干的人,但我不能容忍这种荒唐的事情再继续下去了。"这时,凡谈话的每位员工都竭力为自己过去的行为巧言辩解,并表示愿意接受批评,好好工作。于是,尼尔伦伯格继续说:"要是你能向我表明,你至少还懂得怎样去做,并使我相信,你已经知道事情错在哪里,那么,我们或许还能一起干下去。"就这样,尼尔伦伯格从员工们那里了解到了旅馆亏损的原因所在,以及许多改进旅馆经营管理的新建议、新措施和新方法。他将这些方法一一付诸实现。结果,第一个月亏损降到1000美元,第二个月就赢利 3000 美元，从而使旅馆的亏损局面得到了彻底扭转。

谈判者为了在谈判中处于有利地位，有更多的回旋余地，往往采取严密的保密措施，力求不让对方抓住任何与本方"底牌"有关的蛛丝马迹。在这种情况下，直接发问是无效的，只有采取迂回作战，施展一些策略，运用一些技巧才会有所收获。

一位供货商在与某厂采购经理的谈判中，想提高产品的价格，但他并没有直接探询对方的反应，而是聊了一些似乎不着边际的话。

"我们想提高产品的质量，因此想知道你们厂对我们的产品有什么意见，最好能帮助我们提供一些数据，我们好及时改进。"

"嗯，你们的产品质量还是不错的，至于数据吗，我可以在谈判后替你收集一些。不过据实验人员反映，你们产品的各项检测指标均优于我们曾用过的产品。"

"噢，非常感谢。据说你们厂这两年的效益非常好，规模越来越大，产品几乎没有任何积压。"

"可不是，几十条生产线昼夜不停，产品、原料都是供不应求，可忙坏我了。"

供货商听到这里，露出一丝不易察觉的微笑。

聪明的读者，你知道供货商为什么笑吗？

在这段似乎不着边际的谈话中，供货商探测到了对己方非常有利的两条信息：一是本方提供的产品在该厂的信誉非常好；二是对方的库存原料已经供不应求，存料马上就要用光。工厂正面临着极大的压力，希望尽早结束谈判以使生产不致因为原材料的缺乏而受到影响。不知不觉间，对方自亮了"底牌"。

供货商要想提高产品价格，就必须知道对方的弱点所在，并在此基础上给对方制造压力，让对方不得不让步。但他如果直接问采购经理"我们的产品在你们厂曾用过的产品中是不是最好的"？同样久经沙场的采购经理绝对不会轻易给他肯定的回答，把他送上谈判中的有利位置。于是供货商转换了角度，以对顾客负责的姿态出现，询问对方对改进产品质量的意见，使采购经理放松了警惕，轻易就把本厂对该产品的评价和盘托出。

可见投石问路的关键并不完全在于"问"，而是"引"。最根本的要领是：提到点子上，听出话外音。

吹毛求疵让对方压低价格

作为谈判一方，卖主经常会碰到一些买主利用这种战术来讨价还价。他们先是对商品横挑鼻子竖挑眼，接着就会提出一大堆的问题和要求。这些问题有些是真实的，属于商品自身存在的缺陷；有的只是对方的夸大其词，用来虚张声势的。他们之所以这样做，只是为了达到以下三个目的：第一，让卖主知道，他的对手是位精明强干的人，不会轻易地受人欺骗；第二，迫使卖主一再地降低商品的价格；第三，替自己争取更为有利的讨价还价的地位。

这种谈判方法在商贸交易中已被无数事实证明，不但是行得通的，而且卓有成效。有人曾做过试验，证明双方在谈判开始时，倘若要求越高，则所能得到的也就越多。因此，许多买主总是一而再，再而三地运用这种战术。

在商务谈判中，谈判者如能巧妙地运用吹毛求疵的策略，会迫使对方降低要求，做出让步。这种方法是讨价还价的主要战术之一。买方先是挑剔个没完，提出一大堆意见和要求，这些意见和要求有的是真实的，有的只是出于策略需要的吹毛求疵。这样做的目的主要是使卖主把卖价的标准降低，使自己有讨价还价的余地，让对方知道自己是很精明的，不会轻易地被他人欺骗蒙蔽。

有一次，某百货商场的采购员到一家服装厂采购一批冬季服装。采购员看中一种皮夹克，问服装厂经理："多少钱一件？""500元一件。""400元行不行？""不行，我们这是最低售价了，再也不能少了。""咱们商量商量，总不能要什么价就什么价，一点也不能降吧？"服装厂经理觉得，冬季马上到来，正是皮夹克的销售旺季，不能轻易让步，所以很干脆地说："不能让价，没什么好商量的。"采购员见话已说到这个地步，没什么希望了，扭头就走了。

过了两天，另一家百货商场的采购员又来了。他问服装厂经理："多少钱一件？"回答依然是500元。采购员又说："我们会多要你的，采购一批，最低可多少钱一件？""我们只批发，不零卖。今年全市批发价都是500元一件。"这时，采购员不急于还价，而是不慌不忙地检查产品。

过了一会儿，采购员讲："你们的厂子是个老厂，信得过，所以我到你们厂来采购。不过，你的这批皮夹克式样有些过时了，去年这个式样还可以，今年已经不行了；而且颜色也单调，你们只有黑色的，而今年皮夹克的流行色是棕色和天蓝色。"他边说边看其他的产品，突然看到有一件缝制得马虎，口袋有裂缝，马上对经理说："你看，你们的做工也不如其他厂子精细。"他仍边说边检查，又发现有件衣服后背的皮子不好，便说："你看，你们这衣服的皮子质量也不好。现在顾客对皮子的质量要求特别讲究。这样的皮子和质量怎么能卖这么高的价钱呢？"

这时，经理沉不住气了，并且自己也对产品的质量产生了怀疑，于是用商量的口气说："你要真想买，而且要得多的话，价钱可以商量。你给个价吧！""这样吧，我们也不能让你们吃亏，我们购50件，400元一件，怎么样？""价钱太低，而且你们买的也不多。""那好吧，我们再多买点，买100件，每件再多30元，行了吧？""好，我看你也是个痛快人，就依你的意见办！"于是，双方在微笑中达成了协议。

在这个例子中，前一个采购员为什么没有成功，而后一个采购员谈判却成功了呢？原因就是后者在谈判中采用了吹毛求疵的策略。后面这位采购员不急于跟卖主讨价还价，而是百般挑剔，提出一大堆问题和要求，使卖主感到买主是很精明的，而且很内行，不会被人轻易欺蒙，从而被迫降价。

但是，如果从相反的立场来说，作为卖方或者资方的谈判者，又该如何对抗这种吹毛求疵的战术呢？谈判专家卡洛斯指出：

（1）必须很有耐心。面对对方的问题，千万不要轻易让步，以免刺激对方的欲望。那些虚张声势的问题迟早会露出破绽，失去威胁性。

（2）遇到实际问题，不要躲闪回避，要开门见山地和买方恳谈。如果可能，要运用私下讨论的便利。

（3）对于某些是问题又不是问题的要求，要巧妙地"忽略"它们。

（4）当对方借助问题在浪费时间、节外生枝，或做无谓的挑剔时，必须及时提出抗议。

（5）向对方建议一个具体而"彻底"的解决办法，而不去纠缠枝节问题。

报价要有原则，不给对方留把柄

如果将价格谈判放到实力较量的范畴内来研究，那么价格的高低，报价的习惯，可调整的幅度、次数和速度，都可以看作是谈判者实力的表现。

报价，不仅仅是价格方面的要求，还泛指谈判双方在洽谈项目中的利益要求，即其想达到的目的。谈判双方在经过摸底，明确了交易的具体内容和范围之后，提出各自的交易条件，表明自己的立场和利益。

谈判双方通过报价来表明自己的立场和利益要求。但是，任何一方在阐述自己要求的时候，都不会把自己的底价透露给对方，而总是要打个"埋伏"，给自己留下讨论协商、讨价还价的空间，或者以优于底价的条件成交，超过既定目标，完成谈判；或者以不低于底价的条件成交，完成谈判的既定目标。正因为双方都有这种考虑，所以，在报价的时候一定要极其谨慎。

报价的方式可以是"横向铺开"，也可以是"纵向展开"。所谓"横向铺开"，就是对自己的立场观点不做深入的讨论，而是把自己方面的利益要求做一个全面完整的陈述，求全而非深。"纵向展开"，就是对所要讨论的各个问题，逐个展开协商，深入下去，谈完一个再谈另一个。

报价的内容包括：我方认为这次洽谈应该包括的问题；双方的利益要求；我方可以让步的方面。当然，这种开诚布公的报价，只是在互相比较熟悉的老对手之间才可以采用。和陌生不了解的洽谈对手进行谈判，则不能这样报价，也不可能得到对方这样的明确报价；这时候，就要采取旁敲侧击的方法，尽量明确对方的报价。

在报价阶段，各方只是阐述自己的利益要求，所以听取的一方为了达到自己的目的，一定要认真听取对方的报价，尽量全面完整地理解对方的报价，抓住对方的主要利益要求和次要方面，以便将来跟对方压价。

对自己利益的陈述和表达要注意方式和语气。因为报价的目的是为了表明立场和态度，而不是挑战，所以要注意以和为贵。当一方陈述完毕，另一方就可以再陈述自己的立场和观点，为了调节气氛，也可以先讲一下双方已经达成一致意见的方面。

在报价的过程中还应该注意一个"随机应变、留有余地"的原则。

由于报价事关整个交易的各项条件，所以在一般情况下，报价不会是一成不变的。所以谈判人员在报价时，不要把条件说得过于坚决，给对方一个"只此一条，别无选择"的印象。如果在报价时保留一个比较宽松的余地，那么在后来的谈判中当对方向你提出了某种可以使你满足的要求时，你就有了进一步讨价还价的条件。这种策略也是商务谈判人员经常使用的策略。

留有余地的策略在西欧式的报价方法中体现得较为明显。

西欧式的报价方法与我们前面所介绍的报价方法是一致的。一般的做法是，谈判人员在报价时，首先提出一个留有较大余地的价格条件，其后再根据买卖双方的实力对比和外部竞争状况，通过其他方法来争取买方，如给予数量折扣、价格折扣、佣金和支付条件上的优惠等，稳住买方，使双方的差距逐步缩小，最终达成成交的目的。由于有时报价方所留余地是非常大的，所以即使作了有限的让步也是在余地之中，不但不会吃亏，反而往往会有一个不错的结果。

这一策略是和一般买方的心理相适应的，因为对于一般人来说，总是习惯于价格由高到低逐步下降，而不是由低到高。

谈判人员在报价中保留余地时，同样应注意商务谈判中语言运用的一般规则，即应当态度诚恳、观点明确、简明易懂。

关于先报价与后报价之利弊，很多人认为最好后报价，这样不容易被人"摸底"，其实不然，先报价有弊也有利。

先报价的有利之处在于：一方面，先报价对谈判的影响较大，它实际上等于为谈判划定了一个框架或基准线，最终协议将在这个范围内达成。比如，卖方报价某种计算机每台1000美元，那么经过双方磋商之后，最终成交价格一定不会超过1000美元这个界限的。另一方面，如果本方的谈判实力强于对方，或者说与对方相比在谈判中处于相对有利的地位，那么本方先报价就是有利的。尤其是当对方对本次交易的行情不太熟悉的情况下，先报价的利更大。因为这样可为谈判先划定一个基准线，同时，由于本方了解行情，还会适当掌握成交的条件，对本方无疑是利大于弊。

先报价的弊在于：一方面，对方听了我方的报价后，可以对他们自己原有的想法进行最后的调整。由于我方的先报价，对方对我方的交易条件的起点有所了解，他们就可以修改原先准备的报价，获得本来得不到的好处。正如上边所举例子，卖方报价每台计算机1000美元，而买方原来准备的报价可能为1100美元一台。这种情况下，很显然，在卖方报价以后，买方马上就会修改其原来准备的报价条件，于是其报价肯定会低于1000美元。那么对于买方来讲，后报价至少可以使他获得每台节省100美元的好处。

先报价如果出乎对方的预料和设想，往往会打乱对方的原有部署，甚至动摇对方原来的期望值，使其失去信心。比如，卖方首先报价，某货物1000美元一吨，而买方却只能承受400美元一吨，这与卖方报价相差甚远，即使经过进一步磋商也很难达成协议，因此，只好改变原来部署，要么提价，要么告吹。总之，先报价在整个谈判中都会持续地起作用。因此，先报价比后报价的影响要大得多。

总之，报价要注意几个原则：不激进、不保守，保持坚定、明确、完整、果断，不要给对方留有把柄。

把握火候，及时给对方下最后通牒

在谈判过程中，对于某些双方一时难以达成协议的问题，不要操之过急地强求解决，而要善于运用限定期限的谈判策略，规定出谈判的截止日期。在限定期限不可避免地来临之时，迫于限期的无形压力，对手就会放弃最后的努力，甚至迫不得已地改变原先的主张。这种策略又被称为"死线"。

在美国某乡镇有一个由12个农夫组成的陪审团。在一次案件的审理过程中，陪审团中11个人认定某被告有罪，只有1个人表示了不同的看法，认为该被告无罪。由于陪审团的判决只有在其全体成员一致通过的情况下才能成立，于是陪审团中认定被告有罪的这11个人花了将近一天的时间劝说表示不同看法的那个人。此时，忽然天空中乌云密布，眼看一场大雨就要来临。那11个农夫急着要在大雨之前赶回去，收回晒在外面的干草。可是，持不同意见的这位农夫仍然不为所动，坚持己见。那11个农夫急得像热锅上的蚂蚁，他们的立场开始动摇了。随着"轰隆"一声雷鸣，那11个农夫再也等不下去了，转而一致投票赞成持不同意见农夫的意见：宣判被告无罪。

在谈判中，有些谈判者支出架子准备进行艰难的拉锯战，而且他们也完全抛开了谈判的截止期。此时，你的最佳防守兼进攻策略就是出其不意，发出最后通牒，提出时间限制。这一策略的主要内容是，在谈判桌上给对方一个突然袭击，改变态度，使对手在毫无准备且无法预料的形势下不知所措。对方本来认为时间挺宽裕，但突然听到一个要终止谈判的最后期限，而这次谈判成功与否又与自己关系重大，不可能不感到手足无措。由于他们很可能在资料、条件、精力、思想、时间上都没有充分准备，在经济利益和时间限制的双重驱动下，会不得不屈服，在协议上签字。

美国底特律汽车制造公司与德国谈判汽车生意时，就是运用了限定期限而达到了谈判目标。当时，由于双方意见不一致，谈判近一个多月没有结果，同时，别国的订货单又源源不断。这时，美国底特律汽车制造公司总经理下了最后通牒，他说："如果你还迟迟不下定决心的话，5天之后就没有这批货了。"眼看所需之物抢购殆尽，德方不由自主地焦急起来，立刻就接受了谈判条件，于是，一场持久的谈判才告结束。底特律汽车制造公司使用的就是限定期限，迫使对方最后做了让步。可见，在某些关键时刻，这种方法还是大有裨益的。

在商务谈判中，有时为了某种协议的需要，还采用一种虚假的、人为的限定期限，又称为"最后期限陷阱"。一位客户要求美国一家保险公司偿付一笔赔偿费。保险公司开始答应得很痛快，并且其清算赔偿人还特意告诉客户，他下个星期一就要去度假了，所以建议客户最好在本周星期五把所有的资料都带到保险公司去，他们稍做检查后，就马上开支票给他，以了结此案。这位客户信以为真，于是加班加点辛苦，终于在星期五下午把一切资料都准备妥当。到了保险公司，当清算赔偿人检查完资料之后，很抱歉地对客户说还必须向上级请示一下，等他请示回来以后，却遗憾地对客户说，公司只能赔偿所要求的数额的一半。这位客户顿时感到不知所措，因为他面临一个十分不利的谈判形势：要么他马上同保险公司谈判，匆匆做出决定；要么他必须等待清算赔偿人度假回来再作打算。其实，那位清算赔偿人根本就没安排度假，这只不过是一个限定期限陷阱，用以冷却客户的赔偿要求。保险公司借助于一个虚假的建议和一个虚假的最后期限，赢得了这场谈判的胜利。

当然，要想成功地运用这一策略来迫使对方让步，你还须具备如下条件：

（1）最后通牒应令对方无法拒绝。发出最后通牒，必须是在对方进退两难的情况下，对方想抽身，但为时已晚，因为此时他已为谈判投入了许多金钱、时间和精力；而不能在谈判刚开始，对方有路可走的时候发出。

（2）最后通牒应令对方无还手之力。如果对方能进行有力的反击，就无所谓最后通牒。你必须有理由确信对方会照自己所预期的那样做。

（3）发出最后通牒言辞要委婉。必须尽可能委婉地发出最后通牒。最后通牒本身就具有很强的攻击性，如果谈判者再言辞激烈，极度伤害了对方的感情，对方很可能由于一时冲动铤而走险，一下子退出谈判，这对双方均不利。

但是当对手运用这一招时，我们该如何处理呢？

首先，要知道最后通牒的真伪。也许对方的最后通牒只是一个唬人的东西，那么，就应该针锋相对，做出绝不退让并退出谈判的表示。但同时，又要让对方有台阶可下，告知对方，如果他们对谈判有新的设想的话，可继续谈判。

其次，如果对方的最后通牒是严肃的，那么就应该认真权衡一下，看看做出让步达成交易与拒绝让步、失去交易这两者之间，究竟谁轻谁重，再作决策。

最后，如果不得不接受对方的最后通牒，向对方做出让步，那么可以考虑改变其他交易条件，力争在其他交易条款上捞回自己失去的好处，即既令对方有利可图，己方又毫无损失。

与 5 大谈判对手周旋的策略

有人戏称谈判是一场顽强的性格之战。因为我们要接触的谈判中的对手可能千差万别，无论经验如何丰富，也很难做到万无一失。因此，对于各种不同的谈判对象，可以视其性格的不同而加以调整，采取不同的策略。

1. 强硬的对手

强硬型的谈判对手情绪表现得十分激烈，态度强硬，在谈判中趾高气扬，不习惯也没耐心听对方的解释，总是按着自己的思路，认为自己的条件已经够好的了。尽管这种一厢情愿式的主观认识十分愚蠢可笑，但是他们仍然乐此不疲。

如果你遇到这样的谈判对手，你最好做好各种心理准备，准备应付各种尴尬场面，并在耐心的基础上理直气壮地提出你的理由。

强硬派总是咄咄逼人，不肯示弱。有的也许会什么也不说，有的干脆一口回绝，绝无回旋的余地。强硬派之所以如此"硬"，当然有一点原因不可否认，那就是他们拥有自身的优势，也有性格使然。自身拥有优势者总是待价而沽，囤积居奇；他们不愁他们的东西卖不出去。

在谈判之中，表现强硬的一方很多时候是受了其上司的指示而故意这么做的。所以遇到这种情况，你可以直接去找对方的上司诉苦或申诉，要求他答应你的条件，解决你遇到的问题。

对你来说，损失的不过是一些时间而已，而为了自己的正当权益不受损害，这些时间的损失也值得。

当然，你去找对方的上司时最好不要满脸怒气、高声吼叫，要明白你到这里来的目的是求得和解。所以，你最好心平气和，把事件发生过程向对方仔细陈述，表明你受的损害有多大，希望得到哪些补偿，等等。

找对方的上司不失为一个好办法，这样既可避免谈崩，又可借着上司的行政压力而解决问题。所以，这也是取胜的保证。

2. 坦率的对手

这种人的性格使得他们能直接向对方表示出真挚、热烈的情绪。他们十分自信地步入谈判大厅，不断地发表见解。他们总是兴致勃勃地开始谈判，乐于以这种态度取得经济利益。在磋商阶段，他们能迅速把谈判引向实质阶段。他们十分赞赏那些精于讨价还价、为取得经济利益而施展手段的人。他们自己就很精于使用策略去谋得利益，同时希望别人也具有这种才能。他们对"一揽子"交易怀有十足的兴趣。作为卖者，他希望买者按照他的要求作"一揽子"说明。所谓"一揽子"意指不仅包括产品本身，而且要介绍销售该产品的一系列办法。

他们会把准备工作做得完美无缺，他们直截了当地表明他们希望做成的交易、准确地确定交易的形式、详细规定谈判中的议题，然后准备一份涉及所有议题的报价表，陈述和报价都非常明确和坚定。死板的人不太热衷于采取让步的方式，讨价还价的余地大大缩小。与之打交道的最好办法是应该在其报价之前即进行摸底，阐明自己的立场；应尽量提出对方没想到的细节。

3. 攻击性强的对手

遇到攻击型的谈判对手，最好避其锋芒，击其要害。攻击型其实是有别于强硬型的一种。强硬型的谈判对手有时仅仅采取防御姿态坚持自己的原则立场，而攻击型却是有目的、有针对性地向你进攻，迫使你屈服，不给你反抗的余地。

攻击型的对手往往能寻找到一些理由加以攻击，并不是无中生有，因此，面对攻击型的对手如何应付就成了个难题。

攻击型的对手表面上看并不都是那么吓人，击败他的关键之处是要找到要害，也就是其理由不足之处。掌握了这一点，你也可以套用对付强硬派的手法来对付他，只要对方的气焰一灭，你再采用有理有节的方法与之对垒，用让他害怕的方式来威胁他，使他明白事情的轻重，不敢再闹。

对付这类人，当事人必须注意的就是：切莫惊慌，惊慌往往自乱阵脚；也不要过于愤怒，过于愤怒会没有分寸。自乱阵脚而失去分寸，那必受害无疑。

4. 搭档型的对手

搭档型的谈判对手或隐或显，虚实相间，最令人防不胜防。

搭档型的表现是：当谈判开始时，对方只派一些低层人员作为主谈手。等到谈判进入到快要达成协议时，真正的主谈手突然插进来，表示刚才的己方人员无权做决定，或是刚才的价格过低，或者是时间不能保证。当你表示失望或觉得一切都完了的时候，对方会说："如果你确实急需，我也可以卖给你，但至少在价格上要做些调整……"你此时往往无可奈何。因为谈判进行到这个时候，你已完全摊开了底牌，对方已掌握了你谈判的一切秘密，如果你想达成协议，除了做出让步外别无他法。

当然，谈判必须是在有准备的情况下进行。谈判之初，你必须了解对手是否有权在协议书上签字，如果他表示决定权在他的上司那里，那你应坚决拒绝谈判。但是，也有另外的办法来应付这种情况。那就是，既然对手派的是下层人员与你谈判，你也不妨让下属人员去谈判或由别人代替你去谈判，待草签协议之后，你再直接与对方掌权之人谈判，这样，你将获得较大的转换空间，不至于到关键时刻被别人牵着鼻子走。

5. 犹豫的对手

在这种人看来信誉第一重要，他们特别重视开端，往往会在交际上花很长时间，其间也穿插一些摸底。经过长时间、广泛的、友好的会谈，增进了彼此的敬意，也许会出现双方共同接受的成交可能。与这种人做生意，首先要防止对方拖延时间和打断谈判，还必须把重点放在制造谈判气氛和摸底阶段的工作上。一旦获得了对方的信任就可以大大缩短报价和磋商阶段，尽快达成协议。

以上所举5种人经常能遇到，总结经验，以下6种策略可以尝试：

（1）坚持一切按规矩办事。强硬型、坦率型、搭档型都会强迫你接受他们的条件，你应拒绝受压迫，而且坚持公平的待遇。

（2）当对方采取极端立场威胁你时，可以请他解释为什么会产生这样极端的要求，可以说："为了让我更了解如何接受你的要求，我需要更多了解你为什么会这样想。"

（3）沉默是金。这是最有力的策略之一，尤其是对付两极派，不妨这样说："我想现在不适合谈判，我们都需要冷静一下。"

（4）改变话题。在对方提出极端要求时，最好假装没听到或听不懂他的要求，然后将话锋转往别处。

（5）不要过分防御，否则就等于落入对方要你认错的圈套。在尽量听完批评的情况下，再将话题转到"那我们针对你的批评如何改进呢？"

（6）避免站在自己的立场上辩解，应多问问题。只有问问题才能避免对方进一步的攻击。尽量问"什么"，而避免问"为什么"。问"什么"时，答案多半是事实，问"为什么"时，答案多半是意见，就容易有情绪。

尽量让对方多说，才能掌握更多的信息

只要你稍微留心，便会发现：无论在职场，还是在情场，那些总能赢得他人喜欢的人，往往是精明、内敛的倾听者，而不是滔滔不绝、夸夸其谈的擅说者。为什么呢？很简单，能说的不如会听的，在酒桌上或者是其他场所，尽量让对方多说，你自己才能获得更多信息。

卡耐基曾被邀请去参加一个宴会。宴会上卡耐基遇到一位金发女郎。她发现卡耐基以前曾是罗维尔·托马斯进入无线电业之前的经理，也发现他在准备生动的旅行演讲的时候，曾在欧洲各处转过。因此她说："啊，卡耐基先生，我请求你把所有你去过的那些美妙的地方，以及你所见过的那些美丽景色，全部告诉我。"

坐在沙发上，金发女郎说她和丈夫最近刚从非洲旅行回来。"非洲！"卡耐基惊叹，"多么有意思！我一直想看看非洲，但除了有一次在阿尔及利亚待了24小时以外，我从没去过。告诉我，你是否去过那个狩猎王国？真的，我多羡慕你，请把非洲的情况告诉我。"

接下来，她滔滔不绝地告诉卡耐基自己到过的地方，那里有多么多么地有趣……

45分钟就这样过去了，她没能从卡耐基口中得到丝毫关于欧洲的信息，反而非常开心地把自己所知道的全部信息都告诉了卡耐基。

我们不难发现，在这次交谈中，卡耐基以一个"饶有兴趣的听众"的身份，赢得了金发女郎的喜欢，所以她非常开心地将自己所知道的非洲信息全部告诉了卡耐基。这也告诉我们，如果你会听，很多时候要比你能说更能讨人喜欢。

你也许想不到，要想了解别人的想法，最好的办法就是听听他的意见，让他自己说出你想了解的事情。

拥有私人银行桑德斯·卡普公司的银行家汤姆·桑德斯曾说道："关键在于先了解对方，他的价值观以及他对投资的看法，再决定你是否能诚实地说出我们的投资方式是正确并对其有利。"他也正是利用了聆听的方式，多次协助大企业进行天文数字般的巨额投资。他还说："一切都由聆听开始。他心里到底想怎么样？他为什么不答应？真正的理由到底是什么？""我与美国电讯公司（AT&T）已经维持了二十五年的关系，而且是很好的关系。我认为真正的聆听功不可没。""我可以提供印刷精美的小册子，也可以运用幻灯片，可是，我仍然必须弄清楚什么才能真正吸引对方。他考虑什么？担心什么？他看事情的角度如何？"

常言道："知己知彼，百战不殆。"如果你想在商务应酬中游刃有余，首先就要学会做一个会倾听的人，在宴会上了解别人，从别人那里获得自己想要的信息。正如查尔斯·洛桑所说的："要令人觉得有趣，就要对别人感兴趣——问别人喜欢回答的问题，鼓励他谈谈自己和他的成就。"

所以，请记住：跟你谈话的人对他自己、他的需求和他的问题，比他对你和你的问题，更感兴趣千百倍。当你下次在商务宴请中跟别人交谈的时候，千万别忘了这一点，尤其在想获得对方信息的情况下。

倾听有助谈判成功

注意倾听是给人留下良好印象、改善双方关系的有效方式之一。因为专注地倾听别人讲话，则表示倾听者对讲话人的看法很重视，能使对方对你产生信赖和好感，使讲话者形成愉快、宽容的心理，变得不那么固执己见，更有利于达成一个双方都妥协的协议。

然而，倾听的作用不仅于此。

倾听是了解对方需要，发现事实真相的最简捷的途径。

谈判是双方沟通和交流的活动，掌握信息是十分重要的。一方不仅要了解对方的目的、意图、打算，还要掌握不断出现的新情况、新问题。因此，谈判的双方应十分注意收集整理对方的情况，力争了解和掌握更多的信息，但是没有什么方式能比倾听更直接、更简便地了解对方的信息了。

倾听使你更真实地了解对方的立场、观点、态度，了解对方的沟通方式、内部关系，甚至是小组内成员的意见分歧，从而使你掌握谈判的主动权。例如，一家日本公司同美国公司的谈判，就是运用倾听的方法获得了谈判的成功。日本一家公司向美国某公司购买技术设备，方案确定后，他们先派了一个谈判小组到美国去。谈判小组成员只是提问题，边听边做记录，然后还是提问题。美国人对此项交易很有信心，也做了认真的准备，用三台放映机展示各种图片，整个谈判一直是美国人滔滔不绝地介绍。日本人在第一个谈判小组回国后，又派出了第二个谈判小组，又是提问题、做记录，美国代表照讲不误。然后日本人又派了第三个谈判小组，还是故技重演，美国人已讲得不耐烦了，但也搞不清日本人要什么花招。等到美国人几乎对达成协议不抱什么希望时，日本人又派出了前几个小组联合组成的代表团来同美国人谈判，弄得美国人不知所措。因为他们完全不了解日本人的企图、打算，而他们自己的底细则全盘交给了日本人。当然，结果是日本人大获全胜，以最不利的交易条件争取到了最大的利益。可见，会利用倾听也是一种非常有用的谈判战术。

这个案例说明，在谈判中采用多听少说的策略，对于洞悉对手实力，有的放矢地制定扬己之长、攻敌之短的决策具有重大的作用。如维克多·金姆在《大胆下注》中所说："你应该少说为妙。我确信如果你说得越少，而对方说得越多，那么你在谈判中就越容易成功。"

这样，对方由于暴露过多，回旋余地就小；而你很少曝光，回旋余地很大。两者的处境，犹如一个站在灯光下，一个躲在暗处；他看你一团模糊，你看他一清二楚。

这样你就掌握了谈判的主动权。

不可否认，讲话者也有可能借机向你传递错误信息或不向你传递你想要的信息，因此听也要讲究一定的技巧。

在谈判桌上，提高倾听的技巧，有下面几种方法可供参考：

（1）争取让对方主动开口说话，在对方摸不清你的意图的前提下，弄清对方的谈判要求和目的。

（2）谨记简单原则。简要说明讨论要点，尽量把自己的讲话缩减到最低程度，因为你在讲话时，便不能聆听对方的发言。可惜许多人都忽略了这点。

（3）试着了解你的对手，试着由他的观点出发看问题。这是提高聆听技巧的最重要方法之一。

（4）始终注意听。在任何时候都保持注意力可不是件容易的事，特别是当谈判会议拖得很长时。但是，如果你总是走神，那么有很多重要的问题就可能被漏听了。

（5）试将你的注意力集中在对方发言的"主旋律"上，而不让个别的字句难住或分散注意力。

（6）记笔记是帮助你集中注意力的手段之一。人的记忆能力有限，为了弥补这个不足，应该在听讲时做笔记。一方面，有了笔记，不仅可以帮助记忆，而且有助于在对方发言完毕之后，就某些问题向对方提出质询；同时，自己也有时间作充分的分析，理解对方讲话的确切含义与精神。另一方面，倾听时记笔记或者停笔抬头来看看讲话的对方，会对讲话者产生一种鼓励作用。

（7）表现出有兴趣的态度。让对手相信你在注意聆听的最好方式，是适当地发问，要求他阐明正在阐述的一些论点。

（8）观察对方。他如果表现出紧张而不安，这很可能是他对他所说的没有什么把握的信号。

（9）有鉴别地倾听。为了达到良好的倾听效果，在专心致志的基础上，还应有鉴别地听。通常情况下，人们说话时边说边想，想到哪说到哪，有时表示一个意思要绕着弯子讲许多内容，从表面上听，根本谈不上重点突出。因此，听话者需要在用心听的基础上，鉴别传递过来的语言信息，去伪存真，去粗取精。这样才能够知道对方的意思，找出其漏洞进行说服。

另外"听"有一个重要原则，就是切勿按照自己的主观框框来听。按照自己的主观框框来听，即先入为主地倾听，这样做往往会扭曲说话者的本意，忽视或拒绝与自己心愿不符的意见，这种做法实为不利。因为这样听话者不是从谈话者的立场出发来分析对方的讲话，而是按照自己的主观框框来听取对方的谈话。其结果往往是听到的信息变形地反映到自己的脑中，导致所接收的信息不准确，从而判断失误，造成行为选择上的失误。所以必须克服先入为主的倾听做法，将讲话者的意思听全、听透。

（10）善于听对方的讲话，可以使你拥有对方的一些谈判资料，进而找到突破口，有理有据地进行说服。

（11）少说多听是一种重要的谈判策略。谈判高手往往用不到两分钟的时间介绍自己，而留下 20 分钟让对方发言。

（12）谈判中最要紧的是注意相互间的反应。然而，要做到这一点却又不如想象中那么容易。因为人类具有一种"关闭"听觉的本能——尤其是当他们听到不愿听的话时。

对于谈判人员来说，注意听别人讲，哪怕是听到不爱听的话也得注意听，这并不仅仅是个社交修养问题，而是必须。因为当你讨价还价时，你所听到的话里很少有只是为了应酬的空谈。

在谈判中，不仅要能听出对方在说些什么，还要能知道对方遗漏掉了什么，这样对谈判会大有裨益。

放手让对方讲，你只是耐心地倾听，你就会有机会捕捉到许多有用的信息，甚至发现对方立场中的前后矛盾之处。这还可以使你找到对方是否确有真情实意的线索，分清对方言辞中的真假虚实。

语言交锋背后比拼的是耐心

时间的流逝往往能够使局面发生变化，这一点总是使人感到惊异。正因为如此，谈判者常常在等待，等待别人冷静下来，等待问题自身得到解决，等待不理想的生意自然淘汰，等待灵感的来临……一个充满活力的经理总是习惯于果断地采取行动，但是很多时候，等待却是一种最富建设性的措施。有时成功就来自关键时刻的耐心，而缺乏耐心可能导致失败。

商务谈判是双方从利益冲突到利益均衡的较量过程，一般都要经过一个比较长的磨合时间，少则几天、几个月，多则几年，甚至十几年。时间的长短取决于利益冲突的程度和双方的诚意。是谈判就有较量，没有较量也就没有谈判，所以谈判不可能是一帆风顺的。在双方较量中，唇枪舌剑、针锋相对，一味强硬地坚持，常常使谈判陷入僵局，似乎到了山穷水尽的地步。

此时，耐心就是力量，耐心就是实力。如果你不具备其他方面的优势，那么一定要有耐心。这样，你也有了防卫的筹码，在必要时，打乱对方的部署，争取胜利。

持续数十年的越美之战，使越南人耗尽了一切，资源、设备均遭严重破坏，民不聊生，越南人确实想尽快结束战争。但在怎样结束的问题上，他们却使实力雄厚的美国人着实吃了一惊。越南政府放出信息："我们要把这场战争打627年，如果我们再打128年的话，那有什么要紧呢？打32年战争对我们来说只是一场快速战。"真是语出惊人！

越南人之所以这样，就是利用美国国内大选，竞选人急于想结束旷日持久的战争，以换取美国民众拥护的心理。越南人这种无所谓、不在意的态度，越发使美国人着急，本来主动权在美国，却变得十分被动，费了九牛二虎之力才使越南人坐到谈判桌上来。

在巴黎和谈时，以黎德寿为首的越南代表团没有住旅馆，而是租用了一栋别墅，租期是两年半。而以哈里曼为首的美国代表团则是按天交付旅馆的房费，他们只准备了几个星期的时间，甚至随时准备结束谈判，打道回府。结果怎样呢？越南在最不利的条件下，取得了最理想的谈判结果，这就是耐心的力量。

在实际谈判中，无数事例证明，如果你感到你的优势都不明显，或局势对你不利的话，千万别忘记了运用耐心。

不过耐心并非一味地等待，耐心是沉着中带有思考，这是一种柔中带刚的力量。

谈判，无论是外交谈判、商业谈判，还是协作谈判，并非像人们想象中日常对话那样，你问我答、快言快语、口若悬河，而是千方百计争取时间充分思考，以妥善方式有节奏地回答谈判对手问题，以免出言不慎而致一失足成千古恨。

在1956年的美苏两国最高领导人的谈判中，苏共领导人赫鲁晓夫自恃比美国总统艾森豪威尔聪明，闹出了大笑话。

在谈判过程中，不论赫鲁晓夫提出什么问题，美国总统都是表现得似懂非懂、糊糊涂涂，总是先看看他的国务卿杜勒斯，等杜勒斯递过条子来后，艾森豪威尔才开始慢条斯理地回答问题。当时赫鲁晓夫很看不起艾森豪威尔，认为他智力低下，而他自己作为苏联领袖，当然知道任何问题的答案，而无须他人告诉你要说些什么话。赫鲁晓夫当场讥讽地问道："究竟谁是美国的最高领袖？是杜勒斯还是艾森豪威尔？"

其实是赫鲁晓夫错了。他不了解艾森豪威尔在谈判桌上所表现的特点，正是一种绵里藏针的隐藏力量。他这样做，至少已经充分做到了两件事情：既争取到了思考问题的时间，又获得了别人的提示启迪。绵里藏针，正是一种绝妙的谈判策略。

在这场谈判中，谁聪明？谁愚笨？从表面上看，赫鲁晓夫显得非常机敏、果断、博学，经常口若悬河、滔滔不绝；而艾森豪威尔却显得迟钝犹豫，缺乏果敢的领袖气概。但是，事实上却正好相反，美国总统是大智若愚，而赫鲁晓夫却是大愚若智。艾森豪威尔在谈判中的智慧表现在既能及时获得助手的提示忠告，同时又为自己赢得充分的思考时间，避免忙中出乱，急中出错。赫鲁晓夫刚愎自用，闹出了许多诸如用皮鞋敲讲台的世界笑话。

耐心是一种以静制动的策略，它并不是无谓地压抑自己。

在有些谈判中，一些谈判者为了显示自己的实力和气势，在谈判一开始就表现得来势凶猛、气焰嚣张，企图从一开始报盘就使对方处于被动地位，迫使对方接受其高要求。而且，有些谈判者确实智力过人，语言表达流利而精彩。

此时，如果以硬碰硬，由于对方来势凶猛、气势正旺，则很难把其嚣张气焰打下去。那么这就有必要运用"你凶我静，静观其变"的策略，使其"一鼓作气，再而衰，三而竭"，以平等的地位重新与你进行谈判。

口头的强攻不如口头的佯退

商务谈判过程大都紧张而激烈，需要谈判者付出大量的精力，谈判者因而也极易产生情绪，使双方争执不下，互不相让，致使谈判出现僵局。在这种情况下，适时地暂停谈判，采取"谈不拢就走人"的谈判策略，可以使双方冷静地考虑自己的处境和对方的情势。实践证明，"谈不拢就走人"的谈判策略，确实能为运用者带来利益。

1984 年，中国与日本某商社的商务代表、技术代表就在中国建化肥厂的有关事项进行谈判。为了交易成功，该商社的一位部长与某厂厂长一同前来上海参加谈判。谈判前，日本某厂已经获得了我方政府部门批准的进口用汇额度情报，这对我方来说极为不利。谈判一开始，日方报价为 350 万美元，经我方代表的努力，反复地讨价还价，价格逐渐降至 293 万美元。这个价格基本上符合引进厂的要求，应该说是可以成交的。但我方主谈估量了目前的情况，凭他的经验，认为价格仍存在进一步下调的可能。于是，中方主谈对日方代表说："贵方在设备的报价上做出了不少努力，我们深表感谢。可问题是经过我方核算比较，还是觉得有些高，希望贵方进一步考虑，明天上午报一个更优惠的价格。"第二天上午 9 时，双方在日本某商社的上海事务所继续谈判。某商社的部长发言说："经过反复核算，价格实在是不能再降了，再降就亏本了。我们总不能做亏本买卖吧？"中方主谈听后郑重地说："如果情况确实是这样，我们的谈判只能到此为止了。不能成交我们很遗憾。不过，贵方为了这个项目曾多次来上海，我们深表感谢。"他一边说一边离开座位，中方的其他谈判人员也纷纷离开谈判室。

在晚上的宴会桌旁，中方主谈很随意地问该商社的部长："上午我们离开后，你们对这个项目有什么新的想法吗？"这位部长急急地说："不瞒你说，上午你们一走，我们就进行了紧急商量。某厂表示再降价就亏本了，可不降价你们又不答应，为了促成这笔交易，我们商社愿意从佣金中拿出 5 万美元，不知贵方能否接受？"中方主谈听后一阵高兴，可表面不露声色地说："今晚我们好好喝一杯吧！业务上的事嘛，既然贵方愿意做出让步，那就明天再谈。"本来某厂厂长已经买好了回日本的机票，可为了第二天的谈判，决定延期一天返回。结果，在第二天的谈判中，日方决定再让价 10 万美元，最后以 283 万美元成交。

适时撤身而退实质上是一种以退为进的策略。

"以退为进"是军事上的用语，暂时退让输赢未定；伺机而进，争取成功。谈判也如打仗一样，亦是互相交锋，争斗激烈。有时要继续谈下去，有时则要暂时休会；有时要据理力争、讨价还价，有时需要暂时退让，伺机而动。商务谈判如何兵战，只不过是以唇为"枪"，以舌为"剑"，如何在谈判桌上充分发挥你的战技和口才，全凭谈判人员的经验和智慧了。

曾有一家大型航空公司要在某地建立一分支机构，找到当地某一电力公司要求以低价优惠供应电力，但对方态度很坚决，自恃是当地唯一一家电力公司，态度很强硬，谈判陷入了僵局。这家航空公司的主谈私下了解到电力公司对这次谈判非常重视，一旦双方签订了合同，便会使这家电力公司起死回生，逃脱破产的厄运，这说明这次谈判的成败对它们来说关系重大。这家航空公司主谈便充分利用了这一信息，在谈判桌上也表现出绝不让步的姿态，声称："既然贵方无意与我方达成一致，我看这次谈判是没有多大希望了。与其花那么多钱，倒不如自己建个电厂划得来。过后，我会把这个想法报告给董事会的。"说完，便离席不谈了。电力公司谈判人员叫苦不迭，立刻改变了态度，主动表示愿意给予最优惠价格。至此，双方达成了协议。

这场谈判在开始阶段，主动权掌握在电力公司一方，因为航空公司有求于电力公司。当自己的谈判要求被拒绝后，航空公司便要了一个花招，给电力公司施加压力，因为若失去给这家大航空公司供应电力，就意味着电力公司损失一大笔钱，所以电力公司急忙改变原来的态度，表示愿意以优惠的价格供电。这时，谈判的主动权又转移到航空公司一方了，从而迫使电力公司再降低供电价格。这样，航空公司先退却一步，然后前进了两步，生意反而谈成了。

通过以上几个案例我们可以看出，当谈判出现各执己见、互不相让，甚至是横眉冷对的局面时，为避免同对方直接冲突，"走"确实是上乘之策。在运用这种策略时应特别注意：在合作性的、双方比较坦诚的情况下不宜采用。"走"只是实现谈判目的的手段。因此，在运用这一策略前要调查清楚对方的实力以及这次谈判的成败对对方造成的影响程度，以促使谈判的进一步深入进行。

日本松下公司早在 1937 年左右就与荷兰菲利浦公司有业务往来，后来因第二次世界大战而中断联系。1951 年，松下公司为了发展电子事业，积极与菲利浦公司洽谈合作事宜。开始，菲利浦公司开出的条件是认 30% 的股份，再由松下公司付技术报酬 6%。松下公司认为，接受对方的技术指导，付给报酬是应该的，但合资公司成立后，经营管理方面的事务工作全部由日方承担，那么，松下公司也应收取"经营指导酬金"。

松下公司的条件提出后，菲利浦公司大为惊讶，因为第二次世界大战后，日本是战败国，当时处于国力十分虚弱的非常时期，松下公司正急切地寻找合作伙伴，而在这种情况下，松下公司竟在谈判中将自己置于与菲利浦公司对等的地位，这是菲利浦方面所不能容忍的。

谈判从一开始就陷入了僵局。

松下公司的谈判代表高桥，在菲利浦公司的强硬态度面前毫不让步，严正表明了松下公司的立场。这样，谈判再也进行不下去了。

这时，高桥毫不妥协，在高压下撤身而退，以表示松下公司"宁为玉碎，不为瓦全"的态度。这样一来，菲利浦公司反而软下来了，因为与松下公司合作，他们可以得到很多好处，他们担心松下公司会去找别的合作伙伴。

菲利浦公司做了让步，谈判最终取得了成功。

高桥之所以敢抛下重话，示意"谈不拢就走人"，是因为他对这次合作对菲利浦公司的利益大小了如指掌。当你抓住对方所看重的利益时，就相当于一张王牌在手了，对方再强硬也不会跟金钱过不去。

在商务谈判中，暂时的退却是为了将来的进攻，即退却一步，进攻两步。有时候，如果进攻遇到困难的话，还不如口头的"佯退"，当然在语言运用上要讲究技法，既要坚决、果断、不留余地，使对方看不出破绽，又要给对方再次谈判带来希望，不能让对方认为谈判彻底黄了，然后另觅他途。

双赢才是谈判的最终目的

什么是成功的谈判？有人认为：以在谈判中自己获得利益的多少作为评判标准，获得利益越多则标志谈判越成功；有的则认为：在谈判中本方气势越高，对方气势越低则谈判越成功……其实，这些看法与做法都是比较片面的，有时甚至是有害的。

如果只把目光盯在获利的多少上，自然就会在谈判方式方法上做得较为苛刻，一定会招致对手的反感。如果在对手刚好是比较看中长远利益的情况下，那么这种人所获得的引以为豪的那部分利益远远小于他本来可以获得的利益。他之所以认为自己获得的最多，是因为他没有看到今后与长远，而只是看到眼前。这种认为获利越多就越成功的做法是目光短浅的表现。

美国谈判学会会长、著名律师杰勒德·I.尼尔伦伯格认为，谈判不是一场棋赛，不要求决出胜负，也不是一场战争，要将对方消灭或置于死地。恰恰相反，谈判是一项互利的合作事业，它的目的是双方的共赢。

在现代谈判中，传统的分配模式不但无助于协议的达成，反而可能有害。往往是对争论的东西，或者是我得到，或者是你得到。一方多占一些，就意味着另一方要损失一些。而新的谈判观点则认为，在谈判中每一方都有各自的利益，但每一方利益的焦点并不是完全对立的。一项产品出口贸易的谈判，卖方关心的可能是货款的一次性结算，而买方关心的可能是产品质量是否一流。因此，谈判的一个重要原则就是协调双方的利益，提出互利性的选择。

在一定情况下，谈判能否达成协议取决于提出的互利性选择方案。为了更好地协调双方的利益，不要过于仓促地确定选择方案，在双方充分协商、讨论的基础上，进一步明确双方各自的利益，找出共同利益、不同利益，从而确定哪些利益是可以调和的。

当然，考虑对方的利益，并不意味着迁就对方、迎合对方。恰恰相反，如果你不考虑对方的利益，不表明自己对他们的理解和关心，你就无法使对方认真听取你的意见，讨论你的建议和选择，自然，你的利益也无法实现。

实现"皆大欢喜"的谈判是有原则和标准的。

斯科特对"公平"标准的看法是：要么谈判各方都得到了平等的满足，要么就是各方都感觉不满足，而不是一方满足而另一方不满足的不平等结局。在不平等的结局下产生的协议是很难获得完全实施的。

但是在谈判实践中，谈判者对任何一项谈判结果究竟是否满足很难界定。也就是说，对满足与不满足很难确定出一种绝对的标准。在这种情况下，斯科特提出了实现"皆大欢喜"的几条谈判原则：

（1）在基本的态度和认识上，谈判者应当明确，在谈判中要努力设法为自己一方谋得利益，但并不一定意味着要去损害对方或他人的利益。

（2）要积极地影响对方对事物评价的方法，要在不损害本方利益的前提下，去引导对方获得满足感。由于谈判者对事物评价的方法直接地影响甚至决定着他对事物需求的满足感，所以谈判高手通常不会以牺牲本方利益去使对方获得满足（实际上，以牺牲本方利益的方式去与对手谈判，不但不会使对手感到满足，往往还会刺激对方更多更大的需求。历史上许多不平等协议的签署过程无不证实了这个问题），而是积极地影响对方看待事物的角度、观点。

谈判就意味着各取所需，而不是互相损害。不是去追求那种绝对的公平，将"蛋糕"和上面那层"奶油糖霜"都切为两半，无论你是否喜欢都要优劣搭配地分割；而是将"蛋糕"的一大半或绝大部分划给那位喜欢"蛋糕"而不是喜欢"奶油糖霜"者，同样地，将"奶油糖霜"的一大半或绝大部分划给喜欢"奶油糖霜"而不是喜欢"蛋糕"者。各得其所，都能感到自己获得了所需利益的大部分。

（3）谈判者要有一个关于"本方利益"的准确概念。究竟什么是本方的利益，谈判者应当认识清楚、准确，如有可能，要有数字分析根据。

（4）谈判者要通过摸底，经常分析对方利益之所在，以及在哪些方面、在什么条件下本方可以给对方以满足。

（5）为了平等地与对方谈判并最大限度地谋得本方的利益，谈判者不必十分努力地去制造诚挚与合作的谈判气氛，也不必特别注重强调双方的一致性，只要在谈判时能有一个愉快、轻松和认真地工作气氛就行了。谈判者只要有可能，也可要求在谈判程序上做一些对本方有利的安排。

（6）选择那种有助于更多地了解对方需要和让步方式的议题先行讨论，对本方较为有利。谈判者可以通过对该议题的讨论，更好地准备本方的让步方案，更好地知道让步多少和何时让步对自己最为合算。

成功的谈判要求谈判者既能坚持自己的利益，又不固执己见。最好的方案是开阔视野，为共同利益提出多种选择。

要做到这一点，应分两步走：

第一步，寻找共同利益。

从理论上讲，共同利益有助于谈判双方达成协议，也就是说，提出一个能满足双方共同利益的主意，对双方都是有利的。作为一个谈判者，几乎总是要寻找一些可以令对方同样感到满意的解决办法，因为几乎在所有的情况下，你对谈判结局的满意程度都取决于对方对协议所期望的满意程度。

关于谋求共同利益，要牢记以下几点：

（1）每一场谈判都潜伏着各方的共同利益，它们可能不是十分明显的。谈判者应努力去寻求，寻求合作与互利的机会。

（2）共同利益是机会而不是天赐。谈判人员要善于创造机会、利用机会、抓住时机将共同利益明确地表述出来，系统地阐述清楚。

（3）在互相交流的过程中，要尽量强调共同利益给双方带来的好处，尽量避免发生对谈判进展无益的争执，这样会使谈判在和谐的气氛中顺利进行。

第二步，为谈判所涉及问题的解决提出多种选择。

要想使商务谈判获得成功，谈判双方应共同努力营造广阔的谈判空间，这一空间应由双方在未来的谈判中能提出的并能从中共同选择的大量建议构成。

多种选择的提出，可以通过以下途径：

（1）从不同的角度看待谈判所涉及的问题，比如我们在进行一项贸易谈判时，就可以从银行家、发明家、房地产商人、证券经纪人、经济学家、税务专家或政府工作人员的角度分析所涉及的问题。思考他们将如何判断形势，将会提出哪些办法和切实可行的建议，从而为你对所涉及的问题做出多种选择提供帮助。

（2）设法提出不同效力的协议。在谈判过程中，当无法取得所期望的协议时，千万不要轻言放弃，在不损及所预期的经济利益的前提下，不妨退而求其次，用准备好的"弱化"词提出大量可能的协议。

商务谈判中，谈判双方进行沟通的终极目的就是实现合作，以获取各自所预期的经济利益。

环顾左右，迂回入题

我们每个人对"环顾左右而言他"这句话都不陌生，但在谈判中，如何运用它，也许不是每个人都熟悉的。在谈判中，特别是开谈之前，巧妙运用其法，将有利于你取得谈判的胜利。

谈判开始之时，虽然双方人员外表彬彬有礼，但往往内心忐忑不安。尤其是谈判过程中更是如此。因此，不能一碰面就急急忙忙地进入实质性谈话，要善于运用环顾左右，迂回入题的策略，一定要用足够的时间，使双方协调一致。因此，谈判开始的话题最好是松弛的，非业务性的。这样，可以消除双方尴尬状况，稳定自己的情绪，使谈判气氛变得轻松、活泼，为谈判成功奠定一个良好的基础。

环顾左右，迂回入题的做法很多，下面介绍几种常用有效的入题方法：

1. 从题外话入题

谈判开始之前，你可以谈谈关于气候的话题。如："今天的天气不错。""今年的气候很怪，都三四月了，天气还这么冷。""还是生活在南方好啊，一年到头，温度都这么适宜。"

可以谈有关旅游的话题。如："杭州西湖真是美啊，各位去过没有？""我国的兵马俑堪称世界一绝，没有去看那真是一大遗憾。""各位这次经过少林寺，有没有去玩玩，印象如何？"

可以谈有关娱乐活动的话题。如："昨晚的舞会，大家尽兴了吧？张女士舞姿翩翩，真是独领风骚啊！""离我们这不远，有一家卡拉 OK 厅，听说很不错，各位不知去过没有？"

可以谈有关衣食住行的话题。如："这里的饭菜有点辣，各位吃得惯吗？""这几天天气很冷，感冒的很多，要注意多加衣服。""这里居住条件还是蛮好的，尤其是有空调，这是比其他地方优越之处。"

可以谈有关旅行的话题。如："各位昨天的火车正点吗？一路上辛苦了。""这里的旅游点非常多，非常美，不妨去看一看。"

可以谈有关嗜好、兴趣的话题。如："先生喜欢集邮吗？最喜欢哪类邮票？""钓鱼最重要的是要耐心，否则谈不上钓鱼了。""我也喜欢养花，但就是不知道怎么才能养好。"

题外话内容丰富，可以说是信手拈来，不费力气。你可以根据谈判时间和地点，以及双方谈判人员的具体情况，脱口而出，亲切自然，不必刻意修饰，否则反而会给人一种不自然的感觉。

2. 从"自谦"入题

如对方为客，来到己方所在地谈判，应该向客人谦虚地表示各方面照顾不周，没有尽好地主之谊，请谅解等。也可以由主人介绍一下自己的经历，说明自己缺乏谈判经验，希望各位多多指教，希望通过这次交流建立友谊等。

3. 从介绍己方人员情况入题

可以在谈判前，简要介绍一下己方人员的经历、学历、年龄和成果等，由此打开话题，既可以缓解紧张气氛，又不露锋芒地显示了己方的实力，使对方不敢轻举妄动，暗中给对方施加了心理压力。

4. 从介绍己方的基本情况入题

谈判开始前，先简略介绍一下己方的生产、经营、财务等基本情况，提供给对方一些必要的资料，以显示己方雄厚的实力和良好的信誉，坚定对方与你合作的信心。

取得谈判胜利的 9 种方法

谈判，是一种过程，也是一种较量，是谋略的较量，也是口才的较量，不具备一流的口才，是无法进入实际的谈判过程的，学好谈判的各种口才技巧，将使你出奇制胜，达成双赢。

下面我们一起看看有哪几种技巧：

1. 虚张声势

为了让对方产生一种立刻购买的欲望，在推销产品的谈判过程中，可恰当地给对方造成一点悬念，让他有点紧迫感，产生"现在是购买的最佳时机，否则将会错过很好的机会"的感觉，促使他立即与你成交。

比如你可以这样说："这种商品的原材料已经准备提价了，所以这种商品也将会因此而价格上涨的。"

或者说："我公司从下个季度起可能会因人手不够而减少这种商品的供应量。"

这种方法就是积极主动地去刺激顾客，调动顾客的购买欲，这在推销过程中是很重要的。如果你只是一味等待顾客来与你洽谈，让主动权掌握在顾客手中，你的推销谈判将不会成功。

2. 制造优势

谈判中双方在条件、地位等方面的优势，是起决定作用的。但是，谈判是一个动态系统，各项条件是可以变化的。在总体不利的时候，可以采用一些策略，来制造自己的优势。有些人在谈判中刚毅果断、不苟言笑；有些人更愿意谦恭节制、平心静气。无论哪种谈判风格，都是外在的表现形式，无法影响买家的立场。取得谈判的优势不在于你的言谈举止，关键是你能否改变双方心理优势的对比。

谈判双方的确存在着客观的差距。在一条产业链中，生产企业一定会在很多方面受制，比如彩电企业的产品价格受显像管企业的影响，当年四川长虹囤积彩管，其目的就是要建立客观的比较竞争优势；影碟机企业被几家掌握核心技术的芯片公司制约，每台机器将被索取一定的专利费。这些现实条件是无法改变的，你唯一能够改变的是双方的感觉或印象！在很多时候，谈判者心里的感觉或印象要比客观现实更具影响力和说服力。

如果谈判仅仅停留在客观条件的层面上，那就不再需要研究什么技巧了。谈判的优势存在于每个人的心智中，如果你能建立起对对方的心理优势，能够改变对方的立场，那么你就能成交一笔出色的交易，无论你是买方还是卖方。

谈判桌上永远是虚虚实实、真真假假，信息的掌握也各有不同，买方会用尽各种办法让你相信他们比你更有优势。最常使用并且效果最佳的方法就是拿竞争对手来压你，他们会在事前对竞争者进行充分的调查，谈判时突然拿出数十张数据资料使你信以为真，这一招确实屡试不爽，缺乏经验的谈判者会立刻手足无措，顷刻间失去了所有的优势。通常在这种场景中，心理素质决定着谈判的优势。首先我们要明确一点，买家需要与你做交易，否则他们可以直接同竞争者合作，何必再浪费时间和精力与你讨价还价。既然各有所需，就不要被竞争者的报价所迷惑，坚定你的谈判立场，不要轻易做出让步。

3. 逆向思维

在商务谈判中，如突遇紧急情况百思不得其解时，可以从反向角度即倒过来想想看，有时能取得意想不到的效果。

美国谈判专家尼尔伦伯格曾与他的合伙人前去参加某家飞机制造厂的拍卖，该工厂属政府所有，总务管理局决定，拍卖时谁开价最高就卖给谁。合伙人弗莱德和尼尔伦伯格商定，在充分估算其资产价值的基础上决定出价37.5万美元买进。在拍卖现场，已有百余人捷足先登。竞价开始后，尼尔伦伯格开价10万美元，紧接着就有人加到12.5万美元，待尼尔伦伯格再叫到15万美元时，又有人加到22.5万美元。这时，弗莱德不再应叫，拉着尼尔伦伯格离开了拍卖现场。尼尔伦伯格大惑不解。

在场外，弗莱德解释说，他读了出售通告，按照此次拍卖规则，如果政府认为出价不够高，就将拒绝出售。他们的出价在投标者中位居第二，所以拍卖人一定会来和他们联系，告诉他们，那个22.5万美元的报价已被否决，问他们是否愿意再报一个价。到那时，他们就可以出个较高的价，同时要求政府做出一定的让步，比如要求政府同意以抵押方式支付一部分价款等。

弗莱德的估计一点儿不错，在不到一周的时间里，上述几件事情都一一发生了。这就是弗莱德逆向思维的效应。

如果他们一味地在拍卖场上与竞争对手较量，很可能突破预订的 37.5 万美元的最高报价，从而失去收购的机会。而采取逆向思维的做法，不仅控制了价格，还成功地收购了该厂。

4. 装聋作哑

卡耐基指出，在谈判中，正确的答复未必是最好的答复。应答的艺术，在于知道什么应该说，什么不应该说。对有些问题不值得答复，可以表示无可奉告，或置之不理，或转换话题；对有些问题回答整个问题，倒不如只回答问题的一部分更有利；对有些问题不能作正面回答，可以采取答非所问的回避方法。这类应答方式，称之为躲避式应答。

谈判中，回答对方的问题之前，要让自己获得充分思考的时间。争取充分时间，可以请对方澄清他所提出的问题。例如：

"请您把这个问题再说一次。"

"我不十分了解您的意思。"

也可以借"记不太清楚了"，"资料不够完备"，"我们对这个问题尚未做认真的考虑"等话，来拖延答复的时间。

还可以往领导或权威人物那里推托，或者让自己的助手做一些无关紧要的、非实质性的答复。总之宁可装聋作哑，大智若愚，也不能自作聪明，给人抓住把柄。

运用"装聋作哑"谈判技巧，常用的词语有：

"这个问题么，要看……而定。"

"对于这件事情，我没有直接经手，但我听说是这样的……"

"结论先不忙下，还是让我们谈谈事情的经过吧。"

"在我回答这个问题之前，你必须先了解一下事情的来龙去脉，那是开始于……"

"那不是'是'或'否'的问题，而是程度上的多少问题。"

"这是一个一般性的问题，通常的处理方法是……"

"你应当知道，事情绝非这一个原因，还有许多因素能导致这种后果，比方说……"

"我不想谈论这个问题，但是……"

"我不想谈论这个问题，因为……"

"这是一个专门性的问题，让我们下次再专门讨论吧！"

"请把这个问题分成几个部分来说。"

对对方提出的问题，也可以佯装没听见，当然就用不着回答了。

5. 刨根问底

面对回避和含糊不清的问题，多问些为什么。

作为一个精明的卖主，必须能够寻找出对方可以妥协和让步的地方。对方在哪些方面躲躲闪闪，哪些地方避而不谈，便可以此为突破口，击中对方的要害。这时你需要有穷追不舍的精神，打破砂锅问到底，最好的方式是多问"为什么"。

如果对方继续解释，就可以抓住他的要害，从而解决问题。

同时，聪明的买主，也会经常提出一些含糊不清的问题，这问题也是可以做多种解释的问题，目的是套出对方的话。

针对这些问题，在你没有了解对方的意图或问题本身的含义之前，千万不要轻易回答，更不要做正面回答，你最好回答一些非常概括、原则的问题。轻易地将自己一方的真实情况毫无保留地泄露给对方是极不明智的。

6. 有的放矢

有的放矢是谈判语言表达针对性原则的实际应用。然而，面对着不同的谈判对象，谈判者要真正能娴熟、有效地运用却并非易事。要知道，纸上谈兵终不如人们在谈判实践中的体会来得真切与深刻。谈判语言表达的方法与技巧更需要人们在谈判实践的过程中进一步去总结、思考、提高。

我们以话剧《陈毅市长》中陈毅与原国民党的上海代理市长、化学家齐仰之的一场成功对话来进行分析。

剧中的齐仰之，因被国民党搞得心灰意冷，闭门谢客，并规定了"闲谈不得超过三分钟"的禁令。身为共产党新任市长的陈毅，为动员这位试图与世隔绝的老化学家参加新中国的建设，下了很大的决心并费了不少周折才敲开齐仰之的家门，下面是他们的对话：

陈毅："齐仰之先生虽是海内外闻名的化学家，可是对有一门化学，齐先生也许一窍不通！"

对于潜心于化学研究的齐仰之来说，他所关心的莫过于化学了，现在听说还有一门化学自己一窍不通，便要问个明白，他自己先解除了禁令。

齐仰之："今日可以破此一例，请陈市长尽情尽意言之。"

当陈毅向他说明了共产党的"化学"之后，

齐仰之："这种化学，与我何干，不知亦不为耻！"

陈毅："先生之言差矣！孟子说：'大而化之谓之圣。'社会若不起革命变化，实验室里也无法进行化学变化。齐先生自己也说嘛，致力于化学40余年，而建树不多，啥子道理哟？齐先生从海外学成归国，雄心勃勃，一心想振兴中国的医药工业，可是国民党政府腐败无能，毫不重视。齐先生奔走呼吁，尽遭冷遇，以致心灰意冷，躲进书斋，闭门研究学问以自娱，从此不再过问世事。齐先生之所以英雄无用武之地，岂不是当时腐败的社会造成的吗？"

齐仰之："是啊，归国之后，看到偌大的一个中国，举目皆是外商所开设的药厂、药店，所有药品几乎全靠进口……这真叫我痛心疾首。我也曾找宋子文谈过兴办中国医药工业之事，可他竟说外国药用也用不完，再搞中国药岂不多此一举？我几乎气昏了……"

陈毅："可如今不一样了！……如今建国伊始，百废待举，这不正是齐先生实现多年梦想，大有作为之时吗？"

齐仰之："你们真的要办药厂？"

陈毅："人民非常需要！"

齐仰之："希望我也……"

陈毅："否则我怎么会深夜来访？"

此时齐仰之才如梦初醒，承认自己一是"对共产党的革命化学毫无所知"，二是"自己身上还有不少酸性"。

陈毅："我的身上倒有不少碱性，你我碰到一起，不就中和了？"

齐仰之："妙，妙！陈市长真不愧是共产党人的化学家，没想到你的光临使我这个多年不问政治、不问世事的老朽也起了化学变化！"

陈毅："我哪里是什么化学家呀！我只是一个剂，是个催化剂！"

大家熟知，陈毅是行伍出身，又是党的高级干部，一向以坦率耿直著称。为实现说服齐仰之的"谈判目的"，就要克服重重障碍，包括转变自身传统语言表达风格的困难。对此，陈毅确实需要下很大的决心。这场谈判的成功，一是在于陈毅针对齐仰之的职业特点，以"化学"话题作为突破口，使齐先生自动地取消了自己设置的"禁令"；二是陈毅针对齐先生作为传统文人的身份和一生中一再碰壁的经历，在谈论用词上颇为用心。例如陈毅使用了"差矣""才疏学浅""孟子说"，以及"碱性""中和""催化剂"等化学名词。这种有的放矢的语言表达技巧，终于使原本拒不见客，心灰意冷的老化学家重新燃起已冷却多年的事业心，投身到新中国建设事业的行列中来。陈毅的"谈判目的"通过运用有的放矢的语言技巧，最终顺利实现。

7. 舍小求大

谈判中有一条原则，叫作"统筹计算"。在许多综合性谈判中，议题往往有好几个，具体争论点可能会更多。善于谈判的人不是处处都"以牙还牙"，寸步不让，而是做到让少得多，让小得大。谈判中时刻要有全盘的统筹计划，这才是聪明而又高明的谈判家。谈判中有些无关紧要的问题，最好不要争论。请看下面这个例子：

第二次世界大战结束不久，美方卡耐基等与英方史密斯等举行了一次会谈。谈判还没有进入正题时，英国一位先生说："'谋事在人，成事在天'这句话出自《圣经》。"卡耐基纠正说："这个成语不是出自《圣经》，而出自莎士比亚的《哈姆雷特》。"结果两人争得面红耳赤。美方的葛孟在桌下用脚踢了卡耐基一下，说："卡耐基，你弄错了，英国朋友说得对，这个成语出自《圣经》。"在回去的路上，葛孟说卡耐基因小失大，为争一个成语，撇下了谈判的主题，破坏了气氛，这是得不偿失。葛孟又说："真正赢得优势，取得胜利的方法绝不是这种争论，这样的驳论有时能获得优越感，但是却永远得不到好感。"

从根本上说，以上争论的两人，都是凭意气用事，忘了谈判的"统筹"原则和舍小求大的技巧。

8. 打好外围战

谈判中，面对面之外的外围战相当重要。先外围后内里，先低层后高层，先幕后再公开，在谈判场外找到双方的共同点，可以为场内谈判造就相对优势。谈判中的外围战，是联络感情、沟通信息、影响对手的手段，是对正式谈判的一种补充。

9. 限时限量

给优柔寡断的人一个"千万别错过"式的暗示。

"迷惑"是人类心理状态的一种，在人的潜意识里，总认为还会有更好的存在。人的意识深处都藏有相当浓厚的寻求更好的欲望，这种欲望就是造成"迷惑"的主要原因。

妨碍果断行动的潜在心理，往往都是因为"还有"的意识存在。如果在限定的时间内，迫使对方做出决策，他就能够在很短的时间内做出决定。

比如在销售谈判中，卖方对正在犹豫不决、无法下决心购买的买方可以这样说：

"错过今天，明天就要涨价了。"

"如果我方这个星期内收不到货款，这批货就无法为你方保留了。"

"如果你方不能在月底之前给我们订单，我们将无法在下个月交货。"

买方也可以说：

"我方再过半个月之后就无力购买了。"

"我方要在月底前完成全部订货。"

"这是我们的生产计划书,如果你们不能如期完成,我们只好另找门路。"

当然,限定的方式并不只是时间,也可以表现在数量上:

"存货不多,欲购从速。"

"只送给前 50 名购买者。"

商务谈判,拒绝有招

商务谈判中,讨价还价是难免的,也是正常的,有时对方提出的要求或观点与自己相反或相差太远,这就需要拒绝、否定。但若拒绝、否定死板、武断甚至粗鲁,会伤害对方,使谈判出现僵局,导致生意失败。高明的拒绝否定应审时度势,随机应变,让双方都有回旋的余地,使双方达到成交的目的。下面介绍几种拒绝方法:

1. 移花接木法

在谈判中,对方要价太高,自己无法满足对方的条件时,可移花接木或委婉地设计双方无法跨越的障碍,既表达了自己拒绝的理由,又能得到对方的谅解。如:"很抱歉,这个超出我们的承受能力。" "除非我们采用劣质原料使生产成本降低 50% 才能满足你们的价位。"暗示对方所提的要求是可望而不可即的,促使对方妥协。也可运用社会局限如法律、制度、惯例等无法变通的客观限制,如"如果法律允许的话,我们同意", "如果物价部门首肯,我们无异议"。

2. 肯定形式,否定实质

人人都渴望被了解和认同,可利用这一点从对方意见中找出彼此同意的非实质性内容,予以肯定,产生共鸣,造成"英雄所见略同"之感,借机顺势表达不同的看法。某玩具公司经理面对经销商对产品知名度的诘难和质疑,坦然地说:"正如你所说,我们的品牌不是很知名,可我们将大部分经费运用在产品研发上,生产出式样新颖时尚,质量上乘的产品,面市以来即产销两旺,市场前景看好,有些地方竟然脱销。"

3. 迂回补偿法

谈判中有时仅靠以理服人、以情动人是不够的,毕竟双方最关心的是切身利益,断然拒绝会激怒对方，甚至终止交易。假使我们在拒绝时，在能力所及的范围内，给予适当优惠条件或补偿，往往会取得曲径通幽的效果。某自动剃须刀生产商对经销商说："这个价位不能再降了，这样吧，再给你们配上一对电池，既可赠送促销，又可另做零售，如何？"

积极突破谈判中的僵局

谈判中有时会出现让人不愉快的僵局，究其原因主要是双方各执己见，互不让步而造成的。参加谈判的人往往是一个公司的代表，或是一个组织的代表，甚至是一个国家的代表。他们的谈判地位决定了他们不能动摇自己的立场，否则会损坏企业、组织、国家的形象以及个人的信誉与尊严。如果经常变化立场，变化态度，往往会让人觉得你软弱，没有实力地位。所以，谈判者要力图保持自己的尊严，不要做有损于面子的事，即使要让步，也是在不失面子情况下的让步。

那么，怎么才能做到不失面子呢？一般情况下，要让对方认为，你这个让步是在已经获得某种利益或好处的情况下的让步，而不是被他的强硬态度所征服。同样，如果想要对方让步，也要让对方觉得你有同样的感觉。

谈判中，出现僵局是双方都不愿看到的事情。但谈判时分歧是不可避免的，所以僵局的出现也非偶然。那么一旦出现僵局，我们采用什么方法解决呢？

1. 谅解疏导

当谈判出现意见对立的僵局时，双方除了要注意冷静聆听对方对自己观点的阐述外，还要变换自己谈话的角度，善于从对方角度解释你的观点，寻找双方共同的感受。从共同的信念、经验、感受和已取得的合作成果出发，积极、乐观地看待暂时的分歧。这种僵局的出现双方都是有责任的，因此在处理时，不要总是相信只有自己是有道理的，要多为对方想一想。

2. 求同存异

它是指双方在某一问题上争执不下时，提议先议另外一个容易达成一致意见的问题。例如，双方在价格条款上僵持住了，可以把这个问题暂时放下，转而就双方易于沟通的其他问题交换意见。事情常常会这样，当另一些条款的谈判取得了进展以后，如对方在付款方式、技术等方面得到了优惠，再回到价格条款上来讨论时，双方已经从态度、方法上都发生了根本性的转变，谈判中商量的气氛也就浓厚起来。

3. 沉默是金

实践证明，沉默是一个十分有利的谈判工具，运用得好，对方会慌乱起来。使用这种战术，事先应做好谋划，在僵局出现时，要能有效地约束自己的反应。虽然沉默不语，但表情却颇有含义。因为有时情况不允许我们多讲，少讲一句也许会使我们更加主动。

4. 更换人员

把双方单位的头面人物即领导人，如董事长、总经理、总裁等请出来参加谈判，有时甚至需要请一个中间人，由他来主持双方的谈判。

5. 更换场合

如果上面的方法都行不通了，那只有把谈判场合变更一下以改善一下谈判气氛。也就是将会议上的正式谈判变成会外的非正式谈判，如双方打打高尔夫球，举行一下宴会、酒会，在这样的场合下再进行谈判。

6. 暂停谈判

谈判一旦陷入僵局，不妨提议休息一下，即采用休会策略，等休息结束后，双方也许会有一个新的精神面貌，原先处于低潮的，也可以回避过去。之后再提出可以接受的而又能打破僵局的方案，重新开始谈判。

增加谈判成功的可能性

1. 顺利促使重新谈判

一名球星高高兴兴地和一支球队签订了 5 年打球合同，5 年报酬总计 2000 万美元，平均每年 400 万美元。这足以使他成为这项专业运动中最富有的运动员了。两年后，球星发现，球员们的薪水普遍提高了 50%。现在，与他同一水平的球星和部分比他低一级的球星签订长期合同，每年薪水高达 700 万美元。他非常嫉妒别人，觉得自己受了伤害。他逢人便说他更值钱，要求对他的合同进行重新谈判。

这样做好不好？当然不好。合同就是合同，人人都应该遵守合同，即使它对对方有利。如果说球星不喜欢原来合同的内容，他就不应该在合同上签字。

而且，对公众和新闻媒介公开发表对合同的不满是愚蠢的做法。把合同的分歧公开化，为谈判增添了不必要的障碍。本来每个人说的做的都是个人事务（比如工资单），现在却突然对外公开了。谈判时这种人一只眼睛盯着合同内容，另一只眼睛盯着同级球星。

这里的真正问题是：球星不能这样粗暴无礼地对待重新谈判。显然，他需要学习一些重新谈判的艺术规则：

（1）在双方最高兴的时候，提出重新谈判。重新谈判或者续签合同的最佳时机是，当双方的关系最为满意的时候。它既可以是你签订 5 年期限合同一个星期后的某个时间，也可能是两年后的某个时间。重签或者续签合同，没有任何法律限制你们的时间。

然而，糟糕的是，许多人常常在最不利的时机提出重新谈判的要求：他们感到自己在合同的双方关系中处于吃亏的位置；或合同即将到期，他们的谈判位置可能就不是最好的位置了。

当你的委托人公司刚刚宣布良好的利润纪录的时候尽管这些事情与合同无关，或者你刚刚得到他们的表扬和奖励的时候，就是你提出延长合同期限谈判的有利时机，这时，他们沉浸在喜悦之中，可能显得最为慷慨大方。

（2）把"重新谈判"写进合同。客观环境的变化，导致人们重新谈判。如果双方都认识到客观情况发生了变化，并一致认为有必要修改合同内容，那么重新谈判就是顺理成章的了。

帕特里克·伊文是纽约职业篮球队的高价球星。他在签订为期 10 年的合同中有这样一条内容：任何时候，只要他不是 NBA 全美职业篮球联赛前 4 名身价最高的球星之一，合同对他就不再有效。这相当于他可以随时修改合同条款，而他的身价只会升，不会降。如果球星身价普遍下降，他都不会受到影响。

只要有可能，我们就会把这种"调整性条款"写进合同，如果一名年轻的球星高兴地接受了 100 万美元的年薪。两年后，他成了超级巨星，身价就会倍增。这时候，100 万美元的年薪就显得太少了。我们的合同应该及时反应球星的这种潜力和变化。当他的身价增长时，我们就应该重新举行谈判，或者不经谈判，根据情况变化，主动增加他的报酬。

这种合同不大可能引起争论，只可能使合同持续的时间更长。

（3）给对方增加竞争对手。在要求重新谈判时，如果你能向对方暗示还有感兴趣的第三方想和你签约，对方为了战胜竞争对手，可能非常乐意和你重新谈判，延长合同时间（即使没有法律方面的原因促使他们这样做）。

美国一位唱片公司的老板深谙此道，他讲过这样一件事：

很久以前，我们公司艺术业务部和一名年轻的小提琴家签订了制作录音带的合同。在合同中，小提琴家的报酬并不高，但是他每年能出两张专辑。等到合同期满时，小提琴家已经拥有 10 张个人专辑。对于一个正处于发展中的年轻艺术家来说，这是一个了不起的成就。

实际上，小提琴家在第三年就走红了，他的专辑非常畅销，商业利润也相当可观。我们有必要和他延长合同时间，但是这样一来，我们就成了"砧板上的肉"，可能要接受小提琴家的高额要价。

然而，出于对前途和名声方面的因素考虑，小提琴家没有主动提高要价，他对自己的现状很满意。

于是，我们没有明确告诉他我们想延长合同时间的打算。但是在合同的最后两年时间里，我们让他知道还有别的艺术家主动提出和我们合作。当然，我们给的酬金会更高，计划制作的专辑会更多，投资也会更大，艺术家对作品和制作人有更大的决定权，等等。这样一来，我们轻而易举地延长了合同期限。我认为不会有人认为我们是在拿着刀子宰他们。

2. 用非正式谈判代替正式谈判

不论正式的谈判或非正式的谈判，实际上都只是买卖双方在交换意见而已。在非正式的谈判中，大家可以无拘无束地谈话—可以谈双方公司里不合理的规章，也可谈增进彼此感情的事情，如孩子、太太和偏高的税金等。这些谈话就像润滑剂一样，可使问题得以顺利解决，同时还能在非正式的情况下，评估对方的人品。

非正式的谈判还有一项常被忽略的好处：借助它，谈判双方的幕后主持人得以私下交谈。比方说，公司指派张三为采购小组的领导人，但实际上却由工程师李四执行，因为李四对于货品的了解比张三丰富，且能以更便宜的价钱洽购。在非正式的谈判里，李四就能够从容出面商谈，而又不致牵扯到身份的问题了。

当正式的谈判触礁时，非正式的谈判更是不可缺少了。在会议桌上，实在难以启齿求和，可是，在酒醉饭饱的时候，只要几句话就能把愿意妥协的态度全部表现出来。此外，为了要研究问题的细节，一连串的社交活动也是必要的—这种公私兼顾的法子，既能解决问题，又能不失面子。

任何一位优秀的谈判者，都深知场内谈判和场外谈判的力量。可是，由于每件事情都有好坏两面，因此我们也必须了解场外谈判的危险性，同时还要采取下列的预防措施：

（1）小心谨慎，不要作单方面的告白，免得泄露了己方的秘密；

（2）爱喝酒的谈判者是很常见的，常常使用这种策略的人，比一般人的酒量都好，所以千万不要被对方骗住了；

（3）有些谈判者非常希望得到别人的欣赏，在气氛很好的时候，他们会变得非常慷慨；

（4）进行场外谈判的时候，要提高警觉，因为对方可能不是真心的，对方很可能在轻松的气氛里，趁着人们没有防备的时候，轻易地使你相信了虚假的消息；

（5）场外谈判并不是什么特例，它在谈判的过程中占有极重要的地位。借着这座桥梁，双方得以沟通意见，了解彼此的要求并且研究出可行的解决方法。并非所有事情都必须在会议桌上提出讨论，一个优秀的谈判者应该了解到这一点。

3. 采用"旁敲侧击"的策略

每个商谈都有两种交换意见的方式。一个是在谈判中直接提出来讨论。另外一个则是在场外，以间接的方法和对方互通消息。

间接交流的存在是因为有实际的需要。一个谈判者可能一方面必须装出很不妥协的姿态给己方的人看；另一方面又必须在对方认为合理的情况下和对方交易，以达成协定。不管是买主或者卖主都会有这种双重压力的困扰。这也就是谈判双方会建立起间接谈判关系的原因。

每一件事情并不一定都要在会议桌上提出来。彼此建立起来的间接关系，能使消息在最少摩擦的情况下传达给对方。假如对方拒绝这个非正式提出的条件时，双方都会知道，同时也不会有失掉面子的忧虑；倘若这个条件在谈判时被正式拒绝了，则很可能会引起对方的指责，而导致双方感情的破裂，造成不良影响。

所以，间接的沟通方式，可以帮助谈判者和公司在不碍情面的情形下，偷偷地放弃原先的目标。而某些偏差了的目标也可以借由半正式或非正式的沟通方式加以修正。以下所列的方式足以用来弥补正式会谈的不足：

（1）有礼貌地结束每一次谈话；

（2）在正式谈判之外，另外再秘密地讨论；

（3）用降价来探测对方的意见，或者故意放出谣言；

（4）故意遗失备忘录、便条和有关文件，让对方拾取而加以研究；

（5）请第三者做中间人；

（6）组成委员会来研究和分析。

谈判桌上，需要装傻

大多数人认为，一个优秀的谈判家应该是一个风度翩翩、伶牙俐齿、反应敏捷和精明干练的强者。其实，在实际的谈判场合中，往往表面上弱势的人，比如口才笨拙、个性愚钝的人，反倒容易达到目标，在别人看来很明显的缺陷反而转变成了有利条件。

很多著名的谈判专家都谈到过和那些犹豫不决、愚笨无知或固执一端的人打交道时所产生的挫折感。如果一个人听不进另一个人的解说，就如同让野兽去享受贵重祭品，让飞鸟欣赏高雅的音乐。的确，在一个根本听不懂你在说什么的人面前，再精辟的见解、再高深的理论、再高明的技巧，又能起什么作用呢？没有了对手，你还有什么精神去冲锋陷阵呢？

所以，在适当的时候，你可以收敛自己的锋芒，向对方示弱，以消除对方的排斥感和敌对心理；松懈他的警惕性，助长他的同情心，使谈判朝着有利于你的方向发展。你不妨常常把"对不起""我不太理解""你能再说一遍吗？"或者"我全都指望你帮我了"之类的话挂在嘴边。直到对方兴致全无，一筹莫展，完全丧失毅力和耐心。

日本某航空公司和美国一家公司谈判。谈判从早8点开始，美国人完全控制了局面，他们利用手中充足的资料向日本人展开攻势。他们通过屏幕向日本人详细地介绍、演示各式图表和计算结果。而日本人只是静静地坐在那里，一言不发。两个半小时之后，美国人关掉放映机，扭亮电灯，满怀信心地询问日方代表的意见。

一位日方代表面带微笑、彬彬有礼地答道："我们不明白。"

"不明白？什么地方不明白？"

另一位代表回答："都不明白。"

美国人再也沉不住气了："从哪里开始不明白？"

第三位代表慢条斯理地说："从你将会议室的灯关了之后开始。"

美国人傻了眼："你们要怎么办？"

三个日本商人异口同声说："请你再说一遍。"

美方代表彻底泄了气。他们再也没有勇气和兴致重复那两个半小时的场面。他们只得放低要求，不计代价，只求达成协议。

美方代表是有备而来的，日方代表如果和他们正面交谈，肯定很难占到便宜，日方代表索性收敛锋芒，宣称自己什么也不懂，反倒打乱了对方的阵脚，获得了成功。

在谈判中，我们有时会遇到攻击型的对手，他们咄咄逼人、气势汹汹。对这种人，采用"装傻"示弱的方法，往往能收到很好的效果。

一般说来，攻击型的人都认定对方会激烈抵抗自己的攻击，所以，一旦对方不加反驳，反而坦白承认自己的错处时，这就会狠狠地挫败攻击者的气势，令他不知如何是好。这就好像一个人运足了全身的力气挥拳向你击来，你不但不还手，反而后退走开，对方那种尴尬的感觉恐怕比挨一顿揍还要难以忍受。

循序渐进，提出要求

在谈判的时候，谈判双方都想争取最大利益，这也正是谈判产生的主要原因。但是如何为自己争取最大利益呢？如果一下子就把自己的终极要求提出来，对方一看你胃口如此之大，肯定非常生气，也会对你这个谈判对象产生不信任。其实想要尽量得到自身最大利益的同时又不得罪对方，有一个很好的方法，就是用"切香肠"的方式一点一点地提出要求。

这就好像蚕吃桑叶一样，一点一点、一片一片地统统吃光的谈判策略，就是传统的"蚕食"谈判策略，又被称为"切香肠"策略。该策略的具体内容是：要想获得一尺的利益，则每次谋取毫厘的利益，就像切香肠一样，一片一片地把最大利益切到手。"切香肠"谈判策略出自这样一个典故：在意大利，一个乞讨者想得到某人手中的一根香肠，但对方不给，这位乞讨者乞求对方可怜他，给他切一薄片，对方认为这个要求可以，于是答应了。第二天，乞讨者又去乞求他切一片，第三天又是如此，最后整根香肠全被乞讨者得到了。

一般来说，人们对对方比较小的要求容易答应，而对较高的要求就会感到比较为难。因此，有经验的谈判者绝不会一开始就提出自己的所有要求，而是在谈判的过程中把自己所需要的条件一点一点地提出，这样累计起来，就得到了比较优惠的条件。该策略在商务谈判中运用得十分广泛。谈判桌上常常听到"不就是一角钱吗？""不就多运一站路吗？""不就是耽误一天吗？"等，当你碰到这种情况，应当警觉，也许对方正在使用"蚕食计"。特别是在谈判双方讨价还价的阶段，有的谈判者总是试探着前进，不断地巩固阵地，不动声色地推行自己的方案，让人难以觉察，最终产生"得寸进尺"的效果。

如果你在谈判中想要得到更多，那就不要一下子提出所有要求，应该像切香肠一样，把自己的要求切成小片，切得越薄越好，而且提出一点点要求，都要给对方相应的回报。这种办法给人以一种假象，好像很"公平"，让双方都感到满意，其实你在无形中已经占了对方很大的便宜。

房屋抵押贷款保险的服务对象为向银行申请分期贷款购买住宅的客户。客户一旦参加了这种保险，当遇到不可抗拒的因素而导致贷款人死亡，或者遭遇不测而不能偿还银行的分期贷款时，保险公司则代为缴纳，以分担银行和贷款人双方的风险。一家刚刚成立的保险公司想要开展这方面的业务，但又比其他同行慢了一步。

于是，他们决定采用新战术打开门路，以便在这一市场上占有一席之地。经过一番周密的策划，公司派出业务员与银行洽谈："我们公司正计划推行一种崭新的服务办法，我们绝不会像贵银行所指定的那家保险公司那样向客户叩头拜托，也不会像现在一些保险公司那样，客户一到银行办完贷款手续就马上登门推销。我们的办法完全两样，我们要用邮寄广告的方式来扩展业务，所以请贵银行把尚未加入保险的客户名单抄一份给我们。如果你们的贷款由我们的保险来做加倍保障的话，你们也可以放心了。"对于这家保险公司的这种要求，银行方面没有理由拒绝接受，加之邮寄宣传的配合，经过一番努力之后，新的服务方式获得了极大的成功，占据了房屋抵押贷款保险业 80% 的份额。第一步取得了成功之后，这家保险公司又派出代表到各大银行游说："目前我们公司已经争取到了整个市场 80% 的份额，你看我们该不该争取到 100%？"就这样，该公司成了当地唯一被银行指定的保险公司。

在这里，保险公司成功地运用了"切香肠"策略，取得了与银行谈判的成功。在蚕食的过程中，首先，从银行那里得到尚未参加保险的客户名单，用新的服务方式招徕越来越多的客户投保。其次，以初步的成功再向银行提出新的要求，进而争取到 100% 的当地市场份额。最后，以取得的成功为基础，采取同样的策略向全国出击，最终在同行业中遥遥领先，从而实现了自己的最高目标。

对方意见，我来说出

把方案带到客商那里去的时候，应当事先就料到对方会提出哪几种反对意见。如果坐到谈判席上，在意想不到的情况下突遭对方的反驳后再支支吾吾地招架，则有失体面。

事先估计到人家会反驳，但只准备一些应答的对策还不够，仍容易被对方打败。在争论中占据上风并不是谈判的根本目的，充其量不过是谈判形势的走向问题。

那么，应当如何对待意料之中的反对意见呢？

当估计对方会予以反驳时，有这样一种对付的办法：在他们还没有说出之前，你让同伴将预料中的反面意见说出来，然后将其否定。

首先与同伴进行磋商，列举几条反对意见，事先布置好："估计对方会以此为理由攻击我们，你先主动地把这个问题提出来！"在谈判中，当同伴讲出了这个意见以后，你马上指出："不对，这种观点是错误的。"如此这般，将这些反对意见一个个都化为乌有。同时，你方的几个人之间还可以故意发生争执。这样做不会在对方面前露出什么破绽，反而会在保全对方面子的情况下使其接受你方的方案。

反对意见多种多样，有的可以从理论方面回答，有的无法用语言去解释，只能凭自己的感觉去理解。对方提出的意见可以用道理来说明的部分很好处理，至于那些难以解释的问题，最好还是用内部争吵的方法来解决。比如数落自己的同伴："你总是提出这类问题，什么时候才能有点出息呢？"只有这种语言才能处理好这种反对意见。

坐在谈判席上，总是有意识地将与会者分为说服的一方和被说服的一方，这种想法是错误的。对方有 3 个人，你方也有 3 个人，我们应当把这看作是与会的 6 个人正在共同探讨着同一个问题，而不是 3 比 3 的对话。

所以，你方的与会人员有时最好也处在相互敌对的关系上。因为如果总是保持一致对外的姿态，对方就会产生一种随时有可能遭到你方攻击的顾虑。把既成的事实强加于人，这是被说服一方最厌恶的一种做法。

当你方内部互相争论的时候，很容易形成一种在场的所有人都在议论的气氛，结论也仿佛是在对方的参与下得出来的。于是在大家的思想中能够形成一种全体参与、共同协商的意识。但是，若只有你一个人在场的时候又该怎么办呢？

无论事先做过多么周密的准备，一旦到了谈判桌上，仍然会察觉到要有某种反对意见出现。这时，你可以把它处理为临来之前曾经听到公司里有人提出过这种意见。这样，当你发觉这种反对意见即将提出的时候，就抢先说道："在公司里谈论这个方案的时候，有个家伙竟然这样说……"这么一来，不管持这种意见的人有没有，都会产生敲山镇虎的效果。说完以后，你还要征求对方有什么感想。听你这么一说，只要不是相当自信的人就很难说出"我也是这么想的"这句话。即使摩拳擦掌准备提出这种反面意见的人，也不愿落得与"这个家伙"相同的下场，所以只得应付说："是嘛，这么说可就太奇怪了。"

　　用这个办法，将对方的反面意见压制住，哪怕只有一次，在以后的谈判过程中对方就不会轻易反驳了。你方大致预料到反面意见的内容时，抢先说："谈到这里，肯定会有个别糊涂虫提出这么一种反对意见……"于是对方唯恐提出不恰当的反对意见，以后被人耻笑为"个别糊涂虫"。

　　还有一个办法：抢先说出对方从他们自己的立场出发所产生的不安和所要承担的风险。如说："我如果是经理的话，这种事情太可怕了，恐怕不敢瞎说。"也可以说："也有出现这种情况的可能，所以我如果站在经理的立场上，也许会想办法回避。"把自己所预料出现风险的可能性间接地表达出来。在达成协议还是谈判破裂的岔口上，语气再稍微强硬一些也未尝不可："如果站在经理的立场上，我会认为，造成谈判破裂要比被迫接受对方的条件可怕得多。"

　　无论怎么说，反正不能让对方把反对意见先说出口，这与你方的意见让对方说出令对方感到满足是一样的道理。对方的反对意见从你方嘴里说出来，这样做给人留下了对方反驳的观点你方已经研究透了的印象，就可以不费吹灰之力地将其扼制住。

演讲魅力篇

——舌绽莲花，征服听众

演讲开头吸引人的技巧

万事开头难，而良好的开头是成功的一半。所以演讲者要殚精竭虑，全力以赴对付好开头，力求一开口就拨动听众的兴奋神经。如果能在开始就让听众产生一种肯定的心理定式，再好不过。

良好的开头应如瑞士作家温克勒说的有两项任务：一是建立演说者与听者的同感；二是如字意所释，打开场面，引入正题。具体方法是语言新鲜，忌套话、空话；忌那些磨光了棱角的、听众不爱听的老话、旧话；语言准确，忌大话、假话；语言简练，忌空话、抽象话。下面我们看一个实例。

文章开头最难写，同样道理，演讲开场白最不易把握，要想三言两语抓住听众的心，并非易事。如果在演讲的开始听众对你的话就不感兴趣，注意力一旦被分散了，那后面再精彩的言论也将黯然失色。因此只有匠心独运的开场白，以其新颖、奇趣、敏慧之美，才能给听众留下深刻印象，才能立即控制场上气氛，在瞬间里集中听众注意力，从而为接下来的演讲内容顺利地搭梯架桥。

奇论妙语，石破天惊，听众对平庸普通的论调都不屑一顾，置若罔闻；倘若发人未见，用别人意想不到的见解引出话题，造成"此言一出，举座皆惊"的艺术效果，会立即震撼听众，使他们急不可耐地听下去，这样就能达到吸引听众的目的。平常多用的形式主要有这样几种：

1. 以故事开头

在开头讲一个与你所讲内容有密切联系的故事从而引出你的演讲主题。1940 年 12 月 17 日，罗斯福总统终于在美国白宫记者招待会上露面了。

此时，正当美、英、苏等国家共同抗击纳粹德国的关键时刻。英国处在欧洲反法西斯侵略的最前线，由于黄金外汇已经枯竭，根本无力按照"现购自运"原则从美国手中获取军事装备。作为英国的重要盟友，罗斯福深知唇齿相依的道理。在反法西斯战争旷日持久的情况下，英国一旦被纳粹击溃，希特勒一朝得势，势必严重威胁到美国的全球利益。美国全力支持英国，是理所当然的事情。

但是，美国国会一些目光短浅的议员们只盯着眼前利益，丝毫不关心反法西斯盟友和欧洲糟糕的战局。而罗斯福却认为必须说服他们，要使《租借法》顺利通过以全力支持英国，他特别举行这个意义重大的招待会。

"尊敬的女士、先生们！"罗斯福在简要地介绍了《租借法》以后，紧接着就来说明他的设想了。"假如我的邻居失火，在数百英尺处，我拥有一条浇花的水管，要是赶紧借给邻居拿去接上水龙头，就可能帮他灭火，以免火势蔓延到我家。但是，在救火前要不要对他讨价还价？喂，朋友，十万火急，邻居到哪里去找钱。我想，还是不要他十五元为好，只要他灭火之后原物奉还。如果灭火后水管还好好的，他会连声道谢；如果他把东西弄坏了，他得照赔不误，我也不会吃亏。"

记者们紧追不舍，问罗斯福总统："请问，总统阁下所说的水管一定是指武器了！"

"当然，"罗斯福毫不掩饰，"我只不过以此来阐述《租借法》原则而已。也就是说，如果你借出一批武器，在战后得到归还，而且没有损坏的话，你就不吃亏；即使军火损坏，或者陈旧了，干脆丢弃，只要别人不愿意理赔，我想，你依然没吃亏，不是吗？"

这一番回答之后，再也没有人再对此提出任何质疑与反驳了。

这种方式的开场白很能引起听众的兴趣，而且在语言操作上也比较容易，这适合那些初学演讲的朋友使用。总之，你要注意的是故事型的开场白一定要摒弃复杂的情节和冗长的语言。

2. 开门见山

打开门映入眼帘的就是山，也就是一开始就用高度凝练的语言把演讲的基本目的和主题告诉朋友，引起他们想听下文的欲望，接着在主体部分加以详细说明和论述。这便是开门见山型，如《在马克思墓前的讲话》：

3月14日下午两点三刻，当代最伟大的思想家停止了思想。让他一个人在屋里总共不过两分钟，等我们再进去的时候，便发现他在安乐椅上静静地睡着了，但已经是永远地睡着了。这个人的逝世对欧美战斗着的无产阶级、对于历史科学，都是不可估量的损失。这位巨人逝世以后形成的空白，在不久的将来就会使人感觉到。

在这里恩格斯以极为简略、精当的话语明确道出了他这次演讲的主题。

开门见山型的开场白适合于比较庄重的演讲场合。因此，它要求必须具备高度的总结概括能力。

（1）幽默的开篇

幽默型即是以幽默或诙谐的语言及事例作开场白。这样的开场可以使听众在演讲者的幽默启发下集中精力进入角色，接受演讲。演讲时如何巧用笑话开篇？

笑话人物鲜明，情节离奇，意义深远，俏皮幽默。在演讲开始讲一个笑话会令听众开心解颐，得到启示。在轻松气氛中领悟演讲观点。

运用笑话开始演讲要轻松地去体现，要配合以微笑，点头等态势语，表现出真实感；要用清楚而贴切的语言，不装腔作势；要正视听众，求得共鸣，讲之前不要急着做言过其实的应允或过分的谦卑，过高或过低的估计都会使听众反感。

（2）引用的开篇

演讲的开场白也有直接引用他人话语的（大多是名人的富有哲理的名言），它为演讲主旨作事前的铺垫和烘托，概括了演讲的主旨。

（3）抒情的开篇

这种开场白主要借助诗歌。散文等抒情文学的形式，通过华丽的辞藻和汹涌澎湃的激情，感染听众，把听众带入诗一般的境界。多数参加演讲比赛的朋友都喜欢运用这种类型的开场白。

林肯在为独立战争时期一位烈士的遗孀辩护时说：

现在，1776年的英雄早已长眠于黄泉，可是，他那衰老而可怜的遗孀，还在我们面前，要求我们代她申诉。这位老妇人从前也是一位美丽的少女，曾经也有过幸福愉快的家庭生活，然而，她为美国人民牺牲了一切，到头来却变得贫困无依，不得不向享受着革命先烈争取来的自由的我们请求一些援助和保护。试问，我们能视若无睹吗？

3. 演讲注意承上启下

演讲，尤其是赛事演讲，选手都对演讲的开头、中间、结尾进行了全面完整的设计。不可能也不太好做过多的临场更改，这似乎没有什么不好的。但如果你能独辟蹊径，逆向求新，巧妙地承接上一位或前面几位选手的演讲话题，或是他们演讲中的观点、动作等进行引发，效果将非同凡响。这种临场性的引发会给听众留下良好的印象。

演讲案例：村党支部书记述职演讲

本人任 ×× 村党支部书记一年多以来，在乡党委的正确领导下，在 ×× 村党委会及全体村民的大力支持下，我以科学发展观为指导，按照构建和谐社会的目标，认真履行职责，大胆开展工作，积极摸索经验，带领和团结 ×× 村全体村民努力建设社会主义新农村，为 ×× 村的社会稳定、经济发展做了一些小小的工作，取得了一点小小的成绩。现对一年来的工作学习情况进行回顾反思，总结经验教训，以利于今后为 ×× 村的新农村建设做出更好更大的贡献。

1. 加强党的建设，提高队伍素质

今年以来，××村党支部始终把保持中国共产党员先进性教育活动和党员学习培训结合起来。我们坚持把学习实践"三个代表"重要思想作为主线，坚持以重在联系实际、重在讲求质量、重在取得实效为要求，组织全体党员学理论、学党章、学形式、学模范、抓住重点环节，查找存在问题，开展民主评议，落实整改措施，取得了明显成效，达到了预期目的。通过学习和活动开展，让党员更新了观念，进一步解放了思想。思想通，百事通，观念新，事业兴。教育活动的效果在以后的工作中得到了体现，在经济发展，加强农村基础设施建设，调解矛盾等方面，党员充分发挥了先锋模范作用，有力地推动了各项工作的顺利开展。为了进一步抓好党员队伍建设，2009年我村发展预备党员一名，培养后备干部一名，为组织增添了新鲜血液，为我村的发展培养和储备人才。

同时，我们还加强党员干部队伍的教育培训。通过组织集中学习、收看现代远程教育专题、举办辅导讲座、开展专题讨论、村组会等多种形式，组织广大党员干部认真学习党的十七大，十七届三中、四中全会报告，科学发展观理论、农业科技知识等。全年各级各部门共组织集中学习60多场次，其中村上邀请县、乡有关单位领导为村干部、广大党员及村民代表集中专题辅导6次，坚持每周两次的集中学习制度，使十七大，十七届三中、四中全会精神，科学发展观理论在广大党员干部中入心入脑。

2. 学习实践科学发展观，加强理论指导

为了响应党的号召，学习实践科学发展观，村支部成立了学习实践科学发展观活动领导小组，支书担任组长，村主任担任副组长，办公室设在村党员活动室，领导小组具体安排部署学习实践活动。为了深入学习科学发展观，我们制定了严格的学习制度和学习日程表，确保把科学发展这一核心理念送进千家万户，力争到组不漏户，户不漏人，让科学发展之东风深入人心，家喻户晓。参加这次学习实践科学发展观活动的主要对象是村两委会全体成员和全村所有党员及村民代表。学习从8月底开始到12月底结束，主要任务是抓好学习讨论和调研走访工作。根据我村工作实际，采取集体学习和个人自学相结合的方式进行，利用雨天和农闲时间每周保证学习两次，其余时间为自学时间，总的要求是每天必须有学习内容。对老、弱、病、残和不识字的党员，采取送学帮学的形式，开展一帮一、一对红活动。每名有学习能力的党员负责一名老、弱、病、残和不识字的党员，利用雨天、晚上送学到家。对外出打工的两名党员采取邮寄资料的形式，让他们边打工边学习，支部通过书写的方式检查、反馈学习情况。

同时，我们加大了宣传力度，通过召开会议、书写标语、办黑板报、观看专题片等形式广泛宣传学习实践科学发展观的重大意义。宣传动员开展学习实践科学发展观活动的重要性和必要性，并书写标语，全村张贴、悬挂宣传横幅，办学习实践科学发展观活动专题黑板报三期，组织党员定期观看学习科学发展观活动专题片，加大学习实践活动的宣传力度。要求党委会成员记学习笔记达一万字以上，写心得体会两篇，有学习能力的党员记学习笔记五千字以上，写心得体会两篇。村支部办学习园地三期。

3. 产业发展有条不紊，经济建设有序进行

今年，我村主要围绕"一村一品"，主抓核桃产业的发展，目前这项工作已进入实施阶段，估计到年底我们在全村栽核桃树将达 3000 株以上，同时加强栽培技术的学习，确保成活率，彻底改变过去年年栽树，年年没树的尴尬局面。我们在做好发展核桃产业的同时，加强对养殖业的大力支持，我们先后扶持了一批养殖大户，利用农村信息站给他们提供饲料信息和价格。改变了过去盲目圈养的时间长、见效慢、成本高、利润小的不利局面，这些措施的实施大大调动了农民的生产积极性。由于规模大、技术精、时间短、效益高我村掀起了养殖高潮，农民的收入也翻了几番，生活水平有了质的提高。

在搞好家庭经济的同时，我村的劳务输出也取得了巨大的进展，大部分外出打工的村民都有了一技之长，在祖国各地贡献着自己的微薄之力，同时也为家庭带回了可观的经济效益，村民的生活质量上了一个档次，不可同日而语。

4. 升级晋档，科学发展

今年，我村紧密围绕"升级晋档，科学发展"这一主题开展工作。主要从生产发展、生活富裕、村容整洁、村风文明、管理民主这五个方面检查分析，结合新农村建设讨论分析，寻求我村科学发展的思路和方法。由于我们工作扎实到位，认真负责，加之上级领导的格外关心和大力支持，我们村取得了飞跃式的发展，村民非常满意并对我们的工作给予了很大的肯定。社会发展和谐有序，农民收入稳步提高，民事纠纷逐步减少，作为新农村建设的领导者和决策者，我们时刻保持清醒的头脑，不断加深自身的学习和解决实际问题的能力。

2009 年，村党支部在乡党委的正确领导下，坚持以邓小平理论和"三个代表"重要思想为指导，深入贯彻落实科学发展观，围绕"保持党员先进性，提高执政能力"两大主题，把握"领导班子建设、干部队伍建设、基层组织建设、人才队伍建设"四大重点，使基层党建工作水平不断提升，为推动全村经济社会快速健康发展提供了坚强的组织保证。村党支部以作风建设为重点，坚持抓好班子、带强队伍，坚持

抓好思想政治和执政能力建设，领导班子自身建设得到不断加强。对村党委会制定了详细的百分制目标考核办法，考核结果直接与村干部工资挂钩，通过强化各级班子管理与建设，有效地增强了广大党员干部的活力和战斗力。

5. 存在的问题和不足

回顾一年来的工作，虽然取得了一定的成绩，完成了预定的工作目标，但仍然存在一些不足：一是少数村干部对开展远程教育的认识依然不高，存在重建设轻学用的思想，导致学用工作没有真正有效开展起来；二是广大党员干部对学习实践科学发展观的认识还不深刻，存在走形式、交任务的现象；三是基础设施建设跟不上广大群众对新农村建设的要求，项目少、资金缺的现象需要进一步解决；四是农村青壮年劳力的缺乏很难保障新农村建设的顺利完成，严重影响了基础设施建设的前进步伐等。这些，都有待我们在今后的工作中认真分析、总结经验，加以改进和解决。

一年来，本人能够根据上级的要求结合本村的实际情况，圆满完成年初制定的各项目标任务，维护了改革发展稳定的大局，保证了农业发展、农民增收、农村稳定，经济及各项社会事业取得了全面发展，为我村全面建设小康社会奠定了坚实的基础，较圆满地完成了各项工作任务，但与上级领导的要求和全村广大群众的期望还有一定的差距。在今后的工作中，我将始终保持戒骄戒躁、谦虚谨慎的作风，继续发扬优点，不断完善自己，始终与乡党委保持高度一致，做到目标同向、思想同心、行动同步，并结合村情实际，创造性地开展工作，努力完成乡党委交办的各项工作，力争在新的一年取得更大的进步，各项工作再上一个新的台阶，以更加出色的成绩实践全心全意为人民服务的宗旨。

村党支部书记：××

制造演讲悬念的技巧

有人曾强调演讲应有"戏剧般的冲突"。这就要求演讲要巧设悬念，变化有致，高潮迭出。恰当地使用悬念技法可以极大地调动听众的情绪，使演讲产生高潮。请看下例：

主持人宣布"下一位演讲者的题目《1大于2，1大于多》"。古怪的题目有悖于常理，但悬念突出。只见演讲者镇定地走上讲台，拿出一张纸，上面写着：《1>2，1>多》。演讲开始了："朋友们，我在这里要告诉大家的是1大于2，1大于3，1

大于 4,1 大于多。"演讲者运用实物、言语对本显古怪的题目进行了更进一步的渲染，使观众产生一种强烈的好奇心，心理失去平衡，求得解释。接下来演讲者以计划生育为题旨，阐述道："'多生有害国家，多生有害人民，多生有害自己。''夫妻同育一枝花，利国利民又利家。'从这点上说，难道不是 1 大于 2,1 大于多吗？"

上例中的演讲者很好地释答了问题，解开了悬念，听众接受了观点。设置悬念的方法很多。可以运用与演讲内容相联系的实物；可以运用突然发出、与内容反差较大的情感；可以运用听众一时难以回答上来的串问；可以运用带有夸张色彩的动作；可以运用录音、幻灯、录像等设备等。

悬念的设置要注意的是：新奇，产生出人意料的结果；形象，处在听众情理之中；到位，表达圆满自然。

一般说来，悬念设置在演讲的开头，这利于它贯穿整个演讲。也可运用在中间和结尾处。

演讲案例：汶川地震哀悼演讲

2008 年 5 月 12 日 14 时 28 分，四川汶川地区发生 8 级大地震，迄今已有 32447 名同胞遇难。苍生泣血，泪眼横陈，山河变色，草木同悲。

昨天（18 日），国务院发布公告，为表达全国各族人民对四川汶川大地震遇难同胞的深切哀悼，国务院决定，2008 年 5 月 19 日至 21 日为全国哀悼日。在此期间，全国和各驻外机构下半旗致哀，停止公共娱乐活动，外交部和我国驻外使领馆设立吊唁簿。5 月 19 日 14 时 28 分起，全国默哀 3 分钟，届时汽车、火车、舰船鸣笛，防空警报鸣响。在哀悼日里，奥运圣火境内传递也将同时暂停。

这是自中华人民共和国成立以来，第一次就大规模自然灾害举行的全国性哀悼活动，也是第一次从制度上为自然灾害死难的普通百姓降半旗致哀。同时，5 月 19 日 14 时 28 分，也是 5·12 汶川大地震中遇难者的"头七"。在中华民族传统的哀悼氛围中，举国降半旗致哀，我们用全民族的眼泪，悼念这次地震灾害中的罹难者、在救灾中的牺牲者，更用全民族的意志，昭示中国对每一个普通生命的极大尊重。

为此，我们举国致哀。

哀悼日是对民族情感的凝聚。在灾难发生后，各地民众自发捐款、献血，许多国人甘当志愿者，主动表示收养地震孤儿。当民众自发地用烛光哀悼死者，当民众自发地将赈灾物资运往灾区时，中华民族从来没有像现在这样，团结如一人。多难兴邦，作为一个有传统、也有担当的民族国家，我们需要一种国家行为，来重申全民族在这次灾难中的共同情感。

为此，我们举国致哀。

哀悼日也是对国家责任的重申。国家有为生民立命之任，有解民于倒悬之责。当自然灾害来袭时，一切生与死之间的选择，其实是每一个中国人的基本责任担当，更是国家作为民族集合体的承诺。国家有哀民生之不幸的义务，尤其是这场改革后死难人数最多的自然灾害，已经成为了民族记忆中的一道伤口。许多公民失去了亲人，失去了家园，失去了他们所有美好的回忆。

为此，我们举国致哀。

哀悼日还是对民众呼声的响应。灾难发生后，不少民众通过各种渠道表达呼声，希望能够通过国事行为，确定国家哀悼日，下半旗致哀。这既是许多国家的通行做法，也是民族国家认同、成熟和发展的标志，更代表了公民和国家荣辱与共的信念。国家现在响应他们的要求，就是保护公民生命的基本尊严，肯定公民爱的权利。

为此，我们举国致哀。

在哀悼日中，我们更不应该忘记，瓦砾废墟下可能还会有奄奄一息的灾民。我们的眼泪是为死难者流，我们的汗水和决心，为那些生命奇迹流淌。在这个持续三天的哀悼日中，我们还要尽最大的努力，去换取哪怕只有一个生命奇迹的出现。与地震后的空间坍塌争夺生命、与地震后的时间争夺生命。这也是哀悼日的沉默里，我们真正需要勠力同心的最重要事情。

往者灾犹降，苍生喘未苏。在这个苍生泣血的日子里，整个民族用哀悼日的方式，树立我们拯救生命的决心，伸张我们的爱和信仰，书写我们生命的荣耀。此刻，我们已经打通了通往灾区中心的道路，生命的孤岛不复存在，而当整个中国降下半旗，鸣响警报和汽笛时，爱的孤岛也不复存在。

因此，为苍生泣血，让我们举国致哀。

交谈讲远的不如讲近的

听演讲有时候就像听故事一样，老百姓爱听的一般都是离自己最近的、最生动、最直观的故事。如果演讲者开始的时候说："昨天夜里，本市发生了一件不寻常的事件，一只老虎在大街上引颈长啸，警局出动了……"听众会马上表示出极大的兴趣。因为这件事就发生在他们的周围，并不是遥不可及的空谈事件。有一位牧师恩莱卡在传道演说中这样说道：

"兄弟姐妹们，请大家把头抬起来，看看上边，看看天窗，看看上面的玻璃，是否明亮，是否像在室外一样能看到蓝天和太阳；请兄弟姐妹们把头低下来，看看下边，看看地板上，是否干净，是否有一片纸屑、一口痰迹；请兄弟姐妹们把手伸出来，把双手都伸出来，摸摸凳上面再摸摸扶手，看看你们的手掌，是否有一星尘埃、一点污迹；你们看看左边再看看右边，看看每一个窗台，看看窗台上的每一盆花，一盆一盆看过去，有没有发现一片黄叶？是不是每一盆花、每一朵花都开得正好？一切都做得很好，好得不能再好，是不是呢？然而我们却不知道是谁做了这些事。当然，一定有人做了这样的事。兄弟姐妹们，是谁做了这样的好事？是张三还是李四？我们不想把做了好事的人一个个指给大家看，也不应该把这样的好人一个个指给大家看。兄弟姐妹们，看看你们的左边，看看你们的右边，看看你们的前面或是后面，做了好事的人就在你的身边。你们相互看一眼，笑一笑，就这样好了，也就足够了。有心做好事的人，不愿意人们知道他，但做了好事的人，你是一眼就可以看得出来的，做了好事心里就满足，就愉快，他的神情就温暖，就慈爱。做了好事的人心里很清楚，是谁来得最早，谁是第一，谁是第二，谁带的抹布，谁带的扫把，谁送的鲜花……"

这里，说话者从刚刚发生在人们身边真实的事情说起，平稳自然地把一些做事和做人的道理寓于其中，让人们体会到身边的小事都需要每一个充满爱心的人去做。

从生活中存在的事情说起，这样做更能增加你语言的感染力和说服力。对于演讲者本人来说，在选择事例的时候，同样要坚持讲远的不如讲近的、讲别人的不如讲自己亲身经历的原则，这样的演讲才是最有效的。演讲者以自己的经验故事开始，必立于不败之地。因为他叙述的是自己的经验，是他部分生命的再造，是他自身筋、脉的一部分。那自信闲适的神态就能助他与听众建立起友好的关系，从而赢得听众的信服。统一起来说，演讲者在叙事时最好采用一些离听众很近的，同时自己也非常熟悉的事例，如果是自己亲身经历过的，而听众又非常了解的事情应该是最佳选择。

演讲案例：国庆节演讲（2009 年）

永远的爱人啊，看，全中国正以春天般明媚的心态为您庆祝 60 周岁寿诞呢。在这里，我要以满腔真诚为您献上火红的玫瑰。

俯首沉思，坎坷几多。

曾经，您好似一头睡狮。在被欺侮的岁月里，沉默了多少年。您听任了岁月的磨砺，但又不为之低下身躯。您经历了太多太多，经历了痛苦的洗礼，也经历了奋斗的欣慰；

经历了成功的喜悦，也经历了等待的寂寞。但不管怎样，您是英雄。"雷霆之所击，您无摧折，万钧之所压，您无泯灭"！

因而，在您 60 岁诞辰上，我要为您献上 60 朵玫瑰，让每一朵玫瑰承载您的历史与记忆。

手起琴响，春雷轰鸣。

听，您的一颦一笑，就是一首《义勇军进行曲》，"起来——不愿做奴隶的人们——用我们的鲜血筑成我们新的长城——"

再听，一声春雷，为您展开了新篇章。以前的一切悲哀被击得遍体鳞伤。您终于醒了，这一醒便注定了千年的美丽！

您的鲜血使荆棘开花，您的激情就像向日葵永远朝着太阳生长……

今天，您是快乐的，我们是幸福的！

因而，在您 60 岁华诞上，我要为您献上 60 朵玫瑰，让每一朵玫瑰珍藏您的美丽与笑容。

风华正茂，挥出大手笔。

三叠九折，岁月无痕。历史永远是历史。

我们与您一起靠着传统农业走了 2000 年，20 世纪的最后 20 年里，我们与您终于开始了现代化的历程。20 与 2000 无法比拟的速度。您的巨变让世人刮目相看，世界银行《2020 年的中国——新世纪的发展挑战》研究报告中这样夸您说："中国只用了一代人的时间，就取得了其他国家用几个世纪才能取得的成就！"

历史的今天，全世界人民亲眼看见了您的成功，自豪与自信。港，澳的回归，标志了西方对亚洲殖民统治的彻底结束。2008 年的"绿色奥运"，更是体现了您的经济实力与国际地位。

21 世纪里，我们在党中央的领导下，为您"研墨"，"蘸笔"，您泼墨而下，乘兴而起，在天地间笔如行云，锋似蛟龙，挥写着永远的明天。

因而，在您 60 岁生日的宴会上，我要为您献上 60 朵玫瑰，让每一朵玫瑰呼唤您的未来与希望。

永远的爱人，永远的玫瑰。

"碧海青天夜夜心"，我要为国庆献礼，献上永远的玫瑰。我要与亲爱的祖国一起去追溯，追溯"我们的未来不是梦"！

抓住听众最想听的部分

演讲者站在演讲台上，不是只讲自己想讲的，更多的是要讲听众想听的，只有这样，你的演讲才具有生命力。否则，听众就会渐渐离你而去，你的演讲也就变成独角戏了。

法国总理孟杰斯·法朗士很聪明，他知道怎样让听众的耳朵竖起来。

1954年8月7日，他在一次电台广播讲话时，用了一段简短的楔子："8月中旬正是你们中间很多人休假的时候，我想如果打断你们片刻的休息时间，跟你们说几个关系重大的问题，你们是不会对我反感的，因为这些问题事实上与大家都是休戚相关的。"听众一听是"与自己休戚相关的"，都打起十二分的精神，集中全部的注意力把耳朵凑到收音机旁。

这个简单的例子说明了听众很在意高高站在讲台上的那个人说的话与自己有多大的联系。

演讲想获得完全成功，首先必须使听者觉得，你所要说的对他们很重要。你不只是要对自己的话题热烈，还得把这种热烈传给听众。历史上著名的雄辩家，都具有这样的王婆卖瓜术，或是传播福音术。高明的演讲者热切地希望听众感觉到他所感觉的，同意他的观点，分享他的快乐，分担他的忧苦。你必须以听众为中心，而不是以自我为中心，明白自己演讲的成败不是由你来决定——它要由听众的脑袋和心灵去决定。

我们应该寻找共同语言，使听众和我们产生共鸣。共同语言必须考虑到听众、场合等因素，可以寻找大家可能的共同经历和遭遇、目前面临的共同问题、共同的需要等，作为演讲的基调。

有人在讲到一位演说家的演说时，曾这样描述：

"我们曾同他围坐在一张午餐桌旁。我们素闻此人大名，听说他是个雷霆万钧的演说者。他起立讲话时，人人都目不转睛地注视着他。

"他安详地开始演说了，他首先感谢我们对他的邀请。他说他想谈一件严肃的事，如果打扰了我们，要请我们原谅。

"接着，他倾身向前，双眼将我们牢牢地盯住，他并未提高声音，但我却似乎觉得像一只铜锣轰然爆裂。

"他说：往你们四周瞧瞧，彼此互瞧一下。你们可知道，现在坐在这房间里的人，有多少将死于癌症？55 岁以上的人 4 人中就有 1 人。

"他停了一下又说：这是个平常却严酷的事实，但不会长久，我们可以想出办法。这个办法即是谋求先进的癌症治疗方法。你们愿意协助我们朝这个方向努力吗？在我们的脑海中，这时除了愿意之外，还会有别的回答吗？

"一分钟不到，他就赢得了我们的心。他已经把我们每个人都拉进他的话题里，他已经使我们站在了他的那一边，投入了他为人类福利而进行的行动。"

许多人无法成为一名演讲高手，主要的原因是他们只会谈些他们自己感兴趣的事情，而这些事情却令其他人感到无聊透顶。把这种过程倒转过来吧：引导其他人谈谈他的兴趣、他的高尔夫成绩、他的成就……或者，如果对方是位母亲的话，谈谈她的孩子。这样做，你将给予对方乐趣；最后，你将被认为是一位很好的演讲者——即使你的演讲时间很短。因此，必须依着听众的兴趣而演讲。

演讲者若不能考虑到听众自我中心的必然倾向，便会发现自己面对的是烦躁不安的听众。他们局促、厌腻，不时瞥手表，并且充满希望地看着出口，这无疑是对你演讲自信的打击。

抓住听众最想听的，让他们知道你的说话内容与他们有关，与他们的兴趣有关，与他们的问题有关。这种与听众的联系，就是与听众本身的联系，可以稳获听众的注意，保证你与听众沟通的道路畅通无阻。

演讲案例：杨振宁演讲（1983 年）

今天我准备和大家谈谈我个人读书、教学四十年的经验。我是 1922 年在安徽省合肥县出生的。合肥那时候是一个很破旧的城市。我头六年在合肥的生活，现在只依稀记得很少的一些情景。印象最深的是那时军阀混战，常常打到合肥来。我们经常要"跑反"，跑到乡下或医院里去躲避。因为医院是外国教会办的，在那里面比较保险。我印象中最深的第一个记忆，是 3 岁那年在一次"跑反"后回到"四古巷"家里，在房子角落里看到的一个子弹洞。

我的家那时是一个大家庭，有好多堂兄弟姐妹。从我 5 岁那年起，请了一位老先生到家里来教我们"读书"。我记得很清楚，念的头一本书是《龙文鞭影》，我背得非常之熟。1928 年我 6 岁的时候，父亲从美国回来，母亲带我到上海去接他。然后三个人一块去厦门，因为父亲受聘做厦门大学数学教授。我这次看见父亲，事实上是等于看到了一个陌生的人。他问我念过书没有？我说念过了。念过什么书？念过《龙文鞭影》。叫我背，我就都背出来了。父亲接着问我书上讲的是什么意思。我完全不能解释。不过，我记得他还是送了我一支钢笔，是我从来没有见过的东西。

今天的清华大学是大大扩展了。校园的东面从前是平绥铁路。为了清华的扩大，平绥铁路向东转了半个大圈。清华在 50 年代、60 年代初以及"文革"以后，为中国造就了很多的理工科技人才。

王竹溪先生于今年 1 月底在北京逝世，逝世时 71 岁，是北京大学副校长、物理系教授。我在 1942 年西南联大毕业以后，进了西南联大的研究院，又念了两年，得到了硕士学位。为了写硕士论文，我去找王竹溪先生。那时他是很年轻的教授，刚从英国回来不久。在王先生的指导之下，我写了一篇论文，是关于统计力学的。这篇论文把我引导到统计力学的领域。以后四十年间，吴先生和王先生引导我走的两个方向——对称原理和统计力学——一直是我的主要研究方向。

1944 年至 1945 年，我在联大附中教了一年书。1945 年的夏天，动身到美国去。那时候中国和美国之间没有商船或航线来往。所以我乘飞机先到加尔各答。在加尔各答等了 3 个月，等到了 U.S.S.General SteWart 上的空位。这种船叫 Liberty Ship（自由船），每艘载几千个在中、印、缅地区的美国兵回国去。船上留一二百个床位给非美国军队的人乘坐。我和一组清华留美同学，一共二十几个人，一同坐上了这样一艘运兵船。船舱非常挤。睡的床共有四层。每层只有两尺高。在床上不能坐起来。我们住在船最底下的"统舱"，里面有好几百人。周围都是美国兵。他们看见来了些年轻的中国学生，以为可以赚一点钱，于是拿出牌来要和我们打扑克。幸亏我们没有人同意。

那时我们都是第一次接触整天说英语的人。我还清楚地记得，很多话我都听不懂，到了美国后也没听见人讲过。到 60 年代美国讲"脏话"运动发生以后，我才懂得从前听见的是些什么话。

我在联大读书的时候，尤其是后来两年念研究院的时候，渐渐能欣赏一些物理学家的研究风格。我特别佩服的三位是爱因斯坦、费密和狄拉克。他们都是 20 世纪的大物理学家。他们三个人的风格是不一样的。可是他们的风格有一个共同点，就是都能在非常复杂的物理现象之中提出其精神，然后把这精神通过很简单但深入的想法，用算学方式表示出来。他们的文章是单刀直入，正中要害的。我比较不能欣赏海森堡的风格。海森堡是 20 世纪的一位大物理学家。他的测不准原理是量子力学的基础。可是他的研究方法不能引起我的共鸣。

一般念文史的人，可能没有了解科学研究也有"风格"。大家知道每一个画家、音乐家、作家都有他自己独特的风格。也许有人会以为科学与文艺不同，科学是研究事实的。事实就是事实。什么叫作风格？要讨论这一点让我们拿物理学来讲吧。物理学的原理有它的结构。这个结构有它的美和妙的地方。而各个物理学工作者，对于这个结构的不同的美和妙的地方，有不同的感受。因为大家有不同的感受，所以每位工作者就会发展他自己独特的研究方向和研究方法。也就是说他曾形成他自己的风格。

1945年11月我到美国。在纽约上岸。花了两天买了西服、大衣以后，第一件事情就是到哥伦比亚大学去找费密。费密不但在基本物理上有重大的贡献，而且是主持造世界第一个原子堆的人。因为这是战时工作，所以他的行踪是保密的。我在中国的时候就听说费密"失踪"了。可是我知道他失踪之前是哥伦比亚大学的教授。所以我到该校去问费密教授什么时候上课。使我非常惊讶而且非常失望的是，哥大物理系秘书竟未听说过有一个叫作费密的人。

后来我到普林斯顿去看我的一位教师张文裕教授。他现在是中国科学院高能物理研究所所长；那时正在美国访问。张先生告诉我，费密打仗期间曾在洛斯阿拉谟斯，听说他已经决定要到芝加哥去当教授。这就是我成为芝加哥大学研究生的道理。

在芝加哥，我跟费密有很密切的关系。他在教授普通的课以外，还开了一门特别的课，讲授特别选出来的题目。我受他的影响很深。我接触很多的另一位是泰勒教授。大家知道，他后来被称为"氢气弹之父"。泰勒的物理学的一个特点，是他有许多年的见解。这些见解不一定都是对的，恐怕百分之九十是错的。不过没有关系，只需要百分之十是对的就行了。而且他不怕他讲的见解可能是错的。这给了我很深的印象。

刚才我和大家提过，我跟吴大猷先生学了分子光谱学跟群论之间的关系。学的方法，主体是推演法：是从数学推演到物理的方法。泰勒所注意的是倒过来的方法。他要从物理的现象引导出数学的表示。换句话说，他着重的归纳法。我跟他接触多了后，渐渐了解到他的思考方法的好处。因为归纳法的起点是物理现象。从这个方向出发，不易陷入形式化的泥坑。

我在芝加哥大学念了两年半，得到了博士学位，回想起来，确实学到了很多东西：不仅是一般书本上的知识，尤其重要的是方法与方向。刚才已经提到过方法了：归纳法。方向呢？通过当时芝加哥大学研究的气氛，我接触到一些最能有发展的研究方向。我常常想，我是很幸运的。在联大我有了一个扎实的根基，学了推演法。到了芝加哥受到新的启发，学了归纳法，掌握了一些新的研究方向。两个地方的教育都对我以后的工作有决定性的作用。

我最近这些年常常回中国访问，发现中国的大学所教的课程往往是非常之深的。有所谓"四大力学"。每一个大学物理系的学生都要花很长的时间去念这四门很深的理论课。"四大力学"是不是重要的呢？当然是重要的。

没有人能否认"四大力学"是物理学的骨干。不过，物理学不单只是骨干。只有骨干的物理学是一个骷髅，不是活的。物理学需要有骨头，还需要有血、有肉。有骨头又有血肉的物理学，才是活的物理学。我很高兴的是，今天中国物理学教学的体制正在更改。我想，多增加一些不绝对严密的、注重归纳法的课程，对于学生会有很多的好处。

在普林斯顿的时候，有一天，《生活》杂志要访问我，派了一位摄影师来照相。就在我的办公室里照了一张照片。当时我的桌子上堆了一大堆"预印本"。我说搬掉再照，他说不要不要，就这样很好。结果照出来后，我才知道为什么他是摄影师而我不是。

去年九月我60岁了。古人叫耳顺之年。有机会回想了一下我念物理、做研究工作、做教师的经验，我觉得我是非常非常幸运的。在绝大多数和我同岁的人都有着种种困难的遭遇的时候，我却有很好的教师，很好的合作者，很好的学生。而且在物理学界以外有很多很多的朋友。很幸运的，我的读书经验大部分在中国，研究经验大部分在美国，吸取了两种不同教育方式的好的地方。又很幸运的，我能够有机会在象牙之塔内工作了十七年，现在在象牙之塔外也工作了十七年。回想一下，我给我自己一个勉励：应该继续努力。

演说不受人欢迎怎么办

当演讲者是陌生人的时候，听众一开始不免会有些隔膜感，这时直奔主题往往让人难以接受，不妨先推销一下自己。因为潜在的感情因素往往会左右人们的心理倾向与理性思维，从而对话语的可信度和可接受性产生微妙的影响。

孟玲的演讲《让女生部早日"消亡"》是这样开场的：

亲爱的女同胞们，还有，敬爱的先生们：

晚上好！

首先感谢大家的热情，谢谢！

我很想认识大家，也想让大家认识我。先来自我介绍一下，8911（2）班的一员，姓我们儒家孟子的"孟"，单字玲珑的"玲"，孟玲，就是我。大家可能听出来了，我这个人爱说好话，连自己的名字也要美化一番。不过，我要声明，这个小毛病丝毫不妨碍我对"女生部长"之职的热情。

可是，即使有天大的热情也不能改变这个趋势。女生部的发展完善过程，也就是它走向消亡的过程。

我的任务就是促成这个过程尽早结束。

真是言语出性格,寥寥数语巧妙而自然地塑造出一个热情开朗、活泼可爱的"我",一下子拉近了"我"与听众的距离，让人产生了亲近感，有兴趣倾听"我"的演说。

不过有时候听众对你不仅仅是陌生人那么简单的隔膜感，而是打从开始就以你为敌。那你就要多费些心思了，这一点我们可以从一些历史上伟大的演说家那里取点经，知道他们是怎么巧言化解的。

在奴隶制还未被废除之前，伊利诺伊州南部的人民野蛮异常，在公共场所也要携带利刃和手枪。他们对于反对奴隶制度的人们非常愤恨，因此他们和那些从肯特基和密苏里两地渡河而来的畜养黑人奴隶的奴隶主们一同预备到林肯的演说现场进行捣乱。他们立下誓言，说林肯如在当地演讲，他们立刻把这个主张解放黑人奴隶的人驱逐出场，并把他置于死地。

林肯早已听到了这一个恫吓。同时他也知道这种紧张的情势对他是十分危险的，但是他却说："只要他们肯给我一个略说几句话的机会，我就可以把他们说服了。"因此，他在开始演讲之前，亲自去和敌对的首领相见，并且和他热烈地握手。他说：

"南伊利诺伊州的同乡们，肯特基州的同乡们，密苏里的同乡们，听说在场的人群中有些人要和我为难，我实在不明白为什么要这样做？我也是一个和你们一样爽直的平民，那我为什么不能和你们一样有着发表意见的权利呢？好朋友，我并不是来干涉你们的人，我也是你们中间的一人。我生于肯特基州，长于伊利诺伊州，和你们一样是从艰苦的环境中挣扎出来的。我认识南伊利诺伊州的人和肯特基州的人，也想认识密苏里的人，因为我是他们中的一个，而他们也应该更清楚地认识我。他们如果真的认识了我，他们就会知道我并不是在做一些对他们不利的事情。同时他们也绝不再想对我做不利的事了。同乡们，请不要做这样愚蠢的事，让我们大家以朋友的态度来交往。我立志做一个世界上最谦和的人，绝不会去损害任何人，也绝不会干涉任何人。我现在诚恳对你们要求的，只是求你们允许我说几句话，并请你们静心细听。你们是勇敢而豪爽的，这个要求我想一定不至于遭到拒绝。现在让我们诚恳讨论这个严重的问题……"

当他说话的时候，面部的表情十分和善，声音也充满同情和恳切，所以这婉转而妥善的演说的开头，竟把将起的狂涛止息了；敌对的仇恨平息了。大部分的人都变成了他的朋友，大部分的人都对他的演说大声喝彩。后来他当选总统，据说由于那些粗鲁群众的热烈赞助，得力不少。

当你不是那么受欢迎时，可以采取的消除反感的方法不止一两种，而最根本的还是取决于你的态度。在演讲台上，最好采取低姿态发言，因为保证激起听众敌意的方法，是指出你自认在他们之上。当你讲演时，就如同你将自己展示在橱窗里，你个性中的每一面都一览无余，稍有自夸的表示便会功败垂成。而谦虚可以激发信心与善意。只要显出自己是真心诚意的，听众会喜欢你、尊敬你的。

演讲案例：甘地《我邦之呼吁》

我以为印度争取自由的斗争，其后果不仅影响印度与英国，而且影响全世界。印度占全人类五分之一的人口，是最古老的文明国家之一。印度有数万年流传下来的传统，其中一部分至今保存完整，使世界为之瞠目。正如其他的文化和传统年深日久受到损坏一样，印度文明的纯净无疑也受到年代久远的侵蚀。印度若要恢复古时的光荣，就只有先获得自由。就我所知，我们的斗争之所以引起全世界的注意，并不是因为印度正在为自己的解放而战，而是因为我们争取解放所采取的手段是独一无二的，在历史上不曾为有过记录的任何民族所采用。

我们采用的手段不是暴力，不必流血，也无须采取时下人们所理解的那种外交手段，我们动用的仅是纯粹的真理和非暴力。我们企图成功地进行不流血革命，无怪乎全世界的注意都转向我们。迄今为止，所有国家的斗争方式都是野蛮的，他们向自己认为的敌人进行报复。

查阅各大国的国歌，我们发现歌词中都含有对所谓敌人的诅咒。歌词中发誓要毁灭敌人，而且毫不犹豫地引用上帝的名义并祈求神助以毁灭敌人。

我们印度人正努力扭转这种进程。我们感到统治野蛮世界的法则不应是指导人类的法则。统治野蛮世界的法则有悖人类尊严。

就我个人来说，如果需要的话，我宁愿等待数个世纪，也不愿用流血手段使我的国家得到自由。在连续不断地从政近35年之后，我由衷地感到，全世界对于流血已经深恶痛绝。世界正在寻找出路，我不揣冒昧地说，或许印度古国会有幸为这饥渴的世界找到这条出路。

运用排比表达情感技巧

排比是由三个或三个以上的结构相同或相似，语气一致的语句成串地表达相关或相连的内容的一种句式。无论在叙事演讲、政论演讲还是抒情演讲中都被广泛运用。

另外，一些特别要强调的字词，一些特别要加固的感情可以采用重复的方法去表现。如罗斯福 1941 年 12 月 9 日在对日宣战后向全国广播的"炉边谈话"：

十年前，在 1931 年，日本入侵中国——未加警告；

在 1935 年，意大利入侵埃塞俄比亚——未加警告；

在 1938 年，希特勒侵占奥地利——未加警告；

在 1939 年，希特勒入侵捷克斯洛伐克——未加警告；

在 1939 年，希特勒入侵波兰——未加警告；

在 1940 年，希特勒入侵挪威、丹麦、荷兰、比利时和卢森堡——未加警告；

在 1940 年，意大利先后进攻法国和希腊——未加警告；

而今年，1941 年，轴心国家进攻南斯拉夫和希腊，控制了巴尔干——未加警告；

还是 1941 年，希特勒入侵苏联——未加警告；

而现在日本进攻了马来西亚和泰国——以及合众国——未加警告。

这里罗斯福多次反复使用"未加警告"强烈地呼吁和唤醒人们，如果让法西斯继续放任，他们将更猖狂地践踏人类。这里运用的是同一重复的方法。

演讲中为了防止格式的雷同，可以采取详略变化的方式重复。如"我是一棵小草，一棵秋冬以后枯萎在路边的小草"。

所谓重复，就是用相同的言词复述某一观点或某一句话，分为重复语词和重复叙述两种。前者是对相同语词的重复，后者是运用不同语词表达同一重复的观点或内容。使用重复手法，可以加深感情的程度，加大语言的力度，强化演讲的节奏。

演讲案例：杜鲁门在日本投降时的广播演说

全美国的心思和希望——事实上整个文明世界的心思和希望——今天晚上都集中在"密苏里号"军舰上。在这停泊于东京港口的一小块美国领土上，日本人刚刚正式放下武器，无条件投降。

四年前，整个文明世界的心思与恐惧集中在美国另一块土地上——珍珠港。那里曾发生的对文明的巨大威胁，现在已经解除了。从那里通往东京的是一条漫长的、洒满鲜血的道路。

我们不会忘记珍珠港。

日本军国主义者也不会忘记美国军舰"密苏里号"。

日本军阀犯下的罪行是无法弥补，也无法忘却的。但是他们的破坏和屠杀力量已经被剥夺了。现在他们的陆军以及剩下的海军已经毫不足惧了。

......

当然，我们首先怀着深深感激之情想到的，是在这场可怕的战争中牺牲或受到伤害的亲人们。在陆地、海洋和天空，无数美国男、女公民奉献出他们的生命，换来今日的最后胜利，使世界文明得以保存。但是，无论多么巨大的胜利都无法弥补他们的损失。

我们想到那些在战争中忍受亲人死亡的悲痛的人们，死亡夺去了他们挚爱的丈夫、儿子、兄弟和姐妹。无论多么巨大的胜利也不能使他们和亲人重聚了。

只有当他们知道亲人流血牺牲换来的胜利会被明智地运用时，他们才会稍感安慰。我们活着的人们，有责任保证使这次胜利成为一座纪念碑，以纪念那些为此牺牲的烈士。

......

这次胜利不仅是军事上的胜利。这是自由对暴政的胜利。

我们的兵工厂源源生产出坦克、飞机，直捣敌人的心脏；我们的船坞源源制造出战舰、沟通世界各大洋，供应武器与装备；我们的农场生产出食物、纤维，供应我们的海、陆军以及世界各地的盟国；我们的矿山与工厂生产出各种原料与成品，装备我们，战胜敌人。

然而，这一切的后盾是一个自由民族的意志、精神与决心。这个民族知道自由意味着什么，他们知道为了保持自由，值得付出任何代价。

正是这种自由精神给予我们以武装力量，使士兵在战场上战无不胜。现在，我们知道，这种自由的精神、个人的自由以及人类的个人尊严是世界上最强大、最坚韧、最持久的力量。

......

胜利是值得欢庆的，同时有其负担和责任。

但是，我们以极大的信心与希望面对未来及其一切艰险。美国能够为自己造就一个得到充分就业与安全的未来。同联合国一起，美国能够建立一个以正义、公平交往与忍让为基础的和平世界。

我以美国总统的身份宣布1945年9月2日星期日——日本正式投降的日子——为太平洋战场胜利纪念日。这一天还不是正式停战和停止敌对行为的日子，但是我们美国人将永远记住，这是报仇雪耻的一天，正如我们将永远记住另一天是国耻日一样。

从这一天开始，我们将走向一个国内安全的新时期，我们将和其他国家一同走向一个国与国之间和平、友善和合作的更美好的新世界。

上帝帮助我们取得了今天的胜利。在未来的年月，我们仍将在上帝的帮助下得到我们以及全世界的和平与繁荣。

增强情感力度的技巧

反问是指用疑问形式表达确定的思想内容的一种形式。反问寓答案于问句之中，思想内容恰与字面意义相反。在演讲中用好反问句能加强语势，把意思表达得更加鲜明。由于反问句带有感叹语气或疑问语气，比正面陈述更有激发鼓动力量，更能唤起听众的思想和激情，所以具有很强的感染力和鼓动性。

佩特瑞克在演讲时很喜欢运用排比，把听众的情绪推向高潮：

战争实际上已经爆发。兵器的轰鸣即将随着阵阵的北风而不绝于耳！我们的兄弟们此刻已开赴战场！我们岂可以在这里袖手旁观，坐视不动！请问一下先生们到底心怀什么目的？他们到底希望得到什么？难道无限宝贵的生命，无限美好的和平，最后只能以戴镣铐和受奴役为代价来换取吗？

演讲中，设问与反问经常连用，设问、反问与排比、递进、感叹经常套用。如古罗马演讲家西塞罗《第一篇控告卡提利那辞》的开场白：

卡提利那，你恣意地滥用我们的耐心还要多久？你疯狂地嘲笑我们何时才了？你肆无忌惮地炫耀自己的无耻行为有无止境？难道无论是帕拉提乌姆山冈的夜间警戒，无论是罗马城里的夜间巡逻，无论是全体人民的惊恐，无论是所有的高尚人的集会，无论是选择这一受到严密保卫的地方作元老会场，无论是元老们的脸色或表情，都未能使你有所触动？你难道看不出你的阴谋已被在座的人们识破而难以施展？你以为我们当中谁都不知道你昨天夜里干了什么？前天夜里干了什么？这两夜你待在哪里了？

这段演讲词开头是设问，问而不答；中间部分是反问；后面是设问。演讲者将设问、反问、排比、感叹、陈述诸种句式融为一体，使感情更加强烈，气势更加宏大。

在演讲中，巧妙地用好双重否定也可收到强调的效果，如："我们并非是不求上进，不思进取的一代。"运用双重否定把握好否定词，用得不好则适得其反，如："大家在论辩时，没有一个人不认为论辩的超水平发挥，不是知识丰富的结果。"这里连用了"没有""不认为""不是"三个否定词，使表达出来的意思与本义恰恰相反。

演讲案例：北大百年校庆演讲稿

记得《北大往事》里有这样一句话："什么是文科生和理科生的分别，就是文科生踩在银杏落叶上有感觉，理科生则无动于衷。"

我不知道别人是否赞同这句话，我倒觉得理科生踩在落叶上应该有更多的感觉，因为整日埋头于书本的我们走路时能用脚感受一下情趣，不也是很难得的吗？——我说用脚，是因为耳朵、眼和手还得用来记公式和背单词呢。

这或许是个笑话，却反映了一种看法。在不少人看来，我们理科生的燕园生活要比文科的同学单调得多。当我刚进入北大时，我也是这样想的。甚至我们的班主任也是这样想的，记得他在第一次班会上写了这样一副对联："世事洞明皆代数，人情练达即分析。"

后来的生活似乎证明了这一点，我面对的是每周 30 多节的必修课，厚厚 4 大本的习题集，放下的是写了 5 年的诗集，读了 10 年的红楼。我们学了 3 个月，总算明白了一个 300 年前的定理，而此时在昌平园的同学来信已大谈特谈"我是杯清水，北大是坛老酒，爱情就是酒药"了。我不觉有些不平衡了，彷徨中我写了一封信给我高中时的班主任——正是在他的鼓励下我报考了北大而且填了"全部服从"。他的回信只有一句话："北大精神是做出来的，不是说出来的。"

是啊，北大精神是做出来的，当我们在清晨第一个进入自习室，当我们在深夜最后一个离开图书馆，当我们熄灯后打着手电继续寻求一个公式的另一种证法，当我们为一个定理的强化条件和老师争得面红耳赤，我们不都在实践一种北大精神吗？

我们没有能力舞文弄墨，却能用我们的语言——数字谱写诗篇。这诗篇比一切推敲之作都精炼，也比一切朦胧诗都朦胧——不信你来读读看？

我们没有心情浅斟低唱，却能在科学中发现自然界最深刻的美。对哥德巴赫猜想，我的一位同学是这样想的：

"哥德巴赫说 / 两人之爱，总可分成两部分 / 我爱你，你爱我 / 无数人想去证明 / 可无人能够证明 / 只因为你我的爱 / 永远也分不开！"

我们没有条件花前月下，不要紧。万有引力定律告诉我们，吸引别人的最好方法是充实自己。

其实，文科生和理科生是北大的两只眼睛，角度不同，看到的却是同一个北大。就让我们用这另一只眼来看看北大吧。

学了地理学，我们知道，北大是一条河，前进时难免泥沙俱下，但进入社会的大海时，泥沙终将沉淀。但如果这条传统的河在某个重要地点淤塞了，就将腐败发臭，毒害而不是清洁靠近它的人。所以我们要继承传统，更要发展传统，才能让北大之河奔腾不止。

学了生态学，我们知道，北大是片森林，只有保持多样性，才能永葆生机。所以我们要坚持兼容并包的传统，才能让北大之林永远茂盛。

学了物理学，我们知道，能量越低越稳定，结构越规则越稳定。所以北大的同学们，请少一些浮躁，多一些严谨吧。

学了相对论，我们知道，速度越快，时间越慢，也许这就是日出而作、日落不息的北大人永葆青春的奥秘吧。

学了化学，我们知道，北大是个大化工厂，用知识之料、实践之火，将我们百炼成钢。而其中核心的催化剂，也就是北大精神，正是北大这最高学府的商业机密。

学了统计学，我们知道，我们每一个人都是北大的一个样本，别人往往就通过我们来认识北大。所以我们要时刻牢记："我就代表北大！"

两只眼或许彼此看不到对方的存在，但必将比一只眼睛看得清楚。北大的两只眼都是明亮的，就更具有敏锐的目光。正是用这两只眼，我们首先看到了"德先生"和"赛先生"，首先看到了马克思主义，首先看到了人口问题，首先看到了股份制——但是文理科不仅仅是北大的两只眼睛，还是北大的两只耳朵、两只手、两半大脑——而让这两只眼永远明亮、两只耳永远敏锐、两只手永远灵巧、两半大脑永远清醒的，是一颗永远跳动的共同的北大心，是一种永远传承的不变的北大魂。这北大精神到底是什么？不同的时代，不同的人，都有不同的理解。也许它只是一个元素的众多同位素，一种单质的同素异形体，一个晶体在阳光下灿烂的色彩，而那元素的名称，那单质的分子式，那晶体的真正结构，永远没有人能够说得清。也许有人要问了：那你今天来这儿干吗？我的意思是：我们来到北大，就像一张张软盘，到北大这台计算机上来拷走了知识，也拷走了精神。四年的时间是有限的，但是我们面对的却是全国最大的硬盘。我们应该把探寻北大精神的工作留给像在座的各位评委这样的专家和除我而外的选手这样的未来专家去做，我们该做的是抓紧时间拷走我们该带走的，然后用一生的时间去慢慢解压。但是要注意，千万不要传染上自由散漫、眼高手低的北大病毒？在拷走的同时，我们还要问问自己，我给北大留下了什么？

从红楼到燕园，百年北大，谱写了壮丽的一页，在历史的坐标系上画下一道光辉的轨迹，这条北大函数线是处处连续的，纵然有起有伏，却终于保持了向上的趋势。我希望，在下一个百年，这条线能长有正的斜率，换句话说就是：

苟日新，日日新，又日新！

利用数字给予你的力量

在古今中外的诸多演讲中，一个个、一串串、一组组的数字在其中发挥着奇妙的作用。这不仅因为数字清楚、明白，也因为数字说服力强，表达准确；还取决于数字运用于广泛的领域，很少受时空、形式、趋向等外界因素的限制，可以纵比也可以横比。数字宛如一颗颗晶莹透明的星座，散发着奇异的光彩，点缀着一篇篇演讲佳作。

1972 年，来自纽约的一位女国会议员贝拉·伯朱格进行了一次演讲，呼吁在政治生活中给妇女以平等地位。她说：

几个星期前，我在国会倾听总统对全国发表的讲话，在我周围落座的 700 多人有 17 位女性。在 435 名众议员中，只有 1 个是女的，在 100 多名参议员中只有 1 个女的；内阁成员中没有女的，最高法院中也没有女的。

她的话很简练，而且大多是数字，但是，就在这数字的巧妙运用中，伯朱格说明了她的道理，而且远比发表鸿篇大论来得更直接。

为了说明美国电视中危害青少年身心健康的节目之多，有人发表演讲：

调查表明，从一年级到十二年级的青少年中，大约有 10000 多个小时候是在听摇滚音乐中度过的，这比他们在校 12 年度过的全部时间只少 500 小时。有人做了一项调查，平均每个观众一年里从电视节目上可以看到 9000 个表现性行为的镜头；暴力场面更多，一般高中生到毕业时，观看电视 22000 小时，相当于他们课堂时间的 2 倍，在这 22000 小时中，看电视可以看到 18000 起谋杀……

演讲中数字的威力很大，但是运用要简洁、精巧，不要太滥太泛。只要抓住了数字运用的妙法，就能使它在演讲中发挥出意想不到的效果。演讲者运用数字，浅显易懂，说服有力，听者不能不为之所动。准确的数据才能有力地说明问题。此外，要选用最能说明问题的典型数据，这样才能增强说服力。

演讲案例：恩格斯《在马克思墓前的讲话》

3 月 14 日下午两点三刻，当代最伟大的思想家停止思想了。让他一个人留在房间里总共不过两分钟，我们再进去的时候，发现他在这安乐椅上安详地睡着了——永远地睡着了。

这个人的逝世，对于欧美战斗着的无产阶级，对于历史科学，都是不可估量的损失。这位巨人逝世后所形成的空白，在不久的将来就会使人感觉到。

正如达尔文发现有机自然界的发展规律一样，马克思发现了人类历史的发展规律，即历来为繁茂芜杂的意识形态所掩盖着的一个简单事实：人们首先必须吃、喝、住、穿，然后才能从事政治、科学、艺术、宗教等活动；所以，生产直接与生活有关的物质用品，会为一个民族或一个时代带来一定程度的经济发展，物质用品的生产和经济发展的程度又构成了该民族的国家制度、法制观念、艺术以至于宗教思想发展的基础。因此，我们必须从这个方向来解释上述种种观念和思想，而不是像以往所做那样，作相反的解释。

不仅如此，马克思还发现了现代资本主义生产方式和由此产生的资产阶级社会的特殊运动规律。剩余价值的发现，使此前一切资产阶级经济学家和社会主义批评家在黑暗中摸索、探求的问题上豁然开朗，得到解决。

一生中以有这样的两项发现，该是很够了。甚至只要能有一项这样的发现，也已经是幸福的了。但是马克思在他所研究的每一个领域，甚至是数学方面，都有独到的发现。他研究的领域很广，对其中任何领域他都不是肤浅地研究的。

这位科学巨匠就是这样。但是这在他身上远不是主要的。在马克思看来，科学是一种在历史上起推动作用的、革命的力量。任何一门理论科学中的每一个新发现，即使它的实际应用甚至还无法预见，都使马克思感到衷心喜悦，但是当有了立即会对工业、对一般历史发展产生革命影响的发现的时候，他的喜悦就完全不同了。例如，他曾经密切地注意电学方面各种发现的发展情况，不久以前，他还注意了马赛尔·德普勒的发现。

因为马克思首先是一个革命家。他毕生的真正使命是以各种方式参加推翻资本主义社会及其国家制度，协助现代无产阶级得到解放。这些现代无产阶级有赖他才第一次意识到自身的地位和需求，意识到自身的解放条件。斗争是他的气质。他斗争时所具的热忱、顽强精神和成就，无人能及。他做过的工作有：在早期的《莱茵报》（1842年）、巴黎《前进报》（1844年）、《德意志—布鲁塞尔报》（1847年）、《新莱茵报》（1848～1849年）、《纽约每日论坛报》（1852～1861年）等报纸上发表的文章，许多富有战斗性的小册子，其后参与巴黎、布鲁塞尔和伦敦各个组织的工作，最后创立了伟大的国际工人协会等。作为这协会的创始人，即使别的什么也没有做，也足够以此成果为自豪了。

正因为这样，马克思成为当代最遭嫉恨和受到最多诬蔑的人。各国政府，无论是专制政府或共和政府都驱逐他；无论保守或极端民主派的资产者，都纷纷争先恐后地诽谤他、诅咒他。他对这一切毫不在意，把它们当做蛛丝一样轻轻抹去，只是在万分必要时才作答复。现在他逝世了，在整个欧洲和美洲，从西伯利亚矿井到加利福尼亚，千百万革命工人战友无不对他表示尊敬、爱戴和悼念。我敢大胆地说：他可能有许多敌人，但未必有一个私敌。

他的英名和事业将永垂不朽！

演讲中表达情感的技巧

美国南北战争结束后，有两位军人竞选国会议员。一位是著名英雄陶克将军，陶克功勋卓著，曾任过两三次国会议员；另一位则是约瑟夫·爱伦，他是一位很普通的士兵。

陶克的演讲是：

诸位同胞们，记得十七年前（南北战争时）的那天晚上，我曾带兵与敌人激战，经过激烈的血战后，我在山上的树丛里睡了一个晚上。如果大家没有忘记那次艰苦卓绝的战斗，请在选举中，也不要忘记那位吃尽苦头、风餐露宿、造就伟大战功的人。

这段话很精彩，感情色彩也很浓。而爱伦的演讲是：

同胞们，陶克将军说得不错，他确实在那次战争中立下了奇功。我当时是他手下的一个无名小卒，替他出生入死，冲锋陷阵。这还不算，当他在树林里安睡时，我还得携带武器，站在荒野上，饱尝风寒露冷来保护他。

爱伦的演讲更动人，更易激起共鸣。他打败了陶克，取得了胜利。

"感人心者，莫先乎情。""情不深，则无以惊心动魄。"有经验的演讲者当他激情迸发时，好比冲出龙门的河水，呼啸着奋进的浪花，使"快者掀髯、愤者扼腕、悲者掩泣、羡者色飞"。听起来使人精神振奋，思想升华。

这就要求演讲者性情豪爽，话语坦荡，推心置腹，以真换真，以诚对诚，以爱求爱，讲出真情实感；演讲者的情感应该是炽热、深沉、热情、诚恳、娓娓动人的。做到这一点，演讲者必须和听众一起喜怒哀乐，不掩饰、不回避，对真、善、美热情讴歌，对假、恶、丑无情鞭笞。

演讲者对整个演讲立体把握，协同处理，既有冷静的分析，又有热情的鼓励，既要有怒有喜，又要有爱有憎。这对演讲者提出了更高的要求：不讲架子，不野蛮粗俗，不声色俱厉，不以局外人自居，要引而不发，诱人深入。

演讲案例：纪念长征胜利 70 周年演讲稿

二万五千里长征，一次改变中国命运的征程已在人们的评说中过去了大半个世纪。长征是人类战争史上的奇迹，它特有的魅力就像是一部最完美的神话，突破时代和国界，在世界上广为传扬。

回首风雨来时路，漫漫征程，说不完的艰难困苦，道不尽的严峻险阻。冰封的皑皑雪山、人迹罕至的茫茫草地、峡谷急流、有乌江天险、有弯弯赤水、有大渡激流……加之蒋介石百万大军的围追堵截、粮食的严重短缺，每一条都足以让人恐惧、绝望。可长征中的人，却利用自己的两只脚，长驱直至两万余里，纵横十一个省。他们血战湘江、四渡赤水、巧渡金沙江、强渡大渡河，飞夺泸定桥，翻越大雪山，攻占腊子口……二万五千里长征路，二万五千里血与汗的洗礼。所到之处，哪里没有浸透着红军战士的不散热血？哪里没有谱写着一曲动人的壮歌？长征向全世界宣告，红军才是英雄好汉。他们排除万难，经历了九死一生的激烈战斗，战胜了任何人都难以想象的艰难困苦。他们在一条布满荆棘和鲜血的道路上一步步艰难地走来，走向了光明和胜利。

那，是什么让长征中的人们明知征途有艰险，却毫无畏惧、万死不辞，前仆后继地奔向一个目标？是什么让他们突破国民党军的围追堵截，跨越万水千山，战胜无数艰难险阻，创造了无与伦比的英雄业绩，谱写了惊天地、泣鬼神的伟大革命篇章？是坚定不移的信仰、不屈不挠的求索、无所畏惧的前行、向着理想勇敢奋斗的精神。是老人们口中述说的长征精神。

巍峨的雪山掩盖了革命烈士的躯体，却埋藏不了他们满腔为国为民的赤诚之心；茫茫的沼泽地吞噬了革命烈士的身躯，却掩藏不住他们的信念；如雨的子弹夺去了革命烈士的生命，却夺不去他们的精神。

岁月的年轮沉淀了斑驳的痕迹，冲天的狼烟留下了悲壮的回声。时值长征胜利 70 周年之际，我们回顾历史，不由感慨万千。红军长征的壮举已经成为历史，但是，长征精神却具有永恒不变的历史价值和光照千秋的缤纷异彩。那烙印在中华儿女灵魂深处的"长征精神"，与我们党和人民在我国革命、建设和改革的壮丽进程中创造的西柏坡精神、延安精神、奥运精神、三峡移民精神、抗非典精神、神五神六精神一样，是中华民族自强不息、艰苦奋斗精神的延续与升华，是中国共产党人与时俱进的时代创造。长征精神已成为中华民族意志与品格的注脚；成为中华民族追求光明与理想的象征；成为中华民族发奋图强、坚忍不拔、战胜一切困难的支柱。

现在，党中央领导集体正在率领全党和全国人民，为把我们国家建设成为伟大的社会主义强国，让人民都过上幸福美满的生活进行着新的长征。我们仍然需要在

21世纪里，争取实现中华民族社会主义现代化、实现民族腾飞这一现代历史主题。为此我们相信，在建设社会主义现代化的新的伟大征程中，我们仍然需要努力实践长征精神的时代价值；我们相信，在新的历史时期，同时代精神结合起来的长征精神，将激励中华民族实现伟大的振兴。

一段岁月，波澜壮阔，刻骨铭心。一种精神，穿越历史，辉映未来。长征那英勇的足迹镌刻在为人类追求解放的历史中，始终为中国人民铭记；长征那革命英雄主义的精神，始终是中国革命和建设夺取成功的基础，始终激励着中国人民朝着一个坚定的方向辉煌前进。

演说中需要注意的问题

1. 注意回避别人的短处

没有人是十全十美的，几乎每个人都有着这样或那样的短处。在一个人的生活与处事中虽然有微小的毛病，但对他的整个对外交往是无足轻重的。

在如何对待他人的短处这个问题上，有的人尽量多谈及对方的长处，极力避免谈及对方的短处，但也有人总是有声有色地编撰别人的短处，逢人便夸大其词地谈论别人的短处。

避免谈及他人的短处，形成融洽的交谈气氛。不小心谈到别人短处的人，虽不是故意刺激他人，一般来说也易引起别人的误解和不满，而极力宣扬别人的短处，当然会使你人缘关系不好了！总之，我们在与他人的交谈中，应尽量避免谈论别人的短处。

细细想来，我们把别人的短处作为话题没有必要，因为我们所知道的关于别人的事情不一定就完全可靠。若我们将片面之词宣扬出去，就会造成误会。我们若说出了什么错话，就很难收回来了。因此，若不是确切地知道某件事的真相，切忌口无遮拦。

另外，如果别人向我们谈起某人的短处时，又该如何处理呢？最好的办法是不要当传声筒，而且还要提醒谈论别人短处的人是否对所谈的事情有所调查、确有把握。

2. 胡乱恭维有害无益

待人和气，礼貌周全，不失时机赞扬对方，这是人的一大美德。但若夸大其辞地恭维他人，对人过度客气，那反而显得太过虚伪了。

客气话是表示对他人的真诚尊敬，不是用来敷衍朋友的，所以要适可而止。多用就显得浮华和虚伪了。有人替你做了一点小小的事，对他说声"谢谢"就够了。如果说"啊，谢谢你，真对不起，真使我觉得过意不去，实在太感激了"等一大串，实在没有必要，谁听了也会觉得不舒服的。朋友初次见面，可以略谈客套话，但第二次第三次见面就应该尽量少用。

虚假的客套，不仅会使你难以与对方沟通，而且很难建立真挚的友谊。过分的客气话，恰似横亘在双方之间的一堵墙，如果不搬走这堵墙，人们只能隔着它作极简单的敷衍酬答而已。

说客气话的时候要真诚，要坦率一点，才能享受到真挚友谊之乐。同时要注意说客气话时，态度要尽量温文尔雅，不可急促紧张。另外，要保持身体的均衡，过度地打躬作揖，并不雅观。如果我们对别人的情况不甚了解，就不可盲目地恭维对方。只有发自内心敬佩的语言，才能打动别人，引起好感。比如，对一个名人，赞美他时，首先应该想到，他能够成为名人，自然有许多值得赞美的品质。他成名之后恭维他工作成绩的人一定很多，日久当然也就生厌了，若你仍然依葫芦画瓢地用别人所用过的话来恭维他，并不会使他高兴的，对他们，最好赞美其他的优点，尤其是别人很少发现的优点。总之，恭维他人的话，一要讲范围，二要分对象，三不能多说。

演讲案例：乔迁喜酒

尊敬的各位来宾、各位朋友：

莺迁乔木，燕舞春风，福临喜地，春满华堂。燕筑新巢春正暖，莺迁乔木日出长。首先，让我们向乔迁新居的张伟民一家表示热烈的祝贺，同时，我们也以张先生一家的名义，向各位来宾，各位朋友，各位新老邻居，向帮助乔迁的友人表示衷心的感谢！

忆往日奔波十里危居斗室心也乐，看今朝迁进五楼安卧新房情更舒。张老先生四世同堂，举家和睦，与旧时邻居感情甚笃，几近家人治家处邻深得人们称赞。如今"住五楼高览新城因地美，处四邻更结挚友在人和。"我们祝贺张先生一家乔迁之喜，德邻新卜莺花胜，佳境新迁燕贺多。再与新邻结挚友，乔木春深福临门。让我们大家共同举杯；为张伟民一家"移取春风门栽桃李，蔚成大器材备栋梁"；为他们"三春有脚光临福地，四季多情花饰新居"；为各位来宾贺乔迁人人皆喜，财源广进，万事如意，干杯！

快速缩短听众心理距离的技巧

由于对演讲效果的评判在很大程度上是根据听众对演讲的接受程度而定的，所以应把握演讲过程中听众的心理。十分有名的《钻石的土地》是由康威尔·罗李演讲的，而且他曾经演讲过 6000 次以上，也许有人会以为他的演说只不过像录音机一样，多次播放相同的内容，甚至连每一句话的抑扬顿挫都没有改变。然而事实并非如此，因为罗李明白每一次的听众都不尽相同，他必须对演说做适当调整，以满足不同层次、不同品味的听众。当他到某地发表演说前，总是先去拜访当地的各个阶层的人物如局长、经理、工程师、理发师等，或是随便和某人闲聊，并从闲聊中根据他们的言谈举止分析他们会有怎样的期望。然后，才因地制宜、因人而异确定内容、题材，再发表演说。无疑，罗李深知思想传达的成功与否很大程度上取决于听众的理解和接受程度的高低。《钻石的土地》并没有留下讲稿，但他以同一主题讲了 6000 次以上，并取得了成功，这完全得益于他对人情世故的敏锐洞察和演讲的机敏应变。这给我们揭示了一个深刻的道理：演说必须融合听众的心理，符合听众的知识结构。

1. 听众关心的事应纳入演讲

罗李博士认为演讲成功的要素之一是缩短演讲者与听众的心理距离。事实证明，如果是涉及听众所熟知并相关的事物，听众便能较快地接受演讲者的观点、演讲就容易获得成功。

艾立克·约翰斯敦曾担任过美国工商会长、电影协会会长，他的演说，很善于利用演讲地的风俗民情和实际情况。在俄克拉荷马州立大学的演说中，他的演讲如下：

俄克拉荷马这块土地对商人而言，原本与鬼门关一样，认为是永无发展的荒凉之地，甚至在旅游指南中删去了名字，这都是不久前发生的事情。但是，你们一定也曾听说过，1930 年左右，曾经过这里的乌鸦，向其同伴提出警告，除非已备足粮食，否则到这里就无法生存。

"大家都把俄克拉荷马当成无可救药之地，绝不可能有开拓性发展。但到了1940 年，这里奇迹般逐渐变成了绿洲，甚至将她的美妙变革谱成流行歌曲：大雪过后，微风轻拂，麦田飘散着芳香，摇曳多姿……这不是俄克拉荷马欣欣向荣、勃勃生机的写照吗？

仅仅 10 年的时间，你们的家乡已由一片黄土沙漠，摇身变为长得像大象一样高的玉米田，这就是信念的报偿和敢于冒险犯难的结晶。

由于演说者善于从听众所熟悉的生活环境、切身体验中选材，然后经过分析、归纳、总结，在纵向比较和横向比较上做文章，因而取得了演讲的成功。他的话不是教条，新奇、生动、贴切，紧紧抓住了听众的心，拉近了演讲者与听众的心理距离，所以成功是必然的。

演说者的成功正是在于他明了听众的目的，以及听众期望演讲者能提供给他们的解决难题的知识和方法。有了这样的认识，你才会寻找到听众的真正疑惑或需求，确定自己的演讲内容、主题，也才能有的放矢地演说，才能拥有取得成功的先决条件。如果听众渴望了解当前的局势，那你可以分析国际国内的政治动态；如果听众希望了解怎样进入股市那你可以对他们讲述有关股市、股票的基本知识……英国新闻界的威廉·伦德夫·赫斯特作为美国大报业的经营者在被问到哪种话题能吸引听众时，他毫不犹豫地回答："就是与自身息息相关的话题。"他正是在这种理论指导下，建立了他的新闻王国。

不用举更多的例证，我们已经明白：与听众休戚相关的话题，必然会赢得听众的认同进而被听众接受。如果我们心中没有听众，以自我为中心，听众就会因感到事不关己，而显得心不在焉，东张西望，这无疑是对演讲的嘲讽。

2. 真诚地褒扬

听众是一个思维活跃的群体，他们会根据自己的立场对演说进行评价。如果你不尊重他们，他们会不留余地地拒绝你。所以，如果听众有值得称道的表现，就应抓住时机予以肯定。做到这点就等于拿到了自由出入听众心理王国的通行证。当然，应有赞扬的技巧，否则只会适得其反。

3. 寻找共同点

演讲与对话都是人际交往与沟通的必要手段。如果你是应邀演讲，那么与听众建立起融洽的关系是很重要的。英国前首相麦克米伦，在德堡大学毕业典礼上，他的开场白就不失时机地抓住了听众的心："感谢各位对我的欢迎，虽然作为英国首相在这里发表演说的机会并不多，但我并不认为我是英国首相才被邀请。"然后，他又回顾了自己的家世，并告诉听众，他的母亲是出生在本州的美国人，而他的外祖父就是印第安纳州德堡大学的首届毕业生。

麦克米伦以其直系亲属的血缘情分，和属于开拓者时代的美国学校生活方式为话题所发表的演说，其反响之热烈，自不待言，获得这一成功的重要因素无疑是巧妙地抓住了听众与演讲者双方的共同点。

4. 让听众充当演说中的角色

曾有一位演说者，想要向听众说明从踩刹车到车子完全停止之间的行车距离。这位演说者请了一位坐在最前排的听众站起来，协助他说明车距与车速的关系。被指定的听众，拿着卷尺站在台上，按照演说者的解释前进或后退。这种情况不但具体表现了演说者的观点，同时，也具有与观众沟通的桥梁作用。

有时为了达到让听众扮演一个角色的效果，可以向观众提问，或者让听众重复一遍演讲者的话，然后举手回答。《富有幽默感的作家与说话》的作者巴西·H.怀汀一再强调"要让听众直接参与表决，或让听众帮忙解决问题。"并且认为"要有正确的思维方向。如果用演讲稿的方式去演说，那么观众的反应肯定不会很强烈，应把听众当作是你共同事业的合作伙伴。演说者如果做到观众参与，就能使他要表达的论点更加深入人心。

5. 使听众感到平等

演说者以怎样的态度与听众沟通，是十分敏感的问题。假如以一种有良好教养、拥有较高的社会地位或社会权力的态度和腔调对听众演讲，大都会受到排斥和反感，因为谁都不愿低人一等、听人训话。因此演讲者首先应采取低姿态使听众感到平等，才能与听众建立良好的沟通关系。诺曼·V.比尔曾忠告一位演说缺少吸引力的传教士："诚恳是首要的条件。"

演讲案例：《告别英伦》

市长先生、各位爵士、各位先生：

对于诸位先生对我的亲切表示以及我的朋友市长先生和我的尊敬同行大法官阁下刚才对我的过誉之词，要是说我拙于言辞，无法用语言表达我的感谢，想必你们不会觉得奇怪。但是尽管我无法用言语表达，你们一定会相信，我的感情完全是真挚的、由衷的。我感谢你们，各位先生，不仅因为今天晚上你们在此为我举行的宴会极其隆重，有异于寻常的宴会，尤其因为你们使我有机会在这友好的气氛中会晤众多的良友。对于他们，我怀着深深的惜别之情。

在我任职的四年内，我出入你们之间，对你们有了很好的了解。我曾参加许多令人满意的公众活动，到过许多家庭做客。女王陛下受到全国人民爱戴和美国人民尊敬，在为她举行的那次令人难忘的大典里，我的心和你们一同欢欣庆祝。我也曾和你们一同站在你们的不朽名人墓前默哀；我也曾分享你们的快乐。我一直尽我的微薄力量以增强我们两国人民之间的了解，促进彼此更全面、更准确的认识，加深他们之间真诚的感情。

这一切使我要就我们之间的关系说几句话。维系政府之间精神上的交流是最重要的，其价值不容忽视。但是，在现代，各国的立场态度，主要系于各国民众之间普遍相互了解的感情。历代帝王或统治者为满足个人的野心和狂想而把国家卷入敌对行为之中的时代早已过去。现在的文明国家，如果得不到本国人民真心的支持，就发动不起战争，而和平也只是空洞而渺茫的。

只是双方人民要战争，两国才能动武。除非产生误解，我们这个种族的人是不会轻易彼此怀有敌意的。没有任何事情比互相误解更能种出仇恨了。要保障避免发生误解，就必须加强英、美两国之间大量的、不断增长的友好往来联系。只要这种交往继续下去，我们两国的关系就必然是友好的。有时我们可能遇到不幸的意外事件，我们的利益可能有冲突，一方或他方可能犯错误，轻率或无知的人有时会口出刺耳之言。但是，不犯错误的人往往只是什么事也不做的人。同样，一个不犯错误的国家只能在极乐世界中才找得到，在这个有瑕疵的、风吹雨打、坎坷不平的尘世上是没有的。不尽如人意的种种终究是转瞬即逝的东西，它们不会触及我们两个民族的伟大心怀。它们只是一时随风飘动，然后便永远消失——"埋葬在滔滔大海的深处"。

使听众关注演讲的技巧

听众的注意力是有限的，无论演讲者怎样努力，总会遇到听众注意力不集中的情况，在这种情况下，演讲就需要想一些办法把听众的注意力吸引回来，否则就会导致演讲的失败、会场秩序的混乱。

1. 声东击西

所谓声东击西，兵法原文是这样写的："凡战，所谓声者，张虚声也。声东击西，声彼而击此，使敌人不知其所备。则我所攻者，乃敌人所不守也。"它的意思是：凡是作战，所谓声，就是虚张声势。在东边造声势而袭击的目标是西面，声在彼处而袭击此处，让敌人不知道如何来防备。这样我所攻击的地方，正是敌人没有防备的地方。

我没有踌躇过一刹那，去放弃那遵循格律的戏剧。地点的一致对我犹同牢狱般地可怕，情节的统一和时间的一致是我们想象力的沉重桎梏。我跳进了自由的空气里，这才感到自己（生长了）手和脚。现在，当我认识到那些讲究规格的先生们从他们的巢穴里给我硬加上了多少障碍时，以及看到有多少自由的心灵还被围困在里面时，如果我再不向他们宣战，再不每天寻找机会以击碎他们的堡垒的话，那么我的心就会愤怒得碎裂。

法国人当作典范的希腊戏剧，按其内在的性质和外表的状况来说，就是这样的：让一个法国侯爵效仿那位亚尔西巴德却比高乃依追随索福克勒斯要容易得多。

开始是一段敬神的插曲，然后悲剧庄严隆重地以完美的单纯朴素（风格），向人民大众展示出先辈们的各个惊魂动魄的故事情节，在各个心灵里激动起完整的、伟大的情操；因为悲剧本身就是完整的、伟大的。在什么样的心灵里啊！

希腊的！我不能说明这意味着什么；但我感觉出这点，为简明起见，我在这里根据的是荷马，索福克勒斯及忒俄克里托斯；他们教会我去感觉。

同时，我还要连忙接着说：小小的法国人，你要拿希腊的盔甲来做什么？

它对你来说是太大了，而且太重了。

因此所有的法国悲剧本身就变成了一些模仿的滑稽诗篇。不过那些先生们已从经验里知道，这些悲剧如同鞋子一样，只是大同小异，它们中间也有一些乏味的东西，特别是经常都在第四幕里，同时他们也知道这些又是如何按照格律来进行的。这方面我就无需多花笔墨了。

我不知道是谁首先想出把这类政治历史大事题材搬上舞台的。对这方面有兴趣的人，可以借此机会写一篇论文，加以评论。这发明权的荣誉是否属于莎士比亚，我表示怀疑；总而言之，他把这类题材提高到至今似乎还是最高的程度，眼睛向上看（的人）是很少的，因此也很难设想，会有一个人能比他看得更远，或者甚至能比他攀登得更高。

莎士比亚，我的朋友啊！如果你还活在我们当中的话，那我只会和你生活在一起；我是多么想扮演配角匹拉德斯，假如你是俄来斯特的话！而不愿在德尔福斯庙宇里做一个受人尊敬的司祭长。

这是歌德纪念莎士比亚的一篇演讲，但是他并没有直接说明莎士比亚的作品有多么的优秀，而是说明另一些作品的特点，最后通过这样的比较来达到了赞美莎士比亚的目的。

声东击西，是忽东忽西，即打即离的一种演讲方式。如果我们发现听众对于演讲的内容出现了疲劳和厌倦，在采用正攻的方法是无法取得预期效果的，而且这是采取侧攻，突然说些表面上和演讲没有太大关系的内容，反而能够引起听众的好奇心。

因此，在同听众的接触中，不要太急于暴露自己的意图，尽量将对方的注意力转移到他所感兴趣的地方，使对方逐渐对你产生信任感，从而建立起良好的关系，此时演讲才能取得良好的效果。

2. 投石问路

当演讲者不确定某个论点是否能吸引观众时就可采用这种方式。有时，为了了解对方心中的秘密，又不便直问，可以用"投石问路"的曲问法进行试探。对于一些敏感的人来说，问者便显得谨慎。投石问路之法也被广泛运用于审讯之中。

3. 欲正故谬

当演讲者发现听众走神时，可以故意将一些简单的问题说错，这样不但能吸引没有走神的听众们的互动，同时能将走神的听众的注意力吸引回来，还能够缓解演讲现场的气氛。

当我们要启发听众思考某一个问题时，与其告诉他们答案或者给予提示，不如我们故意说一个错误的答案来刺激他们思考问题，因为当演讲者说错时，就能够激发他们思考的欲望，最显著的代表就是教师在教学时的提问方式，学生在上课时，注意力只能集中 20 到 30 分钟，但是通常教师都要讲上四十五分钟，这样就会导致学生在后半段的课程上经常会走神，作为教师，为了保证教学质量，就要想尽一切办法把学生的注意力吸引回来，这时欲正故谬就是一种非常有效的方法。

4. 欲实先虚

所谓欲实先虚，是演讲者为了让对方顺着自己的意愿来展开话题而设下的一个圈套。这是因为平铺直叙地将道理讲述出来，有时无法打动听众的心，不能吸引听众的注意力。这个时候，由演讲者先虚设一问，这一问乍一看与演讲内容毫无关系，或者让对方摸不清虚实，当对方出答案后，这种答案其实正是演讲者想要的，这时演讲者就可以抓住对方的话柄，以此为契机，得出想要的结论。这时，听众也就无法否认自己刚才说过的话了，这样也就无法否认演讲者的结论了。通过这样的小圈套来达到演讲的目的。

演讲案例：丘吉尔《热血、辛劳、眼泪和汗水》

上星期五晚上，我接受了英王陛下的委托，组织新政府。这次组阁，应包括所有的政党，既有支持上届政府的政党，也有上届政府的反对党。显而易见，这是议会和国家的希望与意愿。我已完成了此项任务中最重要的部分，战时内阁业已成立。五位阁员中包括反对党的自由主义者，代表了举国一致的团结，三党领袖已经同意加入战时内阁，或者担任国家高级行政职务。三军指挥机构已加以充实。由于事态发展的严重性给予人的紧迫感，仅仅用一天时间完成此项任务，是完全必要的。其他许多重要职位已在昨天任命。我将在今天晚上向英王陛下呈递补充名单，并希望于明日一天完成对政府主要大臣的任命。其他一些大臣的任命虽然通常需要更多一点的时间，但是，我相信议会再次开会时，我的这项任务将告完成，而且本届政府在各方面都将是完整无缺的。我认为，向下院建议今天开会是符合公众利益的。议长先生同意这个建议，并根据下院决议所授予他的权力，采取必要的步骤。今天议程结束时，下院休会到 5 月 21 日，星期二。当然，还要附加规定，如果需要的话，可以提前复会。下周会议所要考虑的议题，将尽早通知全体议员。

现在，我请求下院，根据以我的名义提出的决议案，批准已采取的各项步骤，将它记录在案，并宣布对新政府的信任。

组成一届具有这种规模和复杂性的政府，本身就是一项严肃的任务。但是大家一定要记住，我们正处在历史上一次伟大的战争的初期阶段，我们正在挪威和荷兰的许多地方进行战斗，我们必须在地中海地区做好准备，空战仍在继续，众多战备工作必须在国内完成。在这危急存亡之际，如果我今天没能向下院做长篇演说，我希望能够得到你们的宽恕。我还希望，因为这次政府改组而受到影响的任何朋友和同事，或者以前的同事，能对礼节上的不周之处予以充分谅解，这种礼节上的欠缺，到目前为止是在所难免的。正如我曾对参加现届政府的成员所说的那样，我要向下院说："我没什么可以奉献，有的只是热血、辛劳、眼泪和汗水。"

摆在我们面前的，是一场极为痛苦的严峻的考验。在我们面前，是漫长的战争和苦难的岁月。你们问：我们的政策是什么？我要说，我们的政策就是用我们全部能力，用上帝所给予我们的全部力量，在海上、陆地和空中进行战斗，同一个在人类黑暗悲惨的罪恶史上所从未有过的穷凶极恶的暴政进行战争。这就是我们的政策。你们问：我们的目标是什么？我可以用一个词来回答：胜利——不惜一切代价，去赢得胜利。无论多么可怕，也要赢得胜利，无论道路多么遥远和艰难，也要赢得胜利。因为没有胜利，就不能生存。

大家必须认识到这一点：没有胜利，就没有英帝国的存在，就没有英帝国所代表的一切，就没有促使人类朝着自己目标奋勇前进这一世代相因的强烈欲望和动力。但是当我挑起这个担子的时候，我是心情愉快、满怀希望的。我深信，人们不会听任我们的事业遭受失败。此时此刻，我觉得我有权利要求大家的支持，我要说："来吧，让我们同心协力，一道前进。"

再看下面这个演讲案例：

各位老师、各位来宾：

今天我们济济一堂，隆重庆祝××先生百岁华诞。在此，我首先代表学校并以我个人的名义向××先生表示热烈的祝贺，衷心祝愿×先生身体健康！同时，也向今天到会的各位老师表示诚挚的谢意，感谢大家多年来为××系的发展、特别是××学科建设所作出的积极贡献！

××先生是××学科的开拓者和学术带头人之一，也是我国××研究领域的一位重要奠基人。××先生德高望重，学识渊博，在长达六十年的教学和研究生涯中，他淡泊名利，不畏艰难，孜孜不倦，不仅为××系而且为当代中国的××学科建设以及人才培养作出了卓越的贡献。

××先生是××学科的开拓者和学术带头人之一，也是我国××研究领域的一位重要奠基人。××先生德高望重，学识渊博，在长达六十年的教学和研究生涯中，他淡泊名利，不畏艰难，孜孜不倦，不仅为××系而且为当代中国的××学科建设以及人才培养作出了卓越的贡献。

××先生不仅著书立说，为学术界贡献了许多足以嘉惠后学的优秀学术论著，而且教书育人，言传身教，培养了许多优秀的人才。

几十年来，××先生以自己的学识和行动，深刻影响和感染了他周围的同事和学生，为后辈学人树立了道德文章的楷模。在××先生百岁寿辰之际举行这样一个庆祝会，重温他的道德文章，是非常有意义的，必将激励大家以××先生为榜样，进一步推进全校的师德建设和学科建设。

最后，再次衷心祝愿××先生身体健康！祝××系更加兴旺发达！请大家干杯！

谢谢大家！

运用祝福语结尾要注意：

（1）发自内心，亲切动人。

（2）注重场合，适度适情。

（3）通俗易懂，简短明白。

制造演讲的高潮

众所周知，演讲高潮既是演讲者思想最深刻、感情最激昂的时刻，又是听者情绪最激动、精神最振奋的瞬间。有了高潮，演讲方可最充分地表现其审美价值，进而产生最大的感染力和说服力。那么，如何构筑演讲的高潮呢？下面介绍3种常见的方法：

1. 运用排比

连用两个或两个以上结构形式相同的句子，多角度地表达演讲者的思想感情，这就是排比修辞。使用排比句的地方，未必一定是演讲高潮的地方，但演讲高潮的地方却往往离不开排比句。

"有办法！办法就出在陕甘宁边区！办法就是八路军、新四军和敌后抗日根据地！办法就出在中国人的身上！办法就出在真正抗日的党派和军队中间！就出在中国共产党，尤其是在我们的毛泽东同志心中！"

这是周恩来同志在延安一次会上发表的演讲中的片段。从全篇演讲来看，这段文字显然是高潮所在。这里用了5个相同排比句："……办法就出在……"这5个排比句或由近及远、由小及大，或由此及彼、由次及主，好似管弦齐奏，把演讲推向高潮。

2. 运用反问

与设问不同，反问是问而不答，是用疑问句的形式表达确定的内容。这种句式感情色彩浓重，有很强的感染力和说服力，因而同样有助于构筑演讲高潮，特别是在说理性、论辩性和鼓动性很强的演讲中，其作用显得尤为突出。请看：

"我们的同胞已身在疆场了，我们为什么还要站在这里袖手旁观呢？先生们希望的是什么？想要达到什么目的？生命就那么可贵？和平就那么甜美？甚至不惜以戴锁链、受奴役的代价来换取吗？"

这是亨利在美国弗吉尼亚州议会上演讲结尾中的一组反问句。全篇演讲就像跌宕起伏的海浪；一个高潮接着一个高潮，而且处理高潮的语言修辞手段各不相同。这一连串反问句，使演讲显得更加轩昂激越，文气也随之大振，充分显示了反问所特有的鼓动力量。紧接着，亨利用呼吁式的口吻结束了演讲："全能的上帝啊，阻止这一切吧！在这场斗争中，我不知道别人会如何行事，至于我，不自由，毋宁死！"

演讲至此，演讲者的思想、意志、信念和感情都达到了最高潮，犹如空谷回音，三日不绝，给听众留下了深刻的印象。

3. 运用设问

设问就是自问自答。它之所以被广泛用于演讲，是因为它能够调节演讲时的气氛，唤起听众听讲的兴趣和热情，达到提醒和强调的目的，激发听众共同思考问题，从而使演讲者牢牢掌握住演讲的主动权。

我们不妨具体分析一段演讲：

你们问：我们的政策是什么？我说，我们的政策就是用我们的全部能力，用上帝所给予我们的全部力量，在海上、陆地和空中进行战争，同一个在人类黑暗悲惨的罪恶史上所从未有过的穷凶极恶的暴政进行战斗，这就是我们的政策。你们问：我们的目标是什么？我们可以用两个字来回答：胜利——不惜一切代价，去赢得胜利；无论多么可怕，也要赢得胜利；无论道路多么遥远和艰难，也要赢得胜利……

这是丘吉尔著名的《出任首相后的首次演讲》中的最后一段。该演讲的前部分主要报告新政府组阁的情况，后部分则是阐明新政府的态度和政策。通读全篇演讲不难看出，通过步步上升和层层推进，演讲者的思想表达越来越鲜明、深刻和完整，其感情也随之越来越强烈。到了结尾部分，演讲者巧妙地运用两个设问句，全盘托出了自己的观点主张，酣畅淋漓地抒发了自己的情感情绪，使演讲达到了最高潮。

让结尾回味无穷

常常见到这种情况，当演讲者在津津有味画蛇添足时，听众乒乒乓乓起身离座了，至少是如释重负地叽叽喳喳聊天，混乱不堪，带着这种"乱"的心情离开会场，这就冲淡了演说的效果。

据说有一个民族，有个古老的风俗，在全体集会的时刻，发言者只准用一只脚站着讲，不管讲不讲完，站不下去就算结尾，不失为一种高明的办法。

那么，怎么才能把演说的结束搞好呢？

1. 把要点作一个总结

演说是口传之事，不消几分钟，我们的话题便可以上天下地，无所不至。听众很容易忘记原来的题目。演说者往往忽略这一点，他们自以为不管什么材料，自己谈问题的焦点都一直是集中的，殊不知这些已经是本人深思熟虑、反复酝酿出来的问题，对于广大听众，只是第一次接触。所以，就难以与演说者有同样的思维逻辑。因而，在结束时，要把自己宣传的要点概括、总结：一是提醒，二是强调。既要撒得开，又要收得拢。有人这样概括：你开始对听众说，现在将要告诉他们一些什么，然后开始讲述，到了最后，要再次申明，原来要告诉的东西已告诉过了。这种结尾可以让听众更加明晰你的要点。

2. 用充满激情的话语

充满激情的结尾，有很大的鼓动力，特别是一些动员性的演说，结尾说一段热情洋溢的话，可以使人振奋，使人激昂。如看一场球赛，中场进一球，与终场 1 分钟前进一球，其结束时的群众情绪是大不相同的。

1960 年，林肯在选举中获胜当选为总统，他亲自起草了就职演说，当时美国因奴隶制度问题使南北斗争日益激化。南方七省先后宣布脱离联邦，一场武装叛乱正在酝酿之中，国家的生死存亡面临考验。林肯作为总统，要全力维护国家的统一，用和平手段解决争端。他在就职演说中，深刻地阐明这一思想。在结尾部分，他提出了振奋人心的口号，要求南北加强团结：

"我不愿意结束演说。我们不是敌人，而是朋友。我们不应该成为敌人。虽然感情不能维系爱的契约，但是感情不能打破爱的契约，把这个广阔的土地上的每一个战场，每一个爱国者的坟地，同每一个活着的人的心，每一个家庭联结起来的，那神秘的记忆之弦，一旦重新为我们天性里的善良天使所拨动，将仍然会使合众国合唱的歌声雄壮嘹亮起来。

"这琴弦一定会被重新拨动的。"

3. 幽默的结尾

有位演说家讲述："你必须在听众的笑声里说'再见'。"其含义是用幽默的话来做结尾。

1926 年 11 月 3 日，斯大林发表了《"论我们党内的社会民主主义倾向"报告的结论》。他在"总结部分"曾讥讽季洛维也夫夸口自己能把耳朵贴在地上听到历史的脚步声的大话。他一针见血地指出，这些人尽管耳朵这么灵敏，却偏偏听不到党的声音。结束一句他这样说：

"因此，我要奉劝可敬的反对派分子，治一治你们的耳朵吧！"

这幽默的话不只是为了逗逗听众的发笑，而是有其强烈的战斗性，并且产生强烈的幽默感。

如果注意一下我国相声艺术，都可以发现每个作品都是以笑料结束的。这对于演讲艺术来说，也有很好的借鉴意义。

4. 引用诗文名句结束

演说结尾，有许多方式可供我们参考，但所有的方式中，假如做得恰当，再也没有比以幽默的话，或引用名句更容易讨好听众的了。事实上如果你能引用适当的诗文名句作结束，那真是最理想的，并可获得所希望的风味，它将显出高尚优美。

英国扶轮社的哈利·罗德爵士，在爱丁堡大会席上，对美国扶轮社代表的演说结论，是这样讲的：

"当你们归家之后，有些人会寄给我一张明信片来，就是你们不寄给我，我也要寄给你们每位一张，并且你们会很容易知道那是我寄的，因为上面未贴邮票（众笑）。但是在上面我要写一些字，是这样写的：'季节自己来，季节又自己去。你知道世间一切都按时而凋谢，但有一件却永远如露水一般开得鲜艳，那就是我对你们的仁慈和热爱。'"

这节诗很适合罗德的个性，并且无疑地也适合他全篇演讲的旨趣。因之，这节诗对他是极恰当的。假如是另一个拘谨的人，在发表过一篇严肃的演说后，结尾引用这节诗句时，也许很不合时宜，甚或极为可笑！

5. 层层增加句句有力

现在要告诉你另一种普遍的方法，演说术上称为"阶升法"，好像阶梯一般步步升高。不过，这种方法常是不易运用的，也不是一切的演说者对一切的题材都可应用；但若能用得其当，那会取得极好的效果。这种方法是一层高一层，一句比一句有力量！

林肯在以"尼亚加拉瀑布"为题材，预备一篇演说时，就是用的"阶升法"。试看他的比较是如何一个比一个有力量，他怎样以哥伦布、耶稣、摩西、亚当等人的年代，与尼亚加拉瀑布相比，获得累增的效果的：

——这要推测无限的久远，当哥伦布最终发现这块大陆——当耶稣基督被钉在十字架上——当摩西率领以色列人渡过红海——甚至亚当从创世主的手里出来，从那时到现在，尼亚加拉就在这里怒吼！

——古代巨人的眼睛，像现今我们人的眼睛一样，曾看见过尼亚加拉。与第一代人种同时代，比人类的第一个始祖还老，一万年前的尼亚加拉，和现在的是同样的新鲜有力！我们还能想象到那庞大骨骼的前世巨象爬虫，也曾见过尼亚加拉——从那样久远的年代起，尼亚加拉从无一刻静止，从未干涸，从未冻凝，从未睡去，从未休息。

6. 避免结束太唐突

初次登台演说的人，每每犯着停止得太唐突的毛病。他们结束的方法，未免太欠圆满了。其实他们并没有结束，只是突然中止，就好像一位朋友正在谈话，突然鲁莽地站起来走了，连一句告别话也不说一样。

7. 在微笑中说再见

乔治·柯赫是美国一个以幽默见称的演说家，他告诉我们说：

"你必须将'再见'表现在听众的微笑中。"

你能做到这一步，可说结束的技巧已经十分熟练。但是怎么做呢，完全由自己去斟酌。

即席演说的语言技巧

所谓即席演说，其实不过是在自己客厅里对朋友即席谈话的扩大而已。建立与听众之间的和谐是即席演说的关键。

在情急之下，能够收拢自己的思想并发表谈话，就某些方面而言，比经长时间努力准备之后才能演说，更为重要。

1. 练习即席演说

任何智力正常、拥有相当程度自制力的人，皆能发表一场令人接受，甚至于常常还是很精彩的即席演说——简言之，就是不经准备的谈话。有几个方法，可以帮助你在突然被人邀请说几句话时流畅地表达自己。方法之一，是采用某些著名演员曾使用的方法——站着思考。另外你要掌握一些即席发言的联结技巧。

2. 要有即席演说的心理准备

当人们在你毫无准备的情况下请你发言时，多是期望你对某一个你能发表权威言论的题目表示一些意见。这里的问题是，要能面对讲话的情况，并决定在自己能支配的短短时间里确实要谈论些什么。有个极好的方法可以使你能登堂窥奥，那就是心理上对这些情况先有准备。在开会当中，不断地问自己，如若现在站起来讲话，到底要讲些什么？这一次最适合讲述自己题材里的哪个方面？对于眼前的那些建议，如何措辞以表示赞同或反对？

因此，我提的第一个忠告是：在心理上随时准备着在各种场合做即席演说。

3. 立刻进行举例

为何要这样？有3个理由：

（1）你可以从苦苦思索下一句的需要中解脱出来。因为经验极容易复述，即使在即席演说的情况下亦然。

（2）你会渐渐进入讲演的情况，开始的紧张，自然消逝无踪，使你有机会把自己的题材逐渐温热起来。

（3）你可以立即获得听众的注意。因为，事件——实例是立刻攫取注意力万无一失的方法。

听众凝神谛听你所举出的饶富人情趣味的实例，可使你在最迫切需要时—讲演开始后的极短时刻里，对自己的能力重新肯定。沟通是一种双方面的过程，能捉住注意的人马上就会感知这一点。当他注意到那种接纳的力量，并感觉到那种期盼的光芒如电流般在听众间交射时，你就感受到有种挑战要你继续，要你尽最大能力去作回应。演说者与听众间建立的和谐关系，是一切成功演说的关键所在——没有它，真正的沟通即不可能发生。这便是你以实例展开演说的原因，尤其是在人家请你说几句话时，举例是最管用的。

4. 采取适时适地的原则

如果你事先毫无准备，主持人突然请你说几句，这时最需保持平静。你可以先向主席致意，说上两句，可以有个喘息的机会，然后便要发表与听众有密切关系的言论了。听众只对自己和自己正在做的事感兴趣，有三个来源可供你攫取意念，作为即席讲演之用。

一是听众本身。谈论自己的听众，说说他们是谁，正在做什么，特别是对社会和人类作了什么贡献。使用一个明确的实例来证明。

二是场合。当然也可以讲讲造成这次聚会的情况缘由，是周年纪念日，是表扬大会，是年度聚会，还是政治或爱国集会？

最后，如果你曾注意地听讲，不妨就指出，对自己之前另一位演说人所谈及的某一特殊事物特别感兴趣，然后将它扩大详述一番。最成功的即席演说，都是真正的当场演说。它们表达的，是讲者对听众和场合的感想，它们适时适地，如同手和手套密切相合。它们不但是为了这个场合，而且是专为了这个场合而量身订做的。它们的成功也就在于此：它们在特殊的时刻里绽放，如罕开的玫瑰，不多时便又萎谢不见；可是听众所享受到的愉快却绵延不绝，在你尚未想到之前，他们已将你当成即席演说专家了。

5. 要做即席演说，切莫即席乱说

前面这两句话含义颇为不同。光是不着边际地胡扯瞎说，用没有逻辑的细线将不相关而又无关的事串在一块，是不成的。你必须围着一个中心思想，来把自己的意念合理归类。而这个中心思想，很可能就是你要说明的。你所举的事例应与这个中心思想一致。同时再提醒一次，若能抱着至诚来讲演，你必然会发现自己当场演说，精力充沛且又效力无穷，是有准备的演说家不能企及的。

当众演讲时，让勇气和信心为你保驾护航

没有谁是天生的大众演说家。要获得自信、勇气和面对公众时冷静而清晰思考的能力，并不像大多数人所想象的那么困难。

当众说话，并不是一件容易的事。没有信心，就容易把话说得结结巴巴，前言不搭后语。一旦晕场，就容易把那些记得熟练的观点、词汇忘得一干二净。然而，无论参加会议还是当众演说，都必须当着大家的面说出自己的观点，证明自己的观点，还要让别人接受自己的观点，甚至要在他人反驳之际站稳自己的立场、感染听众，这一切的工作，最基础的是必须树立自己当众演讲的勇气和信心。

众多成功的演说家并非一开始就是成功的，多数人在登台之初都产生过恐惧和焦虑，而且不少人还有过失败的经历。但是，他们最终却成功了，他们能从失败之中找到成功的梯子。很多人是从一次次当众说话的实践中获得的信心。其实，每当你取得了一点点胜利时，你的身心就会充满着胜利感，带着这面目一新的胜利感，你会更有信心和勇气迎接生活中的困扰和挑战。即使是那些难解的境况，也会给你的生活增添情趣和挑战的愉悦。

在人类社会中，没有人天生就能够战胜恐惧。当我们对自己有了充分的认识、足够的自信时，恐惧便会离我们而远去。在生活中，有许多人在平时能说会道，处理起事情来亦干净利落、毫不拖泥带水，可是，一旦上台演讲，却有如泄气皮球，往昔的睿智与锐气瞬间消逝得无影无踪，前后判若两人。无论是重要会议上的演说，或亲朋知交前的意见表达，或董监事会上的报告，只要是站在众人面前谈话，许多人往往两腿发软，高举白旗。

人之所以畏惧害怕，大多都源于内心深处的自卑感，认为自己才疏学浅，或认为职位卑微，或自认没有站到台上演讲的资格。事实真是如此吗？绝对不是！切勿太低估自己的能力与存在价值，你之所以被邀请上台演讲，正表示你有此资格与才气，亦正是对你价值的肯定。

哥尔特是一位成功的企业家。在卡耐基的培训班中学习了一段时间后，有一天他与卡耐基共进午餐。吃饭时他说："卡耐基先生，我曾经有许多在公众面前说话的机会。但在潜意识中，我总是试图躲避与人的正面交流。现在我是大学的董事会主席，这个职务要求我必须经常地主持各种会议。你看我已这么大年纪了，能学好吗？"当时在班上有很多像他这样的人，卡耐基向他们保证：经过一段时间的训练，他们一定会成功。

三年后，在一次企业家俱乐部吃饭的时候，哥尔特与卡耐基遇上了。当时他们又说起以前的话。当卡耐基问哥尔特的保证是否实现时，他微微一笑，从口袋里掏出一个小笔记本，上面安排着近几个月来他的演讲日程。他边让卡耐基看，边自豪地说："我现在最高兴和满足的事就是：我已经有能力获得演讲的成功，并且能为社会做更多有意义的事了。"同时，他还得意地告诉卡耐基，他负责的教区已经邀请英国首相前来公开演讲了，而负责向听众介绍这位杰出政治家的人就是他本人。

哥尔特如此成功，是否有什么秘诀？没有，像哥尔特先生这样的成功事例还有很多很多……

几年前，劳伦斯大夫到佛罗里达州度假。度假地离著名的巨人棒球队的训练场地不远，他是一位铁杆球迷，经常去看他们练习，渐渐地就和球员们成了好朋友。一天，他被邀请参加球队的宴会。吃饭前，一些著名的客人被请上台讲话。在毫无心理准备的情况下，他只听见宴会主持说："今晚有一位医学界的朋友在场，我们欢迎劳伦斯先生就棒球队员的健康问题谈一谈自己的想法。"

劳伦斯是专门研究卫生保健的，他行医也已三十多年。本来，主持人提的这个问题，他完全不用任何准备就可以侃侃而谈。可是，当听到主持人提自己的名字时，他的心跳就加速了，他简直不知所措。他努力想使自己镇静下来，可于事无补，他的心脏仿佛就要跳出胸膛。这时参加宴会的人都在鼓掌，全都注视着他。怎么办？思虑再三之后，他摇摇头，表示拒绝。但却引来了更热烈的掌声，听众也自发地呼喊起来："劳伦斯大夫，演讲！演讲！"

劳伦斯心里清楚，在这种极其沮丧的情绪支配下，自己一旦站起来演讲，肯定会失败。他站起来，背对着朋友，默默地走了出去，心中充满了难堪和耻辱。

一回到布鲁克林，他马上就去了卡耐基的培训班。他再也不愿陷入这种哑口无言的困境中了。

老师最喜欢求知欲高的学生，就像劳伦斯一样。因为他迫切希望提高自己的公众演讲能力。正是这种迫切性，使他毫无怨言地刻苦学习。一个月的训练结束了，他的紧张情绪就消失了。两个月后，他已成为班上的演讲名家，并开始接受邀请，到各地去演讲。

劳伦斯告诉别人，自己非常喜欢演讲时的那种感觉以及所获得的荣誉，更让他高兴的是，在演讲中结交到了更多的朋友。

能自信地站在台上面对很多听众，并且清晰而有逻辑性地公开演讲并不难。只要有信心和恒心，人人都能发挥出自己的潜力。只要你积极进取、不断努力，就一定会取得成功。你必须对自己在大众面前说话的努力结果持轻松乐观的态度。要在每个句子，甚至每个词语上都烙上决心的印记，并且竭尽全力地来培养这种能力。无论任何人，如果他希望迎接语言的挑战，使自己能言简意赅地讲话，就必须具备坚强的决心。

克劳莱斯·毕拉德在读大学时，有一次进行老师规定的五分钟演讲，可他还没讲到一半，就脸色发白，匆匆走下讲台。这是他人生中的第一次公开演讲，结果失败了。但他不甘心被这次失败击倒，于是立下决心，一定要做一个优秀的演讲家。他没有失言，最终他成为了美国政府的经济顾问，为世人所仰慕。在他写的《自由的信念》一书中，提到了他当众演讲的情形："我的演讲时间安排得非常紧。要参加商务部、商协会、基金募捐会、校友会以及其他团体举办的各种集会。我曾在密歇根州的艾斯肯纳发表爱国演讲，让自己慷慨激昂地投身一次世界大战；我曾和米吉·劳尼做慈善演讲、与哈佛大学校长詹姆斯·布朗特·柯南和芝加哥大学校长罗伯特姆·侯欣斯下乡宣传教育；我甚至还以极糟糕的法语做过一次演讲。我想，我十分了解听众想要听什么，也知道他们喜欢听到它被如何讲出来。我之所以知道这些，是因为我更知道：只要自己愿意去学，就没有学不会的。"

确实，演讲成功的关键是要有成功的决心。要想获得演讲成功，一定得有强烈的欲望保持热忱，有坚定的毅力解除困难；最重要的是相信自己一定会成功。

一般情况下，大部分人上台之时，都会面临"一堵高墙"，那就是紧张。有了紧张这根导火索，就对自己开始不自信起来，心里会一遍遍地问"台下那么多双眼睛齐齐地看着我，我能行吗"？很多问题接着就会出现：心跳加速、呼吸沉重、结巴忘词、语速过快等。卡耐基非常注意培训人们当众说话，经过多年的训练工作，总结出了一些行之有效的办法，来克服人们上台时的恐惧。

1. 自己问自己：害怕当众说话，是我一个人的心理吗

当自己在问自己的时候，你就发现，你害怕当众说话并不是特例，你给自己的答案就是：害怕当众说话，是再正常不过的事情了。就在自己的一问一答之中，你的信心开始探出头来跟你的恐惧较劲。

紧接着你可以鼓励自己：一定程度的登台恐惧感对我来说反而有用，因为我们天生就有能力应对环境中不同寻常的挑战。当你想到第二步的时候，你的信心就会增加。

再接着，你就藐视一下你的"同行"：许许多多的职业演说家，从来就没有完全祛除登台的恐惧。这是你的第三步，从"打击"你的"同行"中找到一些勇气。

第一次登台，你可以会因为紧张言辞不畅、肌肉痉挛，这个时候你不要恐惧，只要在当众演讲的次数多了，这种登台的恐惧程度就会很快减弱。

2. 在充分的准备中强化自己的信心和勇气

在准备中，用不着逐字逐句地记忆，记住几个"关键词""主题词""概念词"就可以了。

在准备中，将自己将提及的观点、理念进行逐条的整理。这个工作有助于理清自己的思想。

当你脱离了那些准备用的纸章，对要演讲的内容了然于胸时，你的自信心就产生了，勇气也就跟着出来了。

如果还对自己没有把握的话，对着镜子，自己为自己讲演一遍，欣赏一下自己的风采，自信心就更强了。

3. 上台前为自己打气

上台前在心里不停地告诉自己："你准备的很好，一切尽在掌握中，完全没必要紧张。"上台前深呼吸，紧握自己的拳头然后松开，这样重复几次可以转移自己的注意力。

只要自己准备充分，完全可以做一次出色的演讲。你所要做的就是要控制你的紧张，记住是控制而非消除。

4. 在演讲台上表现得信心十足

上台时，要注意仪表着装，好的仪表让人自信。如果现场灯光较暗，最好选择亮色衣服，这样可以吸引听众注意力。

演讲时正面面对你的听众，不要侧身或者背身。将身体站直，用眼光和你的听众交流，然后开始信心十足的讲话。演讲的语速要适中，不能过慢，也不能过快，过快和过慢都是不自信的表现。同时，演讲时加进一些手势或身体语言能让你的演讲更有感染力，当你听到台下的掌声时，你的信心和勇气就彻底战胜恐惧了。

5. 精心准备一份引人注目的开场白

演说一开始，一下子就能吸引听众，这样的想法不切实际。然而，开场之时，如果不能尽快地吸引听众，对刚刚鼓起来的那一点信心将是一个致命的打击。因此，准备一个漂亮的开场白，尽可能于演说伊始就让听众凝神谛听。

其实，这样的开场白并不是没有，基本的技巧就是设计一个别出心裁、语出惊人的开场。

一般来说，戏剧性的事件作为演讲的开场白能迅速吸引听众的注意力；亲身经历的离奇故事也能搔动听众的心胸。

如果你能在演说的开端就做到了有声有色，你的信心就会越来越强，你的演说就会越来越精彩。

提前做好充分的准备，当众演讲不慌乱

事前打好演讲的腹稿，并进行一些必要的提前排练，演讲时心中有数，自然不会太慌乱。

好的开始是成功的一半。在即将参加演讲的前夕，要事先经过一番思考，根据参加活动的不同情况，拟写不同的底稿提纲，为做好下一步成功的演讲打好基础。你得搜集有价值的演讲材料，注意演说稿特有的用词技巧，在需要的情况下，还得准备一些演讲用的道具。重要的演讲，你得花点时间做排练的准备，甚至去演讲场地熟悉环境。准备的充分是成功的基础。

演讲之前，演讲稿的准备是一个重要的工作。哪怕是一个简短的会议讲话，或会议主持，你都应该花些时间来准备文字稿。

准备的第一步工作当然是搜集材料。演讲的材料不外乎两个方面，一是事实，一是观点。两者缺一不可。无论是事实还是观点，都必须围绕演讲的主题进行。观点的来源不能仅限于自己搜肠刮肚，可以记下自己的突发灵感，可以跟同事、朋友进行讨论，碰撞出一些思想的火花。重要的演讲稿准备，甚至可以请专家、学者座谈讨论。材料的来源常有剪报、文件、网络以及职务部门提供的数据、具体的工作汇报等。有的需要自己动手去搜索，如上网搜索；有的需要向有关部门索要，如向财务部索取财务数据，向技术科、工程处索要工作计划，向行政部索要相关文件，向档案部索要相关的会议纪要等。

准备的第二步是决定演讲的内容。要明确演讲的目标：是劝说听众采取某一个具体的行动，还是鼓动听众积极投身于某一项改革；是动员听众参与某一项重大决策的试验，还是激励听众参与某一决策的全面推广实施。

在决定演讲内容时，要遵循"事不过三"的原则。因为听众在听同一次演讲时，不可能一次接受三个以上的新思想，所以，你要把你的观念简化到三个，但你要力争把这三个观念讲清、讲透，讲得有煽动性、有感染力。那些企图把自己的想法、自己知道的事儿一股脑儿扔给听众的做法是错误的。

演讲的内容明确之后，就可以进入准备的第三步，即构造演讲稿的"腹稿"，也就是进入写稿的结构构思了。

良好的结构，能使你思路顺畅，讲话具有连续性，让听众对部分与总体的关系有一个清晰的认识。讲话与文章一样，也分开头部分、中间部分和结尾部分。开头部分要能吸引听众的注意力，激起他们的兴趣，鼓起他们的自信心。中间部分要做到论点鲜明，事实清楚，论证过程明晰。在这个阶段，可以制作一些明晰自己思路的小卡片，将论点与事实记录下来。为了保证听众能在长时间内始终保持注意力，就必须进行阶段性总结，反复提及要点，强调陈述的观点，最后使结论水到渠成。听众在中间部分容易听疲倦了，当他们听到结尾时，由于认识到讲话即将结束，因此这时往往精神又重新抖擞起来。所以，在结尾部分要注意做到使听众情绪激昂。在这个准备过程中，可以多准备几个开头、结尾进行对比，找到最好的。

演讲的时间一般在40分钟以内为宜，时间太长，听众的注意力难以长时间集中，随着时间流逝，他们的兴趣渐减，收不到效果。在这个过程中，要注意做好各观点的小结性语句，注意设计好观点与观点之间的过渡性语句。

这些工作做好之后，就可以进入准备工作的第四步：写作讲话稿。在写作讲话稿时，可以清楚地写明开场白、过渡、小结、结尾这样一些标志性的词语，将它们标注在旁边，来提醒自己。在稿件的用词上，尽可能做到口语化，并标示出重要的概念词、主题词、关键词。

下一步就可以进行准备的第五步了：准备道具。演讲中常用的道具有简图、简表，也有准备实物的道具，必须根据实际的需要。现代演讲中，人们采用投影仪比较多，因此，可制作演讲中用于展示主题或思路的提示性的电子版本的文字、符号、图片等。这类材料，除非是用于教学，其它场合则不宜过多，否则就会冲淡主题、影响气氛。特别是图片，应尽量赋以个性、特色。

作为准备工作的第六步，排练也很重要。它能够增强演讲者的自信心，有助于对演讲时间的准确把握，还能够检验开头与结尾部分的效果，能协调好演讲者与投影仪播放之间的关系。排练的地点最好选择在实际场所，对实际场所的熟悉，能很好地减少怯场，有效地防止声音走样。排练时台下最好有几位朋友当听众，请他们分散到前、后排听声音的大小。在自己的家里对着穿衣镜练习也是一个不错的方法，还可以请家人来提意见与建议。

准备工作的最后一步，就是要去现场检查音响、幻灯机、电脑及投影仪设备，要提前进行必要的校准、调试。如果是幻灯机，就要注意防止影像上下倒置、顺序错误。要对演讲过程中可能出现设备故障做好心理准备，并做好预案。如果过分地依赖现代化的声电辅助手段，一旦设备出现故障，将导致你的演讲无法完成。因此，在预案中，可以考虑尽可能减少对视觉辅助手段的依赖。

在开始演讲之前，应该检查一下演讲稿、视觉辅助手段的排列顺序是否正确。讲话中，最为糟糕的情况，莫过于把讲话稿的顺序弄乱了，特别是当你的演讲稿使用了卡片的时候；或者讲的过程中，半天找不到你要放映的某一张幻灯片……讲话前几分钟把这些资料应该放置在桌面上，以免到时不知所措。

第一句话就充满悬念，抓住听众的好奇心

把握好了最初的 10 秒钟，你就掌握了有利的情势。如果演讲者想引起听众的兴趣，有一点必须记住：开始便进入故事的核心，制造一个充满悬念的开头，在演讲之始就抓住听众的好奇心。

经常有这种情况：本应获得听众兴趣的开头，往往成了演讲中最枯燥的部分。比如说这样一个演讲："要信赖上帝，并且相信自己的能力……"这样的开头就像开水煮白菜，说教意味太重。演讲者接着说："1981 年我的母亲新寡，有三个孩子要养育，却身无分文……"这第二句话就渐渐有意思了。演讲人为什么不在第一句就叙述寡母领着三个嗷嗷待哺的幼儿奋斗求生的故事呢？

正如一位演说家所说，我们开始说话的前 10 秒钟最能吸引听众。原因是：在这最初的 10 秒钟内，每个人都会有意无意地来表达自己的真实感觉，所以，你如果抓住了这 10 秒钟，整个说话的场合就会形成一种有利于你的情势。那么，演讲时怎样做才能把握住这最初的 10 秒钟呢？

1. 用吸引人的故事或幽默开头

感人的故事（尤其是真人真事）或能够使观众们发出会心一笑的幽默言语，能够一下抓住观众的心，即使前面发言者已使观众思绪分散，也仍然能起到把握全局情绪的作用，引起听众的兴趣，从而使自己很快被听众接受。

罗素·凯威尔的著名演讲《怎样寻找机会》进行了 6000 多次，收入多达百万美元。他的这篇著名的演讲是这样开头的：

"1870 年，我们到格利斯河游历。途中我们在巴格达雇了一名向导，请他带领我们参观波斯波利斯·尼尼维和巴比伦的名胜古迹。"

他就是用了这么一段故事来做他的开场白。这种方式最能吸引听众。这样的开场白几乎万无一失。它向前推进，听众紧随其后，想要知道即将发生的事情。

即使是缺乏经验的演讲者，只要运用这种讲故事的技巧，那么照样也能成功地制造出一个精彩的开场白，引起听众的注意力。

2. 用一些物品吸引听众

一张图纸、一个战场上带回的实物或是一张相片，因其能够直观地反映一定的主题，因而能很快地把听众吸引过来。如果讲者乐意，他还可能将自己的话题抽象成一幅画——根本不必去追究它的艺术性，或者随便写几个有趣的大字。别出心裁的举动也能一下集中听众的注意力，只要物品有助于谈话者借题发挥就行。

3. 不妨用提问来开头

提问，是有趣的开头法。在问题提出以后，几乎所有感兴趣的人都会去思考，并产生一种要求知道正确答案的欲望，而这将使听众的注意力迅速地集中——他们等着用你说出的答案去验证自己的判断。但是要注意，提出的问题不要过于简单，要能引起思考，或能给听者以收获。

4. 制造悬念

可以通过听众的求知欲而造成悬念，采用此种开头方法时可能需要一些"内幕"消息。无疑，这也是一种很好的吸引听众的方法。

弗兰克·彼杰就是这样做的。他写了《我怎样在销售行业中奋起成功》一书。在美国商会的赞助下，他曾经在全美做巡回演讲，谈论有关销售的事情。他总是能够在第一句话就制造悬念，简直堪称"悬念大师"。他演讲《热心》这个题材的开始方式，真是高妙无比，叫人佩服得五体投地。他一不讲道、二不训话、三不说教、四无概括的言论，一开口便进入核心。

"在我成为职业棒球选手后不久，我便遇到了一生中最使我感到震惊的一件事。"

现场听众听到这个开头后，立刻就来了兴趣。每个人都迫切地想听听他遇到了什么事，他为什么会震惊，他是怎么办的……

5. 从听众的利益和关心的焦点出发

有经验的谈话者往往善于将自己的讲话与听众的切身利益联系起来，即使牵强一些。为了吸引听众，谈话者有时不得不有策略地绕个弯子，待听众兴趣已起时再转入正题。

6. 从与听众的共鸣说起

共同的经历或遭遇、共同的研究专业和方向、共同的希望和展望等，都是能够引起听众共鸣的话题，以此种方式开场，常常更易于使自己被听众"认同"。

7. 用一句名言开场

名人名言是很好的开场白。心理学研究认为，公众具有崇拜权威（名人是人们自认的权威）的共同心理。名人的话对听众来说总是具有一种特殊的魅力，因而也最易于将听众的注意力集中起来。

8. 先赞扬听众

世人都爱听赞颂之辞。因此，具体的赞扬会使听众很注意听，同时，讲话者也会被认为是和蔼可亲的人而被听众接受。

当众演讲的话要有根有据

说话有根有据，才能让别人信服。要想让听众对于你的演讲产生共鸣，让听众相信你所说的话，演讲的话更要有根有据。

"立屋要有梁，说话要有根据。"知识是口语表达的物质基础，上至天文，下至地理，乡土人情、风俗习惯、历史典故、逸闻趣事，信手拈来，皆成妙趣。另外，本行当的专业知识也要熟悉。那么如何增长演讲时所需的知识呢？

多看书看报。世界动向、国内形式、科学动态、影视作品等皆可从书报中了解到。它们可以扩展你的谈话内容和谈话题材。

勤做读书摘录。在阅读时，随时随地都要把遇见的名言警句，好词华章记录在摘抄笔记上，久而久之，这些经验与知识将成为你说话的本钱。

必要的写作训练。要想口中有，一定不能胸中无。俗话说："胸有诗书气自华。""胸中墨"来源于阅读和写作的积累。一个人会说话，善长演讲，可巧妇难为无米之炊，劣等稿怎么能展示优秀演讲者的风采呢？

勤学苦练。多向生活学习，多揣摩有经验人士的讲话，分析其优点，取其长克己之短。相信经过一段时间的训练，展现在大家面前的一定是个全新的你。

有了一定的知识储备后，演讲者在演讲时要保证所说的话有根有据，还必须掌握一些能够体现演讲有根有据的讲话方式和技巧。统计数字通常能给听众留下深刻的印象，并且极具说服力。然而，数字本身是很让人厌烦的，所以使用时要明智而审慎。

在演讲中，如果演讲者把统计数字和我们熟悉的事物放在一起进行比较，收到了加强印象的效果。

如果只提起数字、数量本身，是不会给人留下深刻印象的，它们必须辅以实例。倘若可能，还必须加上我们自己的经验来讲述。比如可以使用类比的技巧。

在南北战争期间，林肯为回答批评他的人，做了一次演讲。在演讲中也使用了类比的手法。

各位先生，我想让各位来做一番假设。假设你所有的财产都是黄金，你把它交到著名的走索家帕罗丁手中，让他从绳索上带过尼亚加拉瀑布去。当他走在瀑布上时，你会不会摇动绳索，或是不断地对他喊：'再俯低些！帕罗丁，走快些！'相信谁都不会这样做。你肯定会屏住呼吸，肃立一边，直到他安全地去。现在美国政府就是这种情况。它正背负着极大的重量，越过波涛汹涌的海洋，它手中有数不尽的财宝，请不要打扰它，只有我们都保持安静，它才能安然渡过。

我们都知道，支持演讲重点的方法，就是凭借故事或是自己生活的经验，使听众去做演讲人要他们去做的事。事件或意外是一般演讲者最常用的方法，但不是可以支持要点的唯一方法。演讲者还可以使用专家的证言，这样权威的力量会增强你的说服力。

适量的实例和数据让演讲更真实

演讲越真实就越容易征服听众，那么究竟怎样做才能让你的演讲更真实呢？毫无疑问，适量的实例和数据会把抽象的说教转化为具体，使听众产生共鸣。

演讲最忌的是空洞。空洞的说教或口号，没有多少感染力，很难调动听众的激情，很难吸引听众的注意力。演讲者提出某种看法，听众会期待着他能提出有力的事实加以证实。演讲中，人们普遍能够接受的事实论据可以是个人亲身经历的事实、调查研究的报告、权威机构的数据等。

演讲的力量来自于哪里？是演说者提出的理论，还是现实中存在的事实？不少人认为，说理比事实更重要，然而，事实却比理论更有份量。

丘吉尔任首相之后，首次对英国百姓发表公开演说。他说道：

"我在此首次以首相身份对各位发言，我要对各位说，现在是我们国家、我们民族、我们盟邦，还有自由信念的危急存亡之秋。"

为了说明如何处于危急存亡的关键时刻，唤起民众对投入战争的动员准备，丘吉尔紧接着用了一连串的事实：

"德军已经突破法国的防线；德国的轰炸机、战车和其他装甲车队正在往英国逼进；在这些机动部队后面，他们的步兵正踢着正步往前迈进。"

在列举一连串事实的基础上，丘吉尔指出要保持对德国高度的警戒："若想掩饰此刻的严重情况，那就太愚蠢了。"

丘吉尔拿出来的一连串的事实让过惯了太平日子的英国人顿时警醒过来。他没有用空洞的说教或口号召集英国人抵抗敌军的进攻，他让事实站出来说话，事实让他的演讲更有力，一下了揪住了英国人的心。

既然事实对于演讲的成功有着如此大的作用，那么究竟怎样的事实才有说服力，才能引起听众的警觉？首选是自己身边发生的事实。就地取材的事实，既形象又生动，使现场的听众不由自主地投入到演讲中来。

需要注意的是，选用的事例中，讲远的不如讲近的，讲别人的不如讲亲身经历的。

其次，一连串的事例比孤单的事实更有说服力。多个看上去不相关的事例，被演说者摆放在一起，就形成"社会现象"，会引起听众的关注。

1838年5月16日，美国的安吉莉娜·格里姆凯在费城的演说里就引用了一连串的事实来说明奴隶制的罪恶。她说道：

"作为南方人，我感到今晚我有责任站出来为奴隶制作证。这是我亲眼所见的，这是我亲眼所见的！我知道它是如何无法形容地令人毛骨悚然。我是在它的羽翼下长大的。多年来，我是目睹了它是如何使人道德沦丧、如何毁灭着人间的快乐。我从来没有见过一个快乐的奴隶。诚然，我见过奴隶戴着镣铐起舞，但他们并不快乐。"

在安吉莉娜·格里姆凯的演讲里，人们的眼前似乎出现了一群又一群的奴隶，他们之中没有一个人是快乐地生活在这个世界上。这是一幅多么悲惨的情景。

在演讲里，数字也有着神奇的威力，运用得好，能达到一般的事例达不到的效果。

1972年，来自纽约的一位女国会议员贝拉·伯朱格发表了一场呼吁给予妇女政治生活中平等地位的演讲，她说道：

"几个星期前，我在国会倾听总统向全国发表讲话，在我周围落座的有700多人。我听到总统在说，这里云集了美国政府的全体成员，有众议员、参议员，还有最高法院的成员和内阁成员。我环顾四周，在700多名政府要员中，只有17人是女性，在435名众议员中，只有11位是女性，100名参议院员中，只有一个是女性；内阁成员中，没有女性；最高法院中也没有女性。"

不能不佩服，国会议员贝拉·伯朱格用身边的事例，用了一连串的数据，深深地揭露了美国的政治生活中女性地位严重不平等的现实。

在运用数字作论据论述观点时，首先要了解事实的真相，否则一切就会成为空话，一旦有听众提出异议，可能会让自己处于尴尬的境地。

要提醒注意的是，列举事例是为了说明问题，不是点缀，不是卖弄学问，不是故弄玄虚，也不是典故用得越多越好，太多的事例，太多的数据，反而会让听众觉得不知所云，无论数据还是事例，一切要做到"恰到好处"。

当众演讲要真诚，不要卖弄技巧

演讲技巧固然重要，但比演讲技巧更重要的则是灵魂的沟通，是真诚。仅仅具有沟通的技艺、演讲的技巧，而没有一颗真诚的心，那样的演讲，就是欺骗。

演讲中，听众如果感觉你是在为演讲而演讲，而不是用一颗真诚的心在演讲，听众对你的感觉立刻会由敬仰变为憎恶，对你演说的内容由将信将疑变为怀疑。让听众感觉到自己的真诚，必须拿出实际的行动来，比如说，在演讲中敢于暴露自身存在的问题，而不是着力掩盖自己的毛病或缺陷。

所谓演讲时的真诚就是将真实的情况说出来，既说正面的"阳光"，也说出背面的"阴影"，不能只让听众盲目地看到"大好形势"，却掩饰自身存在的问题。真诚就是一切从实际出发，实事求是，不虚夸，不缩小。

尼克松受到诽谤时，他选择用真诚的演讲来赢得选民的支持。

1952 年，尼克松还是个年轻的参议员，艾森豪威尔是他的竞选伙伴。正当尼克松为着竞选四处演讲之时，《纽约时报》上突然刊载了一篇抨击他在竞选中秘密受贿的文章。

如果不能及时进行危机公关，尼克松的名声就会一落千丈，选民也会抛弃他。为此，尼克松来到电视台，发表了半个小时的电视演讲。

下午 6 时半，当他出现在电视屏幕上时，整个美国都安静下来，大家都想知道，他们心目中的候选人是否真的是一位政治受贿者。

在电视演说中，尼克松一反常态，采取了别人在演说中罕见的行为。他把自己的财务史完全公开，不遮遮掩掩。面对电视观众，他从自己的家产，一直谈到他的每一笔欠债。随后，他的话锋又转到了自己个人的经济收入，他一一做了详细说明，甚至自己如何花掉每一分钱，他都一一告诉观众。尼克松认真地讲起了花了多少钱为孩子矫正牙齿，花费多少款项来改装自己家的锅炉，以及他车子加油的费用清单与汽车跑的里程数等。

他还告诉听众，这次竞选提名之后，他的确有幸收到一件礼物，那就是德克萨斯州有人送给他孩子一只小狗。

当尼克松演讲完走出广播间时，处处传来欢呼声，尼克松胜利了。

面对秘密受贿的指责，尼克松采取公开一切的方法，虽然容易被人抓住把柄，冒着一定的危险，但他以极大的勇气公开真相，以最真诚的方式，证明自己的清白，达到了就事论事、辩明该事真相所达不到的效果。

从听众的立场出发，用热诚打动听众

人都是情感动物，如果演讲时能从听众的立场出发，以情动人，再加以热诚的辅助，演讲会更容易深入听众的心灵深处，引起听众的心灵共鸣。

演说之所以能受到听众的欢迎，在于演说者的话代表了听众的心声。演说者正是从听众的立场出发，为听众立言，代听众扬声，替听众明志，所以才得到了听众的支持，获得了听众最热烈的响应。如果演说者抛开听众，只是力图将自己的观点灌输给听众，听众就不会买他的账，演说者就很难得到大众的回应。

成功的演说，往往是从听众的立场出发，关乎听众的需求。

历史上最杰出的演说之一，马丁·路德·金的《我有一个梦想》，让听过的人无不愿意为马丁·路德·金描述的梦想而奋斗。马丁·路德·金的成功，就在于他冲破阻挠，喊出了 100 多年来压抑在美国黑人心底的声音。他说道：

"一百年前，一位伟大的美国人——我们就站在他象征的庇荫下——签署了解放宣言。这一重要的法令犹如灯塔把辉煌的希望之光带给千百万饱受屈辱、处于水深火热中的黑人。它就像欢迎黎明的来临，结束了奴隶被囚禁的漫漫长夜。

"然而一百年后的今天，我们不能不面对这一悲剧性的事实，即黑人仍未获得自由。一百年后的今天，黑人的生命仍惨遭种族隔离枷锁和种族枷锁的束缚。一百年后的今天，黑人仍生活在物质繁荣的汪洋大海所包围的贫穷孤岛上。一百年后的今天，黑人仍蜷缩在美国社会的偏僻角落，感到自己是自己国家里的流放者。因此我们今天来到这里，以引起人们对一种骇人听闻的情况的注意。"

马丁·路德·金的为黑人解放的呐喊，站在了受压迫的黑人的立场上，得到了无数黑人与废奴者的支持，因而受到了听众最热烈的欢呼。

那么作为演说者，如何才能站在听众的立场上呢？

首先，要树立"听众就是上帝"的思想。有了这一思想，就能从时代需求出发，感受时代的最强音；就能想听众之所想，感听众之所感。把他们的需要看成自己的需要，把他们的痛苦看成自己的痛苦，把他们的幸福看成自己的幸福。无论事实的收集、观点的提炼、感情的浓缩，都能站在时代的潮头，成为新时代、新形势、新需求的代言人，得到听众的欢呼、支持、敬仰。

其次，要有"为上帝服务"的手段。民众并非把他们的疾苦写在自己的脸上，并非把他们的幸福挂在自己的嘴上，作为演讲者，有必要深入到民众之中去，了解他们的需要，感知他们苦乐。只有跟他们坐在一起，战斗在一起，才能真正感受到他们内心的创伤，真正领会他们的情感，才会言中有物，才会得到他们的支持。坐在办公室里，听秘书报告，收集网络资料，这样的手段，很难得到听众的真情实感。只有看到他们的辛酸眼泪，看到他们甜美的笑容，你才能切身感受到他们需要的是什么，你才能形成自己真实的体验，你的演说才能让听者动容、动情，才能撼动他们的胸心。

演说时间不长，一般不到一个小时，在这有限的时间里，演说者如何将自己于民众中的感受表达出来，达到为听众立言的目标？毫无疑问，在了解大众的需求之后，有必要将时代有代表性的需求用一个或数个最精练的词语或短句概括出来，用最有力的形式表达出来。

马丁·路德·金就用"我有一个梦想"这样一个短语非常形象生动地概括了一百年来黑人的痛苦和时代的需求。他说道：

"我有一个梦想。我梦见总有一天这个国家将站立起来，实现它的信条的真谛：'我们认为这些真理不言自明：人人生而平等。'

"我有一个梦想。我梦见有一天在佐治亚的红山上，原先的奴隶的儿子们与原先奴隶主的儿子们坐在一张桌子旁共叙手足之情。

"我有一个梦想，我梦见有一天甚至密西西比州遭不公平和压迫的酷热煎熬的沙漠将变成自由和公正的绿洲。"

聆听过马丁·路德·金演讲的人，被"我有一个梦想"这样简短的语句所激励，有的人终身难忘。这样简短的语句很快传遍全美国，听到的黑人为之欢呼。

站在听众立场的演说者，于演说之间，更要表达出听众的情感。埋藏于听众心里的那份情感需要演说者表露出来，用更热烈的方式，让听讲的人感受到他的激情，从而激荡起听众内心的情感诉求。

在"我有一个梦想"演说里，马丁·路德·金就用形象的语言描述了他内心的感受。他说道：

"我今天有一个梦想。

"我梦见有一天，每一条山谷都升高，每一座山头都降低，地势崎岖的地方变得平坦，弯弯曲曲的地方变得笔直，而上帝的光辉得到展现，让所有的人都看得见。

"这是我们的希望。正是怀着这一信念我回到南方。怀着这信念我们将能从绝望的大山中开凿出希望的石块。怀着这信念我们将能把我国的一片嘈杂吵闹声变为一曲华丽的兄弟友谊的交响乐。"

马丁·路德·金用一连串的"梦想"表达了希望梦想能变成现实的强烈情感，这情感犹如中国的"海枯石烂"的誓言一样，让听众的心里颤动。

情感冲动是人类特有的行动动机。比如，在人类的购买行为中，有学者统计过，事先并没有一定的规划，仅仅是由于一时的情感冲动而产生购买行为的，占68%。触发人们的情感领域，使其产生某种有利于自己的行为，相对于触动人们的理性领域产生某种冲动行为而言，前者投入低而产出高。"热诚"是人们触动对方情感领域最重要的"工具"。即使再冰冷的心肠，遭遇"热诚"人的"攻击"，也会变得柔软起来、变得温热起来。成功的演说，往往正是演讲者的热诚叩开了听众的心灵，触动了听众的情感神经。

1863年11月19日，亚伯拉罕·林肯在葛底斯堡发表了一篇著名的《葛底斯堡演说》，这是一场庆祝军事胜利的演说，歌颂那些为理想献身的人们。林肯用他最热烈的情感，赞美了那些做出牺牲的人们。林肯当年的热诚，让我们今天读起这篇演讲稿来，仍然热血沸腾。

"87年前，我们的祖先在这个大陆上创立了一个孕育自由的新国度，他们主张人人生而平等，并为此献身。

"现在我们正在进行一场伟大的内战，这是一场检验这一国家或者任何一个像我们这样孕育自由并信守其主张的国家是否能长久存在的战争。我们聚集在这场战争中的一个伟大战场上，将这个战场上的一块土地奉献给那些在此地为了这个国家的生存而牺牲了自己生命的人，作为他们的最终安息之所。我们这样做是完全适当和正确的。

"可是，从更广的意义上说，我们并不能奉献这块土地——我们不能使之神圣——我们也不能使之光荣。因为那些在此地奋斗过的勇士们，不论是活着的或是已死去的，已经使这块土地神圣了，远非我们微薄的力量所能予以增减的。世人将不大会注意，更不会长久地记住我们在这里所说的话，然而，他们也将永远不会忘记这些勇士们在这里所做的事。相反，我们活着的人，应该献身于勇士们未竟的工作，那些曾在此地战斗过的人们已经把这项工作英勇地向前推进了。我们应该献身于他们为之奉献了最后一切的事业——我们要下定决心使那些已死去的人不致白白牺牲——我们要使这个国家在上帝的庇佑下，获得自由的新生——我们要使这个民有、民治、民享的政府不至于从地球上消失。"

亚伯拉罕·林肯对那些为了自由而逝去的人们热情地颂扬，对他们为之追求的事业热诚地赞颂，让每一个听了他的演讲的人，不自觉地受到感染，为这些伟大的人骄傲，为自由的国度而自豪。

演说者在演说过程中表现出来的热诚，并不是一下子就能达到一定的高度，它要经历一个过程。在这个过程中，首先往往是情感的铺垫。如亚伯拉罕·林肯在《葛底斯堡演说》里的第一段和第二段。这个铺垫里往往做一些情感的交代，让听众缓缓进入状态。

随着一些背景情况、思考动机交代完毕，就要进入情感的展开阶段。在这个阶段，往往更多的是演讲者讲清自己的观点想法，列举相应的事例，让听众的情感渗透到演说者论及的各个领域，从而催生出情感的波澜。

当理性的交代完毕之后，演说者就得引导听众进入情感的高潮。如亚伯拉罕·林肯在《葛底斯堡演说》里第三段述说的内容，它引导了听众产生出高昂的情绪。在这里，我们听到了演说者呐喊的声音，听到了演说者为他的国度、牺牲的英雄强烈的情感的呐喊。

有的演说者为了强化听众的情感，让听众被鼓动的情感有一个强烈的宣泄，让听众之间有一个情感互动的平台，常常会主动地带头喊一些口号，或请他的现场辅助人员带头喊一些口号，让听众在口号声中将热诚迸发出来。

有的人故意将热诚的高潮部分安排在演讲的结尾，对于那些要求听众立即采取行动的演说来说十分有用，比如号召大家购物或投票。有时某一位听众在听了演讲之后虽然触动很大，但他很可能还在犹豫不决，这时，异乎寻常的号召力促使他最后下定了决心。

有的演说者为了加重自己的"情感输出"，还会配合一定的手势来表示自己激动的感情、坚持的态度、必胜的信心。

空洞的说教式的当众演讲没有说服力

当我们有了演说的主题时，首先就是要形成一定的理论。然而，这些理论大部分是空洞的，它们的说服力往往是苍白无力的。因此，演讲者要想抓住听众的心，就要避免空洞的、说教式的演讲。

当我们有了很有价值的演说主题时，往往激动不已，围绕这一主题便有了丰富的联想，产生了一个又一个有意思的想法，并急切地想把这些想法告诉听众。最直接、最原始的方式，就是将这些观点、看法原原本本地告诉他们。殊不知，这种做法最直接的结果，就是向听众灌输了一个又一个空洞的观念——演讲者的信息传送到了听众的耳边，然而，听众却并不乐于接受。也就是说一旦形成抽象的理论之后，作为这一"正确观点"的推动者，常常便坠入了用这些理论直接去指挥别人的深渊，较少考虑到接受者的心态。那么，怎样的演讲才有说服力呢？怎样的演讲才是真正考虑到了接受者的心态呢？

1. 让听众从理性上接受演讲

指听众通过对演讲者理论的科学感知而认可。这样的接受方式有点像挑剔的女性购买衣服：当看中了某一件衣服之后，便要对这件衣服的质地、款式、大小、做工、品牌、穿着场合、生产厂家进行一一的考核，而且尽可能量化。经过认真的比较、分析之后，决定是否购买。

理性的授受方式就是这样，听众对演讲者提出的观点一一进行对比分析，觉得合理、正确，就认可它，否则，就会抛弃它。

听众的分析过程，往往是将自己已认可的知识与演讲者提出来的看法进行比照。如果二者之间的差距较小，就容易为听众接受。

如果演讲者只能提供空洞的理论和说教的话，听众就很难从自己的脑袋里联想到相应的参照物，很难找到与之相关联的事实、根据，因而，那些空洞的理论容易失去基础，结果也就可想而知。

因此，有经验的演讲者除了拿出理论、观点、看法外，一定会拿出一些支持性的事实根据，做到言之有物，让听众找到接收这些信息的参照物。通常，用不着听众自己去找那些参照物，演说者已经为听众准备好参照物了。

有位演讲者，为了说明美国电视中危害青少年身心健康的节目之多，就拿出了一系列具体可感的数字，他这样说道：

"调查表明，从一年级到十二年级的青少年学生，大约有一万多个小时是在听摇摆音乐中度过的，这比他们在校12年度过的全部时间只少1800个小时。有专业的机构做过调查，平均每个观众一年里从电视节目中可看到8700个表示性行为的镜头，暴力场面达19600个。一般学生到高中毕业时，观看电视2万小时，就可以看到1.2万起谋杀。"

这位演讲者成功地运用了数字的威力，使听众深切认识到青少年学生受到的毒害之深。如果这位演讲者去掉这样一些事实或数字式的参照物，听众就很难接受演讲者的青少年受电视毒害的观点。

因此，在演讲中，我们不能只是讲一些空洞的理论、提一些说教式的要求，同时应该为听众提供有力度的"参照物"——事实或数字，只有这样，演讲才有说服力。

2. 让听众从感性上接受演讲

这是人类另一种接受信息的方式。这种方式，是把别人提供的信息进行情感处理，如果听众的情感受到演讲者强烈的震撼，听众就能将演讲者提供的信息转化为自己的切身感受。

这种信息接受方式的前提是"情感震动"，也就是听众的情绪必须受到演讲者的干扰。如演讲者在演讲时声泪俱下，听众也听得泪流满面，这时听众的情感被演讲者撼动，演讲者的看法、观点、主张，深深地嵌入了听众的心中。

空洞的观点，抽象的说教是无法"侵入"听众的情感领域。听众只有在看到某一具体可感的情况，听到某一具体的让人情绪高涨的事实，才会产生共鸣。演讲者在讲说这些事实时，还得倾注自己强烈的情感，来引导听众情感的变化。

听众情绪的变化，往往有一个过程，演讲者首先要进行情感的铺垫，让对方的情绪进入某一个特定的场景。而这个铺垫的过程，必须用眼前的事实，人们只有在看到那些惨烈的局面或激动人心的场面时，情感的门才会缓缓打开。

"二战"之初，丘吉尔为了动员全国人民迎战法西斯的进攻，向全国人民发表了战争演说，他说道："陆军必须扬弃躲在水泥防线或天然防线后面抗敌的念头，同时必须了解，只有靠猛烈而无情的进攻，才能够在战争中抢得主导地位。不只是最高指挥部，每一位战士都必须服膺这样的精神。"

在这里，听众能听到丘吉尔发出的清澈响亮的呼声，能听到他吹起战斗的号角。丘吉尔描述了具体可感的对敌方式，来引导听众的情绪向着他预定的方向前进。没有了"水泥防线、天然防线、无情的进攻"这样具体可感的形象，只有空洞的战争或说教式的战争要求，能让听众感受到战争就在自家门口吗？

听众情感的变化，需要事实的铺陈。用有力的事实告诉听众他们眼前发生的一切，听众的情绪就被你鼓动起来了。

完善当众语言表达的技巧

演讲时的语言表达并不是一件简单的事，完善的语言表达往往能为你的演讲增添不少光彩。想要做一个成功的演讲家，就要在平时的生活中注意锻炼语言表达的技巧。

语言看似简单，然而，演讲中，妙用语言却能收到意想不到的效果。成功的演讲是改变别人对你的看法最为有效的手段之一，有许多著名的演讲家，都是在用语言打动人们的心灵，实现自己的目的。那么究竟语言表达有哪些技巧呢？

良好的语言表达，首要的条件是正确的发音。讲一口流利的普通话，在大众演讲中是必须具备的。

一家公司的技术顾问多年习惯讲方言。年底公司会议上他到公司指导工作，为各部门主管做一场演讲。演讲中，他仍然用了熟悉的方言说话。但是，演讲过后，各部门主管却纷纷向经理反映没有弄清他讲的是什么，其中最大一个原因便是大家听不懂他的方言。

讲好普通话，需要语言环境与练习。平时注意听别人的谈话；在听广播看电视时，注意听播音员的咬字发音，也是一个很好的途径。

演讲时，说话的速度不宜太快。语速过快，演讲者讲出来的观点，浮光掠影一般，不能给听众留下什么印象，起不到演讲的效果。如果对比一下中老年人跟青年人的讲话速度，你就会发现，年龄越大者，说话速度越慢。也就是说，如果演讲者语速太快，给听众的第一印象往往是演讲者"年轻不稳重，思想不成熟"，这就会给演讲的效果大打折扣。

演讲中，重音的运用很重要，也很讲究。演讲者讲到某一个词语或某一句话时，故意加重音量。运用重音，能够在需要加重情感时，即时将某一特别的感情"放大"处理，让听众知晓你对某一感情的激烈反映。在演讲的初始，不要用重音，只是为后半部重单的出现作铺垫。在收尾部分可恰当地运用重音，让听众的感情一再提升。值得注意的是，重音不能滥用，否则，会让听众反感。

变调也是成功的演讲者常用的重要语言技巧。所谓变调，是指声音随着感情的不同发生变化。声音有粗犷与婉约之分，有沉闷与高亢之分。擅长运用变调的演讲者会根据需要进行必要的变化。

语言中，除了声音的要素外，词语的因素也很重要。在语言中，一部分词语是明确的，一部分词语是模糊的。演讲中，明确性的词语能够让我们具体地讲明要表达的意思，但是，我们也应该利用语言的模糊性来运作表达的灵活性。

演说的时候，那些不需要或不适宜表达明确的地方，就应该把话说得模糊一些。我们以日常生活为例。比如说，你的女友买了一件衣服，兴冲冲地跑到你的身边，向着你说："这件衣服漂亮吗？"根据你的审美观点，那衣服怎么看怎么不漂亮，但你又不能扫女友的兴，你就可以用模糊的表示方法，说"嗯，还可以，还好"，你这样的说法，相比"40% 好看，60% 不好看"这种明确界定的讲法就艺术得多。

有时，为了把话说得留有余地，或不便直言明说的地方，也需要借助模糊语言。

一次中国的教师代表团访问日本一所学校，访问中，在酒会上双方答谢致辞时，日方的校长突然向中国一所学校的副校长提出"我们中学愿意和贵校结为友好学校"。在当时的情况下，副校长不便立即表示接受，也不能立刻推辞。于是，中方的校长就用了模糊的方法来作答："校长先生对于我们中国人民，对于我们学校的全体师生的友好情谊，我代表全校师生向您表示感谢。关于您提出的友好愿望，我回国以后一定传达给校长先生和我校的全体教师，谢谢。"这样的回答，既表示了诚意，又不失礼仪。

语言风趣也是演讲中重要的语言技艺，比如，有人这样来形容自己某个时候的心境：我走到门外，猫一见到我，就爬到树上；鸟一见到我，就从树枝上飞走了。风趣的语言需要我们的想象力、联想力，也在于我们平时做个有心人，来收集这些有趣的话语。夸张的语气运用于演讲之中，能产生一种引人注意的效果。恰当地运用夸张，将增大你的语言张力，让演讲的某些个性更突出，特色更丰富。

中国的谚语非常丰富，表现力也强劲。适当地运用谚语，对于演说者提高自己的语言表达技艺而言非常有效。在适当的地方，运用一两句谚语，立刻让语言变得生动有趣。

语言运用中，也要防止出现毛病。有的人喜欢使用"非常""极其""很"等副词，这类词的运用一定要注意程度的恰当，如果用过了头，就可能超越了现实的程度，因此要学会适可而止。否则，你辛辛苦苦的演讲在听众的心中就变成了"那人又开始了""又在发牢骚了""不对着大家发一通牢骚看来是不罢休的"，这样的演讲效果就很悲惨了。

由此可见，演讲中，用词就跟说话一样，要切合实际，看好场合，看好对象，灵活运用，方能收到良好的效果。

当众演讲要有独特的风格

演说过程中，演讲者显示出自己鲜明的个性特色，演讲则更有吸引力。演讲者一旦形成了个人的演讲风格和特点，给听众的印象就会非常深刻，有助于演讲者个人影响力的扩散。

不同类型的演讲有相对固定的风格特色，如政治性演讲，应该表现出严肃、庄重的特色，演讲者应该精心推敲字句，采用宣读方式较为合适。个人的演讲风格应该体现其演讲类型的要求，同时结合演讲者个人的演说风采。如列宁的演讲深刻尖锐，手势动作富有鼓动性；鲁迅的演讲富有旗帜鲜明的战斗精神，语言幽默，发人深省。从演讲类型来看，有四种相当固定的演讲风格：

第一，宣读式演讲风格。演讲者将演讲稿向听众宣读，如总经理在公司年会做的"公司年度工作报告"。它没有跟听众进行情感交流，只适宜严肃、庄重的场合。

第二，背诵式演讲。这种演讲往往是演讲者事先将演讲稿背熟，适宜于初学者。它能较好地表现出原稿的思想及语言水平，但有着明显的表演痕迹。

第三，提纲式演讲。这类演讲只根据演讲提纲进行演讲，是演讲家和演讲老手常用的演讲方式，它的特点是：中心突出，层次分明，易于发挥，便于交流。

第四，即兴式演讲。往往是演讲者有感而发，它具有灵活性、生动性的特点，对演讲者的要求较高，演讲者应具备扎实的思想基础，丰富的演讲经验。

演讲的个性必须符合演讲类型的特性，同时体现演讲者个人特有的语言表现、形体展示等。演讲者应该根据演讲的内容与听讲的对象、环境来决定自己的演讲风格。

一般情况下，演讲者总是站在演讲台上，而你除了在台上演讲外，还可以于演讲中走下演讲台，与听众进行互动和交流。跟某个年轻听众握手，问一下他对你所提出的某个观点的看法；站在某个老年听众旁强调某一观点；在台上挥动手臂强调自己的某一主张，这样，你演讲的"互动性个性"就塑造出来了。

在演讲还没有开始之前，你就可以跟听众进行互动，交流情感。比如说，讲堂较大，不少人碍于面子坐在后排，前排并没有为某些重要的嘉宾安排特殊的座位。这时，你就可以走下台来，走到后排的听众前，热情主动地跟他们打招呼，并请他们到前排就坐。这样，你就已经开始与部分听众进行情感交流，找到了一些潜在的支持者，或许在后面的演讲中，他们之中有人会积极地跟你互动，对你的某些提示进行回应。

为了突出自己的形象，不让后台背景吸引听众的注意力，你可以在演讲之前亲临后台布置设计，让它们尽可能简约，甚至只安排一幅深蓝色的天鹅绒幕布，再打上几盏暖色调的灯光。这样，在演讲环境上，你就为自己营造了一个简约的个性特征，它能直接影响到听众的感受。

你的穿着打扮对你的演讲个性影响也比较大。当你戴上一幅眼镜，西装革履出现在听众面前时，你为自己的形象添上了"学者"的特色符号。当你穿着军装、运动装、白大褂或其他职业装出场时，你的个性形象又加进了职业特色。不论如何，你一定不能忽视你的衣着，合适的衣着服饰，会提高听众对你的尊重。

人们总是有这样的感觉，当演讲者的外表穿着显得成功时，演讲者的思想也比较容易成功。可以想象出这样的情况，如果演说者是位不修边幅的男士，穿着松垮垮的裤子，皱巴巴的外衣，口袋里的一张报纸把西装的外套弄得鼓鼓的；或者演说者是位女士，一个又大又旧的手提包放在演讲台的一角，衬裙露在外面……当听众面对这样的演说者时，还会有什么信心吗？看到演说者乱七八糟的着装，听众一定会在心里嘀咕，那演说者的观点一定会象那乱蓬蓬的头发、未经擦拭的皮鞋、胀得鼓囊囊的手提包一样让人不可接受。

你上台时完全可以带上几张卡片，演讲不一定非得要脱稿。有时卡片里写上名人名言，在演讲时你就用得着。当你故意当着听众的面，认真地宣读卡片上的名言的时候，你演讲时那种"认真"的风格就体现出来了。

手势是形成个人演讲风格的重要部分，至于什么样的手势更符合你，没有硬性的规范可循，但是，也不是演讲时随意的发挥。在演讲之前，对着镜子，做几个手势看看，从中固定两到三个你自己认为有力量、有个性、能体现热情的手势，把这个手势练习好，演讲时你就会有过人的表现。演讲的时候，在不同的时段，可以将手势重复运用，每运用一次，加重一层意义。你的那几个固定的招势会将你的印象镶嵌进听众的脑海中。

通过当众演讲推销自己

每一个人都希望有展示自己、体现自我价值的机会，其中，演讲是一种有效、集中展示才华、智慧、能力、知识、信息的机会，是最有效的推销自己的机会之一。

为了很好地把握演讲这个机会，你可以分两部分来考量这次自我推销，第一部分是你的准备阶段，第二部分是你的现场发挥阶段。忽视准备阶段就会产生致命的失误，这一阶段的工作对你的推销起着关键性作用。

演讲稿是一个重要的"推销工具"，它将你的知识、信息、才华、思辨能力融于一炉。有的人习惯于准备一个演讲提纲，即便不写一份完整的演讲稿，除了这个提纲之外，还得搜集相关的材料，并将这些材料进行必要的加工与整理，从中抽出一些关键性的词语，形成某性专业性的"概念"。这些工作，都是你的知识与才华的表现，它能直接体现在现场发挥之中——准备得充实，你的现场演讲才有滋有味；准备得不足，你的演讲会让听众感觉索然无味。为着表现你的才华，你的演讲稿可以在以下几个方面下功夫：

准备 10 个专业术语。比如你是一位设计师，要向 100 多位准备装修房子的业主做一次房屋设计的演讲，你的"专业性"体现在哪里呢？如果没有专业术语，你全部用的是大白话，业主会相信你的专业设计能力吗？一旦"动线中心""视觉中心""韵律美""电视主题墙"等这些专业术语从你的嘴里说出来，听众就会觉得"演讲者是专业的"。

准备一个有吸引力的开场白。当你走上讲台，开口讲话的时候，就是听众对你的第一印象形成的关键时刻。如果开场白没有准备好，你后面精彩的演讲就没办法发挥，因为听众已对你"不感兴趣"了。准备一个三分钟的开场白非常重要，其影响力将延续至整个演讲过程。

准备 3 个有意思的提问，并为每个问题准备 3 个可能的答案。如果你的整场演讲没有听众的参与，没有你与听众的互动与交流，你演讲的吸引力将大打折扣。一旦你与听众互动，你就有机会展示你的应变能力。你的提问将为你提供一个又一个互动的机会。

准备好道具，比如演示稿、幻灯片等。你可以通过网络资源、朋友资源找到演示稿用的有个性的图片，这些声光辅助手段让你的才华更好地展示出来。

你的穿着打扮也是准备阶段的有价值的工作。面部特征、肢体语言、服饰穿戴，在从你一走上演讲台的那一瞬间，它们就同听众进行着不间断的"交流"。重视它们的作用，让它们为你打造个人的"品牌形象"做出贡献。

演讲现场起作用的关键是临时发挥，你的一举手一投足，你的语言运用、幽默睿智，全都在现场一一展现出来。在现场发挥时，提醒你做好以下几点：

1. 注意眼神的运用

不要眼看天花板，或眼睛望着窗外，或只看黑板或屏幕，要把眼光朝向你的听众，让你的"心灵的窗户"跟听众交流。

2. 有收有放

演讲时不要只说演讲的主题，每隔15分钟讲几句题外话，或向听众提一个问题，或讲一个准备好的笑话，这正如演戏中偶尔让丑角出台露相一样。它们能很好地活跃演讲的气氛，不至于让整个演讲都死气沉沉的。

3. 注意做好小结

每讲完一个主旨要项，做一个小结，将前面讲述的主要内容或主要观点提出来强调一下，让听众能更好地理清思路，让大家感受到你"层层推进"的明晰的演讲脉络。

4. 把握好演讲时间

演讲时间不能过短，否则该讲的话题讲不清；演讲时间也不能过长，否则听众就会感到疲惫。总体时间一般以45分钟为宜。将整个主题分成3个层面，一个层面大约10分钟，每讲完一个层面，给听众3分钟互动或调节气氛的时间，最后应该留5分钟的时间跟听众交流，听听大家的意见与反映。

5. 做到游刃有余

演讲现场可以制造出一点幽默的笑声；有时还可以走下演讲台来站在听众之间讲上几句，不要呆在演讲台上；做几个有意思的手势，也可以让听众跟着一起以某种特有的方式挥动手臂；对主办方、听众、重要嘉宾表示感谢，给重量级嘉宾讲话的机会，为自己造势；让自己的亲友团做你演讲的啦啦队，让他们带头为你鼓掌喝彩；为了感谢在场听众的聆听，也可以准备一些小礼物，现场派送给听众。当你有了充足的准备，便有了强烈的自信心；让台下掌声不断，会让自己有超水平的发挥，你的精彩为你的成功推销增添一抹亮丽的光彩。

总的来说，演讲稿里积聚了丰富的知识、辩证的思维、厚积的词汇谚语等，演讲时的现场发挥更能表现出灵活变通的能力，你的衣着服饰体现出君子风范，你的手势体现出你的自信心，你抑扬顿挫的语言，加上你的眼神等，将你的力量充分地展现出来。通过演讲，你可以更有力地推销你自己。

简短的演讲要主题明确

简短的演讲忌讳的是模糊主题，让听众抓不住演讲者的主要意思。因此，对于这种类型的演讲来说，演讲者一定要明确自己的主题，在最短的时间内抓住听众的心。

任何当众讲话，不论自己知道与否，一定都有着4种主要目标中的一个。这些目标分别是说服或获取行动；说明情况；增强印象，使人信服；欢娱人们。

卡耐基曾分别在芝加哥、洛杉矶和纽约举行会议，向所有的老师请教。他们当中有许多人是在名牌大学演说系执教的。另外一些人，则来自快速扩展的广告促销界。卡耐基希望结合这些背景和智慧，得出演说结构的新方法——一个合理的、能反映出时代所需要的、合乎心理学的方法，以影响听众，让他们采取行动。

苍天不负苦心人。从这些讨论当中，终于产生了讲演建构的"魔术公式"。

这个"魔术公式"就是：一开始讲，便把你的实例细节告诉人们，让这件事生动地说明你希望传达给听众的意念。第一，以详细清晰的言辞说出你的论点；第二，陈述缘由，也就是向听众强调，如依你所言去做会有什么好处。

这个公式，非常适合如今快节奏的生活方式。演讲人再不能溺于冗长、闲散的绪论什么的。听众皆由忙碌的人们组成，他们希望讲演者以率直的语言，一针见血地说出要说的话。利用这个"魔术公式"，可以确定必能得到听众注意，并可将焦点对准自己言语中的重点。

这套"魔术公式"也可运用于写商业书信和对员工及属下做指示。母亲可以利用它来激发孩子，而孩子借它向父母要求事情也很灵。你会发觉它是一把心理利器，在每日生活当中，你也可以用它把自己的意念传达给别人。

让态势语为你的演讲添彩

俗话说"站有站相，坐有坐相"，不同的场合有不同的身体姿势。演讲时如果能有得体的态势语辅助，将会更加精彩。

人们通过身体的坐卧立行等姿势表现出的情感、意向、态度等各种信息的综合就是姿势语言。潇洒、自然、大方、得体的身姿总是令人赏心悦目，而矫揉造作、忸怩作态的身姿最让人厌烦。人们在当众讲话时可以利用动作交流来传递多种信息。形体语言主要包括以下几方面：

首语简单地说就是通过头部活动来传递信息。主要包括点头语和摇头语。头为六阳之首，首语的地位同样也不容忽视。

在表现形式上，有点头、摇头、偏头、回头、仰头、低头、垂头7种，所含的意思各不相同。在特定的交际环境中，点头表示赞同、肯定、鼓励；摇头表示反对、否定、怀疑；偏头表示诧异、犹豫、不解；回头表示欣赏、拒绝、回避；仰头表示景仰、傲慢、坚强；低头表示娇羞、顺从、沉思；垂头表示无奈、沮丧。

头部动作中，以点头和摇头最常见，含义也最丰富。它们所代表的意义也很宽泛。尤其是点头，除了前面所提到的赞同、肯定、鼓励外，还可表示问候、致意、感谢、满意、理解、舒畅、表扬、拥护、放心、尊敬、佩服等。

摇头所指往往具有不确定性。在双方交际中，一方被另一方问及某人、某事、某问题时，他要表示反对、否定、拒绝，可以摇头；而他要表示不知道、回答不了，或者表示此时此地不宜回答、不宜谈此事，也可以摇头。这就需要交流双方根据现场的情况及自己的经验加以判断。

头部是人身体上最具区别性的部位，具有丰富的传情达意的作用。如何动，对说话者来说，是情感的表达；对接受者来说，则可由此获得信息。唐代诗人李白那首脍炙人口的小诗《静夜思》："床前明月光，疑是地上霜。举头望明月，低头思故乡。"没有奇特想象，没有华丽辞藻，一个"举头"，一个"低头"，就把诗人旅途中的情怀表现得淋漓尽致。"举头"，触发了思念；"低头"陷入了沉思。一"举"一"低"，动作简单，却含义深刻。

手动就是用手（包括手指、手掌、手臂）的活动来表达情感，传递信息。亦即所谓的手势。

当众讲话的手势不但能强调和解释语言所传达的信息，而且往往能使讲话的内容更丰富、形象、生动，让听众可听、可看、可悟。

手势在演讲中的作用和类型有：用来表达演讲者的情感，使之形象化、具体化，即所谓"情意手势"；用来指示具体对象的，即"指示手势"；用来模拟状物的，比划大小的，即"象形手势"。在哪种情况下用哪类手势，应视演讲内容而定。因此在手势运用上必须注意：一要简洁易懂；二要协调合拍；三要富于变化；四不要无节制地频繁使用。

有以下几种手势在当众讲话时经常被应用：

精准抓握手法。在这种节拍信号中，手的动作好像有意识地概括想象中很小的话题，但手的动作不能延续到大拇指尖与其他指尖真正地触及到一块。这意味着演讲者强调精辟的意图胜似事实上精确的本身。

挥动的手好像在寻找所探讨的答案，但演讲者未能真正阐明这个答案。在演讲中，演讲者碰到具有探讨性和无把握的问题时，常用这种手势，手部动作表现为食指弯曲与微曲的拇指间有些许距离，其余三指紧握。

强力抓握手法。演讲者在演讲时总想控制大厅的气氛，如果听众并不是聚精会神地随从演讲者的意愿，那么演讲者可采用意图式强力手势吸引听众。

手掌向外式。这是谈判者惯用的手势。双手微颤动地向外开展，其本身暗示了说话人愿意放弃某些条件，主动接触受话者。这是一种强烈的表达愿望的方式，它希望说者和听者之间早已形成的鸿沟能搭起一座桥梁，从而使听者尽可能地进入演讲者的"思想意境"，理解其暗示的道理。

食指拍手法。一般在打拍子时，原则上运用5个手指的动作，但是有一种特殊的节拍手势仅用一个手指，即伸直的食指。它表达了支配占有的欲望。此外对这种手势有两种表达方式：食指向前指和食指向上有节奏地挥动。在第一种情况里，食指若涉及到某个话题和物件，那么演讲者就是强调这个题目和东西有待于讨论。若指向听众里某个人，那么演讲者是有意图地针对那个人耍威风。在第二种情况里，食指向上有节奏地挥动，这意味着演讲者在威胁、要挟和力图征服某人或者某事的愿望。

手掌的动作也寓意深刻。

经过几千年的演变和发展，手心向上这一手势衍生出了不少变体，举起一只手并以手掌示人，以及将手掌按压于心口之上等就都是这一手势的衍生"产品"。

一旦你将手掌反过来，摆出手心朝下的手势，你在对方眼中的权威性就会立刻大增。就拿求对方搬东西的例子来说，当你在说话时使用了手心朝下的手势，对方不仅会马上感觉到你是在命令他将这件东西搬走，而且很有可能会萌生出一种抗拒心理。不过，这种抗拒心理的产生最终还是由你和对方之间的关系，或是你与他在工作中的职位级别来决定的。

翻转手掌，使原本向上的手心朝下。这样一个看似简单的手势变化却能够彻底改变他人对你的看法和态度。

假如你与对方的身份和地位平等，当你对他提出这个要求并做出了手心朝下的动作，那么，他可能会拒绝你的要求。但是，同样的要求，如果你使用的是手心向上的手势，他就很有可能会按照你的要求去做。

当一对夫妻手牵手散步的时候，居于支配地位的一方——通常为男性一方会稍稍走在另一方的前面一点，而他的手也就自然而然地压在了跟在他后面的妻子的手的上方，其手心也就很自然地面朝后方。至于他的妻子，由于位置稍稍靠后，其手心也就会很自然地向前迎合丈夫朝后展开的手掌了。尽管这只是一个很小的细节，但是对于一名肢体语言观察者而言，它所提供的信息已经足以让他判断出谁是这家的一家之主了。

当你将手握成一个拳头，只留出一个手指时，这唯一的突出于拳头之外的手指就仿佛凝聚了整个手掌的全部力量，一触即发。当你在说话的同时将这根手指指向他人的时候，对方马上就会感觉到隐藏在手指背后的那种迫使人妥协的力量。这样的手势会给对方制造出一种负面的影响，因为该手势之后必然会伴随有举臂、挥拳等动作，而对大多数灵长类动物而言，这通常是攻击对方的前奏曲。

这种合拳伸指最容易引发听话人的反感，尤其是当这根手指随着说话人的话语节奏而抖动的时候，这种反感之意就会变得更加强烈。然而，一不留神，我们每个人在说话的时候就会摆出这样的手势。

科学家曾做了这样一个实验。实验中，要求参与实验的 8 名演讲者在一段长约 10 分钟的演讲过程中分别使用这 3 种手势。与此同时，科学家记录下观众在每一位演讲者讲演期间的动作和表情，并由此统计出他们对演讲者的支持率。实验结束后发现，演讲时使用手心向上这一手势频率较高的演讲者获得了观众 84% 的支持率；但是，演讲的内容不变，仅仅让演讲者在演讲时刻意地多用手心朝下的手势，结果，支持率就立刻下降到了 52%。至于使用第三种握拳手势的演讲者所获得的支持率就更低了，仅有 28%，而且在他演讲的过程中，甚至有观众提前退场。

由此可见，在大多数观众面前，伸出的手指往往会引发负面效应。使用最后一种手势的演讲者不仅获得的观众支持率最低，而且其演讲内容的后期影响力也是最低的，观众们大都没能记住他演讲的主要内容。

站姿，能显示当众讲话者的风度。一般说来，发言者要"站如松，坐如钟"，挺胸抬头，端正庄重，给人一种游刃有余、成竹在胸的伟岸之感。发言者在台上，应该有一个基本的立足点，并且根据演讲内容的需要，可以前后左右地进行一些小范围的移动。一般来说，向前移动表示积极性的含义，如号召、赞同、进取等；向后移动表示消极性的含义，如歉意、否定、退让等；向左右移动则表示对某一侧听众特别关注。但千万不能在使用默语时移动身体，因为这时候的移动只是游离性的多余动作，影响听众的视觉接收效果，破坏演讲的和谐统一。高尔基赞扬列宁的演讲时说："他的演说的和谐、完整、明快和强劲，他站在讲台上的整个形象——简直就像一件古典艺术作品：什么都有，然而没有丝毫多余，没有任何装饰，即使有的话，也看不出来，正如脸上的两只眼睛、手上的五个指头那样天生不可缺少似的。"

不同坐姿含意也不尽相同。如坐姿端正，两手平放膝上，身子稍向前倾，是尊重、崇敬的表现；坐在沙发或椅子的前沿，身子前倾，头微微倾斜，是对话题特别感兴趣的表现；坐在沙发或椅子上，整个身子倒转于一方，是嫌弃、轻蔑的表现；而采用背朝谈话对象的坐姿，是不屑理睬的表现。性别不同，坐姿含义也不同，如男生微微张开双腿而坐，是稳重、豁达的表现；将一条腿架在另一条腿上，是轻松、自如的表现；女性拢膝而坐，是庄重、矜持的表现；双脚交叉而又配合交臂的坐姿，是一种戒心很重的表现。

坐姿可分为严肃坐姿、随意坐姿和半随意坐姿三种。身体挺直、双腿并拢或略微分开（女性常为双膝并拢或脚踝交叉），即正襟危坐，为严肃坐姿；背靠沙发或座椅，两手置于沙发座椅扶手上，或双手交叉靠在头后，两腿自然落地或一条腿架在另一条腿上，为随意坐姿。介于二者之间，身体斜靠沙发或头部微微后仰，一条腿架在另一条腿上，为半随意坐姿。在当众讲话中，到底选用什么样的坐姿，主要应考虑环境的因素。如在谈判、重要会议上讲话的隆重场合，一般宜采用严肃坐姿，以示庄重和对公众的尊重；在交谈、接待、庆典、联谊会等场合，一般宜采用半随意坐姿，这有益于营造融洽和谐的气氛，缩短交际双方和多方的心理距离；随意坐姿只宜于非正式场合，交际各方十分熟悉和了解，或是亲友之间，才可采用。

对体姿语言总的应用原则是：根据不同场合、对象、谈话目的和方式，选用不同的站姿、坐姿和走姿，以优美、高雅、自然、协调取胜，配合自然的有声语言，以获得理想的表达效果。

对肢体语言要有选择性和节制性的应用，应准确、适度的配合讲话的目的，以达到最佳效果。各种体姿语言还要相互配合，整体协调、连贯，从而表现出优美自然的风度美、气质美和韵致美。

即兴演讲要会的机智妙语

俗话说，识时务者为俊杰，演讲者如果不会随机应变，就是有口才，也只能让听众"腻味"。

1966 年，现代著名文学家林语堂从美国回中国台湾定居。同年 6 月，台北某学院举行毕业典礼，特邀林语堂参加，并请他即席演讲。安排在林语堂之前的几位颇有身份的演讲者，发表了冗长乏味的演讲，令台下听众昏昏欲睡。轮到林语堂时，他抬腕看了看表，已是十一点半了，于是就改弦换调。他快步走上讲台，仅说了一句话："绅士的演讲应该像女人穿的迷你裙，越短越好。"然后就结束了演讲。他的话一出口，大家先是一愣，几秒钟后，会场上响起一片笑声，接着与会者用最热烈的掌声表达他们对这位优秀演讲家的拥戴。在第二天台北各大报纸上均出现了"幽默大师名不虚传"的消息。看来，即兴演讲者有口才还不行，还要有随机应变的机智。

即兴演讲常常是由于某种特定的场景、特殊的时境所引起的。场景、时境的刺激触发了演讲者，使之产生了不吐不快的欲望。然而有些人只要兴致一来便忘乎所以，一发挥便如黄河决了口再也收不住。

在人际交往中，面对嫉妒、攻击、诬陷、尴尬等负面言行，要做到随机应变，第一要处事不惊，保持冷静的头脑，方能急中生智，化险为夷；二是要宽宏大量，乱中不忘大局，让人下台阶。下面介绍一些随机应变的方法：

1. 以德报怨，赢得尊敬

有一个大家庭，因为小媳妇心灵手巧、才智过人、贤惠温顺而颇得公婆宠爱。对此，大媳妇、二媳妇则嫉恨在心。一天，家中轮到小媳妇做饭。她把饭做好后，又去门前的池塘边洗衣服。这时，大媳妇、二媳妇使出一恶计：她俩又往灶膛里添了一大把火柴，欲使锅中米饭焦糊，让一贯心灵手巧的小媳妇在家人面前丢人现眼，陷入尴尬之境。不一会儿，小媳妇洗完衣服回屋，突闻锅中米饭串出焦糊气味，一看灶膛，木柴还在燃烧。生性聪慧的小媳妇已猜出个中原委。她灵机一动，遂把略呈焦糊状的米饭熬成了稀饭，另外，还做了一些大饼。待众多家人在一起就餐时，她说："这两天天气较热，大伙儿总吃米饭胃口一定不大好，所以，我熬了些锅巴稀饭，做了些大饼，给大家调调胃口。"这一言一行，即刻博得了家人们的同声称赞。此举，既讨好了众多家人，又暗中让大媳妇、二媳妇下了台阶，可谓一举两得，使得一贯嫉妒并有心加害于她的大媳妇、二媳妇不得不敬佩之至。此后，她俩对小媳妇善意相待，而聪慧的小媳妇则不计前嫌，对两位嫂子加倍尊敬。就这样，妯娌之间的关系从"山雨欲来"的险境，步入了"柳暗花明"的胜境。

2. 奇妙对比，体现个性

要想演讲成功，除了简练得体，诚恳幽默外，还要注意对照生发，相映成趣。互相对照、映衬着，令你的演讲更有思想、有意思、有趣味，还能赋予你一种讨人喜欢的个性。

3. 借题发挥，点石成金

有个老师在上语文课时，一只小鸟突然飞进课堂，在教室里乱飞乱撞，学生的注意力全被飞鸟吸引住了。玻璃窗外有钢筋防护网，小鸟一时又飞不出去。老师见状，灵机一动，说："这只鸟真漂亮，大家仔细观察一下，下一节课我们写一篇作文好吗？"于是一堂生动的观察课开始了。同学们一边观察，一边议论，老师还不时地给以指导。

面对突发事件，老师沉着冷静，随机应变，借题发挥，仅用一句话，就把同学们由盲目猎奇引向了对知识的探讨与追求上。

4. 因势利导，化尴尬为神奇

一次公开课上，化学老师在演示试验前讲道："当我们把燃烧着的金属钠移到装满氯气的集气瓶时，将会看到铁剧烈燃烧并生成大量白烟。"然而在演示时，集气瓶中出现的不是白烟而是黑烟。全班大惊！老师很快意识到这是由于自己忘记清洁钠键表面杂物而导致的结果。他马上沉静了下来，并将计就计，继续把试验做下去。他问学生A："你看到了什么？"学生A不语，教师鼓励他说："要实事求是，看到什么说什么，这才是科学的态度。""老师，我没看到白烟，而是黑烟！"A鼓着勇气回答。"你的观察很准确，"老师在勉励学生，并进一步启发说，"这样看来，刚才燃烧的东西就不是金属钠了！可是，这的确是块金属钠。那么，刚才为何燃出黑烟？请同学们回忆一下金属钠的物理性质与贮存方法。"老师抛出了引玉之砖，全班一下子活跃起来，学生C抢着发言："金属钠性质活跃，不能裸露在空气中，而是贮存在煤油中。""你说对了！"老师怀着歉疚的心情介绍说，"由于我的疏忽，实验前没有将沾在金属钠上的煤油处理干净，结果发生了刚才的实验事故。为了揭示上述错误原因，我不打算回头处理煤油，而是将沾有煤油的金属钠继续烧下去。请大家想想，烧的过程中，烟的颜色将发生什么变化？""黑烟之后将出现白烟。"同学们异口同声地说。老师重新点燃了金属钠，还冒着黑烟，只不过放入集气瓶后逐渐变淡。老师将燃烧着的金属钠又移至另一个集气瓶中，燃烧变剧烈了，而集气瓶中的白烟在翻滚！"同学们，你们的预言实现了！"老师向大家宣布。台下响起了热烈的掌声。

这里，老师面对因自己疏忽造成的课堂"异变"，沉着冷静，因势利导。收到了化尴尬为神奇的效果，充分展示出了随机应变之术的魅力。

5. 顺手拿来，为我所用

在即兴演讲中把别人刚说的话顺手拿来归为己用，舀他人池中之水，兴自己湖中之波，既方便又有趣。只要用得自然巧妙就可为自己的演讲增光添彩。

1948年，郭沫若在萧红墓前即兴演讲时就用了这一招。他简单谈了"五分钟演讲"之困难后，就顺手"拿来"另一位演讲者的话："我听了刚才×先生的2分钟演讲，太漂亮了！他说：人民的作家萧红女士，一生为人民解放事业奔走，到头来死在这南国的海边，伙伴们把她埋在这浅水湾上。今天，围绕在她周围的都是年轻人，今后的日子里不知有多少年轻人来围绕着她。朋友们！我们是年轻人，我们没有悲伤，我们没有感慨，请大家向萧红女士鼓掌。太好了，我的5分钟演讲只好改变计划了，让我把年轻引申来说一下吧。"他的话立即使气氛变得轻松活跃起来。本是重复他人，却说出了自己想说的意思。既赞扬了别人，又为自己演讲助了兴。真可谓一举两得。

巧妙创造演讲的高潮

设问就是自问自答。它之所以被广泛用于演讲，是因为它能够调节演讲时的气氛，唤起听众对演讲的兴趣和热情，达到提醒和强调的目的，激发听众共同思考问题，从而使演讲者牢牢掌握住演讲的主动权。

演讲高潮既是演讲者思想最深刻、感情最激昂的时刻，又是听者情绪最激动、精神最振奋的瞬间。有了高潮，演讲方可最充分地表现其审美价值，进而产生最大的感染力和说服力。那么，如何构筑演讲的高潮呢？下面介绍三种常见的方法。

1.运用设问

设问就是自问自答。它之所以被广泛用于演讲，是因为它能够调节演讲时的气氛，唤起听众听演讲的兴趣和热情，达到提醒和强调的目的，激发听众共同思考问题，从而使演讲者牢牢掌握住演讲的主动权。

我们不妨具体分析一下丘吉尔著名的《出任首相后的首次演讲》中的最后一段演讲：

你们问：我们的政策是什么？我说，我们的政策就是用我们的全部能力，用上帝所能给予我们的全部力量，在海上、陆地和空中进行战争，同一个在人类黑暗悲惨的罪恶史上所从未有过的穷凶极恶的暴政进行战斗，这就是我们的政策。你们问：我们的目标是什么？我们可以用两个字来回答：胜利——不惜一切代价，去赢得胜利；无论多么可怕，也要赢得胜利；无论道路多么遥远和艰难，也要赢得胜利……

该演讲的前部分主要报告新政府组阁的情况，后部分则是阐明新政府的态度和政策。通读全篇演讲不难看出，通过步步上升和层层推进，演讲者的思想表达越来越鲜明、深刻和完整，其感情也随之越来越强烈。到了结尾部分，演讲者巧妙地运用两个设问句，全盘托出了自己的观点主张，酣畅淋漓地抒发了自己的情感情绪，使演讲达到了最高潮。

2. 运用反问

与设问不同，反问是问而不答，是用疑问句的形式表达确定的内容。这种句式感情色彩浓重，有很强的感染力和说服力，因而同样有助于构筑演讲高潮，特别是在说理性、论辩性和鼓动性很强的演讲中，其作用显得尤为突出。请看：

我们的同胞已身在疆场了，我们为什么还要站在这里袖手旁观呢？先生们希望的是什么？想要达到什么目的？生命就那么可贵？和平就那么甜美？甚至不惜以戴锁链、受奴役的代价来换取吗？

这是亨利在美国弗吉尼亚州议会上演讲结尾中的一组反问句。全篇演讲就像跌宕起伏的海浪，一个高潮接着一个高潮，而且处理高潮的语言修辞手段各不相同。这一连串反问句，使演讲显得更加轩昂激越，文气也随之大振，充分显示了反问所特有的鼓动力量。紧接着，亨利用呼吁式的口吻结束了演讲："全能的上帝啊，阻止这一切吧！在这场斗争中，我不知道别人会如何行事，至于我，不自由，毋宁死！"

演讲至此，演讲者的思想、意志、信念和感情都达到了最高潮，犹如空谷回音，三日不绝，给听众留下了深刻的印象。

3. 运用排比

连用两个或两个以上结构形式相同的句子，多角度地表达演讲者的思想感情，这就是排比修辞。使用排比句的地方，未必一定是演讲高潮的地方，但演讲高潮的地方却往往离不开排比句。

电话沟通篇

——用电话传递你的热度

接听电话的第一句话

一般公司的新进人员，多少都会接受一些电话交谈礼仪的训练。但是，时间一久，或与客户熟悉了就忘记了。电话的交谈在某些方面来说，的确要比面对面来得困难。

如果你试着蒙住两个人的眼睛交谈，你会发现可能维持不到一分钟便无话可说了。不是一起开口说话，就是彼此沉默不语，总是无法顺利地进行。

电话是一种见不到对方的交谈，虽然有人只想听到对方的声音就好。但是对于电话的交谈，应该时时注意。因为你的一句话，给予对方正面或负面的影响，有时会比你想象的要大得多。

由电话的另一端传来的声音及谈话，任何一瞬间都有可能影响到对方的情绪。虽然这一部分与面对面的交谈相同，但是两者最大的不同，在于电话的谈话，无法直接观察到对方情绪变化和他的脸部表情。为什么这一点如此重要？因为对方情绪已经起了变化，而在电话另一端的人却不一定能完全察觉出来。

当对方情绪已经起了变化，如果没有察觉而又说了一大堆，对方愿意继续听下去吗？所以，当接听电话时，第一句话就给对方留下良好的印象，有利于接下来的交谈能够顺利进行。

尽管我们都不太愿意承认，但是我们总是很快就会通过和对方的简短接触就给对方的形象下定义，也许是在两三分钟之内。在电话当中，也许就是接听电话的前几句话，我们就会决定是否喜欢他们，或是否愿意和他们交往下去，而此形象一旦定格，就很难改变。为了避免给来电者留下不好的形象，我们必须注意电话接听的前几句话。为了做到这一点，很多商务公司都规范其公司的接听语，如早上好！××公司。甚至有的国内企业为了提升其企业的档次，要求员工必须用汉语和英语接听电话，虽然只是几句英语，却无形中使来电者觉得：听起来，这公司似乎很正规，说不定和国外有业务来往，等等。因此电话接听的前几句话显得尤其重要。

为了达到这种效果，给对方留下积极的印象，接听电话之前必须注意控制好语气、音量和说话的速度，最好是中等速度、清晰的语句及中等的音量；按照你的职业习惯表达的第一句话，应该是以积极、热情、乐于助人的态度一气呵成。

电话接听，切忌出现一些恶劣语句，例如，工作正忙的时候，电话又响个不停，情绪很可能因此而变得不耐烦，但是打电话的人并没有察觉这一点。所以，当你拿起电话，还来不及将情绪整理就大喊："喂！找谁！"对方一定会认为："这是什么公司？"一间拥有 100 位员工的公司里，只要一位员工情绪不稳而造成客户不满的话，有可能一竿子打翻一船人。

所以，无论工作怎么忙，接电话之前必须先松一口气，之后再以明亮的声音向对方说："喂，某某公司，您好！"如果对方是自己的亲友："原来是你，真难得！最近好像很不错哦！"之后，再依彼此的交情程度，进行不同的谈话。切忌自己什么都不说，只是一味地询问对方："你叫什么名字？""你是哪个单位的？""你找他是公事还是私事？"这样会给人盛气凌人的感觉，极不礼貌。别人会觉得，你问我是谁，那你是谁？而"喂"字如果大声一点，则有审讯的嫌疑，让人有被审问的感觉。

控制通话时间

随着竞争的激烈，人们的节奏加快，时间也就显得越来越宝贵，所以在和对方进行电话交谈时，更要学会控制时间。如何控制电话时间需要一定的技巧，特别是在电话当中进行自我介绍时，力争不要超过 1 分钟，简单将自己的情况介绍清楚，这就需要做好打电话前的准备工作。

注意电话接听当中的一些措辞，主动及时地表达出来，可以避免不必要地反复提问。如商务公司在接听电话时说："早上好，这里是康盛商务公司，我是陈小刚。"这样就可避免对方问"你是谁"，或者交谈到一半时，突然觉得不对劲，才想起问对方："请问，怎样称呼？"

打短电话最好在 3 分钟以内完成。根据事先列出的要点，拨通电话后做简单的问候就进入正题，说的时候要简明扼要。这样做不仅让自己节约了时间，还让对方觉得我们是在尊重他，因为对方可能有其他事情要处理或因为和我们通电话而占线，其他重要的电话无法拨打进来。如果你知道通话会需要一段较长的时间，一个好的办法是，在你开始谈话时，对你的朋友说："陈先生，现在说话方便吗？"或"你有时间说话吗？"如果更多的人采用这种方式，对电话打扰的抱怨就会减少许多。

其实在电话当中交谈和面对面交谈的差别并不太大，不过由于电话交谈双方彼此无法看到对方的表情，而只是纯粹的语言沟通，因此只要稍一不留神，就很容易将重要的事情给传递错了或出现偏差，这往往是由于听者听错或片面理解，以及表达者表达有误或有偏差造成的，这不仅影响了电话交谈的质量，同时也影响到电话接听的时间。因此，为了节省时间又能明确传递信息，有效拨打电话，应做好如下几方面的准备工作。

1. 准备与谈话内容相关的资料

如果谈话内容很重要，可以先将谈话的内容资料给对方邮寄或电传，让对方详尽考虑，以便在电话交谈时简明扼要，更有针对性，而不必再在电话里向对方解释每个细节，节省时间。

自己要准备充足的资料。若是谈到一半，才想起需要谈话的资料在某一个角落里，需要对方等待一段时间才能将资料取出，这不仅浪费了对方的时间，也影响了谈话的气氛。打电话前没有准备相关的资料，还常会出现所表达的内容要点不全面，东一件事，西一件事，让对方搞不明白究竟哪件事才是最重要的。如果提前做好准备，那么一切都会有条不紊，"我给你打电话，有三件事需要和您商量，首先是……其次是……最后是……我来总结一下，看我们是否达成共识，第一件事，我们认为……第二件事是……最后是……是这样吗？"

当准备好所有的资料后，还需列出发言的要点，将其逻辑联系起来，不要太依赖临时组织的谈话要点。

2. 设想对方要提出的问题

当我们拿起电话和对方交谈时，对方肯定会提一些问题，因此控制电话时间就需要事先设想对方可能会提出的问题，并且拟定合理的回答。如下面这个例子：销售部打电话给生产部，要求生产部派人协助向在场的客户解释产品的生产流程，以增加客户对产品的信任度。销售部经理给生产部打了电话："帮我叫王师傅到销售部办公室来一下。"生产部的同事说："为什么要吴师傅到销售部，有什么事吗？"销售部经理说："来了就知道！"由于生产部正在召开一个会议，见对方如此说，觉得不像是急事，于是就让吴师傅先开完会了再说。如此一来失去了向客户解释的机会。这主要是销售经理只知叫吴师傅来，却没有回答对方提出的问题，误了事。

3. 不要占用对方过多的时间

当你主动打电话时，应尽量控制通话时间，不要占用对方时间过长。特别是你打电话需要对方用一段时间去考虑或查找相关资料，或对方需要时间去向上一级报告时，应考虑给对方一个时间，不要拿着电话等候过长的时间，以免影响对方的工作进度及工作情绪。

4. 适时结束通话

有的人只顾自己高兴，不管对方是否愿意继续接听此电话，殊不知对方已经不耐烦了，你还谈得津津有味，其乐无穷。因此，应该培养一种习惯，在将所有的问题要点解释及讨论完毕后，应提醒自己适时结束电话。并且说几句客气话，"非常高兴能和你交谈""真的很高兴你告诉了我这么多的事情"等，以显热情。不可粗鲁地挂上电话，以免对方误认为你在摔电话，应以顺其自然及友好的方式结束电话。

电话也可以传神

尽管电话线另一端的人根本看不见你，但你的声音却能为对方描绘出你的形象。如果你愁眉苦脸，电话中的声音也不可能温暖热情；同样，如果你说话时面带微笑，那么电波就会把微笑传递过去。电话这种传递身体表情的能力相当惊人。你在电话中的声音能够清楚地告诉对方：你的嘴角是在向上翘，还是向下撇。你越是态度友好，你的声音听起来就越亲切。而友好的态度，无论在社交界还是在商业场合中，都是有效的交流工具。请把镜子放在电话机旁，一面打电话一面观察自己的表情。

要想与人在电话交谈时取得成功，就要使用"微笑的声音"。但是，这样的声音越来越难以听到，以致当我们听到这样的声音时更感到珍贵。我们现在常常听到的是一种"咆哮的声音"。试想，当你在旅馆中一觉醒来，拿起电话点早餐时，回答你的是一个洋溢着笑意的声音，该是多么愉快！你发现对方把为你拉开窗帘、召唤阳光当做自己的职责，而且似乎十分关心你要喝加热的牛奶不会胃痛，这一切当然会让你感到心情愉快！

无论是在私人谈话还是商业会谈中，电话能传送你的形象——可能是令人愉快的，也可能是招人反感的。因此，你应随时保持声音的活力、热情和真挚。

打电话和你在董事会作报告一样，姿势也会影响声音的清晰、音量和活力。打电话时不要缩在椅子里。如果身体下陷佝偻，声音也会跟着下沉。坐直身体，使你的呼吸均匀，语气就会轻柔起来。

有时进行这种漫无目的却又必要的电话交谈是有益的，至少对女人们来说是如此。它可以代替你亲自去慰问病中的朋友，可以帮助他或她消磨寂寞的时光。但是，电话交谈对于交谈的双方来说，通常都应该是简单明了的。要自觉限制你的电话时间，甚至也要限制对方的时间——毕竟会浪费无谓的时间和金钱。

斯雷特诺有一次在白宫与富兰克林·罗斯福总统在一起时，恰好遇到丘吉尔从英国打来一个电话。一会儿，斯雷特诺惊奇地听到总统在说："好了，温斯顿，你的3分钟时间到了。挂了吧，否则你要付超时的费用了。"

作为接电话的一方，态度当然要亲切有礼。但这并不意味着你只能做电话闲聊者的牺牲品。

如果某个电话已经持续了好久，而你正要做一些需要集中精力的事情，如正要煮饭做菜，或者写一篇文章，接待一位客户——那你大可直言不讳地告诉对方你目前没时间闲聊。"杰克，等会儿忙完了再打电话给你，现在我实在脱不开身"或"我忙得不得了，要不我明天早上9点到10点之间再给你电话，好不好？"

如果你是打电话的人，请记住你正占用对方的时间，因此如果你的目的只是为了随便聊聊，那就立刻告诉对方这一点。

给对方考虑的机会

在与人打电话时，要想取得对方的信任，争取到合作的机会，不妨给对方一个考虑的机会。

"周经理，我是老武，我今天想在你们酒店订两间客房，你帮我预订，什么样的价位？"

"你现在通过途径能拿到什么样的价位？"

"大约每间每晚700元。"

"那也差不多，这几天本地酒店也开始进入了旺季，各酒店的房价都在上涨。如果我帮你预订，在我的权限范围内，恐怕也低不了多少。据说春秋旅行社可以拿到最低的价位，你看这样好不好，你到春秋旅行社试试，如果不行，我再帮你预订，你看怎么样？"

"……"

"……"

"好吧，我先到春秋试试看。"

"好的，记着，如果春秋旅行社那里不行，一定给我电话。"

"好的。"

老武的沉默是在思考，他也许在考虑自己是否有春秋旅行社的朋友，若找旅行社会不会很麻烦；也许通过周经理，虽然价位贵一些，但可避免一些麻烦，价位也应略低一些，等诸如此类的事情。

这时这位周经理表现得很好，也保持沉默，给对方思考的空间，而不是直接说："就这样吧，你先找春秋旅行社吧。"然后挂了电话。这样做无疑是没有给老武一个选择的余地，暗示自己不太愿意帮忙，你去找别人吧。

即使在最后，这位周经理，还再次提醒对方，如果其他途径不行，一定要回来找他，表示了十分乐意帮助对方，给别人留下良好的印象。

给对方考虑的机会，也是给自己铺平道路，省去不必要的麻烦，不信看下面这个例子。

1998 年，一群波黑人为了将走私的武器尽快运到前线，他们采取了一个无法无天的行动，劫持了美国某航空公司从纽约机场到芝加哥的一架班机。并要求机长违规降落在他们指定的地点，为他们运输武器。

僵持期间，飞机兜了一个大圈，飞过蒙特利尔、纽芬兰及伦敦，最后降落到法国的戴高乐机场。在这里，恐怖分子击穿了飞机的轮胎。最后法国警察向恐怖分子下了最后通牒。他们说：

"听着，你们可以继续按你们的原则做事。但是，美国警察已经到了。如果你们现在放下武器跟他们一块回美国去，你们将会被判处 2 ~ 4 年的监禁。这就意味着你们也许在 10 个月左右被释放出来。"法国人说完，沉默了一下，然后继续说："但是，如果我们不得不逮捕你们的话，按照法国的法律，你们将被判处死刑，你们愿意选择哪条路呢？"

最后，劫机者决定投降，去撞美国法律的大运了。

警察在这里用了一个疏导而不是逼迫的策略，他们给劫持者出示了两条路，也就是为对方提供了选择范围。而且这种选择是由劫机者自行决定的，而不是警察命令的。如果警察用另外强硬的态度逼迫劫机者就范，也许会把对方逼上拼死一搏的绝路。

电话交谈的基本技巧

作为一个现代人，如果不懂得电话交谈的技巧，会直接影响人际关系的建立。而作为一个员工、领导，就更应该掌握电话交谈的技巧，从而有效地与人沟通，也给自己树立良好的个人形象。

一般而言，电话交谈的技巧主要有以下几点：

1. 说出对方公司的全名

电话处于传送信息状态，我们称为通话；而当通话途中，传入了第三者的声音时，则称之为私语。

例如："林小姐吗？请稍等，我帮你转给夏先生。""夏先生，林小姐的电话。"此时，夏先生如果大意，不管对方是否听得到自己的嗓门，就说："伤脑筋，你跟她说我不在。"这种话若被对方听到了，一定会很生气。

平常我们称呼别人时，都会在名字后面加上先生或小姐作为尊称。但对方如果是公司行号时，就常常省略而造成对方的不愉快。因此，无论对方是人或是公司，我们都应秉持尊敬的态度称呼他。不嫌麻烦地把对方公司的全名都说出来，才不至于让对方认为我们没有礼貌。

2. 音量适中

有活力的声音最美，与人电话交谈时更要保持活力和热情，否则你的声音会显得十分疲倦、颓丧和消极。

如果你打电话时声音变得愈来愈高，可以采用"铅笔法"：手握一支铅笔，举到距离你约 25.4 厘米的地方，然后对着它说话。如果感到你的声音在这个距离内显得过高，就把铅笔放在低于电话听筒，或与茶几同高的位置，并提醒自己降低音调，运用共鸣。

保持生动和关注，某些鸟类在它们对异性发生兴趣时，会改变身体颜色来传达爱意，萤火虫则是用闪动的荧光来表示它求偶时刻的到来。你是否想过你在电话中说的"喂"传递了什么样的信息？它很可能包容了你电话交谈中的全部基调，它能表现出你的情绪：可能是随意而松弛的，说明你正闲着；也可能是友好而活泼的，表面似乎是说："我很忙，不得不立刻挂掉电话。"其实可能非常粗鲁无礼，预示着接下来是一场暴风骤雨。

要让这声"喂"真正传递出你所希望传递的意思。有些人说这个字时，显得十分傲慢、冷淡，甚至带有敌意，其实他们自己并不知道会这样。因此，我们在电话中要特别注意"喂"的声调和感情。

3. 以应答促成电话交谈成功

面对面交谈与电话交谈时，听者所注意的重点显然不同。以前者而言，纵然说话失礼，也可以用表情弥补。只要谈话气氛和乐，大致不会发生问题。

但电话交谈则不然。往往会由于一句无心的话而得罪对方或招致误解。无论以任何表情表示，也无法消除对方的生气，因为对方看不见表情。

工作正忙碌时，却接到客户的电话，对方只是闲话家常，而且越谈越起劲。虽然你想马上结束谈话，但又担心得罪人，只好勉为其难地应付。随着你的心情焦急，语气从恭恭敬敬的"是"，改成"嗯""哦"。

渐渐地，对方会察觉你的态度不恭，而对你感到不满，但其实，对方根本不了解实情。因此，碰到这种情形时，不妨主动说明事实，以委婉的语气结束交谈。

由于电话交谈纯粹是语言沟通，应避免敷衍了事。此外，若是沉默时间太久，必然引起对方误解，以为你没有专心听讲。所以需趁对方说话告一段落时，插上一句"不错"或"是啊"，促成谈话顺利进行。

通电话时看不见面部表情，因此需特别注意声音，因为声音也反映表情。倘若感到不耐烦，对方照样能从声音中感应出来。

电话应对以让对方感到受尊重最重要。为此，我们必须学习电话礼貌，培养出恭敬的态度。

当然，这需经长久的训练才能养成。我们常见有人一手握着电话听筒，一手按着计算机，或一面喝茶、抽烟，一面接电话，这些行为均需避免。虽然电话交谈彼此都看不见，仍需保持基本的礼貌。

把握接电话的时机

接电话的时机往往决定了客户对公司的印象，在第一声铃响结束时或第二声铃响间用明快热情的语调接电话，这是与客户电话沟通成功的第一步。如果打电话到某公司的时候，铃声响了很久都无人接听的话，客户往往会对这家公司产生不好的印象。电话铃响一次约三秒钟，时间虽然短暂，可是从心理上讲，等待的时间感觉很久，容易使人产生不悦，觉得不被尊重。

因此，必须在铃响的第一时间内接电话，即使是离电话机很远，也要赶紧过去接电话。如果在铃响五声之后才接电话，就要先致歉："抱歉！让你久等了。"如此对方才会感受到你的诚意，觉得你是一位有责任感而又有礼貌的人。

一个人等电话的忍耐极限是多久？长、短的定义又如何？在商务电话中，1分钟以上就算久了。某家干洗店的新员工表示，经常有客户打电话询问衣服是否洗好，由于洗好的衣服上都有一个号码牌挂在外面。他就请这位客人稍等，然后放下听筒去外面查看，只顾着自己赶紧找那号码牌，等找到以后去接电话，电话早已因客人等得不耐烦而挂断了。

像这种因找资料，而让对方久等的情况，很少有人能够忍受，应尽量避免。等待不超过1分钟，过长就是失礼的行为了。

商务电话接听的时机虽然重要，但有些情况也要灵活处理。譬如，某百货公司的柜台人员在接待客户时，电话铃响了，他们即使要去接，也不能不顾一切地迅速离去，应先致歉："麻烦稍等一下，我先去接一下电话。"这样才不至于得罪客人而因小失大。商场如战场，公司给予人印象的好坏，往往关系着市场利益，因此电话礼仪不容忽视。

正确应答电话

在商务电话中，对客户或交易对象的来电，一定要习惯性地答谢对方，即使是初次接触，应酬话也不可免。也许有人会问，为什么对那些初次接触、未曾受惠的人，也要表示感谢？这是因为公司里部门众多，负责人也不少，我们并不了解他们是否曾受过别人的照顾，所以拿起话筒时，代表公司表达谢意，也是一种礼貌。即使和对方是第一次接触，向其表示谢意，也不会令人生厌，只会让其对公司产生好感，并增加彼此的亲切感。

正确的电话应答是，首先要先报上公司名称、所属部门，以及在尚未确定对方姓名前，先礼貌性地表达感激。新进员工比较难为情，客套话总是迟迟难以开口，但久而久之就会习以为常，届时就自然而然地脱口而出了。

常有人打电话时只说："是我。"一般对经常打电话来的人，只要关系相当密切，就马上辨认出对方，但即使是熟人打来的电话，也有无法确认的时候。

另外，也有人不等你自我介绍就指定要公司某位员工接听，如果问也不问地把电话转过去时，若是指定的人接了电话，却因和对方不认识而莫名其妙地愣在那里，就太欠妥当了。所以，接电话时，一定要先确定对方的姓名。除此之外，如果我们是在一家专门的电话营销公司上班的话，每一通电话都有可能成为我们的客户。因此，对于打来公司的电话，了解对方的姓名是第一重要的事情。

在日常生活中，如果不注意接听电话的礼仪，会给予别人随便的感觉，更何况是分秒必争的商务电话，没礼貌的应对只会让别人轻视你。况且你就是代表公司，也会让人对公司留下不好的印象。所以切记，在商务电话中的你，就是代表公司的形象，而电话是表现诚意、展示公司形象的最佳沟通桥梁。

在商务电话中，要在对方先报上姓名之前先报上自己公司的名称，如果一开口先用"喂"然后等对方开口的话，对方会以为自己打错电话。如果在一开始就先报上自己公司的名称："××公司，您好！"对方一听就知道没有打错电话，可以安心讲下面的事情。

某些制造厂商在发表完新产品时，都会打电话给各客户公司询问意见，但有些公司的回答彬彬有礼，耐心给予指教；有些公司的回答则是三言两语便打发，可谓天壤之别。

公司与客户间的往来是视其诚意而言的，这点相当重要。假使公司内部的联络工作没做好，连平常往来客户都不甚清楚的话，容易引起误解，增添麻烦。

一名称职的员工，应该早就把客户资料、名称、联系人以及最近合作事项的进程做成重点笔记，放在电话旁，以便客户打电话来时可以查阅，迅速、准确地提供资讯，为客户提供准确完善的咨询服务。

有些员工常常"以声取人"，在接听电话时觉得对方应该是一个小职员，于是就不太爱搭腔，对客户所问的问题也简单回答，这样会使公司的形象受到损害。

"人非圣贤，孰能无过"，打错电话是常有的事。

"喂！请问这里是××公司吗？"

"不是啦！打错了！"接下来"啪"的一声挂断电话。如此的应答是不恰当的，在忙得不可开交之际，突然来一通打错的电话扰人工作，固然令人生气，但是鲁莽地应付甚至口气很差，都会给人留下不好的印象。

"对不起！我们这里是××公司，电话号码是××××××。"如此一来，可清楚地让对方明白究竟是错在哪里，知道是因为电话改了还是拨错了，可避免犯同样的错误。虽然这是一通打错的电话，但有可能对方是看"客户清单"打的，不小心看错行而打错电话。虽然这是一件极小的事，由于你的疏忽，使客户产生一种极不愉快的心情，印象大跌，从此减少和公司的往来。倘若友善地回答，客户一定会觉得相当温馨，更加信赖此家公司。

一时的应对态度可能会带给公司不小的损失，也可能带给公司更多的订单。所以，即使是对方打错了电话，也要有必要的应对礼仪。

在公司内，如果别的部门没有人而电话铃却响了，这时应当积极主动地去接电话。如果对方在电话中提出自己无法回答的问题，可先记下客户提出的问题，看是否可在内线电话中寻找到客户所要洽谈的对象；如果没办法，就请客户稍等片刻，待部门责任人回来再进行交流。

电话交谈中的语气

电话交谈中，语气是影响一个人形象的重要原因。如果语气好会让对方认真去听，如果语气不好，对方就不会认真去听，甚至还会使对方讨厌你。大多数人在用电话沟通的时候，往往没有意识到非语言信息的重要性。而事实上，语言的交流通常仅占整个交流过程的7%，大部分的交流都是由非语言信息完成的。而非语言信息的交流包括身体语言、语调、神态等方面。

在打电话的时候，没有办法使用身体语言，所以我们的语气、语调就会显得特别地重要。我们的语调不仅能表达出我们的感情和情绪，还能表达出我们对这个通话人的态度。所以要记住，"语调不是指我们说了些什么，而是指我们说话的方法"。

我们必须要明白并不是所有的身体语言在电话交谈的过程中都用不上。虽然正在和我们交流的人看不到我们，可是他在和我们进行电话交谈的时候，就会在大脑的意识里勾画出我们的样子、表情和身体语言等，那端的人都能捕捉到。

所以说，如果我们想给对方留下一个好印象，那我们就必须用能给对方留下好印象的语气和语调来讲话。

在讲话时要传达这样的语气给对方：态度明确，热情洋溢，乐于帮人，举止得体。

如果具体一点来说的话，电话交谈语气可分为不合适的方式和合适的方式两种类型。

不合适的方式包括：恼怒的，粗鲁的，不愿意帮忙的，高高在上的，不明事理的，傲气十足的，讽刺挖苦的，不乐意的，讨厌的，架子很大的，冷漠的，傲慢的，冷酷的，犹豫不决的，沙哑恼人的，冒昧鲁莽的等语气。

合适的方式有：热情的，有礼貌的，高兴的，自信的，容易接近的，冷静的，令人宽慰的，关怀的，同情的，体贴的，友好的，感兴趣的，温暖的，轻松的，明智的，支持赞同的等语气。

在电话交流之中，我们一定要努力学会并习惯性地运用这些合适性的语言，并努力抛弃那些不适合的语言。唯有如此，才能给对方留下一个好印象，我们双方的交流才能开心顺畅。

让电波传递美好的形象与声音

良好的电话交谈其实与其他谈话并没有本质的区别，唯一重要的区别就是：打电话时你只能依靠声音，不可能用面颊上的微笑或眼睛中的神采来弥补声音的缺陷。在电话中，声音是你表情达意的唯一信使。既然在电话中只能依赖你的谈吐，那就应该使它表现出最佳的状态。

当你用电话传递声音时，必须弄清楚对方是否真正明白你的意思。尽管电话线另一端的人实际上看不见你，但声音却能为他描绘出你的形象。如果你愁眉苦脸，电话中的声音也不可能温暖热情；同时，如果你说话时面带微笑，电波就会把微笑传递过去。电话这种传达身体表情的能力相当惊人，你在电话中的声音能够很清楚地告诉对方：你的嘴巴是在向上翘，还是向下撇。你态度越是友好，声音听起来就越亲切，而友好的态度，无论是在社交活动还是在商业场合中，都是有效的交流工具。试想，当你在宾馆中一觉醒来，拿起电话要早餐时，回答你的是一个洋溢着笑意的声音该是多么令人愉快！

无论是和私人谈话还是在商业洽谈中，电话传递的形象可能是令人愉快的，也可能是招人反感的。因此，你应随时保持声音的活力、热情和真挚。

即使在面对面的谈话中，有身体动作和手势的帮助，要确切了解对方的意思也不那么容易，在电话交谈中要做到这一点就更难了。这时你只能依靠倾听，倾听对方所说的话，并且适当地回应"嗯""是的""我了解"，让对方知道你正在专心地倾听。

如果发现你在电话中有某种不良习惯，就把字条贴在电话机上用于矫正自己。如果你有清嗓子、说口头禅，或喜欢东拉西扯等坏习惯，这张提醒你的字条会帮助你摆脱它们的危害。让电话中的交谈表现出你最美好的一面吧！

当你在电话中与人交谈的时候，如果你的声音能够给人带来如下的赞扬，那么你的声音就是美好的："呀，听声音她一定是位非常有教养、文雅的女人"，或者"嗯，这声音听起来沉着、稳重，肯定是一位成熟的男人"，抑或，"这家公司真不错，接电话的小姐都是这么温柔，有人情味"。

由于电话容易让对方产生"视觉联想"，因此，美妙适中的声音带给对方的印象是很深刻的，它可以透视出一个人的品格乃至他的具体形象。

有的人一拿起电话，就会像生怕对方听不见似的操起高八度的嗓门大喊大叫，使对方觉得好似公鸡啼鸣，而有的人一拿起电话又好像在联络暗号，生怕被人听见了一样将声音压得又小又低，让对方感觉他口里像含了糖块似的含混不清。

前一种人打电话像打雷一样吼叫，其实他不知道对方早已将听筒离开耳朵好几十公分，不然耳膜都会被震坏；后一种人的声音又总会令人不断地急问："你说的是什么？请再说一遍！"次数多了肯定会引起对方的厌烦。所以，使用电话交谈，一定要注意声音的适度，声音太大或是太小都是不好的，而适当的声音才会比过高或过低的声音更让人感到容易接受。

许多人忽略了声音透过电话机后音调会稍微有所改变。现在即使是最好的电话机也还不能够把你的"原声"传递给对方。因此，你在电话中谈话，不能完全根据你平时说话的习惯。你要有一种特殊的适合打电话的节奏与速度。你的音量也要加以调整，太轻或太重都会使对方听起来不清晰。一般地说，你要正对着话筒，咬字要清楚，一个字一个字地说。数目、时间、日期、号码和地点等，要特别注意，最好能重复一遍，并且确知对方已经完全听清楚了为止。因此，我们在接听电话时，千万要把握好自己的声音。音量要适中，音调要恰到好处。只有这样，才能在短短的几分钟内，将对方的心牢牢抓住。

电话交谈要激起客户的兴趣

我们在与客户进行沟通时，要力争引起客户的兴趣。只有激发出客户的兴趣，让他听下去，才能有效地使其产生购买欲望。

"张经理吗？"

"我是，哪位？"

"张经理您好，我是绿园房产售楼处的，我姓张，上一次您到我们这里，我给您介绍过绿园家居的报价。"

"噢，我知道，你说。"

"总的来说，我们'绿园家居'的别墅为住户着想的真是细致入微，能想到的都为客户想到了。这些您一眼就能看出来。先说交通吧，三环以内，交通非常便利，周围环境也好，推窗见绿，远离噪声和空气污染。"

"噢……"

"我们的房层设计出自国际著名的设计师，这种设计您就是住100年，也别具品位、不觉落伍，不光是外形上叫人刮目相看，内部设施也一应俱全，你看，砖墙，双车库，有修车凹道，有宠物居室、花园、鱼池、露天烤箱。房子里还有一套客居寓室。厨房也是现代化的。另外，在地下，我们也进行了有效的空间利用，设计了酒吧、储藏间和娱乐室。我们这套房子虽然标价94万元，但您也可以先交30万元预付金，其余款项由工商银行15年按揭。"

"嗯，我知道。"

"关键是您别忘了，这里有其他地区房产不能比的健康环境，而且离商场、俱乐部和其他商业服务区都很近，徒步只要十几分钟就到了。您看看，张经理，我说得不错吧？还有一点您也应放心，我们这处别墅小区的物业管理也是很严格的，维修和管理都非常及时到位。如果有兴趣，您近期可以来看看，我们可以给您作更细致的解释。"

"嗯，我现在还不打算去看。我爱人也对那里不太看好。这样吧，我们如果有打算，会和你们商量，先这样好吗？再见。"

业务员对自己的房产极尽赞美夸奖之能事，可谓事无巨细无所不言，但缺乏针对性，很难引起听者的兴趣和需求欲望，因此而失败。

推销是一个寻找顾客需要的过程，初次交锋前，我们要对客户的需要和利益有一个很好的评估，用具有针对性的语言来引起客户的兴趣。

我们不愿漏掉任何劝说客户的理由。但是，没有针对性，很容易使客户厌烦，一旦在某个环节产生反感，链子也就断了，我们的目的就很难达到了。

要使客户产生兴趣，就一定要注意有针对性地推销。

以应答促成电话交谈成功

面对面交谈与电话交谈时，听者所注意的重点显然不同。对前者而言，纵然说话失礼，也可以用表情弥补。只要谈话气氛和乐，大致不会发生问题。

但电话交谈则不然，往往会由于一句无心的话而得罪对方或招致误解。无论以任何表情表示，也无法消除对方的生气，因为对方看不见你的表情。

工作正忙碌时，却接到客户的电话，对方只是闲话家常，而且越谈越起劲。虽然你想马上结束谈话，但又担心得罪人，只好勉为其难地应付。随着你的心情焦急，语气从恭恭敬敬的"是"，改成"嗯""哦"。

渐渐地，对方会察觉你的态度不恭，而对你感到不满，但其实，对方根本不了解实情。因此，碰到这种情形时，不妨主动说明事实，以委婉的语气结束交谈。

由于电话交谈纯粹是语言沟通，应避免敷衍了事。此外，若是沉默时间太久，必然引起对方误解，以为你没有专心听讲。所以必须趁对方说话告一段落时，插上一句"不错"或"是啊"，促成谈话顺利进行。

通电话时看不见面部表情，因此必须特别注意声音，因为声音也反映表情。倘若感到不耐烦，对方照样能从声音中感受出来。

电话应以让对方感到受尊重最重要。为此，我们必须学习电话礼貌，培养恭敬的态度。当然，这需经长久的训练才能养成。我们常见有人一手握着电话听筒，一手按着计算机，或一面喝茶、抽烟，这些行为均须避免。虽然电话交谈彼此都看不见，但仍须保持基本的礼貌。

与不同性格的人在电话中谈判

电话营销人员不能将一张订单无限期地盯下去，而必须讲求时间效用。怎样提高时间效用，最有效的方法就是摸透客户的性格，分析不同客户的办事作风。

对不同客户的电话性格进行分类，针对他们不同的性格特点，对症下药地游说，以达到最佳的时间效用。这对于任何性质的商务沟通来说，都是有好处的。

1. 如何对待犹豫不决的人

业务员小焦，与客户严经理已联系了多次，严经理顾虑重重，经分析小焦认定此客户为犹豫不决型。因此有针对性地做了一番准备后，打了下面的这个电话：

"喂，严经理您好，我是金锭大厦物业管理处的小焦。"

"你说的事，我们还没考虑好。"（与以往托词一样）

"严经理，您看还有什么问题？"

"最近两天，我们在北四环附近又看了一个地方，就是新世界广场。这里交通比较方便，我们员工上班比较方便。再有就是楼层比较好，价钱也比较合适。"

犹豫不决的客户，经常被新出现的问题所左右。在这里业务员首先要找到犹豫的原因。然后业务员再将己方的有利条件列出，优劣立判。犹豫不决型的客户，在多数情况下，只要将各种选择方案向他们摆明，让他们考虑，他们并不难对付。接下来，小焦向他发起最后的进攻："严经理，我刚刚讲的好处你也看出来了，我们这个价钱是从这五个有利条件出发的，而从地理位置来说，新世界的实际价格比我们还高。您不能再犹豫了，您上回看好的写字间今天又有两家公司看过了，我是一再跟经理保证，说您今天肯定有明确答复，您要是再推的话，我就没办法跟经理交代了。"

"这样吧，明天我给你个准信。"

"严经理，您不能再犹豫了，我们大厦就在这三四天又入住了 7 家公司，很快大厦就不会有好的写字间可供选择了。这样，我明天早上 9 点到公司去，咱们做个决定。"

第二天，小焦的业务就谈成了。

2. 如何对待蓄意敌对的人

"喂，您好，请问是霍总吗？我是新鑫公司的小马。"

"说过多少次了！您怎么还打过来！"

蓄意敌对型电话性格的客户，一般都是霸道人物。他们在接业务员的电话时可能会大发脾气，他们把打电话的人视作对手，不仅要赢得电话交锋的胜利，而且还想羞辱对手。

"霍总，上次您开会我没来得及向您介绍我们的产品，其实我们这套新软件非常适合你们企业……"

"是我了解我的企业，还是你了解，你以为自己是谁呀？"

"我不是这个意思霍总，我是说我们这套软件，主要是针对提高公司的营销管理而设计的。这个 MKJ2.0 是老 MKJ 软件的升级版。它经过我们进一步的用户化设计后，有了一个新特点，可以和最新的通信程序一起运行，这样就减少了不少中间环节，加快了销售信息的反馈速度……"

"行了行了，你们这些生产软件的，除了能添乱还能干什么，月月出新的，你们就不能一下子出个全的，然后来个冬眠？能跳一米，非要一厘米一厘米地跳，企业都应该联合起来抵制你们这种奸商式生产。"

蓄意敌对型的客户，脾气大，他们好战好胜心很强，对别人往往不屑一顾。因此，他们坚决要赢得电话交锋的胜利，如果需要，即使羞辱对方，也绝不允许说话的主动权落到对方手里。对付这类电话性格的客户，要避免使用过于鲜明的形容词修饰自己的产品。同时减少发问频率，发问意味着向客户争夺说话的主动权。如果想使用赞美缓和气氛，一定要做得不留痕迹。最重要的是，保持诚恳中性的语气说话。同时继续提出方案，不使其偏离主题。注意，业务员在与蓄意敌对的客户交谈时，应尽量避免对产品的特性、功能、品质、效能使用过多的形容词做修辞，以避免刺激客户的这种偏激的电话性格。另外，这种客户之所以有这种电话性格，主要原因是不愿在电话里跟人谈事，业务员应该创造见面的机会，面对面地尝试与其进行充分的沟通。

"霍总，您的顾虑自然有道理，所以我还要说两句，MKJ2.0 在操作上跟原来的软件相比，视窗管理变得方便了、快捷了。您看，我们公司的技术人员正在随时待命，准备给咱们霍总用演示版作一个 MKJ2.0 功能的演示表演。如果霍总明天或者后天有时间，我们就登门给霍总演示一下它的功能。"

于是，顺利会面，则可继续进行沟通。

3. 如何对待爽快同意的人

业务员小未已经第三次与恒利公司桐老板接洽，每次桐经理都爽快地同意，之后在业务员催单的时候又反悔。业务员经过分析认为桐经理的电话性格属爽快同意型，于是有针对性地设计了以下说辞。

"喂？桐经理您好，我是金海的小未，上次咱们谈的软件说今天给您安装，我一会儿让安装人员过去，您安排一下行吧？"

"呀，这个事啊，是今天吗？我今天很忙。你过两天再打电话过来，咱们再谈。"

爽快同意型的客户，往往在上次电话里答应得很爽快，但一到行动阶段，马上又改变主意。

"桐经理，咱们这事已经定过两次了，您对这个软件也肯定了，咱们就赶快装上让它尽快为咱们公司产生效益，你说对吧？"

对付这种电话性格的客户，关键一点是业务员要将其识别出来，盯住他们。

"对，这是肯定的。"

这类客户爽快同意，只是为了争取时间思考的一种手段。

"桐经理，今天您开会是几点到几点？"

小未要从客户的时间里找到空隙，以便盯住他践约。

"这个会估计要开到中午 11 点。"

"那您下午没别的安排吧？"

"下午不好说。下午我跟一个客户有一个聚会。"

注意，在这里不能给客户再次"拖"的机会和借口。不要以为约一个时间就一切都解决了，要防止拍板人一切从头再来。应紧追不舍，不再给他出尔反尔的机会，让其立即作出决定。

"桐经理，这样，我们的人现在就过来。您散会后，咱们花半个小时的时间，您安排一下。接下来的工作,我们就和其他人具体交涉,您还去参加您的聚会,没问题吧?"

4. 如何对待悲观失望的人

广告业务员秋晓与贾经理多次联系,都被贾经理因以往的广告教训而给予拒绝。秋晓对前几次谈话进行分析之后,认为客户的电话性格属悲观失望型。针对这一电话性格,她做了一番准备后,打了如下的电话。

"喂,您好,贾经理吗?我是秋晓。"

"秋晓?又谈广告来了,不做。"

"贾经理,我想您对广告一定有自己特殊的理解,您跟我说说好吗?"

使用开放性问题法,引导客户说话。

"广告我们不是没有做过,以往我们花了不少钱,没效果,我们属于专业性很强的行业,现在所有的客户都是多年来往的老客户,前几次做广告就是想发展发展新客户,可就是没有效果。你别再浪费时间了。"

"贾经理,我们的这个广告就是针对咱们这个行业做的。您说以往的广告不起作用,但是您想过没有,广告对企业只能有益处。如果我们没有得到相当的回报,不是广告本身的问题,您是否想过这中间还有定位、时机等问题。比如,像咱们企业如果在晚报上做广告,收效可想而知。您没有必要面对大众消费者,这就是定位问题。"

悲观失望型的共同特点是,不相信沟通人员能解决他们的问题。针对他们,电话沟通人员关键要做的就是要帮助他们解剖症结所在,打消顾虑。引导他们判断一下最坏的情况会是什么样,然后设法解决问题,或者提出解决问题的方案。

5. 如何对待眷恋不舍的人

保险公司业务员文月,与客户秦经理就为其公司员工投保一事多次洽谈过。秦经理始终保持若即若离的状态,既不给予肯定也不给予否定,工作因此不得进展。经过一番研究,文月认为此位客户的电话性格属恋眷不舍型,于是文月经过一番思考设计了如下的说辞。

"喂?秦经理您好,我是文月,今天早上咱们刚喝完茶。"

"啊,你好,小文。"

"秦经理,还是上几次跟您说的投保的事,我想是这样的秦经理,即使说您现在不能作出决定，我也希望您拿出一个具体的解决办法来。"

"投保这个事儿我一直在考虑，我会拿出具体办法的。"

"您考虑得怎么样了？"

"嗯，还不算成熟。哎呀，小文，现在的事就是叫人挠头。"

眷恋不舍的客户，心里有自己的难题，但他往往不愿意和别人讨论，同时，因为这类人考虑问题比较周密，所以又表现出不放弃的态度。针对这类电话性格的客户，我们在沟通时，一定要让他明白，只有把问题摆出来才能获得解决，提出的问题也一定要触及实质，不可给客户回避问题的机会。

巧妙地让没完没了的人结束电话

工作中，如果来了一个讲得没完没了的长电话时，会让人觉得非常着急。有时候，还会使工作没办法进行下去。

小阳正积极赶制下午3点开会用的资料，突然桌上的电话响了。原来是客户打来查询的电话，但是，对方的谈话一点儿要领也没有，杂七杂八讲个没完。

用家里的电话想怎么长谈都没关系，但是，公司的电话是大家所共有的，不可以依自己的喜好而谈个没完没了。彼此应该留意简单与扼要的原则。

所以，没有必要理睬这种没完没了的电话。原则上，要求说话对象"简洁地把问题讲明"。

但是，如果告诉他"现在正忙着"，而把电话挂掉，这恐怕会给自己带来麻烦。真想赶快挂掉电话时，该怎么说？

因为对方是重要的客户，而且是难以相处的客户，如何做到既不影响到对方的情绪，又能赶快地挂掉电话，才是最重要的。

1. 将对方的话做个小结，并确认其意图

反问对方电话的要点，做个小结论，以缩短对方的谈话。

"是不是要查询 ×× 契约的事？"

"那么，您指的是 A、B、C 那三个要点？"

赶快随声附和对方，这样对方也会觉得意气相投而大为欣慰。

2. 假装有急事而结束谈话

首先要利用电话谈话时，对方看不见的优点。当对方的话告一段落时，故意稍

微大声地说："啊，对不起！"

当对方说"喂！""什么事啊？"的时候，就说："现在我必须到厂商那儿！"这时候，说说谎也能应急。

不过，这个方法经常有人使用，难免引起对方怀疑，所以，较好的托词是："现在，我有一个紧急电话进来，实在抱歉。"

若是对方也反问说："我这边也是紧急电话啊！"

就同对方表明："那么，请您简短地说好吗？"

这种应对方法，绝对不可以说得心虚声弱，要煞有介事地大声告诉对方。

接听电话说话规矩

除了打电话之外，接电话也是一种不可忽视的艺术。当接起电话之后，首先要说："您好。"再问对方具体事宜。当对方指定了某人听电话时，你必须说一声："请稍候片刻。"然后把电话交给指定的人。有时对方指名的人物刚巧不在场。此时，你不应该只回答"不在"而把电话挂断，你应该尽快去找被指名的人。这时，你不妨对他说："××先生不在场，我现在就去找他，请稍等片刻。"

事情谈完，要说些客套的结束语，如"拜托了、麻烦你了、打扰您了、请多多指教、谢谢、再见"等礼貌用语。还应注意：要等对方挂上电话之后，发话人再轻轻放下话筒。

如果你遇到一个在电话里向你喋喋不休谈话的人，而你确有急事要办，武断地放下电话不听又不礼貌，这时可以向对方说："实在对不起，我现在有个重要的会议，时间已经过了，咱们能不能改日再谈呢？"如果是在家里，你可以说："真不凑巧，有个客人来了，我过一会儿再给您打电话好吗？"

此外，当你正忙于处理某件紧要事情时，会遇到这样的情况，对方不怀好意，无理纠缠。面对这种情况一定要机智对待、冷静处理。如美国一位女演员自有妙法。她经常接到一些无理的纠缠者的电话，当她明白对方不怀好意时，便说："我真高兴你打电话来。你知道，我总是——"咔嚓，电话断了。对方当然想不到她是自己把电话挂断的，还以为出了什么故障，便会立即再打一次。这位女演员便暂时不去接听。所以，她绝不会听任突然打电话来的人的摆布。

有时接电话需要记录，这时要借助书面语，边听边记，不清楚处主动发问："对不起，这一点请您再讲一遍。"尤其是人名、街名一定要问清如何写法，防止同音词混淆。涉及数字、电话号码等一定要复述一遍再记下。等全部要点记录完毕，应当向对方复述一遍，得到对方认可后方可挂断电话。这样的言语处理固然麻烦些，但能保证重要电话的准确接听。

还有一个情况要注意，如果打电话的是重要客人、上级、长辈等时，谈话结束后，要等对方先挂电话，以表示对他们的尊重和应有的礼貌。

打错电话时如何处理

生活中难免接到打错的电话，比如你接其电话说："喂！请问您找谁？""啪！嘟嘟嘟嘟……"当你接到这种电话时，你是会火冒三丈、怒发冲冠，还是守在电话旁等它再一次响起？如果是你打错了电话时你怎么办？

打错电话的情况各种各样，常见的情形如下：

有时一时手痒想赶时髦，便用手边的一支笔快速拨，如此极易将号码拨错或按错键。有时却是因为对方电话号码更改或区域号码变了，而拨不到正确号码，这时你又毫无礼貌地"啪"的一声挂断了。这一挂，不仅对对方失礼，而且对打错的原因不检讨，只会一错再错。因此，在打电话时要先确认一次号码，心平气和地定下心来打电话，如果还是打错时，你可以参照下面的做法：

"喂！您好！这里是A公司。"

"请问不是B公司吗？"

"不是，是A公司。"

"啊！非常抱歉，那可否请问电话号码是否是××××××××？"

"是的，号码是对的，但是我们确实是A公司。"

"那非常抱歉，耽误您的时间。"

"没关系，再见！"

"对不起，再见！"而且应先等对方挂电话，然后才可以挂电话。

在家中常接到打错的电话，通常都会骂几句，而自己打错了电话时，反应往往也是那些。在家居生活中关系可能没这么紧张，但是在公司的商务电话中就不得不战战兢兢了。

"喂！请问是××建筑公司吗？"

"不是，是×××外贸公司。"

"完了！打错了！怎么办，哎呀，超快挂掉。"

很多人会选择这样的做法，其实，这是最差劲的方法。挂了之后，不仅对方莫名其妙，而你再一次拨号码时，也有可能重蹈覆辙打到同一地方去，这是见怪不怪的事。

因此，当得知自己打错电话时，一定不可慌张或出言不逊，而一定要经过这样的确认，才可以清楚了解到底是拨错号码打错电话，还是记错了号码，弄清问题症结所在，然后正确打电话给对方。

打电话勿乱用应酬话

有的时候，我们打电话找人，对方传来的声音很和蔼可亲："我们朱经理不在，请留言，我会代转。"

假若听到这样的话，不要以为对方一定会回你的电话。

或许你左等右等地等了个十几二十天也没个回音，因为那个和蔼可亲的声音传给你的只是表面的客气。

应该想到，你要找的人不在时，虽然对方请你留话，但他会不会转到并说明回电，这可是不能确定的。

假如你只是个业务员，而要找的又是公司的经理，那么，这种回电的可能性就更小了。千万不要因为对方的一句应酬语就完全当真。

你只有隔几天再打个电话过去确认，事情才能处理妥帖。

生活中做事情拖泥带水的人太多，做事说话都喜欢模棱两可，常常弄得人莫名其妙，搞不清楚他心里到底在想什么。

在电话交谈中，有一些人也喜欢采取这样的态度，总是"是、是"地随声附和，到底说的"是"是什么，连他自己也不清楚。

还有的人回应电话时，说一声"请稍等"之后便无影无踪，而打电话的人在这边却一个劲地等，以为自己要找的人就在那里，别人帮忙叫去了。

当等了半天没人接时，便心生疑团，以为是对方有意不接自己的电话因而产生误会。

有一次，李先生打电话到某公司找该公司的营销部主任，想询问一笔生意上的事情。

电话打过去以后，一位接电话的女职员很客气地说："请稍等一下，我去叫他。"

可是，李先生把听筒拿到手发酸，10分钟都过去了也没见把主任叫来，气得李先生把听筒挂了，懒得再通话。

让铃声响得更久些好

不知你在使用电话沟通时，有没有碰过这样的情形？双休日，你正在家里卷袖扎裤地大搞家庭卫生，突然，电话铃声响了，于是你赶紧把手洗干净，然后赶到放电话的地方拿起听筒，这时，听筒里却传来"嘟嘟"的忙音。

"唉，来晚了一步，不知是谁打来的？"于是你心里的滋味很不好受，再回头继续搞卫生时，就没有了先前的那份好心情。

一般来说，有事要打电话的一方，给对方打了电话，通常两至三声时就会有人来接，打电话的一方大概很快就能与对方进行电话交谈。然而，也有遇到特殊情况的时候，那就是对方不能在电话铃响两至三声时拿起听筒。如果打电话的一方听到铃响两至三声就不耐烦，立即放下电话，那么，说不定就容易失去许多机会。

你想想，对方赶到电话机旁电话正好断掉，心情肯定懊恼，而他在懊恼的同时，你不是也正在为没打通电话感到懊恼吗？因此，你在给人打电话的时候，除非有特殊情况，一般至少让电话响十声再挂。因为你给对方一个机会，也等于在给自己一个机会，说不定多等一会儿，机会便由此而来。

上班族回到家里，总有一些家事，尤其是女性，这样那样的家务事就更多了，没有很多的闲工夫守着电话机。电话铃声响起的时候，说不定对方正在忙自己的事情，等"排除万难"去接电话，自然就有那么一会儿时间。

看起来拨电话、等人接电话似乎与说话技巧没有多大关联，其实，既然电话交谈是一门说话技巧，那么，拨电话、等人接电话就都是电话沟通的辅助程序。正确掌握它们的技巧，对你的电话交谈沟通方式将起到不小的作用。

办公室电话忌聊私事

据统计，普通美国人平均每天要花1小时来打电话。按一年365小时计算，他们在25年中，至少要花相当于一年的时间来打电话。电话在生活中占有如此重要的位置，已成为人们须臾不可离的工具了。对于许多人来说，每天使用电话的次数比拿刀叉的次数还多。

在工作中，我们时常会与电话打交道。电话是我们与上司、同事、下属、客户、朋友等沟通的媒介。在办公室中打电话是很平常的一件事。但是很多时候我们会碰到这样的人：总是借着办公室的电话给朋友打私人电话聊天，这样可以省去一笔电话费；也有人在别人工作的时候，很大声地与朋友聊私人电话，虽然他使用的不是办公室的电话，但是却影响了身边同事的正常工作。

不管你抱着什么心态，都最好不要在办公室聊私人电话，因为这不仅浪费时间，还会影响到同事的工作；更有甚者，如果刚好被你的上司听到你在办公时间聊私人电话，会让你的上司对你的工作态度产生怀疑，破坏你在上司心中的形象。

很多人把办公室比作是没有硝烟的战场。如果你长期使用办公室的电话打私人电话，会让同事们觉得你公私不分，甚至是吝啬小气，也会影响到你与同事之间的关系。

换个角度试想一下，如果是你的同事在你工作的时候，大声地打私人电话，你的心情会如何？如果你的同事长期使用办公室电话聊私人的事情，你又会作何感想？不管是哪种情况，想必你的心情都不会好到哪里去。

所以，尽量不要在办公室和朋友打私人电话，这是对同事、朋友和自己的尊重。

和重要人物通话后不要先挂掉电话

现代社会中，电话已成为商业联络的一个重要工具，利用电话可以给商谈带来许多便利，方便做生意办事情。

电话不仅传递声音，也传递你的情绪、态度和风度。虽然电话是通过声音交流，对方看不见你，但你的情绪、语气和姿态都能通过声音的变化传达给对方？电话是与顾客沟通交流的有效途径，接听电话是需要讲究礼仪的。有些职场中人，在这方面就相当欠缺。往往在接听电话时，还没等到对方说"再见"，就重重地挂上电话，虽然这只是一个很小的细节，却是一个十分不礼貌的行为。不管你手头有多少工作需要尽快处理，也不可粗鲁地挂断电话，这会让对方感到你不懂礼貌，素质太低，对你产生坏印象。弄不好还会影响你与客户之间的沟通与交流，影响与客户的生意交流。

赵雪是一家贸易公司的秘书，恰好在她忙得不可开交时，接到一个客户打来的电话，赵雪在听了对方一番长长的问题后，只作了简单的回答就挂了电话。对方还没有说再见，就听到赵雪这边"咔嚓'一声挂了电话，一下子就愣住了，他并没有想到赵雪会在他之前挂断电话，心里十分不快地嘟哝了一句："这么急，赶杀场啊!"

后来这个客户与赵雪的上司一起聊天时，谈到了赵雪挂电话的事，她的上司好像受到了侮辱一般，回来就把赵雪训了一顿。

因为接听电话而失去重要客户是得不偿失的。因此，接每个电话都要将对方视为自己的朋友，态度恳切，言语中听，使对方乐于同你交谈接听电话时，应注意倾听对方的谈话，这不仅是对他人的尊重，也体现出你的修养和气质。同时，适当地给予回应，让对方感到你有耐心、有兴趣听他讲话，这无疑会会使对方信任你，客户的信任对你的工作是很有利的。

在当今的商场社交上，各公司的往来频繁，用电话沟通是常有的事，这时也显得彼此沟通良好，但若是次数太多，同样也是会惹人讨厌的，"奇怪!怎么又来电话了!一次 OK 就好了，真啰唆，芝麻大的小事要重复几遍!"小心，次数如果太多的话，可能会带给人麻烦!有些对刚认识的朋友，态度就变得较随便，因为心里想："反正很熟嘛!"可是尚不知道对方会非常地在意，和你正好持相反的看法，"这个小陈怎么这样，以前刚认识的时候还满客气的嘛，现在怎么愈熟愈不尊重我，那以后不是会爬到我头上吗?"这样子你可能会失去一位商场上的朋友!

一般而言，商务电话都是由打电话的那一方先挂电话，这是基本的电话礼貌，因为是有事情的人打电话过去，事情联络好交代完后理应挂上电话，这样才可算是交易的完成。但是如果遇到的是长辈，可就另当别论了，为了表示尊重，不管是打电话的或是接电话的都应该由长辈先挂，在确定对方已经挂线后，自己再轻轻地放下听筒。

总之，礼貌是好的结束也是希望的开端，要留给对方好印象，可别忽略了最后的礼貌，谨言慎行才是得体的商务应对之道。

情感交流篇

——话入肺腑如品茗，真心之言情更浓

相亲择偶时该如何交谈

现代社会中，虽然许多青年男女都会采取自由恋爱的方式结合，但是传统的相亲择偶仍然存在。许多将要相亲的人都会这么问："见面后，我应该先跟他（她）说什么，才不会失礼呢？"的确，第一次相亲见面时的交谈是很重要的，甚至是相亲能否成功的关键。那么，相亲择偶时，我们到底应该说些什么，又该怎么说呢？

相亲的青年男女，在见面之前对对方已经有了初步的了解，例如，学历、年龄和家庭状况等。因此前来相亲者，多数对于预知的概况都是感到满意的。在相亲过程中，就可挑些双方都感兴趣的话来说。下面我们来看一下一对男女相亲时的对话：

"我喜欢吃，也喜欢烹饪，从中学时代就常常帮妈妈的忙，所以我对烹饪十分有信心。"

"那很好！这样一来，我经常可以品尝美味了。当你先生的人一定很幸福。"

"我学过葡萄牙菜和中国菜，现在正在学习日本料理和下酒小菜。"

"很好啊！下回再来拜访你，就让你请客。我的嗜好也是吃。"

"欢迎！我特别下点功夫，弄几道菜，像蚝油鸡片、八宝鸭、芙蓉鱼片汤，不错吧？"

"哇！这是正式的宴会名菜，不是一流的餐馆还做不出来呢！"

相亲时的交谈如果能够如此进行，最后缔结良缘的机会就相当高了。

同时，前来相亲的男性的目的往往是为了选择终生的伴侣，所以想结婚的女性在相亲的时候，一定要给对方留下美好的印象。"讨老婆，麻雀胜凤凰"，有人这么想，何况相亲双方早就看过照片，要是不中意也就不来了。因此，女性要使相亲成功，就要努力展示自己的魅力，让男性感觉你是一位有知识、有教养的女性，例如，钢琴弹得好、舞技高超、英语流利，等等。这些素养你不说，他是发现不了的。但魅力必须配合对方的兴趣来表达才正确，并且在宣传自己的魅力时要干净、利落地表现出来。

如何邀请心仪的女孩

在有些人的观念中，认为主动约会的一方，会有失身份，在以后的恋爱过程中就会被动。这种想法是极其幼稚的。男女双方，都可以主动提出约会。尤其是男方，在这方面更应该表现出主动的姿态。当你有了心仪的女孩时，要多多制造与她相处的机会，才能增进彼此间的感情。

初次接触后，怎样约女孩一起出游呢？大多数女生都会由于害羞和矜持而拒绝邀请，而男生也会因为害怕被拒绝，颜面扫地，而不肯死皮赖脸地去邀请女生。其实恰恰相反，只要男生主动一些，在言辞上略施小计，约女生出游并非难事。

不管一个女人的内心多么软弱，她也很少表露在外。所以，当你去邀请她时，不要用商量的口气问她："愿不愿意……"之类的话，而最好直接说："咱们一道去……"

如果用"愿不愿意……"这种问法，乍看起来好像非常"绅士"，但事实上给了对方说"好"或"不"的两种机会。警戒度高的女人，为了不节外生枝，干脆就摇头对你说"不"了。相反，如果你用单刀直入的问法那就大不一样了。如果能在你的言辞中加入更多的肯定语气，勾勒出更多的美好画面，那对方肯定会怦然心动，最终答应你的恳求。

下面这一段是一位小伙子煞费苦心地劝说女朋友答应邀约的对话：

"你今天真漂亮，晚上6点钟我们出去吃顿饭、聊聊天，好吗？"

"不行。"

"我们应该彼此多了解一点。就在6点钟好了，到时我来接你。"

"不行。"

"说不定我们可以遇到一个我们喜欢的人，或是一件有趣的事呢！就今晚6点钟吧！"

"不行。"

"6点钟见面以后，我们可以吃顿饭、看场电影，然后到咖啡厅去坐坐，我们会有一个非常美妙的夜晚，还是去吧！"

"是吗？"

"我发觉我越来越喜欢你，今天晚上一定要见到你，就6点钟，我来接你。"

"那好吧，6点钟见。"

从这段对话中可以看出，这个小伙子很聪明，"肯定"加"引诱"，在这段邀请词中，他表现出了极大的信心，他确信"会有一个非常美妙的夜晚"，所描述的美丽场景已经钻进了女朋友的脑海里，她最后不得不"束手就擒"。

不要害怕太过主动，女生其实恰恰希望你能再多敲几次门，希望多听几次邀请她的话。只要做到情真意切，百折不挠，约她出来就并非难事。

与恋人初次交谈的成功秘诀

很多青年人在与异性初次交往时，往往由于缺乏准备，谈得不妙，"第一次"居然成了"最后一次"，造成了抱憾终生的后果。

"谈情说爱"，这4个字分明告诉你，欲获得"情"和"爱"，非得"谈"与"说"不可。第一次与她谈，称之为"初恋的交谈"，则更是一种艺术，非掌握技巧不可。它能使你在情窦的初萌中，把你丰富的思想、微妙的心声用妥帖的话语表达出来，去"接通"对方的脉搏，爆出初恋的火花，使爱情的烈火从此熊熊燃烧起来……这是一门复杂的学问，也是一个难题。这正如恋爱，没有固定的模式。这时仅就常见的几种形式的恋人进行探讨，希望能对更多的年轻男女有所帮助。

1. 同"搭桥式"恋人

一般来说，经人介绍，搭桥发生恋爱关系的恋爱对象，无论男女双方，大多是些恋爱无方、性格较内向的人。当你们赴约相见的时候，应该落落大方，主动启齿。

如果你认为自己是爱上他（她）了，那么，你可直言不讳地说："我似乎觉得今天与你认识心里很愉快……你呢？"如果被爱的双方或一方需要有待于进一步认识和考虑，那便可以说："我希望我们的谈话以后能继续下去……你有这个意思吗？"如果双方或一方感到不满意，可以委婉地表示："让我们都慎重地考虑考虑吧。"或者说："我将征求我父母的意见……"以此作推诿，努力避免不满情绪的流露，保持交往的礼仪，互相尊重。

2. 同"一见钟情式"的恋人

伟大的俄国诗人普希金的代表作—诗体长篇小说《叶甫盖尼·奥涅金》中，女主人公达吉雅娜是个朴素热情、富于幻想、热爱自然的姑娘，她见到男主人公奥涅金后就立即爱上了他，并大胆地写信向他表白，诗中写道：

别人啊!……不，在世界上无论是谁

我的心也不交给他了！

这是神明注定的……

这是上天的意思：我是你的；

我的一生原就保证了

和你必定相会；

我知道，你是上帝派到我这里来的，

你是我的终身的保护者……

你在我的梦里出现过，

虽然看不见，你在我面前已经是亲爱的，

你奇异的目光使我苦恼，

你的声音在我的心灵里，

早已响着了……不，这不是梦！

你一进来，我立即就知道了，

完全昏乱了，羞红了，

就在心里说：这是他！

达吉雅娜见到奥涅金，真可谓是"一见钟情"。但我们这里所讲的"一见钟情"的爱恋，是指由爱恋的双方的直觉感官产生的，是由对方的形象、印象起决定作用的，如外貌、风度、言谈，等等，使男女双方的"钟情"往往产生于"一见"之际。

3. 同"友谊发展式"恋人

既然恋人是由友谊发展而来的，那么就比较难明确从哪一次开始不再作为朋友，而是作为恋人做第一次交谈的。在两位年轻人经历了漫长的友谊过程后，随着年龄、感情的增长，友谊出现了"飞跃"，产生了爱恋。我们把年轻人向他所爱的人表白爱情的言谈，作为同恋人的第一次交谈。

19世纪法国著名的微生物学家路易·巴斯特，他表达爱情的方式是颇具特色的。巴斯特在法国斯特拉斯堡大学任教时，认识了校长洛朗的女儿玛丽小姐，在友谊持续了一段时间后，巴斯特深深地爱上了玛丽。于是，他分别给洛朗先生、洛朗太太、玛丽小姐写了信。除了表达真挚的爱情外，巴斯特在给洛朗先生的信中写道："我应该先把下面的事实告诉您，让您容易决定允许或拒绝。我的家境小康，没有太多的财产。我估计，我的家财不过5万法郎，而且我早已决定把我的一份送给我的姐妹们了。所以，我可以算是一个穷汉。我所拥有的只是健康、勇敢和对科学的热爱，然而，我不是为了地位而研究科学的人。"巴斯特的言语非常坦率，非常诚实，又带着炽热的情感，他终于得到了玛丽小姐的爱情。

马克思同燕妮的爱情更是脍炙人口，在全世界人民中被广泛的传为美谈。马克思同燕妮从小青梅竹马，他向燕妮表示爱情，提出求婚时说：

"我已爱上一个人，决定向她求婚……"

此刻，一直深爱着马克思的燕妮心里急了，她问：

"你能告诉我，你所选择的恋人是谁？"

"可以。"马克思一面回答，一面将一个小方盒递给了燕妮，并接着说：

"在里边，等我离开后，你打开它，便会知道。"

马克思走后，燕妮怀着忐忑不安的心情，小心地打开小方盒，里边装的只是一面镜子，其他什么也没有。镜子里照出了燕妮自己美丽的容貌，燕妮顿时恍然大悟，幸福地笑了，被马克思所爱、所追求的正是她自己。

列宁同夫人克鲁普斯卡娅的"首次恋爱言谈"，似乎有着传奇的色彩。列宁自己风趣地说，是在伏尔加河畔认识克鲁普斯卡娅的，是在"吃第四张春饼时爱上她的"。由于列宁没日没夜地为革命工作忙碌，没有时间顾及个人的恋爱私事，他只能把爱情的种子深深地埋在心底。直到当列宁和克鲁普斯卡娅被捕后，在监狱里，列宁才用化学药水给克鲁普斯卡娅写信，倾诉了埋在心底的火热的爱情。此后，列宁被流放到西伯利亚，在流放生活中，他抑制不住相思的痛苦，才在给克鲁普斯卡娅的信中提出求婚。在信的末尾，列宁是这样写的："请你做我的妻子吧。"列宁坦率、真情的求婚，使克鲁普斯卡娅非常激动，她毫不犹豫勇敢地向寒冷的西伯利亚疾跑，与列宁生活、战斗在一起。

沐浴爱河时应多多放"蜜"

恋爱中的男女相处的时候，有时甜言蜜语非常受用，尤其是爱侣已到了接近谈婚论嫁的阶段，你不妨大胆些，在言语间多放点"蜜"。

一般来说，女人有爱听温柔、甜蜜语言的天性，沐浴在爱河里的人的字典里，是没有"老套"这个字眼的。

任何海誓山盟，"爱你爱到入骨"的话也可说，不必怕肉麻，除非你并不爱她。

与她久别重逢时你可以讲："好像做梦，多么希望永远不要清醒。"

你以充满爱意的眼神望着你的心上人："总是惦念着你！我的感觉，好像一直跟你在一起。"

这是"无法忘怀、时时忆起"的心境，只要谈过恋爱的男女，一定有此经验的。说上面那句话不用怕羞，可以反复使用。相爱之初，热烈的甜言蜜语绝对不会使人感到厌烦，也或许还认为不够呢！

"你喜欢我吗？"你不妨大胆地问。

"说说看，喜欢到什么程度？"或用这样的语气追问。

"请你发誓，永远爱我！"甚至你单刀直入地这样对他撒娇说。

"世界是为我们而存在，对不对？"

"你爱我，我可以抛弃一切！你也是这样？爱就是一切。"

有很多女性使用如此甜蜜的词句来表达爱意。接二连三地用这样的言语向男性表示"永远不变的纯情爱情"，女性便会沉浸在自我的陶醉之中，而男性的反应也会是积极的。

"可以发誓，我永远爱你一人。纵使海枯石烂，爱情也永不变！"

男性若能够这么流利地说出来，一定表示他并不重视你，因为他对任何女性都这么说。

普通男性会说："又来了！"感到畏缩与失望，口中哼哼嗯嗯地无法给予明确的回答，心中还想着其他的事，譬如房子需分期付款。

"对永恒不变的爱无法负责。"事实上，这才是男士的真心话。

当然，在爱情上，"我爱你"的言辞用得过多，未免有庸俗之感，倘若你换用"我需要你！"就显得有实际的感觉。

"需要"与"爱"所表现的感受，对男性而言，似乎前者胜于后者。

男性在社会活动中，喜欢被人发现自己的存在价值。

恰当地运用甜言蜜语，可以使两人之间的爱情温度逐渐升高。然而这样的话只能用两人听得到的声音互相呼应，如果在许多朋友面前得意地大声说，周围的人会感觉很扫兴，还会很恶心。

"怎么了？愁眉苦脸的熊猫，明天工作一定会顺利进行，提起精神，振作吧！"

你选用这很开朗的呼唤与安慰。这时他会回答：

"我是愁眉苦脸的熊猫，那么你是花蝴蝶？"

甜蜜的称呼也会在两人之间产生情意的相投。他的心理逐渐恢复开朗，感觉到你赐予的爱情的温暖。

俘获女人芳心的 6 种武器

心理学家指出，女性的神经比男性脆弱，内心也比男性敏感、细腻。那么，如何才能俘获女人的芳心？如果你正处在恋爱中，那么以下几点将帮你赢得她的爱恋：

1. 善于制造巧合或机遇

一般女性对所谓的命运或算命的感觉都十分相信，所以这一类说法对她们自然十分有效。

男人要结交女友时，也可将偶然与命运同时运用。比如某男子归还一条拾获的女性手绢时，便可这样对她说：

"你的长相与我初恋的女友真是太相似了。"

以后便可以常故意制造一些偶然与她碰面的机会，并且要让她感觉这些偶然都是命运的安排，必须时常强调说：

"难道我们之间真有这么多偶然吗？或许是上天有意安排。"这对男女在不久的将来必定会双双步上红地毯。

2. 激发她心中隐藏的爱情

温柔的话，在耳边轻声细语，能使一个人苏醒过来。"语言是伟大的，语言是有生命的。"当你们相对无言或相处紧张时，不妨说一点情话。

下面的话，不管是男人对女人，还是女人对男人，只要是出自诚心诚意的，都会让对方感到温暖。

"爱你。"

"只有你。"

"喜欢你。"

"和你在一起很快乐。"

"没有你就很寂寞。"

"我等你。"

"我要你。"

"请你说你的事情。"

"你太棒了。"

"我知道你的心情。"

"你是一个好人。"

"需要你。"

"想过你的事情。"

"打电话给你好吗？"

"只要能和你在一起，一切都是美好的。"

3. 不要怕女人的拒绝

许多男人追求女人不能得手的原因，是他们没有信念去冲破对方的一道藩篱，往往在对方哼个"不"字的时候，便信以为真，而裹足不前。

他们忘记了女人与生俱来的天性——"男人是追求者，女人是被追求者"的观念。所以，她说"不"，其实只是一种形式上的客套，谦逊一下而已。可惜的是不少男人虚度半生，对于此中奥秘的知识却是知之甚少，一旦听见女人说个"不"字，便以为她真是这样拒绝了你。

天下最大的蠢莫过于问一个女人让不让吻她，你得知道，在这情形之下，女人是不能够答应你，投进你怀里让你痛吻的，也不愿意模棱两可地，喃喃自语而仍然坐着不动，等待你的"进攻"。所以，她是出于矜持，不能不说一个"不"字。

4. 让秘密留在心中

不管对恋人信任到怎么可靠的程度，有好些事情，如果没有说的必要，在开口之前，最好还是考虑一下的好。

在这一原则下，唯一告诫的是千万不要把你过去的恋情告诉她！这容易在她的心中留下阴影。

你的目的是在说明旧恋人不好，而这根本就没有说的必要。如果你在说旧恋人比她好，则她的心理反应是："为什么你又爱我？"同时，在这心理发展之下，你将会碰到许多的麻烦，日后你也不会安宁。

过去的恋情既然不应该告诉你的恋人，那么，属于过去恋情的痕迹也不应该出现于恋人的眼前。

有些太痴情的男子，对于已经死去的旧恋人念念不忘，往往保存着旧恋人的照片或别的东西作为纪念，这种行为是新恋人所不能接受的。

妒忌是一种不可解释的心理，尤其是女人，她决不容许自己的恋人除了她之外，同时还拥有别的女子的观念，因为爱情是专一的，而你必须属于她一个人。

5. "爱语"很重要

"如果你爱我的话，有什么为证呢？"这是女人经常挂在嘴边说的话。女性就是希望在有形的，眼睛和耳朵都能感觉到的形式上确认"自己对他是不可缺少的人"。

例如，恋人之间在见面的时候，男方没有抱抱她的肩或握握她的手，她就要怀疑他是否爱她，甚至因此而解除婚约的女性也大有人在。妻子新做的一个发型，或穿上了一件新衣服时，做丈夫的假如不发一言，她会认为你无动于衷，这样她就会感到不满。

女性要求承认的欲望很强，恋爱中的更不用说了，就是在结婚后，女人也爱问："亲爱的，你爱我吗？"她时常要求确认"爱"，而对此感到退却的大多是丈夫。在男人看来，不管如何爱她，"我爱你"这三个字只要讲过，就不想说第二次。男人总是这样认为："我是否爱你，可以在实际行动中表现出来。"

可是，对女性来讲，语言比行动更为重要。假如男人不在她们耳边重复着说"我爱你"，她们就认为不能与对方沟通。处于幸福、甜蜜状态的女性，都是根据丈夫的"爱语"或反复的动作得到安心和了解的。

因此，满足这种心理是男性的任务，"我爱你""我喜欢你"这些话对女性是非常重要的。她们认为这样是女性显示内在价值和魅力的标志所在。

6. 女性更需要口头的友爱

陪着女人散步的时候，最优雅的姿态，就是挽着她的手慢慢地走。不要动不动就把手臂弯过她的腰围，除非在偏僻的地方。

即使你和她的关系还未达到可以挽着她的臂腕的程度，你也不必把两手插进裤袋里去，更不要边走边吹口哨。试想，谁愿意和一个无赖汉同行呢？

当她提议要往回走的时候，多半是她兴致已尽的时候，最聪明的做法，还是顺从她的意思吧！不要死命地纠缠不休。要知道，即使她无可奈何地继续陪你走，也是不会高兴的，更糟的还在后头，下一次她可能不愿意轻易地答应你的约会了！

如果你和她的关系仍然是在客气阶段，那么，对于每个有关她的提议，你都加上一句"方便吗？"的征询语，是最优雅而又得体的态度。女人是喜欢人家尊重她的。

如果你问她："我送你回去好吗？"而回答的是一句普通客气话："谢谢，不必送了。"这是表示你可送她。假如用较为严肃的语气回答："用不着，我自己回去得了！"这是表示她有不便之处，这时，你应该知趣，还是回头是好，以免出现难堪的局面。

多交谈是情感保值的秘密

"相爱简单，相处太难。"在恋爱之初，相互觉得性格相投、相处融洽，为什么一旦有了婚姻之后，却发现彼此间有那么多的差异，作为截然不同的两个个体，这时，语言的沟通有着极其重要的作用。

在性格不同的夫妻身上，我们往往更容易发现一些不尽相同的特点，或者会遭遇到一些不熟悉、不习惯的东西。如果我们对那些与自己不同特点、习惯、兴趣和爱好的人过分挑剔，其结果是不堪设想的。

林肯一生的大悲剧，就是他的婚姻，而不是他被刺杀。请注意，是他的婚姻。布斯开了枪以后，林肯就不省人事，永远不知道他被杀了，但是几乎23年来的每一天，他所得到的是什么呢？根据他律师事务所合伙人荷恩登所描述的，是"婚姻不幸的结果"。"婚姻不幸"说的还是婉转的呢！几乎有1/4个世纪，林肯夫人唠叨着他，骚扰着他，使他不得安静。

她老是抱怨这，抱怨那，老是批评她的丈夫：他的一切，从来就没有对的。他老是伛偻着肩膀，走路的样子也很丑。他提起脚步，直上直下的，像一个印第安人。她抱怨他走路没有弹性，姿态不够优雅；她模仿他走路的样子以取笑他，并唠叨着，要他走路时脚尖先着地，就像她从勒星顿德尔夫人寄宿学校所学来的那样。他的两只大耳朵，成直角地长在他头上的样子，她也不喜欢。她甚至还告诉他，说他鼻子不直，嘴唇太突出。看起来像痨病鬼，手和脚太大，而头又太小。

亚伯拉罕·林肯和玛利·陶德，在各方面都是相反的：教育、背景、脾气、爱好，以及想法，都是相反的。他们经常使对方不快。

"林肯夫人高而尖锐的声音，"最杰出的林肯研究的权威、原参议员亚尔伯特·贝维瑞治写着，"在对街都可以听到，她盛怒时不停的责骂声，远传到附近的邻居家。她发泄怒气的方式常常还不仅是言语而已。她暴躁的行为简直太多了，真是说也说不完。"

举一个例子来说，林肯夫妇刚结婚之后，跟杰可比·欧莉夫人住在一起——欧莉夫人是一位医生的遗孀，环境使她不得不分租房子和提供膳食。

一天早晨，林肯夫妇正在吃早饭，林肯做了某样事情，引起了他太太的暴躁脾气。究竟是什么事，现在已经没有人记得了。但是林肯夫人在盛怒之下，把一杯热咖啡泼在她丈夫的脸上，当时还有许多其他房客在场。

当欧莉夫人进来，用湿毛巾替他擦脸和衣服的时候，林肯羞愧地静静坐在那里，不发一言。

林肯夫人的嫉妒，是如此的愚蠢、凶暴和令人不能相信，她在大众场合所弄出来的可悲而又有失风度的场面——在75年以后——都叫人惊讶不已。她最后终于发疯了。对她最客气的说法，有专家分析指出，她之所以脾气暴躁，或许是受夫妻之间缺少情感交流的影响而造成的。

恩爱夫妻有一个共同的特点，就是在通向恩爱和睦的大道上，是需要付出代价的，爱情需要时间的考验、精神上的投资。他（她）们有什么样的共同秘密呢？

1. 多商量

在家中，多点民主空气，凡事多商量，许多棘手的问题，往往可迎刃而解。比如，过年过节，爱人要给岳母买点礼品时，问你："买点啥？买多少？"你可一概说："这些事用不着我管，一切由内务部长全权处理。"当爱人提出一个数目征求你的意见时，你不要说："多了！"或惊讶地说："那么多！"而要说："少了点吧！再添几个。""妈妈把咱带大不易呀！"这样，不仅你把爱人打发得满意，而且为你给父母买点东西打下了基础。再如，小舅子，小姨子结婚要送礼，爱人问："送多少钱？"你还是那句话："这些事用不着我管。"夫妻双方有事共同商议，自然家中享太平。

2. 多安慰

一个人在受到委屈时，特别需要谅解、关怀和安慰，女性更是如此。当她因家庭中某些事忙得心烦意乱而生闷气时，此刻，几句安慰话胜似"灵丹妙药"。星期天是双职工最忙的时刻，偏偏这天你又加班，特别是几个星期连续加班，一切家务活都推到你爱人身上了，这时，她又要洗衣服，收拾屋子，孩子又哭又闹，什么活也不让她干，她那个心烦劲就别提了。于是把气一股脑儿都发泄在你身上。你还没回家就开始骂了，骂你"瞎积极"，骂孩子不听话。这时，如果你有一种功臣思想，感到上班很累，回家应该好好休息一下，于是，兜子一扔，炕上一躺，十之八九，你爱人不会给你好脸看，这个架就很可能吵起来。反之，你如果有一种内疚的心情，感到我不在家，她太累了，于是一进屋就拣好话说。比如，见到爱人正在洗衣服，就说"我来洗"，或说："我来帮你晾，你洗这么多，我还打算回来洗衣服呢！""来！丽丽，看爸爸给你买什么了！"孩子高高兴兴地拿走了小玩具，家里活又有人帮忙了，这时，她的心中像流进了一股暖流，委屈消失，脸上"多云转晴"。

3. 少泄气

夫妻间任何一方在生活中都难免遭受意外或"不幸"，在工作中难免有挫折，这时对方的安慰和鼓励就十分重要了，它能给人勇气和力量；如果妻子把自行车丢了，十分焦急懊恼。这时丈夫安慰说："不要急，上派出所去挂失，也许会找到，实在找不到，就用我那辆，反正我离单位近。"妻子听了，觉得丈夫很大度，自然宽心。如果丈夫是这样说："真是怪事，怎么没把自己也丢了呢？"妻子本来懊恼不止，丈夫又火上浇油，引起妻子唠唠叨叨，揭丈夫老底，到头来肯定战事不休，鸡犬不宁。

诚然，夫妻间要注意的方面还有很多，但只要以诚相待，注意各自的修养，讲究交谈艺术，就能使夫妻生活更加幸福美满，恩爱。

争吵有度，和好有方

俗话说："谁家的烟囱都冒烟。"即使是最恩爱的夫妻，相互间也难免发生争吵。一般口角，吵过之后也就完了，但是，如果争吵起来不加控制就可能激化矛盾，引出意想不到的坏结果。所以，夫妻争吵有必要控制好"度"，即使在最冲动的情况下，也不要超越这个界限。

这里要注意以下几点：

1. 不带脏字

争吵时,夫妻双方可能高声大嗓,说一些过激过重的话,但是绝不能骂人,带脏字。有些人平时说话带脏字和不雅的口头禅,争吵时也可能顺口说出来。然而,这时对方不再把它当成口头禅,而视为骂人,因此同样会发生"爆炸"。

2. 不揭短

一般说来，夫妻双方十分清楚对方的毛病和短处。比如，对方存在生理缺陷，个子小，不生育，或有过失足等。在平时，彼此顾及对方的面子而不轻易指出。可是一旦发生争吵，当自己理屈词穷、处于不利态势时，就可能把矛头对准对方的短处，挖苦揭短，以期制服对方。

有道是"打人莫打脸，骂人不揭短"，任何人都最讨厌别人恶意揭短，这样做只会激怒对方，扩大矛盾，伤及夫妻感情。

3. 不翻旧账

有的夫妻争吵时，喜欢把过去的事情扯出来，翻旧账，拿陈芝麻烂谷子作证据，历数对方的"不是"和"罪过"，指责对方，或证明自己正确。这种方式也是很愚蠢的。夫妻之间的旧账很难说得清。如果大家都翻对自己有利的那一页，眼睛向后看，不但无助于解决眼下的矛盾，而且还容易把问题复杂化，让新账旧账纠缠在一起，加深怨恨。夫妻争吵最好"打破盆说盆，打破罐说罐"，就事论事，不前挂后连，这样处理问题，才容易化解眼前的矛盾。

4. 不涉及亲属

有的夫妻争吵时，不但彼此指责，而且可能冲出家门，把对方的父母、亲属也裹进来。如说："你和你爸一样不讲理！""你和你妈一样混账！"等。如此把争吵的矛头指向长辈是错误的，也是对方最不能容忍的。

总之，夫妻争吵只要把握好了度，就不会伤及感情，"雨过天晴"，两个又会和好如初。当夫妻因事发生矛盾出现冷战局面时，到一定程度就要有一方首先打破沉默，这时另一方就会响应，夫妻握手言和，重归于好。

5. 不贬低对方

最容易激起对方反感的莫过于拿别人家的丈夫、妻子作比较，来贬低自己的丈夫或妻子："你看看人家老王，有手木匠活多好，光是每月给别人做几个大柜，就几百块了。""同样的收入，人家小陈家每月可存入几十元，你呢？月月超支，怎么当家的？"

俗话说："人比人，气死人。"要是对方接受数落，咽下这口气倒也罢了，就怕对方敬你一句："你觉得他（她）好，怎么不跟他（她）过去呀！"长此下去，夫妻关系必然产生裂痕。

6. 留下退路

小两口打仗，妻子的绝招之一就是抓上几件衣服或抱上孩子回娘家。此时丈夫如不冷静，总是在盛怒之下火上浇油，送上句"快滚吧，永远不要回来"之类的伤人话就会使事态更为严重。反之，当你觉得妻子的走已成定局时，如果施些补救之计如追妻至大门外："你走了我怎么生活！""等一等，我去给你叫辆出租！""就当今天是星期天吧，明天就回来！"如此等，话说到点子上，常能打动对方的心，即便是她走了，但感觉总是不一样的，为她的回归留下了余地。

7. 打电话向对方道歉

当面讲难以启齿，而在电话里讲，双方都比较自然、方便，也可以通过其他话题进行沟通。夫妻生活在一起，家务事总是有的。上班时，你可一个电话打给对方，以有事相商来引发对话。此种方法应既考虑对方乐意接受的内容，且又给对方发表意见的机会。

8. 认错求和

如果一方意识到发生矛盾的主要责任在自己，就应主动向对方认错，请求谅解。如："好了，这事是我不好，以后一定要注意。这件事是我考虑不周，责任在我，我赔不是，你就不要生气了，气出病来可不划算！"对方听了，一腔怒火也许立刻就烟消云散。

退一步说，即使错误不在自己一方，也可以主动承担责任。

9. 求助示弱

早晨起床时，已经几天没与妻子说上一句话的丈夫问妻子："你给我洗好的那件白衬衣放到哪里啦？"早已想和丈夫恢复正常的妻子见有了台阶，忙着应声："你这个人呀，总像客人似的，衣服放在哪儿都不清楚，我去给你拿来。噢，对了，昨天还给你买了件新的，只是忘了告诉你。""是嘛，快拿来看看，还是老婆心里有我，斗气也没有忘了冷暖。"这一来一去关系自然就好了。在化解沉默中，女方"示弱"也是一小招。如早晨或晚上表现出不舒服、不想动、吃几片小药什么的，都能引出丈夫的话题，因为男人在关心妻子时开口，这绝不是屈从的表现，不会有损于大丈夫的形象。

10. 直言和解

如果双方的矛盾并不大，只是偶然出现摩擦，就可以直截了当和对方打招呼，打破沉默。如说："好了，过去的事就叫它过去吧，不要再憋气了。"对方会有所回应，言归于好。也可以装作把所有的不愉快都忘掉了，像什么事也没有发生似的，主动与对方说话，对方如顺水推舟，便可打破沉默。如上班前，丈夫突然对还在生气的妻子问："我的公文包呢？"见丈夫没有记仇，妻子也不好意思不理睬，应声道："不是在衣柜上吗？"这样就打破了僵局。

11. 幽默和解

开个玩笑是打破僵局的最佳方式。如果我说："你看世界上的冷战都结束了，我们家的冷战是不是也可以松动一下？""瞧你的脸拉那么长干什么！天有阴晴，月有圆缺，半月过去了，月儿也该圆了吧！女人不是月亮吗？"对方听了大多都会"多云转晴"的。

总之，只要一方能针对矛盾的具体情况，采取相应的沟通方式，巧用言语，就可以尽快打破僵局，让家庭生活恢复往日的欢乐与和谐。

倒追怎么开口最好

在中国古代社会中，女孩都是矜持的，从不主动开口说"爱"，倒追男孩的女孩肯定是为世俗所不容的。但现在的女孩子在接受开放思想的熏陶以后，大多数都不会再羞答答地等待男孩表白了，当她们有了心仪的对象时，都会主动创造机会与男孩相处。

积极主动、会沟通的女孩，追到自己喜欢的男孩的几率比不主动、不会沟通的女孩要高很多。那么，女孩要如何打动男孩子的心呢？

倒追男人，聪明的女孩会主动创造机会，而不是等待机会。她们享受追求的整个过程，这个过程浸透了她的耐心和技巧。

有一个女孩住在一家医院附近，她看上了一个医生，苦于没机会接近他，于是想到一个方法。有一天，女孩双手抱满东西，和迎面匆匆而来的一个人撞了个满怀，东西散落一地。这个人当然就是那个医生，他为自己的不小心连声道歉，同时帮她捡起散落的物品。女孩一脸害羞又通情达理地说："没关系，你也是太忙碌了，才弄成这样嘛！"

初次的计划成功后，女孩每天在医院的下班时间牵着小狗在附近徘徊。几天后，她又遇到了那个年轻医生，两个人攀谈起来，不久之后成为了恋人。

还有一个女孩追一个男人，她发现这个男人早晨有跑步的习惯，于是她也开始跑步。

一次在跑到男人面前时，她友好地和他打招呼，脚下却失去平衡摔倒在地，她碰破了膝盖，男人把她带回住处，并给她敷药。这样，她虽然跌伤了，却得到了和男人接近的机会。

适当地使用一些小计谋，往往都是你成功倒追的开始。

还有一些女孩总是很烦恼，因为她们在和自己心仪的男孩相处时，会感到十分紧张，也找不到合适的话题。

如果你因赴约会而紧张，有一个秘诀就是：把紧张诠释成兴奋。聪明的女孩会把和男人约会、谈话当成一种乐趣。她会细心地去了解男人对她说的每句话的真正含义。因为一句玩笑，一句对工作的怨言，都可以泄露男人内心的问题和麻烦。而只有真正了解了对方的想法，聊天才不会流于表面，而是可以更深入地接触到对方的内心。

走出"三角恋爱"的误区

正常的恋爱关系应该是一对一的，即一个人只接受一个异性的爱，并与其保持恋爱关系。然而，在现实生活中，还存在这样的情况：两个人同时或先后爱上一个人，也可能是一个人同时或先后爱上两个人，这就形成恋爱的三角关系，也叫"三角恋爱"。

三角关系不是正常的恋爱关系，它会倍感苦涩，而且很难体会到爱情原有的甜蜜，最终还有可能产生难以预料的后果。因此，人人都不希望自己卷入三角恋爱的关系之中，但要是不幸碰上了，还是必须对其进行妥善地处理。

（1）切忌不冷静，采取过激行为，甚至以死威胁，这样只会适得其反。

（2）可以更加积极主动地展开爱情攻势。这种攻势不仅可以使对方为之感动，还可使他（她）周围的人倒向你这边，并给第三方造成极大的压力。

（3）要适时地抓住时机，向恋人表明你的心意，让你们的感情更深。这样，就算出现第三者，恋人的心意也会很坚定地向着你。

（4）有时不妨做出适当的退却，以便使对方更冷静地掂量自己的感情。

（5）如果第三方也是你的好友，这时就应该保持一颗超然之心，可以趁着你俩喝得微醉时，对他说："跟你说句心里话，我爱上了××，这种感觉真是叫我难以言表，帮我出出点子，如何？"这样或许能让好友成全你。但如果这招不灵，应该将主动权交给那个你们共同爱慕的人，让她（他）来做出决定，前提是不破坏你与朋友的友谊。

和现在的恋人在一起时偶遇以前的恋人

恋爱中的男女许下海誓山盟的诺言是极其自然的事情，比如，将来要给对方一个好的生活环境，发誓一心一意只爱对方一人，答应照顾对方一生一世等。可是美好的愿望不一定都能变成现实。因为各种各样的原因，所以男女双方的恋情不一定有完美的结局。这时，多数人会选择分手，去寻找更适合自己的新生活。

如果将来某一天，与当初的恋人不期而遇，不管此时其中的一方或双方有没有新伴侣，或多或少都会在心理上掀起波澜，扰乱平静的心。如果你不善于控制自己的情绪，态度含糊、举止失措、应对失常，就可能让场面更加尴尬，甚至还可能会影响你和现在的恋人的感情。那么，如果与现在的恋人遇到以前的恋人，要怎么样表现才恰当呢？

（1）审时度势，根据实际情况，采取相应的措施。无论你对以前的恋人是爱是恨，一定要珍惜、保护眼前人，至少要考虑一下他（她）当时的感受。

（2）如果以前的恋人主动和你打招呼，不论他（她）有什么样的目的，只需不卑不亢，落落大方地问候一声，保持常态，不失礼节就可以了。

（3）如果发现以前的恋人依然对你余情未了，为避免麻烦，应及时主动向他（她）介绍现在的恋人。不仅可以让他（她）知难而退，而且还可以安抚眼前人。

（4）如果以前的恋人表现得比较友好，你也可以适时展现风度，问问他（她）的近况，开几句无伤大雅的玩笑，让他（她）感到，当初的感情已经升华了，目前你对他（她）只有朋友间的关心。

（5）如果以前的恋人对你因爱生恨、冷嘲热讽，你也不用客气，可以冷静地回击他，但必须保持风度。

让对方不失体面地收回"爱"

爱情是一件美好的事，如果爱你的人正是你所爱的人，那么被爱是一种幸福。但是，假如爱你的人并不是你的意中人，那么被爱就不是一种幸福了，可能会是反感甚至是痛苦。别人向你求爱，他（她）没有错；你拒绝他（她）的爱，你也没错。最关键的是怎样拒绝，如果拒绝得恰到好处，对双方都是一种解脱。如果你不讲方式，不但伤害了他人，说不定还会伤害自己。

初次交朋友，你也许有过这样的难题，由于对方是你上司介绍的，或者是上司的子女，让你在拒绝上产生了犹豫，虽然每次见面都会使你感到不舒服，但一想到对方的身份、上司的威严，总是很难开口说出那个"不"字。你被这份"多余"的爱折磨得痛苦不堪，不知该如何去做。

很多人遇到不喜欢的人的示爱都不知道该怎样拒绝，由于处理得不当，导致了"害人害己"的后果。可见，掌握一定的拒绝方法是相当重要的。

（1）若已有意中人，又遇到求爱者，那么就直接明确地告诉对方，你已心有所属，请他另选别人。但切忌向求爱者炫耀自己恋人的优点、长处，以免伤害对方的自尊心。

（2）倘若你认为自己年龄尚小，或是有学业上的压力或事业上的追求，暂时不想考虑恋爱问题，那就讲明情况，好言劝解对方。

（3）不要直接指出或攻击对方的缺点或弱点，也不能以一种"对方不如自己"的优越感来拒绝对方。

（4）如果不喜欢求爱者，可以在尊重对方的基础上，婉言谢绝。但是，态度一定要真诚，言辞也要十分小心。

理智化解夫妻间的争吵

夫妻唇齿相依，就免不了唇齿相咬。因而，对于这对矛盾体，夫妻之间发生争吵，实属正常。

俗话说："夫妻没有隔夜仇，床头吵架床尾和。"争吵虽会在平静的生活中激起波澜，但是往往事情过后双方会加深了解和体谅，乃至回味无穷。但是，这种化解艺术并非人人都能掌握，弄不好还会导致家庭破裂。既然有些架非吵不可，那么我们还是要试着学会去化解，至少要把其中的冲突减少到最低限度。

（1）与对方发生争执时，要控制自己的情绪，说一些宽慰、幽默的话来缓和气氛。

（2）夫妻之间发生矛盾时，千万不要用尖酸、刻薄、讽刺的话去伤害对方，否则自己痛快了，对方却好几天缓不过来。

（3）当遭遇爱人的"无礼"时，要豁达大度，做一个理智的让步，这不仅对自己有好处，而且能避免把事态弄得很僵。

（4）发生矛盾时，要保持冷静的头脑，将心比心、设身处地地为对方设想，话要说到点子上，这样，才能使爱人消气，言归于好。

（5）夫妻吵架是两个人的事，切忌把外人牵扯进来。吵架后，也不要轻易"断绝外交关系"。

沉着冷静地应对爱人的外遇

随着社会的发展，人们的价值观念、需求层次、生活方式、审美观念，都发生了很大的变化。一些曾经"委曲求全""凑合着过"的家庭便以一股特有的力量，冲击着既有的束缚。于是，重温旧梦或寻求新的爱情寄托的冲动，使婚外恋情出现的几率越来越高了。

夫妻之间如果一方有了外遇，另一方与之吵架、争执或无休止地嫉恨并不是好的解决方法，甚至还可能加深对方厌烦的情绪，使夫妻感情更加恶化。这时，应仔细想想，为何对方会有外遇？是性生活不满意？是自己不够体贴？还是自己某些言行使对方不满意？恶化的夫妻感情在对方有外遇时再试图挽救，往往较为困难。

当爱人有了外遇时，一部分人首先想到的就是离婚。爱人的不忠固然可恨，可离婚并不是件容易的事情，更何况一个家庭的建立，双方都付出了大量的心血。原谅对方，心中的痛苦和愤怒实在难忍，感情裂痕也难以愈合，似乎也太便宜了对方。一般情况下，有些家庭的小舟就是这样倾覆的。

"外遇"的发生有多种诱因，发生"外遇"后夫妻的心境也大不一样。只要夫妻感情尚在，那么，一旦一方有了"外遇"，不仅受伤害的一方痛苦，就是有过失的一方也是十分懊丧的。那种"一哭二闹三上吊"、轻易撕破脸的做法是不可取的。辱骂可能有一时的抑制作用，却不能解决根本问题，弄不好，反使对方丧失"自尊"，破罐子破摔，直接倒向"第三者"那边。

最理智的方法是，双方开诚布公地谈一谈，看感情复合的机会有多大？第三者在中间占多大分量？如果夫妻双方都认为婚姻尚有维系的希望，则应针对以往婚姻失败的原因多加思考并及时改进，以修复夫妻感情。如果夫妻双方都认为婚姻无法再继续维系，两个人继续生活在一起很痛苦，那暂时分居或离婚也许是最好的选择。

爱人昔日的恋人出现了怎么办

很多时候，恋人或夫妻分手是因某些客观外在的因素，而并非因感情破裂，虽然分手了，但他们心中仍然没有忘记对方，仍保留着对对方的一份情感。只不过新的婚姻、爱情使他们把那份情感深埋，不再外露罢了。就我们生活的狭小圈子来说，难免会碰上昔日的恋人，那么这时候该怎么办呢？

老程夫妻当初并不是因为爱情而结合，而是在婚后的共同生活中逐渐有了感情。但是，最近妻子过去的恋人出现了，而且这个人是妻子在婚前真心爱过的人，后来因家庭原因才分手的。而昔日的恋人一直未婚，让妻子觉得这是她的错。

因此，妻子的情绪十分低落，聪明的老程已猜出了八九分。在他的追问下，妻子才说出她碰到了昔日恋人，面对昔日恋人的落魄样，她还流了泪，使她心里更不安的是昔日恋人经常给她打电话。老程叹口气说，如果他再约你见面，你就好好和他谈谈。"我相信我会与他成为好朋友的！"老程还特意补充了一句。

丈夫的理解，妻子感动万分。于是，在与昔日恋人的再次约见中，她推心置腹地谈了自己心路历程的变化，说明他们重修旧好已不可能，她的真诚换取了昔日恋人的理解，也唤起了昔日恋人重新择偶的念头。最后，她还真的使两个男人成为了朋友。

当然我们表现出宽容大度的同时，也可将浓浓的情感寓于淡淡的醋意之中。比如，当得知丈夫要与昔日恋人见面，妻子心中虽然很不快，但没有明显表露，反而很大度地支持丈夫前去赴约。而当丈夫归来时，妻子用楚楚可怜的目光注视着丈夫，然后说声"我原以为你去去就回来，没想到你会与那个女人待这么久"之类的话语，丈夫看着你朦胧的泪眼，连感激都来不及，岂能还有他想？

说服父母有妙招

许多子女都说与父母有代沟。的确，父母因为年龄的原因，与社会有些脱节。而因为缺乏交流的艺术，双方经常产生摩擦。家庭中父母与子女间的摩擦，许多是两代人之间的思想分歧，解决起来不大容易。而偏偏长辈大多固执，后辈又执拗，他们觉得自己正确的时候，往往靠争辩解决问题，这就更加激化了矛盾。

在这种情况下，如何说服父母，就需要一定的技巧。说服父母是一种特殊的交流和沟通过程。

1. 利用类比讲明道理

在说服过程中，可以巧妙地把父母的经历和自己目前的状况类比，以求得他们的理解，使他们没有反对的理由。

比如，有一位大学毕业生想到南方闯一闯，家长不同意，他这样找理由说服父亲："爸，我常听你说，你16岁就离家到外地上学，自己找工作，独自奋斗到今天！我现在比你当时还大两岁呢，我是受你的影响才这样决定的，我想你会理解和支持我的。"

这样一来，儿子成功地说服了父亲，父亲无法再坚持自己的意见了。

一般情况下，做父母的都有自己认为辉煌的过去，他们免不了以这些资本教育子女。对于已成年的子女，如果要干一番事业但受到父母的阻挠时，就可以拿他们的经历作为论据，进行类比，这样有很强的说服力。

2. 献殷勤，套近乎

献殷勤，不是虚情假意，而是要实实在在地孝敬父母。虽然父母有许多缺点，可做儿女的应该真心实意地爱他们，关心他们的冷暖和健康，为他们分忧解愁。有了这个心理，你就会有许多"献殷勤"的办法，也会有诚恳、礼貌、亲切的态度，自然而然就会说得顺耳，讲得动听了。

需要提醒的是，当父母问你什么事情时，这是送上门的"献殷勤"的好机会，你一定要耐心、认真地正面回答或解释，这样一定会换得父母更多的怜爱。长辈总想更多地了解晚辈的生活，你只要耐心地陪着他们就足够了。

人与人之间应该互相尊重，子女对父母更应该如此。而这种尊重，很重要的一个方面就是经常向老人请教和商量问题。除了那些自己能够预料到的肯定与父母的观点存在明显分歧，而又必须坚持己见的问题之外，其他的事情，则应该经常及时地与父母商量，听听他们的意见，这无疑是有好处的。即使清楚地知道自己与父母的观点绝对一致，也不妨走走过场，以求得意见一致时所带来的愉快心情。

3. 以父母的期望作为自己的旗帜

父母对子女的未来都寄予厚望，望子成龙是他们梦寐以求的，而且在日常生活中，父母常常教导子女要敢闯敢干，将来要做一个有作为、有成就的人。

在说服他们时，只要你提出的意见与他们的目标一致，就可以抓住这面旗帜，作为有力的武器，为己所用。

有一位刚毕业的年轻人在一家公司找到一份工作，而父亲不同意儿子的选择，正在托人给他联系某国家机关。这个年轻人说："这个公司我了解过了，很有前途，生产的是高科技产品，和我学的专业很对口。再说，国家机关好是好，可是人才济济，我到那里要想干出一番事业，恐怕机会不多。可是，在这个公司就不同了，我去那里，总经理要我马上把技术工作抓起来，这是多好的机会。我从小就依靠你们，没有主见，我现在长大了，觉得你说得对，这个决定就是我自己独立思考定下的。我想你一定会支持我的。"

听到这里，父亲还能说什么呢？

一般说来，父母很注意自身的尊严，对过去说过的话不会轻易失信，而且会及时兑现。所以，在说服他们时，就可以适当利用这种心理，用他们的话作为自己的旗帜，很容易就会成功。

4. 发挥坚决的态度的震撼力

子女在说服父母时要表明自己的坚决态度，让他们明白自己的选择是慎重的，是下了决心的，不管遇到什么情况都不会动摇，即使决定错了，也准备独自承担责任，决不后悔。

这种坚决的态度具有柔中寓刚的作用，对于父母有强烈的震撼力。父母从中可以看到子女的主见和责任感，就不会硬顶着把事情搞僵，反而还会顺水推舟，同意子女的意见。

一位女孩的父母不同意女儿和那个男孩谈恋爱，她对父母说："在这件事情上我决心已定，希望你们能理解女儿的心思。以后吃苦受累我也心甘情愿。如果你们硬不同意，那也没有办法，就当没有生我这个不孝的女儿吧。不过，我是多么希望你们能理解和支持我呀！那样，我会感谢你们的。"

话说到了这里，父母还能说什么呢？他们并不想失去女儿，既然女儿已经铁了心，为什么还要苦苦相逼呢？这个事例中，女儿的决心起了重要作用。

最后，需要指出的是，如果自己的意见不正确，甚至完全错误，那就不是说服父母的问题，而是应该愉快地放弃自己的意见，采纳他们的意见。当然，这同样也需要勇敢和理智。

父母吵架时的劝解艺术

世间最美满的家庭也难免存在矛盾，父母发生摩擦闹矛盾，甚至公开吵架时怎么办？最重要的是你要当好中间人，在任何家庭中，父、母、子女三者的关系总是最亲密的，子女是父母感情的纽带，是父母关心的中心，在父母面前，始终处于被爱护，被关心的地位。

有一位教育家这样说：我小的时候，隔壁邻居家夫妻两个经常吵架，而他们吵架的时候两个孩子通常只是在一边傻傻地看着，或是在一边流泪，夫妻俩总是小事吵成大事，大事就更不得了，一直到有人劝为止。通常夫妻吵架有时会陷入双方谁也不服谁的僵局，而且外人来劝没有内部解决好。这个时候如果孩子能很好地劝架，那么夫妻的吵架问题就很容易解决，父母会因为孩子那么懂事而欣慰，说不定以后会减少吵架的次数。

父母争执发生矛盾，孩子最利于做好双方工作。所以当父母争吵时，我们应该保持冷静的头脑，绝不可以意气用事。不能把自己置于局外人的地位，对父母的争吵毫不过问，冷眼旁观，熟视无睹，自称"小孩不管大人的事"；也不能不分青红皂白跟着大吵大闹，把父母双方都责怪一通，两人吵变成三人吵。

一般父母吵架后会出现 3 种情况：

一是双方僵持，谁也不肯让步。这时最需要的是子女的安慰，你应立即做好劝说工作，这时不妨这样对你父亲说："爸，您不是一向都对人宽宏大量吗？现在怎么和您老婆这么计较啊。"相信他听了这样的话，肯定会为你的幽默而开口大笑，一场家庭纠纷也就会化解于无形中。劝母亲时可以这样说："我爸那边早已经妥协了，正准备去菜市场买些大闸蟹（当然是母亲喜欢吃的，而又不舍得买），给您做一顿好吃的晚餐呢？"相信你妈会因为大闸蟹太贵而去阻止你爸，这样，你的"阴谋"不就得逞了吗？

二是吵架后，双方都感到后悔，但出于自尊，都羞于主动启齿和好，做子女的应创造各种机会，为双方搭桥，暗中巧妙周旋让双亲言归于好。这时你不妨借助一下第三人，例如："爸、妈，我朋友今天来咱家做客，他们还说要尝尝咱家的拿手菜呢，爸的红烧茄子和妈的烧带鱼都得好好做啊，要不然他们该说我吹牛了。"或者削一个苹果，"妈，这是我爸给你的，他怕你不理他，让我给你拿过来。"想和好的母亲肯定是会乐意接受这个苹果的。

三是一方想和好，另一方却怒气未消。子女要及时将一方急于和好的心情进行传递。一般情况下，疼爱孩子的父母往往经不住孩子的感化，几经劝说，就能和好如初。无论面对哪种情况，对子女来说，都要十分耐心，不能操之过急，还要讲究方法，聪明机灵。

任何夫妻都有吵架的时候，但夫妻吵架的时候孩子的态度通常是很重要的，因为没有父母不疼自己的孩子的。

正确对待父母的责骂

很多家长受"棒下出孝子"观念的影响，常有责骂子女的事情发生，作为子女，遇到这样的父母时应怎么办呢？

首先要理解父母的心情。父母责骂你多半是出于你的不争气、不努力，辜负了父母的希望，责骂，是想唤起你的觉悟。我们应该理解父母的举动，找找自己的原因，不要与父母计较态度，向父母主动承认错误。只有严格要求自己，以后不犯类似的错误，才能避免父母的再次打骂。一个真正懂事、孝敬父母的孩子是不会计较父母行为的，应该更多看到自己的过错和给父母带来的伤害，体谅父母不正确做法中的合情合理成分，看到隐藏在打骂背后的父母的一片苦心。如果挨打主要是由于父母性情粗暴、教育方法不当造成，就要做必要的解释工作："我知道您这是为我好，但我都这么大了，知道对错，能分清是非了，希望您以后别再操心了。""您对我的期望我理解，但这种暴力教育方式我很难接受。"等。但说这番话时最好在他们情绪暴怒之前，或事情过后父母心情平稳下来的时候，否则只能是火上浇油。

其次不要自作聪明。无论在何种情况下挨了打，都不能赌气，产生对立情绪，说出诸如此类的话"你们不配做父母"，"你凭什么打我"，"我以后再也不进这个家，不想看见你们"。这样的话不但会使父母更伤心，矛盾更激化，更重要的是会因为我们不听从父母的忠告，犯更大的错误。有些人，特别是青少年对父母的打骂心里不满，表面装得无所谓，为免受皮肉之苦以消极的态度应付父母，能瞒就瞒，能骗就骗，报喜不报忧，这样做的后果是很难想象的。

我们知道父母打骂孩子，都是为了孩子好，道理虽说如此，但我们受到父母的责骂时，都会觉得不舒服。那么如何才能避免受到父母的责骂呢？

1. 学会面对父母的误解

在家庭生活中孩子因受父母错怪而挨打是常有的事。这种因误解而挨打的事实在难以容忍，但如果你遇到千万要沉住气，要克制自己，千万别说出过激的话来，如"又不是我的错，你们不分青红皂白就打一顿"，"你们不配做我的父母"，"我恨死你们了"，等等，避免因过分强烈的反应而加深彼此之间的误会。那么在遇到这种情况时我们该怎么做呢？

首先我们要耐心听完父母的责怪、训斥，以便弄清他们是在什么事情、什么问题上对你产生了误解。如果确实因父母把问题搞错了，那么就可适当做些解释工作，"其实事情不是您想的那样，我之所以迟到，是因为朋友脚崴了，我送她去医院了"，只要事情本身比较简单，父母情绪又比较平稳，误会马上就会消除。许多事情不是三言两语就可以解释清楚的，一般事发时父母的情绪比较激动，你越解释，他们可能越发火，与其如此，不如静下心来不说话，虽然这样做有默认过错的危险，但保持暂时沉默对缓和紧张气氛，减少对父母的感情刺激是有好处的。沉默不语不容易，争辩解释又会激化矛盾，在遭遇责怪时可借故设法暂时离开父母。你听不到那些刺激性的语言，心情就会慢慢平静，父母找不到数落的对象，怒气也会慢慢消失。

无论采取什么办法，最终目的都是要弄清事情原委，帮助父母消除误会，待大家都心平气和时再进行详细的解释，要避免使用刺激性语言，更不要责怪埋怨父母的一时的不当。一切真相大白时，父母一定会为错怪你而后悔，你可千万不要忘记给父母以体贴的宽慰。切忌对父母生气失去信任，更不能因此而采取过激的行动。要多想想平时父母对自己无微不至的关怀，多想想他们往日的亲情。

2. 不和父母"顶牛"

现实生活中，父母不可能事事处处都依从孩子，加上你的所作所为并不一定都有道理，一旦主观愿望得不到满足，就感到失去了面子，于是就与父母闹起别扭。与父母"顶牛"只能给父母带来痛苦，也会给自己增加烦恼，甚至给家庭带来不和。有的孩子并不是存心与父母过不去，有时连自己都说不清为什么会把事情搞僵。其实原因很简单：一是自尊心太强，只注意自己在别人心目中的形象，平时喜欢听好话，听不进逆耳话，在家里总希望父母顺着自己，不愿自己的意见遭到否定；二是脾气任性，性格自负，自以为是，过于好强；三是感情用事。

无论怎么说，和父母"顶牛"都是不对的，作为小辈在冲撞了父母之后，从尊重父母出发，应立即向父母赔礼道歉，恳求他们的原谅。只要你真心诚意向父母说几句表示歉意的话，他们会很快转忧为喜谅解你的。千万不要觉得认错有失面子，如果觉得用语言讲和有困难，也不妨写封信给他们，这才是理智的正确办法。切忌感情用事，不理父母或找机会发泄不满，甚至图一时痛快，乱使性子，离家出走。要避免与父母"顶牛"应该不断自我反省，学会控制自己情绪，掌握正确分析问题、解决问题的方法。

3. 正确面对父母的拒绝

我们的要求遭到父母的拒绝，常常会感到失望，但往往是事出有因的。一是不考虑家庭情况要求过高。一般说只要家庭条件许可，父母总会想方设法满足子女吃、穿、用等方面的要求。但有些同学为了满足自己，不切实际地提出过高的物质要求，给家庭生活带来困难和负担，肯定会遭到家长的拒绝。二是与家长的想法不合。考虑问题要全面，要合情合理，不要老是站在自己的角度，要设身处地的想一想。三是你的要求提得不合时宜，即提出要求的时间、地点、场合不对。

那么如何处理呢？首先我们要有家庭意识，某些要求只有在父母的帮助、指导下去实现，才能做得合情合理。要注意提的时机，合理的要求因为提的不合时宜也会遭到拒绝，所以要注意父母的情绪，要注意选择恰当的日子，还要看地点场合，一般来说在客人面前不宜向父母提要求。考虑家庭经济承受能力，把要求的理由恰当地说清讲透。为明白顺从父母意图，可进行适当的试探，注意创造融洽和谐的气氛和说话的口气，然后再慢慢提出。

另外，遭到拒绝不一定是坏事，父母对你的要求一概满足是不现实的，如果父母对子女百依百顺，也不利于你的成长。

恰当化解与父母的争执

在孩子的眼里，父母似乎永远是"自由"的反义词，在父母的眼里，孩子似乎总是"天真"的代名词。当你对某一事物的看法与父母不一致，而父母又不肯改变自己的意见时，你应该运用怎样的说话技巧说服父母呢？

与父母意见不一致时，很多人会与父母顶嘴、唇枪舌剑地理论，也有一些人会躲在一边生闷气，再不就是拂袖而去，一走了之……这样做可以在一定程度上发泄你愤怒的情绪，却会伤害你与父母之间的感情，而且也无助于培养你和父母相互尊重的习惯。因此，最好能学会掌握说话的艺术，以建设性的方式处理你与父母的不一致的想法。

下面不妨看看这样一个例子：

小王到北京出差时，遇到张敏，两人一见如故，短短一个月便成为亲密无间的好友。事情办完后小王不得不离开北京，临走前小王把地址、电话都留给了张敏。

没过多久，张敏也出差，目的地正好是小王所在的城市，于是他给小王打了电话。二人在小王家见面了，像故友一样两人无话不谈。等张敏走后，小王的父母发话了："你怎么交了这么个朋友，这个人看起来很不地道。"小王一听不乐意了："我交什么朋友，你们都不满意。""我们这是为你好，怎么这么不懂事？""你们看着好就一定好吗？你们觉着不好，就不能来往吗？"父母听了气不打一处来，开始骂了起来。小王一看这样说下去肯定不行，马上缓和了口气："我知道你们是为我好，张敏和我属于同一个集团，做事干练，人也挺好的，而且从小没了父母，也怪可怜的。再说了我都这么大了，也能分清是非了。"父母听了小王的话也缓和了下来，最后小王终于说服了父母。

子女与父母发生争执是很正常的，因为一个人看问题的角度往往与他（她）过去的经历和现在的状况有关。因此，每个人的看法都会有一定的道理。与你相比，父母的人生阅历丰富，考虑问题会比较周到，但也容易形成固定的看法，产生偏见。你呢？由于思想上没有那么多框框，容易接受新东西，但考虑问题难免片面、肤浅。如果你既能看到对方意见中不合理的成分，还能看到其中有道理的一面，不仅能"化干戈为玉帛"，还会得到有益的借鉴。

当你与父母的意见不一致的时候，不妨静下心来想想，父母为什么会有这样的看法？其中是否有一定的道理？最好先肯定父母观点中有道理的一面，再说明自己的看法。即使你完全不同意父母的意见，也不要用挖苦的语调大声地与父母说话，那样父母会感到受到伤害。如果你感到当时不能控制自己的情绪，最好先找个借口离开现场，等大家都心平气和的时候再讨论这个问题。

如果你与父母中的一位关系更亲近，不妨先和他（她）讨论这个问题，说服了一位再请他（她）帮你说服另一位。当然，你也可以请好友到家来一起参与你与父母的讨论。如果父母知道与你同龄的孩子也有与你类似的想法，可能会更容易理解和考虑你的意见。

解决争端的过程是一个相互协商的过程，彼此尊重对方的权利非常重要。和你一样，父母有权坚持自己的意见，有权表达不愉快的情绪。作为孩子，你应该尊重他们的权利，这样，他们才更容易尊重你的权利。

多一些了解，少一些冷漠；多一些关爱，少一些摩擦；多一些鼓励，少一些责备。如果我们能为父母多想想，站在他人的角度看自己，也许和父母的争执就不会那么激烈了。

孩子需要父母的支持，父母更需要孩子的理解。只要多和父母交流，坦诚相待，也许在与父母的争执过程中会闪出爱的火花。

历史的难题：婆媳关系

婆媳关系是一个既古老而又复杂的问题，婆媳关系是家庭中最难处理的关系，婆媳矛盾则是一个令清官也为之发愁的难题。因为婆媳之间，既无血缘的纽带，又无感情的保障，在相近的家务中摩擦也较多，一旦产生矛盾，往往呈现出激化的趋势。

婆媳之间经常发生矛盾的原因很多。一般情况下，最常见的有以下几种。

一是争同一个男人的"宠爱"。现在许多男孩都是独生子，结了婚以后，往往把更多的注意力放在了妻子身上，有些母亲就会觉得心里不平衡。更不用说有些母亲因为离婚或丧偶，将一生的精力几乎都花在了儿子身上，把一切希望都寄托在儿子身上。一旦看见儿子跟妻子甜甜蜜蜜，母亲就会觉得媳妇抢走了儿子，往往会用语言和行动来表达对儿媳妇的不满。而儿媳妇面对婆婆的"挑战"，当然也会怒火中烧，慢慢地两人就会结下难解的怨恨。

二是代沟。婆媳是两代人，年龄相差比较大，受教育程序的差别很大，生活阅历也不同，因此两人的人生观、价值观大相径庭。有的婆婆文化程度比较高，保持年轻的心态，还相对较好；然而，有的婆婆思想保守、落后，一个受过现代高等教育的儿媳妇进了家门以后，婆媳两人对待生活的态度必然不同，矛盾也就产生了。

三是性格、习惯相差太大。婆媳在吃、睡、穿、养育小宝宝方面的意见往往都会不一致。有些婆媳来自不同的地区，她们有各自的习惯，对对方的习惯也看不顺眼；有些婆媳性格也不一样，一个喜静，一个喜闹，也会产生摩擦。所谓"清官难断家务事"，像这样小小的家庭矛盾也可能酿成大问题。

尽管婆媳矛盾是一个古今中外令许多家庭头痛的难题，但只要当事者本着互相信任、尊重、爱护、关心、宽容忍让的态度，加上家庭其他成员齐心协力促使其向良性方面的转化，婆婆与媳妇之间也是能够和睦相处的。

搞好妯娌关系

妯娌关系这个词在现代人看来是很陌生的，20世纪80年代以后独生子女偏多。不像婆媳关系永远是个热门话题，妯娌关系已逐渐淡去。但是淡去，不代表就不存在。妯娌们从不同的家庭走出来，又走进了另一个完全陌生的家庭，要共同生活在一起，彼此间没有什么了解，再加上不同的生活习惯和感情差别，在新的环境里，难免会发生一些冲突。如果出现了矛盾，处理得好，当然可以保证家庭的和谐与幸福，若处理得不好，则会闹得家里鸡犬不宁。

那么，该怎样才能处理好妯娌之间的关系呢？

（1）妯娌之间要互相尊重和理解。如果能够站在自己丈夫的立场上，多替他的兄弟想一想，给予彼此的理解和尊重，好的家庭关系是很容易建立起来的。

（2）平时多加强交流和沟通。发生了什么事情，大家要坐在一起，商量解决的办法，这样才是最好的相处方式。

（3）要真诚相待。如果产生了矛盾，要能敞开胸怀，谅解对方，以求和解。不能为了一点儿小事，就到处搬弄是非，或是去找自己的亲人朋友帮忙。

（4）切忌自作主张、自以为是，也不要过分地猜疑、计较。

处理与小姑子的关系

俗话说："缝衣少不了线连针，家和离不开姑嫂亲。"在一个家庭里，如果媳妇与小姑不和，这个家庭就不可能轻松、安宁。我们在岗位上紧张地工作了一天，回到家里时就希望有一个轻松温暖的环境供我们放松、休息。如果回到家还要卷入姑嫂纷争中，那第二天哪来充沛的体力和精力投入工作呢？

当然，姑嫂关系确实存在着一些"先天不足"的因素。

首先，姑嫂两人分别在不同的家庭里成长，使她们在许多方面都会有差异。

其次，姑嫂在各自的心理上都会有一种戒备的心态。一是做嫂嫂的往往会把小姑视为外人，因为小姑迟早要出嫁；而做小姑的则会把嫂嫂视为外人，因为嫂嫂来自另一个家庭。二是做嫂嫂的总感到婆家不如娘家好，而做小姑的则认为自己反正要出嫁，这个家迟早是兄嫂一统天下。双方都存在着这种复杂的心理，于是姑嫂关系自然地就趋于紧张了。嫂嫂同哥哥深情意厚，小姑会看不惯，认为嫂嫂"挑拨"了哥哥同母亲和她的骨肉亲情，有时甚至人为地制造矛盾。另一方面，小姑同婆婆关系很亲密，做嫂嫂的也会疑神疑鬼，会在脑海里产生小姑和婆婆联合起来对付自己的幻觉。

虽然存在着许多"先天"的因素，但搞好姑嫂关系并非完全不可能，因为姑嫂之间还存在很多共同因素。

一是姑嫂的年龄相仿，属于同时代人。因此，她们会有许多共同的想法，在许多问题上的看法容易接近。

二是姑嫂性别一致。尤其是待字闺中的大姑或小姑，有些姑娘家的秘密不便对父母说，也不便对兄弟说，只能同嫂嫂或弟媳商量。

三是嫂嫂或弟媳在婚姻的道路上领先了一步，是过来人，有许多切身的感受和新鲜的经验，大姑或小姑正好可以从中借鉴。

因此，姑嫂关系不仅应该能搞好，而且也是可以搞得更好。

孩子需要你的赞美

南京某厂技术员周宏用赞美的办法，把双耳几乎全聋的女儿婷婷，教育成了高才生。

周宏第一次看小婷婷做应用题，10道题只做对了1道，按说该发火了，可是他没有。他在对的地方打了一个大大的红钩，并由衷地赞扬她："你太了不起了，第一次做应用题 10 道就对了 1 道，爸爸像你这么大的时候，碰都不敢碰呢！" 8 岁的小婷婷听了这些话，自豪极了。在父母的鼓励下，10 岁那年，婷婷就写作出版了 60000 字的科幻童话。消息见报后，不少残疾儿童被送到周宏门下，都在周宏的"赏识教育法"下得到了很大进步。他说："哪怕天下所有人都看不起你的孩子，你都应该眼含热泪地欣赏他，拥抱他，赞美他。"

周宏巧妙地把赞美运用到了孩子的真善美上。赞美开发了孩子内在的潜力，激起了他们学习上的热情，唤起了他们强烈的进取心，使得孩子变"要我学"为"我要学"，从而在心理上彻底解放了孩子。

然而，在现实生活中，有的家长不是。他们认为孩子是自己生的自己养的，督促学习也是为了孩子好，不必老是哄着、捧着，甚至以为不打不成材，"棍棒底下出孝子"。因此，这些家长老是"居高临下"，总想从精神上肉体上驾驭孩子，结果孩子在家长的高压下，心情焦虑，逐渐出现心理障碍，甚至精神和行为失控，不少家长为此付出了惨痛的教训。他们不知，光靠压是不行的。只有加强引导，让孩子好之乐之，孩子才会"不用扬鞭自奋蹄"。而赞美就是一剂良方。

人都是爱听好话，喜欢受到表扬的。美国著名心理学家威廉·詹姆斯研究发现：人类本性最深刻的渴望就是受到赞美。孩子更是如此。因为孩子好奇心强但自信心不足，他们对自己的每一点小小的进步都非常在乎，渴望得到大人的肯定。

其实，心理学中的"罗森塔尔效应"，揭示的就是"赏识－赞美"的巨大作用。现实生活中，也不乏这样的经典范例。如 19 世纪德国《卡尔·威特的教育》的真实记录；我国著名教育家陶行知先生"四块糖果"的故事等。

事实证明，如果家长能够恰当地运用赞美，就会帮助孩子达到光辉的顶点。因此，家长学会赞美孩子是很有必要的。要学会赞美孩子，就要做到：

1. 尊重孩子

家长只有把孩子当做朋友，平等相待，切实尊重孩子，提倡"友道尊重"，才会从内心去赞美孩子。

2. 要有一颗平常心

我们有的家长对孩子的期望值过高。当一些不切实际的目标达不到时，便采用极端的手段来对付孩子，"恨铁不成钢"时，家长根本就不可能去赞美孩子。

3. 要了解孩子

平时要多观察孩子有什么爱好，从而"对症下药"，激励孩子，帮助孩子，使他们好之乐之，才会学有所成。

4. 要持久

孩子的培养不可能一蹴而就，这是一个漫长的过程。作为家长，应持之以恒，使孩子在赞美声中健康成长。

5. 坚持原则

准备赞美孩子时，必须坚持原则，只有在他做了值得赞美的事情时，才去赞美。由于溺爱，有些父母无原则地对孩子的种种行为加以赞美，造成孩子是非不清、骄横跋扈的坏习惯。孩子按大人的要求去做了并做得很好，就应该及时赞美，做了不对的事情，即使孩子哭闹，耍赖皮也千万不要迁就他、说好话。否则，赞美就会失去原有的积极意义。

6. 掌握时机

当孩子正在做或已做完某件有意义的事，应当及时给予适当的赞美，如一时忘记了，也要设法补上。如孩子在老师的说服下，吃饭时终于肯吃蔬菜了，父母应立即予以赞美。须知，在孩子应当得到赞美、渴望得到赞美时，成人的"熟视无睹"无异于给孩子当头浇上一盆冷水。

7. 就事论事

不要直接赞美孩子整个人，而应该赞美孩子的具体行为，也不要夸大其词，言过其实。例如，当孩子画一幅不错的儿童画时，千万不能说："真聪明！"而应说："哟，这幅画不错。"要知道，过分的赞美，会给孩子播下爱慕虚荣的种子。

8. 当众赞美

孩子得到赞美时，应当着别人的面前得到。孩子的成绩当众传播了，这就是双重的奖励。如，孩子的妈妈说："孩子很懂礼貌。"以后孩子总是十分小心地维持这种赞美，并且养成懂礼貌的好习惯，每次将客人送到门外，都会说："再见，请以后再来玩。"

9. 掌握分寸

孩子经过努力做出了成绩，或者做完了他理所应当做的事情，都应该得到赞美。但在日常生活中，注意不要重复赞美某件事情，当孩子养成良好的习惯后，就可以适当减少对孩子这一方面的赞美。赞美孩子并给以适当的奖励或是亲吻或是搂抱，都会给孩子以奇妙的力量。

对孩子的教育，家长不应当吝啬赞美，吝啬肯定，吝啬鼓励。只有学会这些，并适当地运用这些，才会使孩子树立向上的信心，鼓起前进的勇气，大胆地往前走。

学会这样对孩子说话

父母要解除与孩子之间的代沟，让孩子敞开心扉和自己说话，赢得孩子的热爱，就要首先懂得孩子内心的秘密。而孩子内心最大的秘密是情感，或情感的焦虑。因此，父母必须要掌握情感交流的秘方，走进孩子的内心世界，增强彼此之间的信任和感情。

作为孩子，如果遭遇了问题或烦恼，首先求助的是父母。如果做父母的不善于与孩子交流，也就从一开始就阻断了与孩子之间的融洽关系。

小花是一个紧张而又爱哭的女孩子。她的表妹小羽来跟她住了一个假期。暑假快结束时，就要回家了。小花非常舍不得，眼泪汪汪地对妈妈说："羽羽就要走了，以后又是只有我一个人了。"

妈妈很轻快地说："你会另外再找到一个好朋友的。"

小花回答说："可是我还是会很寂寞的。"

妈妈开始安慰她："过不了多久，你就会忘了。"

"啊，妈！"小花说着就哭起来了。

妈妈生气了："你都快念中学了，还是这么爱哭。"

小花狠狠地瞪了妈一眼，跑进卧室里，哭得更伤心了。

为什么会出现这种结果呢？原因就在于，孩子对于友情、亲情的渴望。他们会对自己的感情需求很在意的。然而，处于世故与冷漠世界的成人，往往对孩子的这种情感需求很不在乎。这样，就会忽视孩子的感觉，对孩子细小的情感波动表现冷酷。这样一种对待孩子的情感反应方式显然不利于父母与孩子之间的情感交流。

事实上，孩子们最需要的就是父母对他的重视，哪怕是当时的实际情况一点也不严重，父母也不能掉以轻心。或许在上例中的母亲看来，女儿不应该因为与表妹的分离就流泪哭鼻子，但是她的反应却不应该没有同情。做母亲的应该这么想：女儿很难过，我应该尽最大的努力来帮助她。尽量设法使她知道我明白她内心的感觉。如果这样想，她就可以用以下方式来安慰女儿："羽羽走了，让人觉得很寂寞。""你们俩这么要好，真舍不得让她走。"

"你会想她的。"这种反应使父母与孩子之间产生亲密的感觉。孩子的内心感受一旦被父母了解了，他的寂寞和情感创伤就会消失。父母对于孩子的了解和同情是情感的绷带，可以治愈孩子受了损伤的心灵。因此，要达成和谐美满的亲子交流，做父母的也必须要对情感交流的技巧加以自觉的领会。

做父母的如何才能架设好与孩子之间的情感交流的"桥梁"呢？比较实际的做法，就是从克服自己与孩子的情感交流的障碍开始。通常而言，当孩子试图与你谈论他内心的烦恼时，如下反应方式，都有可能加速交流障碍的形成：

用命令、指示或指挥的语气，告诉孩子该去做什么事情，给他下命令："我不管别的父母如何做，你必须给我……"

用警告、责备或威胁的语气，告诉孩子如果他做了某件事情会产生什么样的后果："如果你知道好歹的话……"

用说教、教化或规劝的语气，告诉孩子他应该如何做："你应当……"

以提出忠告、方法或建议的方式，告诉孩子该怎样解决问题："为什么不用另一种方法来替代呢……"

用评判、批评、否定或指责的语气，对孩子进行负面的评判："你那样做太不应该了……"

以谩骂、嘲笑或羞辱的方式，使孩子感到自己犯傻，把孩子归入另类，羞辱他："你的行为像一个不懂事的孩子……"

通过解释、分析或诊断的方式，告诉孩子他的动机是什么，或者分析他为什么那样说，那样做。让孩子感到你在给他筹划，帮他分析："你那样说是想……"

用保证、同情、安慰或支持的方式，努力使孩子感觉好受一些。劝说他从不良情绪中解脱出来，尽力消除他的不良情绪，否认不良情绪的影响："不要担心，情况会变好的。"

用探索、询问的方式，努力去找理由、动机和原因，获取更多的信息帮助孩子解决问题："关于这件事情，你还和那些孩子说过了？"

以退缩、转移或迁就的方式，努力使孩子从问题中摆脱出来，自己也避开问题，分散孩子对问题的注意力，引导孩子把问题搁置起来："吃饭的时间咱们不谈这个。"

而正确的反映方式则基本不需要表达出自己的意见、评判和感觉，让孩子把自己的意见、判断和感受充分表达出来，给孩子打开一扇门，引导孩子去说话，使孩子在交流过程中发泄自己的情绪，理清自己的思路，进而自己找出解决的方法。

用这种态度来与孩子进行情感方面的沟通，以下一些回应方式是比较简单而又有用的：

"哦！"

"我懂了！"

"有意思。"

"怎么样啦？"

"真的？！"

"我简直不相信，真是这样？"

其他一些反应在诱导孩子去讲、去说方面，更为有效：

"把这件事情讲给我听听。"

"我想听听这件事情。"

"后来呢？"

"听起来你对这件事情有话要说。"

"这件事看起来对你很重要。"

"咱们一起来讨论一下吧。"

与孩子有效沟通的秘诀

现在很多父母都感觉跟孩子讲道理是非常难的一件事。父母说得天花乱坠，孩子却这耳朵进，那耳朵出，一不留神，孩子还逮着个错反诘父母半天。有些父母能与孩子说得眉飞色舞、热火朝天，有些父母却很少与孩子讨论什么。他们与孩子说话，往往说上个三五句，孩子不耐烦，父母也没词了。为什么父母和孩子发生沟通危机呢？又怎样和孩子沟通呢？

"沟通"一词，《中文大辞典》的解释是："沟通，达也；疏通意见，使之融洽。"用时下的语言，就是寻求事情的"共同处"，找出事物的"平衡点"，画出事物的"交集"，其过程是"疏通"，其结果是"融洽"。作为孩子的第一老师，和谐地与孩子沟通至关重要。

1. 了解是沟通的前提

孩子与家长出现沟通危机，不怪孩子，主要还是家长造成的，为什么孩子懂的家长不懂？为什么孩子关心的事，家长就不关心呢？这是因为我们不了解孩子，不知道孩子想什么，关注什么和需要什么。没有进入孩子的内心世界，又谈何沟通呢？

此外，当我们和孩子沟通时，还要了解孩子当时的情绪状况。孩子和大人一样，情绪好时比较容易接受不同的意见，不高兴时则容易发拗，因而跟孩子讲理，要充分了解孩子的情绪状况，在其情绪较好时，对其进行教育，若在孩子情绪低落时跟他说理，是不会奏效的。

2. 平等是沟通的关键

为人父母者往往仗着"闻道"早于孩童辈，就不知、不愿、不肯、不屑去认同孩子，就以成人的眼光、成人的标准去"箍"、去"套"、去约束孩子的小脑袋、小世界。他们总是难以忘记自己"教育者"的角色，以至于和孩子沟通时总是难以保持平等，"你要""你应该""你不能"等词语常常挂在嘴边，孩子自然渐渐失去了与家长沟通的愿望。

因此在和孩子沟通时，要讲究技巧，和孩子平等沟通。我们是与孩子谈话而不是训话，如果总是板着面孔，居高临下，就很难和孩子交知心朋友，孩子不是不愿谈，就是说假话。这就要求家长和孩子谈话时，要以孩子的心态和孩子能理解的语言进行，要蹲下身来和孩子沟通，让孩子觉得你是他的朋友和伙伴，这样沟通才会水到渠成。

3. 倾听是沟通的良方

现在许多孩子都有了一定的主见，已经不愿意再当被训导的角色，他们思想活跃，希望有个细诉衷肠的对象。这时的家长应该改变原来的教育方法，努力创造一种"聆听的气氛"。最好的办法是家长经常抽空陪伴孩子，并且当一个好听众。

只有倾听孩子的心里话，才能更好地与孩子沟通。孩子向你诉说高兴的事，你应该表示共鸣，如孩子告诉你他在学校得到了老师的表扬，你可以称赞说："噢，真棒，下次你会做得更好！"孩子向你诉说不高兴的事，你应该让他尽情地宣泄，并表示同情，如当孩子告诉你小朋友推了他一把，他非常气愤时，你可以说："你很生气甚至想打他，是吗？但你不能这样做，你可以告诉老师，请求老师的帮助。"当孩子向你诉说你不感兴趣的话题，你应该耐着性子听，表示你关注他的谈话内容，你可以使用"嗯""噢""是吗""后来呢"等词语，表示你在认真地倾听，鼓励孩子继续说下去。这样，不仅使孩子更乐意向你倾诉，也可以提高他的语言表达能力。听和说总是联系在一起的，要掌握与孩子交谈的艺术，就要耐心地当好孩子的听众，在孩子漫无边际的讲述中，父母可以了解他的真实想法，在他针对某件事的辩解中，可以发现事情的真正原因，便于说服教育。所以，和孩子交谈时，父母不要只注重自己怎样说，更要注重怎样听孩子说。

4. 信任是沟通的基石

和所有的友谊一样，两代人的沟通也要讲一个"信"字。说话算数说起来简单，真正做到并不容易。儿童心理医生林达曾经举过这样的例子：一位妈妈因为6岁的女儿不愿与她沟通，便领着女儿去进行心理咨询，结果发现原因是妈妈将女儿告诉她的"秘密"，在晚饭时不经意地告诉了家庭其他成员，结果哥哥姐姐们以此来取笑她，从此她再也不肯对妈妈说什么了。可见，孩子和家长之间的相互信任是非常重要的。

你若不能相信孩子，孩子又凭什么信任你，相信你是真心帮助他的？你若得不到孩子的信任，又怎能跟孩子沟通？

5. 惩罚是沟通的双刃剑

惩罚是一种特殊的沟通，它是一把双刃剑，既可以教育孩子，也可以伤害孩子，如何使用惩罚是教育成败的关键。惩罚一定要说明理由。父母要善于控制自己情绪，不可暴怒，更不可凶狠。在进行惩罚时，要把注意力放到让孩子知道自己言行错在什么地方，为什么是错的上面。大多数孩子都以为自己的行为是对的才去做，或者从自己的兴趣、儿童的角度出发去干的，因此，讲道理仍然是惩罚的重点。父母应牢记，惩罚并非不要讲道理，而是将道理渗透在惩罚之中。

此外，惩罚时不能揭短，只要指出这次犯错误的问题即可。一般来说，父母非常容易在惩罚的同时揭短。我们知道，羞耻感是一个人自尊心的心理基础，一些父母在惩罚时不断地揭孩子的短，翻老账，这样会彻底损坏孩子的自尊心。

父母在与孩子沟通中应该多表扬，少惩罚，惩罚必须公平和适度。

6. 赏识是沟通的最好添加剂

古语云："数子十过，不如奖子一长。"跟孩子讲道理，应充分肯定孩子的长处，对孩子的进步给予及时的表扬和鼓励，在此基础上再对孩子的过错予以纠正，这样孩子就容易接受大人的意见。如果一味地数落孩子，责怪孩子这也不是那也不对，只会让孩子产生自卑心理和逆反心理。

恰到好处的赞美是父母与孩子沟通的兴奋剂、润滑剂。家长对孩子每时每刻的了解、欣赏、赞美、鼓励会增强孩子的自尊、自信。我们要切记：赞美鼓励使孩子进步，批评指责使孩子落后。

沟通是一门学问，一位教育家说得好："父母教育孩子的最基本形式，就是与孩子沟通。我深信世界上最好的教育，是在和孩子的沟通中实现的。"让我们每位家长在沟通这门学问面前做一回小学生，真正成为孩子亲密无间的知心朋友！

规劝的话要"裹着糖衣"

一种苦味的药丸,外面裹着糖衣,使人先感到甜味,容易一口吞下肚子去。于是,药物进入胃肠,药性发生效用,疾病也就好了。父母要对孩子说规劝的话,在未说之前,先来给他一翻赞誉,使孩子先尝一些甜头,然后你再说上规劝的话,孩子也就容易接受了。

如果你要人家遵照你的意思去做事,总应用商量的口气。譬如有一位主管要求属下做事时,总是用商量的口气说:"你看这样做好不好呢?"

正处于青春期的孩子,逆反心理比较强,如果父母在批评孩子时只顾苦口婆心地规劝,往往起不到实质的作用。

当然,为了纠正孩子的错误,指导孩子去做应该做的事情,有时批评孩子是必要的,只是要特别小心,在言语和态度上都要谨慎,千万不可用讽刺或嘲笑的言语,免得引起孩子的反感和难堪,使之产生自卫和反抗的心理。

如果孩子做错了事情,父母可先间接指出其错误的地方,告诉其这样做会带来哪些后果,然后提出改正的方法,使孩子明白应该走的路和应该做的事。如果孩子付出了努力,尝试去改过,就算不能立即生效,做父母的也不必气馁,可以从旁鼓励,告诉孩子他的努力不会白费。

此外,在规劝孩子的时候应尽量避免有外人在场,因为这样他就会觉得自己很丢脸,没有面子,所以也很难接受你的劝告。

与孩子忌说的 8 种话

父母与孩子的关系虽然亲密,但对孩子说话也不能随随便便。因为,孩子与父母在年龄、阅历、心理等方面存在着很大的差异,如不注意这一点,对孩子说一些不该说的话,势必不利于孩子的健康成长。父母是孩子的第一任老师,父母的言行无时无刻不在潜移默化地影响着孩子。因此,父母在与孩子交谈时应注意自己的措辞。

父母对孩子说话时要有所忌讳,概括起来,主要有以下几点:

1. 说损话

有些性格急躁的父母,恨铁不成钢,动辄损孩子。什么"你这个笨蛋","一点出息也没有"，"活着干什么，还不如死了"，等等，孩子耳濡目染，身心定然会受到创伤。

"你怎么不像你姐姐？她门门功课都拿满分！"这样的话语，无疑会把孩子的自尊心破坏殆尽。许多家长没有意识到自己给孩子造成了不安的情绪。"是啊，为什么我不能像她一样？父母不喜欢我了。"他的反应往往是：第一，觉得遭到了贬黜，一无是处甚至没有希望；第二，摆脱人见人爱的姐姐；第三，为没人喜欢自己而愤愤不平。

这时，更为恰当的表达是："我知道你担心你的成绩不如姐姐好。我要你记住，你两各有所长。我们也很看重聪明的孩子，你们各有惹人疼爱的优点。"

2. 说吓唬孩子的话

"如果你不立刻跟我走，我就把你一个人抛在这里！"你真会这么做吗？孩子当然希望你不会这么做，因为小孩子最怕单独待在一个陌生的地方。但可能他听多了类似的威胁，已对此充耳不闻了。较有效的方法是：当他太出格时，你把他抱起来。这样，他就会明白你不允许他在公共场所胡闹。

3. 说命令话

有些父母在孩子面前要威风，没有一点民主空气。有的家长一味限制孩子，什么也不准。说话就是下禁令。例如："放学后不许与同学玩，不许到同学家里去，不许把同学带到家里。""你每天除了学习，别的什么也不许干。"由于孩子生活在命令中，孩子就会变得迟钝，没有创造力。

4. 说气话

有些缺乏修养的父母，稍不顺心就拿孩子撒气。在家没好脸，说话没好气。孩子不敢接近，又躲避不了。如"去去去，滚一边去"，"不要说话，给我装哑巴"。孩子有时问点事情，也没好气地说："不知道，别问我。""老问啥，没完没了的……"这些使孩子横遭冷落的气话，是父母应该忌讳的。

5. 说宠爱话

有些不清醒的父母，溺爱子女。常常听到什么"你是妈妈的心肝儿""命根子"，"眼珠子"。有时孩子耍泼，无论要什么，父母都说"好，妈这就给你换。"甚至骂自己也笑，打自己还说"好"。这些容易造成孩子形形色色的坏毛病，应该改正。

6. 说侮辱话

有的不理解孩子心理的父母，当发现孩子有什么"不端"行为，则认为大逆不道，不是冷静地弄清情况，而是凭主观臆断，说什么"你这个不要脸的小畜生""小流氓"……

有的稍文雅的父母也有旁敲侧击、指桑骂槐的现象，弄得孩子反驳也不是，解释也不是，只好委屈地忍受着。

有伤孩子心理的话，也是父母与孩子交往时应该忌讳的。

7. 说埋怨话

当孩子犯错误之后，他会感到很无助。"我怎么会这样？我真傻。"他后悔当初没听从父母的话。就在这时，妈妈说："我早就跟你说过会这样。"转眼间，孩子的无助就变成了自卫。出于反抗母亲轻蔑的语气，出于摆脱自视蠢笨的自卑，他开始辩解。要么在绝望中屈服，要么在愤怒中反叛，两样都不利于孩子成长。

较好的表达方法是："你试过自己的方法了，可没成功，对吗？真为你难过。我也是这么过来的。"

8. 说欺骗话

有些言行不一的父母，言不信，行不果。欺骗孩子的话一般有：

"听妈妈话，明天给你做好吃的、买漂亮衣服。"

"好好念书，考好给你钱。"

这些话不落实，久而久之，孩子就再也不信了。这种话比没说的后果还坏。